入門｜経済学

第4版

伊藤元重

Introduction to Economics

日本評論社

第4版へのまえがき

　本書の初版が出てから四半世紀がたちました。この本の初版で経済学を学んだ方々は、そろそろ50歳近くになろうとしているはずです。今回は4回目の改訂になるわけです。これだけ長い間、経済学の入門書として利用されてきたことは筆者として大変に嬉しいことですが、それだけに責任を強く感じています。

　この25年の間に、マクロ経済では大きな変化がいろいろな形で起きています。初版が出た頃は、日本経済はバブルのまっただ中にありました。株価や不動産価格が上昇をつづけ、ジャパン・アズ・ナンバーワンという本がベストセラーになりました。当時のこの本の読者は日本の未来に明るい姿を描いていたはずです。

　1990年前後から、バブル崩壊が始まりました。バブル崩壊につづいて、1990年代後半には金融危機が起きました。日本経済は大変な混乱に陥り、経済成長率は主要国のなかでも最低の水準がつづきました。この本の第2版が出た頃は、日本経済は金融危機の混乱からは抜け出しつつも、なかなか本格的な回復の道が見いだせない状況にありました。

　そして第3版が出たのが、それから8年後の2009年です。前の年にリーマンショックが起き、世界経済は大変な混乱状況にありました。日本経済もリーマンショックの少し前に、若干の回復の兆しを見せていたのですが、リーマンショックによって再びデフレの状態になってしまいました。

　その後の状況は若い人もご存じのとおりです。リーマンショックが起きたことによって、日本がデフレから脱却することがますます困難になるなか、2012年の末に成立した安倍内閣は、アベノミクスと呼ばれる大胆な経済政策によってデフレ脱却を図っています。非常に大胆な経済政策によって日本経済はデフレ脱却の道を歩み始めたようです。今後の展開について、その予想をするのはむずかしいことですが、これからもいろいろなマクロ経済の変化が起きることは間違いありません。

この四半世紀の間にもこれだけの変化があったように、経済とはつねに大きな変化を伴うものです。そうした変化を冷静に見る目を育てることが、経済学の重要な目的です。微妙な変化を見逃さないと同時に、表面の動きに惑わされずに底流にある経済の基本構造を理解する。これを追求するのが経済学の基本だと思います。

　ある経済学の大家がかつて、「経済学を学ぶ目的はエコノミストに騙されないためである」と書いていました。これを現代風に言い換えるのであれば、「経済学を学ぶ目的は世の中の俗説に騙されないで、自分の頭で経済の動きを見る目を育てることにある」となります。

　私たちの生活は、一日たりとも経済の動きとは無関係ではありえません。そうした現代社会では、経済の動きの基本を知ることは、すべての人にとって意義の大きなことだと思います。とくに経済学を専門に学ぼうという大学生にとっては、経済学の基本をしっかり学ぶことで、社会の動きを読むプロになってほしいと思います。いろいろな職業において、経済学の専門的な知識は役に立つはずです。

　四半世紀の間に日本経済が大きく変化してきたという話をしました。それと同じように、経済学にも多くの新しい動きが出てきました。マクロ経済学ではより高度なレベルで論争がつづいています。ミクロ経済学分野では、ゲーム理論や行動経済学などで学問の大きな進展がありました。入門書としての限界はありますが、この本でもこうした新しい動きをできるだけ紹介するようにしています。

　ただ、この本の初版で取り扱ってきた経済学の考え方は、その基本でまったく変わっていません。経済は時代とともに大きく変化するものですが、それを分析する手法としての経済学の基本は変わらないものです。逆説的な言い方かもしれませんが、現実の経済があまりにも激しく動くからこそ、それを分析する経済学には一貫性が求められるともいえます。

　この本の初版のもとになる原稿を書きはじめたとき、私はまだ30歳台の半ばでした。若い時だったからこそ、高い集中力でこの本を書き上げることができたと思います。ただ、それから25年、政府の仕事や民間企業とのつきあいのなかで、現実の経済について深く観察する機会に恵まれてきました。そうした経験を通じて、経済を見る目を磨くことができたと考えています。そうした

経験が何度かの改訂で活かされてきたのではないかと思います。今回の改訂でも、経済の現場で考えたことをできるだけ取り上げたつもりです。

　最後になりましたが、今回も原稿のチェックなどで、多摩大学経営情報学部教授の下井直毅氏には大変に丁寧な仕事をしていただきました。編集担当者である日本評論社の吉田素規氏にもお世話になりました。この場を借りて、お二人に感謝したいと思います。

2014年12月

伊藤元重

目 次

第 4 版へのまえがき……*i*

0 経済学とはどのような学問か … *1*

経済学を学ぶ目的…*3*
多くの経済問題はトレードオフの関係にある…*4*
市場の機能によってより豊かになる…*5*
相互作用のメカニズムにふれることなしに経済現象は理解できない…*7*
人間はインセンティブ（誘因）によって動かされる…*8*
経済学は世の中の経済問題にどのようにかかわってきたのか…*11*
ミクロ経済学とマクロ経済学…*13*　　本書の特徴と読み方…*14*

Part 1　ミクロ経済学

1　需要と供給 … *17*

Ⅰ　需要・供給分析 … *19*

黄金のクロス…*19*　　需要と供給の一致…*21*
白菜の価格はなぜ大きく変動するのか…*24*　　豊作貧乏…*27*
白菜のケースをデータで見ると…*28*

Ⅱ　需要・供給分析の応用 … *30*

鉄道の開設と地価：地価上昇は宅地供給を促すか…*30*
消費税はだれが負担するのか…*32*

演習問題……*37*

2　需要曲線と消費者行動 … *39*

Ⅰ　需要曲線とは … *41*

価格と需要…*41*　　需要と収入…*43*
例 1：石油ショックと日本の石油輸入額…*45*　　例 2：豊作貧乏…*48*
例 3：価格差別の理論——ダンピングの一側面…*49*

　　　　需要曲線のシフト…*51*

　　Ⅱ　**需要曲線と消費者余剰** ……………………………………………… *53*

　　　　需要曲線の分解…*53*　　需要と効用…*53*
　　　　消費者余剰…*55*　　市場需要と消費者余剰…*58*
　　　　別のケースでの確認…*58*　　需要と効用最大化…*61*

　　　　演習問題……*63*

3　**費用の構造と供給行動** ……………………………………………………… *65*

　　Ⅰ　**供給曲線とは** ……………………………………………………………… *67*

　　　　価格と供給…*67*　　供給行動の集計…*68*　　供給曲線のシフト…*69*

　　Ⅱ　**費用の構造と供給行動** ………………………………………………… *70*

　　　　生産のための費用の構造…*70*　　平均費用と限界費用…*73*
　　　　費用関数に関する数値例…*75*　　完全競争…*77*

　　Ⅲ　**利潤最大化と供給行動** ………………………………………………… *79*

　　　　利潤最大化行動と供給曲線…*79*　　生産者余剰…*81*　　需給均衡…*83*
　　　　補論：費用曲線の数学的展開…*84*

　　　　演習問題……*86*

4　**市場取引と資源配分** ……………………………………………………………… *89*

　　Ⅰ　**市場と価格メカニズム** ………………………………………………… *91*

　　　　市場における価格決定のメカニズム…*91*
　　　　価格を通じた消費者の「連帯」…*93*
　　　　価格を通じた生産者の「連帯」…*97*

　　Ⅱ　**余剰分析** …………………………………………………………………… *98*

　　　　余剰分析による説明…*98*　　計画経済との比較…*100*

　　Ⅲ　**資源配分のゆがみ** ……………………………………………………… *103*

　　　　間接税の導入…*103*　　自由貿易の利益…*108*　　X非効率…*110*

　　Ⅳ　**市場競争と経済発展** …………………………………………………… *113*

　　　　自然淘汰と適者生存…*113*　　自然淘汰と比較優位…*115*
　　　　アダム・スミスの夜警国家論…*116*

　　　　演習問題……*117*

5 独占と競争の理論 ……………………………………………… 119

I 独占の理論 ……………………………………………… 121

独占的価格とは…121　　独占的価格設定と資源配分…125
独占的価格差別と資源配分：文庫本流行のメカニズム…126
独占的価格設定に関する数値例…131

II 完全競争と独占的競争 ……………………………………… 132

企業の参入・退出行動と資源配分：完全競争市場の長期均衡…132
独占的競争…136
演習問題……143

6 市場の失敗 ………………………………………………… 145

I 外部効果 ………………………………………………… 147

自動車による大気汚染の例…147　　その他の外部効果の例…148
外部効果に対する政策的介入…149　　外部性の問題に関する余剰分析…152
外部効果の内部化…154

II 公共財 ………………………………………………… 156

公共財の理論…156　　費用逓減産業…161
なぜ市場の失敗が生じるのか…163　　政府による介入と公共料金体系…164
演習問題……167

7 不確実性と不完全情報の世界 …………………………… 171

I 不確実性と経済現象 …………………………………… 173

経済問題に潜んでいるリスク…173　　大数の法則と危険分散…174
保険の限界：モラルハザード…175　　株式市場とリスク分散…178
リスク分散と契約形態…180

II 不完全情報の経済学 …………………………………… 184

情報の不完全性と経済現象…184　　レモン市場：逆選択の問題…186

III 情報の不完全性への対応 ……………………………… 189

第三者による情報の提供…189　　商品やサービスの標準化…190
シグナルの理論…192　　シグナルとしての教育…194
料金体系と自己選択メカニズム…196

エイジェンシー関係とモラルハザード…199
演習問題……202

8 ゲームの理論入門 …………………………………… 203

Ⅰ 囚人のディレンマ………………………………… 205
ゲームの理論とは…205　囚人のディレンマ…207
囚人のディレンマの解釈…211

Ⅱ ジャンケン、チキンゲーム、そして異性間の軋轢………… 215
ジャンケン…215　チキンゲーム…218
バトル・オブ・セックス…219

Ⅲ 協調のメカニズム……………………………… 222
囚人のディレンマと協調行為…222　継続的なゲームと協調の発生…224

Ⅳ 経済政策とゲームの理論：ルールか裁量か……………… 226
金融政策のあり方に関する論争…226　ゲームの樹による表現…227
ルールか裁量か：経済政策の機能とは…230

Ⅴ 参入阻止行動：から脅しとコミットメント……………… 233
から脅しは通用しない…233　参入阻止行動…235
演習問題……240

Part 2　マクロ経済学

9 経済をマクロからとらえる ………………………… 243

Ⅰ マクロ経済学とGDP…………………………… 245
マクロ経済学の見方…245　ケインズ経済学と新古典派経済学…246
マクロ経済学の問題の代表例：金利の変化のマクロ経済的波及…248
マクロ経済の鳥瞰図…250
GDP：経済規模を測るもっとも基本的な指標…252　GDPと物価…254
経済成長率…258　GDPの分解…259　付加価値から見たGDP…261
GDPの三面等価…264

Ⅱ マクロ経済における需要と供給……………………… 265
GDPをどちらから見るのか…265
成長方程式：供給サイドから見たGDP…267

経済成長と寄与度：需要サイドから見たGDP…*270*
需要と供給：どちらがマクロ経済の動きを決めるのか…*272*
演習問題……*273*

10　有効需要と乗数メカニズム … *277*

I　マクロで見た需要 … *279*

需要不足がもたらす不況…*279*　　景気の波及メカニズム…*280*
限界消費性向と乗数…*283*

II　需要の決定とマクロ経済の均衡 … *285*

所得・需要・生産の相互メカニズム…*285*
消費関数と生産・所得・需要の決定…*286*　　需要不足の経済…*289*
投資と政府支出…*291*　　所得水準決定の数値例…*294*
補論：恒等式と方程式…*295*
演習問題……*297*

11　貨幣の機能 … *301*

I　貨幣の定義と機能 … *303*

貨幣とは何か…*303*　　貨幣の交換媒介機能…*304*

II　マネーストックと信用乗数 … *308*

金融システムの概観とマネーストックのメカニズム…*308*
ハイパワード・マネー…*310*　　信用乗数…*312*
信用乗数とマネーストックの変化…*314*
マネーストックと大恐慌の教訓…*315*

III　貨幣供給と物価 … *318*

貨幣数量式…*318*　　金利と貨幣需要…*322*　　貨幣量と物価…*324*
演習問題……*325*

12　マクロ経済政策 … *329*

I　財政政策と金融政策 … *331*

政策目標と政策手段…*331*
資産市場と財市場の接点：利子率とGDP…*334*
金融政策と有効需要…*337*
財政政策とクラウディング・アウト効果…*341*

Ⅱ　マクロ経済政策をめぐる論争 … 345

政策手段と政策目標の対応…345　　フィリップス曲線の議論…347
フリードマンによる批判…348　　裁量かルールか…350

演習問題……352

13　インフレ・デフレと失業 … 355

Ⅰ　インフレーション … 358

インフレか、失業か…358　　多くの国を悩ませてきたインフレ…358
物価は何で測るのか…360　　インフレの社会的コスト…361
インフレ税…363　　インフレと金利…365

Ⅱ　デフレーション … 367

日本の経験…367　　インフレーション・ターゲッティング…368
デフレ時代の金融政策…370

Ⅲ　失業 … 371

社会問題化する失業…371
先進国の共通した問題である雇用…373
雇用指標としての完全失業率と有効求人倍率…374　　自然失業率…377
自然失業率の決定…380　　賃金の下方硬直性…382
サンクトペテルブルクのホテルのウェイターの賃金…384
効率性賃金仮説…384　　補論1：物価指数の考え方…385
補論2：崩れる終身雇用制と失業問題…387

演習問題……389

14　高齢社会の財政運営 … 393

Ⅰ　高齢化のもとでの財政運営 … 395

日本の高齢化…395　　日本の財政健全化の方向…398
なぜ成長が重要であるのか…400　　社会保障改革…403
高齢社会の税制のあるべき姿…405

Ⅱ　財政収支の長期的側面 … 408

財政収支の長期的意味…408　　公債の負担の問題…411
減税政策の有効性に対する疑問：リカード仮説…414

演習問題……417

15　経済成長と経済発展 …… 419

Ⅰ　経済はなぜ成長するのか …… 421

経済成長の重要性…421　　動学的現象としての経済成長…422
経済成長メカニズムの概略図…423

Ⅱ　資本蓄積と経済成長 …… 425

貯蓄、投資、資本蓄積…425　　ハロッド＝ドーマーの成長モデル…428
新古典派の成長理論（ソロー・モデル）…429
研究開発投資と経済発展：内生的経済成長モデル…434
経済成長と国際投資：経常収支と異時点間の資源配分…439
補論：ハロッド＝ドーマーの基本式の導出…440
演習問題……441

16　国際経済学 …… 443

Ⅰ　為替レート …… 445

為替レートの決定…445　　多様な為替レート指標…447
資産と為替レート…450　　為替レートと貿易…453
変動為替レート制の隔離効果とその限界…455
変動為替レート制下の財政・金融政策：マンデル＝フレミングの理論…456

Ⅱ　比較優位 …… 459

アインシュタインの比較優位…459　　比較優位と資源配分…460
自由貿易の意義…462　　直接投資と多国籍企業…465
演習問題……470

経済学基本用語解説……473

演習問題解答……487

column 目次

日常会話に使われる経済用語…0-3
市場のパワーと人間の知力の限界…0-6
スーパースターの経済学…0-10
郵政の民営化…0-11

需要曲線と供給曲線の交点：均衡…1-21
なぜ石油価格は乱高下するのか…1-25
途上国の豊作貧乏…1-26
データ分析が幅をきかせる先端の経済学
　：計量経済学…1-29
不動産市場はマクロ経済の攪乱要因…1-32
なぜヨーロッパの消費税は高いのか…1-35

吉牛（ヨシギュウ）の需要曲線…2-41
オイルマネーの威力…2-45
短期と中長期：経済学者と市場関係者
　…2-47
白菜を捨てる農家…2-48
アンチダンピング…2-50
独占禁止法で規制されている抱き合わせ販
　売…2-56
二部料金制（two-part tariff system）
　…2-57
行動経済学と経済心理学…2-59
水とダイヤモンドではどちらのほうが価値
　があるのか？…2-61

機会費用（目に見えにくい費用）…3-72
携帯電話をかけるための限界費用は？
　…3-74
ガソリンスタンドの混乱：完全競争的な世
　界…3-76
ロスリーダー（おとり商品）…3-77
吉野家：店を増やすことで安い価格を
　…3-78
2着目半額のスーツは儲かるのか…3-81

オランダの花のオークション市場…4-91
コンサートチケットのネットオークション
　…4-95
地球温暖化と市場メカニズム…4-96
一物一価の法則と商人の役割…4-102
爆発したソ連製のテレビ…4-103
農産物輸入と日本の国益…4-110
マルクスを殺したハイエクと、資本論を復
　活させたピケティ…4-111
資源配分から見た郵政の民営化…4-112
ダーウィンの自然淘汰とゲームの理論
　…4-114
経済学の父「アダム・スミス」…4-116

競争政策重視の流れ…5-124
高級車が高い価格でも売れる理由…5-125
独占がもたらす「平和」…5-127
価格差別のいくつかのパターン…5-129
赤ひげと価格差別…5-130
退出の社会的問題…5-134
なぜ飲料には多くの種類があるのか
　…5-136
企業の利益の生命線であるブランド
　…5-138
重要性を増す独占的競争の理論…5-142

マーシャルの外部性…6-149
共有地の悲劇…6-151
交通渋滞…6-154
ネットワークの外部性…6-155
コースの定理…6-159
地球的規模の気候変動の問題…6-160
なぜ携帯電話では二部料金制が導入される
　のか…6-165
炭素税と排出権取引…6-166

column 目次

金融工学…*7-173*
モラルハザード：救急車の不正利用
　…*7-176*
医療保険の免責制度…*7-177*
資産三分割…*7-179*
フランチャイズの活用…*7-182*
コンビニの店頭を観察すると…*7-183*
保険におけるクリームスキミング…*7-188*
格付け機関への批判…*7-191*
行列のできるラーメン屋…*7-193*
プリンターの料金設定…*7-198*
歩合制：米国の百貨店の賃金体系…*7-200*

ジョン・ナッシュ…*8-207*
ゲーム理論とゲーム…*8-209*
囚人のディレンマ的な現象…*8-211*
瀬戸際戦略…*8-213*
米ソ間のホットライン…*8-214*
生物学、進化論、そしてゲーム論…*8-221*
談合…*8-223*
日本的取引慣行…*8-225*
ミルトン・フリードマン…*8-230*
中小企業支援策の問題点…*8-232*
後追い戦略を考える…*8-236*
小さな町には大きな店を、大きな町には小さな店を…*8-239*

ジョン・メイナード・ケインズ（1883-1946）…*9-247*
GDPで国の豊かさを測ることの問題点
　…*9-256*
日本の命運を決する実質経済成長率
　…*9-260*
フローとストック…*9-263*
変化率という表わし方…*9-269*
景気予測…*9-270*

穴掘り政策と戦争…*10-284*
需要が牽引した日本の高度経済成長
　…*10-293*

基軸通貨…*11-307*

中央銀行の独立性…*11-309*
サブプライムローン問題…*11-317*
私的貨幣と電子マネー…*11-320*

遅れる経済統計の整備…*12-333*
日本経済が経験した流動性の罠…*12-340*
インフレの芽…*12-350*

冷蔵庫が多かったブラジル…*13-359*
インフレと資産運用…*13-362*
インサイダー・アウトサイダー問題
　…*13-375*
三つの働き方：レイバー・ワーク・プレイ
　…*13-379*

GDPの成長と一人当たり所得の成長
　…*14-402*
社会保障制度に冷淡な経済学者？…*14-404*
小さな政府か、大きな政府か…*14-406*
成長率金利論争…*14-410*
将来世代を犠牲にしてよいのか…*14-412*
財政破綻とは…*14-413*

戦後日本の経済成長と21世紀の日本経済
　…*15-424*
成長率は収斂するのか？…*15-433*
貧困の罠…*15-438*

共通通貨ユーロの苦難…*16-447*
為替投機は悪か…*16-452*
WTOとFTA…*16-464*
TPP（環太平洋経済パートナーシップ）
　…*16-466*
アジアの生産ネットワーク…*16-468*

0: 経済学とはどのような学問か

経済学とはどのような学問でしょうか。

みなさんの周りにはさまざまな経済現象があります。「なぜ、景気は良くなったり悪くなったりするのか」「なぜ、為替レートは円高になったり、円安になったりするのか」「景気を回復させるために政府はどんな政策をとったらよいのか」「原油価格が乱高下するのはなぜか」といった大きな経済問題から、「なぜディスカウントショップでは、他の店と比べて商品が安く売られているのか」「インフレになったら株に投資するのは得なのか、損なのか」「携帯電話の料金はなぜあんなに複雑なのだろうか」といった私たちの身近な生活に関する問題まで、無数といってよいほどの「経済問題」があります。そういった経済現象や経済問題について、その読み解き方を経済学から学ぶことができます。

経済学を勉強すると何に役立つのでしょうか。

今の世の中は複雑です。経済のことをまったく知らなくては実社会に出て困ることが多いでしょう。ましてや、いろいろな分野でプロフェッショナルとして仕事をしようとするなら、経済学的な見方ができなければ、相手と専門的な話をすることはできません。

👧 プロフェッショナルとは学者になることですか。

👨 学者もプロフェッショナルの一つですが、実際の世界ではもっと広い分野のプロフェッショナルが経済学的な考え方を駆使して仕事をしています。金融関係、会計士、政府で働く人たち、ジャーナリスト、ベンチャー企業を立ち上げた人たちなどはもちろんのこと、普通の会社で仕事をするのでも経済学的なセンスが求められることがしばしばあります。

👧 経済にあまり関係ない仕事に就くのであれば、経済学は学ぶ必要はないのではないでしょうか。

👨 そんなことはありません。家計をやりくりしたり、老後のために資産運用する場合でも経済のことがわからなければいろいろと困るでしょう。これだけ社会が複雑になり、グローバル化が進んだ現代では、すべての人が経済に関する基礎知識を持つことが求められます。

👧 経済学を理解するためには数学が必要だと聞いたのですが、そうなのでしょうか。

👨 確かに、学問としての経済学は数学をよく使います。経済を分析するエコノミストたちは、コンピュータを駆使してデータ解析を行っています。しかし、経済学の基礎を学ぶために数学は必須ではありません。ある程度数学がわからないと経済学はできない、と思い込んでいる人がいたら不幸なことです。新聞やテレビでも多くの経済問題が取り上げられていますが、数学など一切使っていないですよね。

👧 この本を使って経済学を学ぶにあたって、何かコツのようなものはありますか。

👨 各章ごとに基本となる概念（コンセプト）がありますので、まずはこれをしっかり理解するようにしてください。練習問題なども理解を深めるうえで役に立ちます。そのうえで、それぞれの章で学んだことが、現実の世界でどのような例に当てはまるのかを考えてみるのがよいと思います。そのために、この本では、できるだけ多くの具体的事例を取り上げるようにしました。

経済学を学ぶ目的

　一昔前には、経済学とは数式がたくさん出てきて、たいへん抽象的な学問であるという印象が強かったようです。しかし、最近は新聞や一般雑誌で経済問題が頻繁に取り上げられ、世間の経済問題に対する関心も高まり、経済学のイメージもだいぶ変わってきたようです。

　このような変化は、歓迎すべきものでしょう。むずかしい数式やグラフを理解するためにエネルギーを使い果たし、かんじんの現実の経済現象にまったく音痴である人が結構多いのですが、これではなんのために経済学を学ぶのかわかりません。経済学を学ぶからには、現実の経済現象に関心を持ってほしいものです。

　新聞の経済記事などを注意深く読むと、経済問題はたいへんにおもしろいものであることが理解してもらえると思います。株価や不動産価格の高騰や暴落、企業の合併、為替レートの変動など、いずれも劇的に展開し、それを観察する側は何度も息を呑む思いをします。しかも、これらの問題は、いずれも私たちの生活に大きな影響を及ぼすものです。

　「経済学を学ぶ目的は、経済学者の議論にだまされないようにするためである」とは、イギリスの高名な経済学者の言葉であったように記憶しています。私はこの言葉を、つぎのように勝手に解釈しています。「経済学を学ぶ目的は、

---

column

日常会話に使われる経済用語

　最近は経済用語が日常的に使われることは少なくありません。みなさんは、「東京都心のマンション価格は明らかに"バブル"だ」、「今度の携帯電話料金にはたくさん利用させるような"インセンティブ"が組み込まれている」、「"M＆A"の件数が最近増えている」など、日常の会話に出てくる経済用語の意味がわかるでしょうか。

　バブルとは常識を超えた範囲で資産価格が高くなったり安くなったりすることです。インセンティブとは、この場合、携帯電話の利用者に多く利用してもらうような料金上の仕掛けを指しています。そしてM＆Aはmerger and acquisitionの略で、企業の合併や吸収のことを指します。経済用語を知らないと新聞も読めませんし、知的な会話をすることもできない時代なのです。

世間に流布する俗説や通説を鵜呑みにしないで、自分の頭で経済現象について考え、理解することができる能力を身につけることである」。この解釈にもとづいて上の言葉を現代風に解釈しなおせば、「経済学を学ぶ目的は、マスコミやエコノミストによってつくられる俗説に惑わされずに、自分の目で経済現象を見つめる能力を身につけることにある」とでもなるのでしょうか。

経済学の考え方を身につけてもらうためには、経済学者が経済現象をどのように見るか知ってもらうことが必要です。経済学者の議論の仕方には、いくつかの基本的な特徴がありますので、まずそれを整理してみましょう。

多くの経済問題はトレードオフの関係にある

私たちが生活している社会は、多くの制約のなかで動いています。あることを実現しようとすると、別のことを犠牲にしなくてはなりません。このような関係をトレードオフの関係といいます。

たとえば、農業を保護しようとすれば、農業分野に労働や資本などの資源を振り分けなくてはなりません。つまり、その分、他の産業の生産は減少するはずです。農業を保護することは、他の産業の犠牲のうえに成り立つことなのです。

別の事例をとりあげれば、減税を行なえばそれだけ政府の財政赤字は増加します。この財政赤字はいずれは増税で賄うしかありません。つまり、現在行なわれる減税は、将来の増税という犠牲によって成り立っているのです。

このように、経済のどこかに利益を及ぼそうとすれば、それによって犠牲になる人や産業が出てきます。こうした関係をトレードオフの関係といいます。こうしたトレードオフの関係をきちっと見極めることが、経済現象を理解するうえで非常に重要になります。

もし、トレードオフの関係が重要でなければ、経済学などいらないことになります。国民は必要なだけ生産し消費すればよいからです。しかし残念なことに、私たちが使うことができる資源——たとえば土地、エネルギー、設備、労働力など——には制約があります。こうした資源の制約をやりくりしながらできるだけ高い経済成果を実現しなくてはなりません。そのために、国や地方自治体レベルで政策が行なわれます。企業レベルでは経営判断が重要となり、企業間では競争が行なわれます。個人や家計のレベルでも、就職、貯蓄、消費、教

育などについて、さまざまな経済的判断が行なわれます。

　経済学のひとつの重要な目的は、このように私たちが直面するさまざまなレベルでのトレードオフの関係を明らかにし、どのような選択を行なうべきかという点について指針を与えることにあります。

市場の機能によってより豊かになる

　経済学者の議論の根底には、つねに「市場の機能は社会を豊かにする」という信念があります。市場での自由な活動に委ねれば、もっとも効率的な生産者のところに資源が集まり、もっとも低コストで生産が行なわれます。そしてそのように生産された財やサービスは、それをもっとも必要とする人のところに配分されます。市場には、新しい技術を開発し、積極的な投資を行なうようなダイナミズムが備わっており、それが経済成長の原動力となるのです。

　こうした経済学者の考え方は、さまざまな形で政策形成にも影響を及ぼしてきました。近代の経済学の創始者ともいわれるイギリスのアダム・スミスやデイビッド・リカードは、海外との貿易を自由にすることで一国が多くの利益を得られることを明らかにし、当時支配的であった重商主義の考え方を論破しようとしました。スミスやリカードの考え方の基礎にあったのは、海外との自由な貿易を行なうということが国際レベルでの市場の利用ということであったのです。

　現代においても、経済学者の市場の機能に対する信頼は、さまざまな形で経済政策の運営に影響を及ぼしています。一連の規制緩和策は、その典型的な事例でしょう。金融、通信、運輸、電力、流通など、多くの分野において、政府の規制が市場の健全な機能を阻害してきました。そこで経済学者は古くからこうした分野の規制緩和を主張してきましたが、こうした規制緩和は現実の政策の大きな柱となっています。

　もちろん、経済学者は市場にすべてを委ねればそれでうまくいくといっているわけではありません。市場の機能がときとして私たちの生活に好ましくないこともあるからです。このような現象を経済学者は市場の失敗と呼びます。その代表的な例は地球温暖化やオゾン層の破壊、あるいは大気汚染や水質汚染などの環境破壊問題です。こうした現象を分析するのも経済学の重要な分野であり、そうした議論のなかからさまざまな政策の処方箋が提起されています。ま

た、バブル崩壊後の日本経済の停滞の原因となった金融問題は、株式市場や不動産市場の自由な取引が必ずしもつねに好ましい結果をもたらさないことを明らかにしました。政府によるこうした市場の監視が必要となります。

市場の機能だけではうまくいかないもうひとつの大きな問題は、所得分配の問題です。経済のなかには、どうしても富む者と貧しい者が出てきます。そう

> **column**
>
> ## 市場のパワーと人間の知力の限界
>
> 　第二次世界大戦の後、世界の半分は社会主義的な思想に支配されていたといっても過言ではありませんでした。世界で最初に宇宙に人を送ったのは社会主義国の雄であったソビエト連邦でした。西欧や日本のような市場経済の国でも、社会主義や共産主義を標榜する政党が強い力を持っていました。人間の知恵によって平等で安定的な社会を計画的に運営していこうという社会主義的な発想は、理念としては世界の多くの人によって支持されていたのです。
>
> 　しかし、そもそもごく少数のエリートの知恵によって経済運営をすべて行なうという考え方は、人間の知力を過大評価した無理な考え方でした。その後の社会主義国の経済的停滞は、その考え方の誤りを証明するものでした。それに加え、ごく少数の人に政治の実権を独占させることは、独裁者の横暴につながるのです。スターリンの支配下でのソ連の悲劇、毛沢東時代の中国での膨大な数の人の飢餓・殺戮、現在の北朝鮮（朝鮮民主主義人民共和国）の惨状など、社会主義の悲劇を示す事例は数限りなくあげることができます。
>
> 　社会主義の理念の破綻を世界中の人に見せつけたものは、なんといっても 1989 年のベルリンの壁の崩壊でした。第二次大戦直後には世界経済の半分近くを覆っていた社会主義の理念が、市場経済の理念に敗北したことを世界中の人が感じた瞬間がベルリンの壁の崩壊でした。
>
> 　この教科書に通底する考え方は、世界中のすべての人が一人ひとりそれぞれの意思で経済活動を行なうことが、結果的には市場の調整能力を通じて、繁栄した社会を構築することになるという市場経済の考え方です。
>
> 　もちろん、市場は万能ではありません。地球環境破壊、格差、独占企業の弊害など、さまざまな「市場の失敗」の問題が存在します。こうした問題について分析を行ない、その是正のための処方箋を準備するのも経済学の重要な役割です。

した所得格差はそれ自身が問題であるだけではなく、社会的な不安定性の原因ともなります。「ごく少数の人が社会の富を独占している」というスローガンで、世界の多くの国でデモが起きています。所得や富の分配は、現代社会のもっとも大きな問題のひとつとなっています。所得分配の問題は、一国内の貧富の差だけでなく、豊かな国と貧しい国という国際的な格差という形でも現われます。このような国内外の所得格差をどのように解消するかということを考えるのも経済学の重要な使命です。

市場の機能を補完するため政府の介入が求められる典型的な例が、財政政策や金融政策などのマクロ経済政策の分野です。経済の自律的な動きのなかでは、好不況の波が起こり、これが深刻な失業問題やインフレを起こすことがあります。こうした現象に対しても政府は手をこまねいて市場にすべてを委ねればよいというわけにはいきません。そこで、どのような形で市場に適切に介入したらよいのか、減税、公共投資、金利調整など、さまざまな経済政策が経済学の分析の対象となっています。

相互作用のメカニズムにふれることなしに経済現象は理解できない

経済現象がときとして非常に複雑になるのは、経済主体や市場の間にさまざまな形態の相互作用が働くことによります。この相互作用について理解することが、さまざまな経済現象を分析する際に重要となります。この点に関して、つぎのような例を考えてみましょう。

「すべての人が貯蓄を増やそうとすると、各人の貯蓄は結局減少することになる」という主張は、奇妙だと思いますか。経済主体間の相互作用があるため、このような現象が起こるのです。

各人が自分の貯蓄を増やそうとすることは、実はそれだけ消費を減らそうとすることにほかなりません。なぜなら、貯蓄とは所得のうち消費にまわさない部分のことですので、貯蓄を増やすためには消費を減らさなければならないからです。人々の消費が減少すれば、それだけ企業の生産する商品に対する需要も減少しますので、景気が悪化します。景気の悪化は、失業の増加や企業の利潤低下といった形で現われます。これは、結局は、個々の消費者の所得の減少となります。所得の減少の結果、人々は貯蓄を減らさざるをえなくなります。人々の消費意欲は景気の重要な決定要因ですので、貯蓄を増やすためには、ま

ず消費を増やし景気を良くすることが必要な場合もあります。

　ここであげた例は、各人の行動を積み上げただけでは、経済全体の動きをつかむことができないことを示しています。こうした現象を、少しむずかしい表現を使えば、合成の誤謬（ごびゅう）といいます。人々の貯蓄行動は、消費意欲の変化を通じて、景気の重要な決定要因でもあります。景気は人々の所得水準に影響を及ぼし、貯蓄にも影響を及ぼすわけです。

　以上の例は、経済内に働く相互作用のほんの一例で、相互作用はこのほかにもいろいろな形態をとりえます。二つほど、追加的な例をあげてみましょう。

- 米（コメ）の輸入制限をすることは、米の生産に土地や労働力を使うという意味で、それだけ他の生産を犠牲にしています。このような点も考慮に入れて、輸入制限政策の意義について考える必要があります。
- 内需拡大策などの財政政策を行なえば、利子率や為替レートも変化します。これによって、民間投資や貿易、さらには海外諸国にも影響が及びます。

　第一の例は、ミクロ経済学で一般均衡分析と呼ばれる考え方を表わしています。いろいろな産業はお互いに密接に関連しあっているので、ひとつだけを切り離して議論することはできないというのが、その基本的な考え方です。

　第二の例は、マクロ経済学と呼ばれる分野の典型的なケースです。マクロ経済学とは、経済全体を大づかみにとらえようとする分野であり、GDP、利子率、為替レート、物価など、いくつかの重要な経済変数の間の相互作用を分析することが、その主要な目的となります。

人間はインセンティブ（誘因）によって動かされる

　経済学者の書く文章には、インセンティブ（誘因）という用語がしばしば出てきます。人間の行為はその多くがインセンティブにもとづいており、インセンティブの構造を明らかにすることが、経済学の重要な役割の一つなのです。

　経済学を学ぶ者の多くが最初に直面する疑問は、経済学の議論の多くが「人々が合理的に行動する」という前提にもとづいているという点です。人は本当にそんなに合理的に行動しているのだろうか。株式市場の熱狂的な動きなどは、とても合理的な行動で説明できるとも思えない。このような疑問を持つ人は多いでしょう。

たしかに、人は多くの場面で合理的とは思われない行動をとります。私は心理学の素養はありませんが、人々の非合理的な面を深く掘り下げることで人間の心理についてより深い理解が得られるということはなんとなく理解できます。異常とも思われる行動をくわしく分析するのも、心理学の重要な役割の一つなのです。

　これに対して、経済学の基本は、合理的な行動原理をベースにしてどこまで経済現象を説明できるのかという点にあります。合理的な行動をしない人がいても、それは右に振れるか左に振れるかわかりません。全体の大きな姿をつかむためには合理的な行動を想定しても大きくぶれることはないという楽観があります。それだけでなく、経済の至る所にインセンティブの構造が潜んでいるのです。先進国であろうが途上国であろうが、企業活動であろうが社会活動であろうが、若者であろうが老人であろうが、人間というのはインセンティブによって動かされる存在なのです。経済の隅々で起きていることを観察すると、そうしたことを痛感する現象に直面することがしばしばあります。

　もちろん、経済学においては一見非合理的とも見える行動についてまったく分析が行なわれていないわけではありません。たとえば、株式市場の分析などでは、熱狂によってバブルが起きるような行動は、ある種の合理性の欠落によって説明できる面もあるでしょう。心理学の成果を取り入れた行動経済学という研究分野がありますが、その研究の先駆者に対してノーベル経済学賞が授与されています。

　初歩的な経済学の教科書では、多くの場合、常識的な行動（たとえば消費や生産）が合理性の原理で説明されます。多分、普通の人にとってはこの消費や生産の理論は退屈でつまらないものに映るかもしれません。しかし合理性という鏡を通じて消費や生産を見ることで、経済学は想像以上に多くの情報を与えてくれるのです。

　ある価格で売られている商品の需要を見れば、どれだけの人がその商品を価格以上の価値で評価しているかがわかります。たとえば、牛肉のように関税によって国内価格が高くなっている商品について、かりに関税が引き下げられたら国内消費者にどの程度の利益が及ぶのかという点は、現在の価格と輸入量などからその数値をはじき出すことが可能なのです。

　初歩的な教科書を超えた分野では、人々の合理性やインセンティブへの敏感

な反応が多くの興味深い分析結果をもたらしてくれます。シカゴのマフィアやその組織の末端で働いているギャングの若者たちの行動原理なども、その多くが驚くほど合理性によって説明できることがわかっています。ギャングであるからこそ、なおのこと利益機会や危険という環境に敏感に対応した行動をとるのかもしれません。

政治家や官僚の行動パターンから途上国の貧困層の人たちの生活まで、企業

> **column**
>
> ## スーパースターの経済学
>
> 　プロのテニスプレイヤーは何万人もいるはずですが、賞金獲得額でいえば上位数人でその大半をさらっていきます。プロ野球の世界でも、米国の大リーガー数人が稼ぐ金額は、日本の一つの球団の全選手の給料よりも多いかもしれません。プロのスポーツ選手の世界では、ごく少数の人がものすごい金額を稼ぐと同時に、非常に多くの他の選手はわずかな年俸しかもらっていません。
>
> 　スポーツ選手だけではありません。ミュージシャンや映画俳優、作家、建築家や画家などのような職業の場合、みな同じような所得構造になっています。ごく一部のスーパースターが桁外れに大きな額の所得を稼ぎ、その他大勢のプロは非常に低い所得に甘んじているのです。こうした極端な所得体系によってスポーツや芸術の世界は成り立っています。
>
> 　所得が低くてもいつかは一流になりたいという思いで、非常に多くの人ががんばっているのですが、本当に一流になれる人はごくわずかというのが「プロ」の世界の厳しい掟です。
>
> 　スティーヴン・レヴィットとスティーヴン・ダブナーによる『ヤバい経済学――悪ガキ教授が世の裏側を探検する』（東洋経済新報社）は相撲の八百長から試験でのズルまで、さまざまな現象で経済学の切れ味を示したおもしろい本です。
>
> 　そのなかに、シカゴのギャングの世界がたいへんおもしろく紹介されています。ギャングの下っ端は非常に危険なことをしているにもかかわらず、所得は驚くほど少ない。それでも多くの若者がギャングをつづけている。その一方で、ごく一部の幹部は非常に豊かな生活をしている。多くの下っ端のギャングたちは、いつか幹部にのし上がるという夢を見ながら厳しいギャングの仕事をつづけているというのです。ギャングの世界はまさにハイリスク・ハイリターンの典型的な世界と考えてよいでしょう。

の経営者の行動原理から一般庶民の消費活動まで、人間の行動は驚くほどインセンティブによって支配されています。経済学が狭い意味での経済現象に限らず、犯罪行動や家族生活から教育や政治現象など幅広い分野の分析にまで広がっているのは、こうした社会のさまざまな現象が人間によって行なわれる行為によって規定され、そして人間の行為はインセンティブによって強く支配されているからです。そこに経済学の説明力の源泉があります。

経済学は世の中の経済問題にどのようにかかわってきたのか

　経済学は、現実の経済問題に深くかかわってきました。この点については、マクロ経済学の基本を打ち立てたといわれるイギリスの経済学者ジョン・メイナード・ケインズの古典的名著『雇用・利子および貨幣の一般理論』の最後の部分を引用したいと思います（塩野谷祐一訳、東洋経済新報社版による）。

　「経済学者や政治哲学者の思想は、それが正しい場合にもまちがっている場合にも、一般に考えられているよりははるかに強力である。事実、世界を支配するものはそれ以外にはないのである。どのような知的影響とも無縁であるとみずから信じている実際家たちも、過去のある経済学者の奴隷であることが普通である。権力の座にあって天声を聞くと称する狂人たちも、数年前のある三文学者から彼らの気違いじみた考えを引き出しているのである。

---

column　郵政の民営化

　巨大な公的組織・郵政の民営化は、当時の小泉内閣の大きな課題でした。当時、郵政には、30万人を超える数の職員、350兆円近くの貯金や簡易保険というお金、そして全国の一等地にある膨大な数の不動産がありました。これらの人材・資金・不動産は、日本にとってはかけがえのない経済資源です。それを使って、「親方日の丸」と呼ばれるようなお役所的な体質で経営が行なわれていたのです。利益の上がらないような保養施設をつくったり、無駄な道路建設へ資金を貸し出すなど、国民の資産を無駄遣いしているという批判がありました。郵政の民営化は、こうした国民の貴重な経済資源を、市場の競争にさらすことで、より有効に活用しようとする目的で行なわれたのです。

私は、既得権益の力は思想の漸次的な浸透に比べていちじるしく誇張されているのと思う」。

ケインズの指摘は非常に奥の深いものですが、現代社会では、ケインズの時代よりもはるかに広く、そして深く、経済学は現実の経済運営のなかに浸透しています。いくつか代表的な例をあげてみましょう。

- 政府や日本銀行などでは、経済モデルを用いて現実の景気動向を追っています。ここで使われている経済モデルとは、経済学の論理を用いた簡単な数式の上で消費や投資などの動きを分析する手法です。こうしたモデル分析は景気判断の基本となり、政策決定にも大きな影響を及ぼします。
- 規制緩和政策のなかで、航空料金、電力供給、通信料金、教育制度、流通に関する規制などについての制度改正が論じられるときには、その基本となる論理は経済学の考え方です。
- グローバルな市場で活動している国際的な金融機関が開発する金融商品は、オプション、スワップ、フューチャーなど、さまざまなハイテク手法を駆使した商品です。こうした商品は、先端の金融理論を基礎として、高性能のコンピュータで設計されています。こうした分野を金融工学と呼ぶ人もいます。
- IMF（国際通貨基金）、世界銀行、WTO（世界貿易機関）、BIS（国際決済銀行）などの国際機関においては、世界の金融問題、経済援助、通商問題など、さまざまな経済問題について高度な経済論理の上で論議がたたかわされ、制度が形成されていきます。そうした国際機関では、経済学博士号を持った専門職が多く活躍しています。
- これまで比較的経済学と関係が薄いと考えられてきた分野でも、経済学的思考が求められるケースが増えています。その代表的な事例が「法と経済学」と呼ばれる分野です。会社法や独占禁止法から、契約法や刑法にいたるまで、経済学の論理で法体系について分析が行われています。アメリカの主要なロースクール（法科大学院）には法と経済学の講座が必ずあります。これと同じように、政治学、技術問題、社会学、環境問題、歴史分析など、さまざまな分野で経済学の考え方が利用されています。

ミクロ経済学とマクロ経済学

　経済学では、伝統的にミクロ経済学とマクロ経済学に分野を分けるということをしてきました。個々の市場——労働市場、為替市場、米の市場など——の需要や供給について分析するのはミクロ経済学です。これに対して、景気の動き、マクロ経済政策、経済成長など、経済全体の大きな動きについて分析するのがマクロ経済学です。

　もちろん、こうした二つの分野への分類はあくまで便宜上のものであり、現実の多くの問題はミクロとマクロの両面を兼ね備えています。また、マクロ経済学の分析においては、ミクロ経済学の手法が頻繁に利用されます。

　ただ、本書のような入門書においては、ミクロ経済学とマクロ経済学に分けて説明することが何かと便利です。

　第1部ではミクロ経済学を取り上げます。そこでは、需要と供給から価格がどう決まるか、そしてそうした価格形成に伴って企業の生産活動や消費者の消費行動はどのように影響を受けるのかといったことが、分析の主たる対象となります。

　もちろん、こうした「需要と供給の分析」の対象は、通常の財やサービスだけではありません。労働市場、金融市場なども主たる分析の対象です。そこでは価格に相当するものは、賃金であり、利子となります。また、競争的な市場だけでなく、少数の企業が市場を独占しているようなケースも分析します。さらには、国内での需要と供給のバランスだけでなく、海外との貿易を行なっている場合も分析することができます。需要と供給は経済学のもっとも基本的な分析手法であり、きわめて広範な問題に利用することができます。

　第2部では、マクロ経済学にかかわる問題を取り上げます。マクロ経済学を理解するうえでもっとも基本的なことは、GDP（国内総生産）を中心とした、消費・投資・政府支出などのマクロ経済変数によってマクロ経済の動きを大づかみにとらえることです。マクロ経済学の基本的な構造の説明の後、景気の動きを規定する基本的なメカニズムや財政金融政策の機能について説明します。失業やインフレ、財政赤字や政府債務、経済成長、為替レートなどの問題についても分析を行ないます。

本書の特徴と読み方

　経済学とは、机上の学問ではなく、つねに現実の経済現象を念頭に置いたものでなくてはなりません。本書でも、できるだけ現実的な経済問題をとりあげ、経済理論によって現実の問題をどのように分析することができるかを明らかにしたいと思います。

　ただ、現実の経済問題について学ぶことは大切であるといっても、世間に流布している俗説を鵜呑みにするのでは意味がありません。本書の最大の目的は、経済理論の構造を明らかにすることです。それによって、自分の頭で経済問題について考える力をつけることができることを狙いとしています。本書では、論理のステップや直感的な意味を大切にするように心がけますので、読者のみなさんも納得のいくまで自分の頭で考えるようにしてください。

　各章の終わりには、演習問題をつけておきました。演習問題はその章の内容の理解を確認するうえで大切ですので、できるだけ解くようにしてください。

Part 1

ミクロ経済学

Part 1

1: 需要と供給

この章でとりあげる「需要と供給」という言葉は、中学や高校の授業で聞いたことはあるのですが、どういうものか、忘れてしまいました。もう一度、教えてほしいのですが。

経済学は「需要と供給に始まり、需要と供給に終わる」といっても過言ではありません。需要と供給はまさに、経済学の真髄です。

そんなに重要なことをいきなりぶつけられたら、初心者には理解できないのではないでしょうか。

中学・高校の社会科の教科書などで右下がりの形をした「需要曲線」というのを見たことがありませんか。価格が安くなるほど、需要が大きくなるということをグラフで表わしたものです。

そんなグラフ見たことがあったかしら。

たぶん、この章を読めば右下がりの需要曲線を思い出す人も多いと思います。それともう一つ、右上がりのグラフである「供給曲線」というのも出てきます。このグラフは、価格が高くなるほど、供給量も大きくなるという関係を表わしています。

需要とは、消費者が買いたいと思う量、供給は企業が売りたいと思う量を表わしていると考えればよいのでしょうか。

そうですね。とりあえずはそう考えてください。説明をしていくうちに、もっといろいろな需要や供給が出てくることになりますが……。この章ではまず簡単なケースを想定します。この章を読んでもらえば、簡単なグラフで経済のいろいろな問題が分析できることがわかると思います。

たとえば、どのような問題を考えることができるのでしょうか。

そうですね。たとえば、天候不順で野菜の収穫が下がると、価格が高騰することがあります。こうした価格上昇がどの程度の規模で起きるのか、需要曲線と供給曲線を使うことで分析できます。こうした需要と供給や価格の関係を理解することは、農業関係者や流通関係者にとってとても重要であることがわかると思います。

野菜の価格であれば消費者にも関心のある問題ですね。

そうです。価格がどのように決まるのか理解を深めてもらうことは、経済学を学ぶ重要な目的です。そのためにも、まず需要と供給の基本的な考え方を理解してほしいのです。

そのほかに、どのような問題をこの章で学ぶのでしょうか。

たとえば、消費税の税率が上がったら、商品の価格がどれだけ上がるのかという点についても分析します。

税金が上がれば、その分だけ価格が上がるのではないのでしょうか。

話はそんなに簡単ではありません。そんなに価格が上がったら商品は売れなくなるので、生産者も税金の一部を負担するはずです。生産者と消費者で負担の配分がどうなるのかという点も、需要と供給を使った分析で明らかになることがわかります。

わかりました。いろいろな例は出てくるが、とにかく需要曲線と供給曲線の考え方に慣れるというのがこの章の目的なんですね。

そのとおりです。経済学を学ぶためのウォームアップだと思って、この章を読んでみてください。

I　需要・供給分析

黄金のクロス

　経済学のどの教科書を開いてみても、図 1-1 に描いたような右下がりの曲線と右上がりの曲線が交差した図をみかけます。需要曲線と供給曲線です。この二つの曲線を用いた分析は、実に幅広い応用範囲を持っており、ほとんどの経済問題に顔を出します。需要・供給曲線は、経済学にとってはもっとも重要な分析用具であり、まさに「黄金のクロス（十字架）」です。

　経済学は、需要と供給に始まり需要と供給に終わる、といっても過言ではありません。大根の価格や大根の生産・消費について分析するためには、大根の需要曲線と供給曲線を使います。賃金の動きや失業の問題について考える場合には、労働の需要曲線と供給曲線を使います。このほかにも、為替レートを分析するための外国通貨（たとえばドル）に関する需要・供給曲線、利子率の動きを見るための資金に関する需要・供給曲線などもあります。

　図 1-1 に描かれているように、需要曲線も供給曲線も単純な形をしています。縦軸には価格が、横軸には需要量と供給量がとられています。多くの読者は、この図になじみがあると思いますが、具体的な商品をイメージしながら、この図について簡単に説明してみましょう。——*

*——確認：需要・供給「曲線」なのに、図 1-1 ではなぜ直線で表わされているのか？
　　需要「曲線」、供給「曲線」なのに、図 1-1 では直線になっています。これは直線である必要はありませんが、絵を単純に描くために直線にしたにすぎません。気になるようでしたら、需要と供給を曲線で描いても以下の話はまったく変わりません。

　図 1-1 は、東京におけるクレープの需要と供給を表わしたものであるとしてみましょう。縦軸にはクレープの価格が、横軸にはクレープの需要量と供給量がとられています。

　需要曲線は右下がりになっています。——*　これはクレープの価格が安くなればクレープの需要が増大すると考えられるからです。もしクレープが 1 枚 500 円も 1000 円もしたら、クレープを買う人はあまりいないでしょう。逆に、1 枚数十円であれば、クレープを買う人も増えるでしょう。需要曲線はこのような関係を示しています。

*——確認：需要曲線が右下がりになっているのはなぜ？

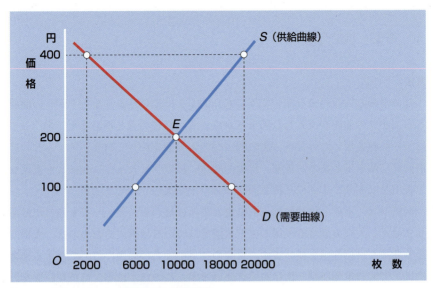

図 1-1　黄金のクロス：需要曲線と供給曲線
右下がりの需要曲線は、「価格が低いほど需要量は多い」という消費者（需要者）の行動を表わしている。右上がりの供給曲線は、「価格が高いほど供給量は多い」という供給者（企業など）の行動を表わしている。両者の交点は均衡点と呼ばれるが、この点で需要と供給が一致する価格が読み取れる。

　価格が下がるほど需要は増えると考えられるので、需要曲線は右下がりになります。
　図に即していうなら、クレープの価格が 400 円のとき、クレープの需要は 2000 枚となります。縦軸の 400 円のところから水平線を引いて、需要曲線とぶつかったところの横軸の座標を読めば、2000 枚と読み取ることができます。同じようにして、価格が 200 円のときは需要が 1 万枚、価格が 100 円であれば需要は 1 万 8000 枚と読むことができます。価格が低いほど、需要が多くなっていることがわかると思います。
　供給曲線は、通常、右上がりの曲線として描かれます。——* これは、価格が高くなれば、クレープの供給も増えると考えられるからです。もしクレープが高く売れるなら、クレープを売る人も増えるでしょう。逆に、クレープの値段が安ければ、クレープを売ろうという人も少なくなるに違いありません。クレープの供給曲線とは、このような関係を表わしていると考えてよいでしょう。

*──確認：供給曲線が右上がりになっているのはなぜ？
　価格が高くなるほど、供給は増えると考えられます。だから、供給曲線は右上がりなのです。

需要と供給の一致

　図 1-1 のような需要・供給曲線のグラフで、二つの曲線の交点（図では点 E）は重要な意味を持っています。この点で、需給が一致するからです。この需給の一致点について少し説明してみましょう。

　もしクレープの価格が 1 枚 200 円であれば、クレープの需要も供給もちょうど 1 万枚になり、需給が一致します。このように需要と供給を一致させる点（図の点 E）を均衡点と呼びます。また、需給の一致をもたらすような価格を均衡価格と呼びます（ここでは 200 円）。このような状態に均衡という名称をつけるのは、現実の経済のクレープの価格や需給が最終的に落ち着く点が、この均衡点で表わされる状況に近いものであると考えるからです。

　かりに、クレープの価格が 400 円と高いものであったらどうなるでしょうか。このグラフでは需要はわずかに 2000 枚なのに、供給は 2 万枚にもなってしまいます。つまり、価格が高すぎれば、供給ばかり多くて、売れ残りが出てしまいます。このような状態を超過供給と呼びます。超過供給の状態は長つづきしません。価格は下がるでしょう。

　逆に、クレープの価格が 100 円と非常に安ければ、今度は需要が 1 万 8000

---

column

需要曲線と供給曲線の交点：均衡

　ミクロ経済学では需要曲線と供給曲線の交点を均衡と呼んで、いろいろな分析に利用します。理論的な言い方をすれば、交点とは需要曲線と供給曲線の条件の両方を満たす唯一の点ということになります。需要曲線は消費者（需要者）の行動を表わしたものですが、消費者はこの需要曲線の上で行動します。同じように供給曲線は供給者（企業）の行動を表わしたものですが、供給者の行動範囲はこの曲線の上に限定されます。市場の均衡とは、需要者の行動と供給者の行動の両方を成立させる点であり、これは二つの曲線の交点のみとなるのです。需要と供給の均衡という考え方は経済学の基本的な考え方であり、本書でもいろいろなところに出てきます。

枚もあるのに、供給はわずかに6000枚にしかなりません。つまり、クレープを買いたくても買えない人が大量に出てしまいます。このような状態を<u>超過需要</u>と呼びます。超過需要の状態も長つづきせず、価格は引き上げられるでしょう。

　結局、価格が均衡価格である200円より高くても低くても、需要と供給のバランスがとれません。需要と供給が一致するように、価格が調整されるはずです。超過需要があるときは価格が上昇し、超過供給があるときは価格が低下します。このような価格の調整機能が働くなら、クレープの価格は均衡価格に落ちつくはずです。需要・供給分析では、このような調整メカニズムを前提として、均衡点にスポットを当てた分析を行ないます。──＊

＊──確認：価格による需給の調整メカニズムとは？
　　価格が高すぎると、供給のほうが需要よりも多くなります（超過供給の状態）。その場合には価格は下がるでしょう。それによって供給が減少し需要が増加して調整が行なわれます。逆に、価格が低すぎると、需要のほうが供給よりも大きくなります（<u>超過需要の状態</u>）。その場合には価格が上昇するでしょう。それによって供給が増えて需要が減少して、調整が行なわれます。

　これまでの説明を読んで、つぎのような不満を持つ読者がたくさんいると思います。「東京のクレープ屋が同じ価格をつけていることになっているが、現実には価格に相当なばらつきがある」、「均衡価格がつけばクレープの需要と供給が一致するとあるが、実際にはクレープを買いたくても売りに来なかったり、売れ残りを抱える店があったりする」、「クレープの価格はそれぞれのクレープ屋がつけるはずなのに、ここの議論ではクレープの価格はだれがつけているのかよくわからない」などの不満です。

　これらの不満は、どれももっともなものです。ミクロ経済学についてより深く学んでもらえば、これらの点について、より満足のいく理解が得られるでしょう。ただ、つぎの点を強調する必要があります。経済理論は、現実の経済現象をできるだけ単純な形で表現し分析するためのものです。経済現象の本質をとらえるためには、「一筆書き」で描いた経済の単純な絵が必要になります。需要・供給曲線とはそのようなものです。

　現実の世界では、店や屋台によってクレープの価格は違うかもしれません。しかし、そのような細かな差異を気にしても仕方がありません。大勢としてクレープの価格がどのように動いているのかを知るためには、ばらつきのある価

格の平均をとればよいのです。それが、ここでのクレープの価格です。経済には一物一価の法則が働いており、価格のばらつきはそんなに出ないものです。高い値段のクレープ屋と安い値段のクレープ屋があれば、客は安い値段のほうに行ってしまうので、いつまでも高い価格をつけているわけにはいきません。このような調整を通じて、価格のばらつきはある程度解消していくものです（一物一価の法則については、第4章で説明します）。

　また、均衡価格のもとであっても、買えない人がいる一方で、売れ残りを抱える店があるでしょう。しかし、ここでの関心事はそのような個々の消費者や店の動向ではなく、東京全体として見たときのクレープの価格の動向です。したがって、東京全体で見たときの需要と供給がバランスしている状態を均衡と呼んで分析してかまわないと思います。

　ところで、「だれが価格をつけるのか」という問題は、ミクロ経済学できわめて重要な問題です。現実の経済においては、クレープの価格はそれぞれの店がつけます。しかし、ここでの関心事は、個々の店の価格がどのように設定されるかということではありません。東京という大きなマーケット全体で見て、クレープの価格がどうなるかということです。個々の店の価格と、マーケット全体の平均的な価格との間には、決定的な差があります。

　クレープのように多数の売り手がいて、品質もほぼ均一な商品では、他の店や屋台より極端に高い価格をつけることはできません。客を取られてしまうからです。個々の店は「マーケットで決まっている」価格に縛られ、それとあまりかけ離れた価格をつけることはできないのです。もちろん意地を張って、高い価格をつけて細々と商売をつづけていく人がいるかもしれませんが、マーケット全体に関心があるわれわれにとって、それは「異常値」（例外）であり、無視してかまわないのです。

　このように需要と供給の一致という力に制約を受けて、個々の供給者の思惑とは別のところで価格が決まってくるメカニズムを分析するため、完全競争（perfect competition）という考え方を用います。この概念については、次章でくわしく説明します。図1-1に描いた需要・供給曲線の交点で価格が決まるという考え方は、多数の供給者と需要者のもとでの価格の決定と需給のバランスを単純化して表わしたものなのです。

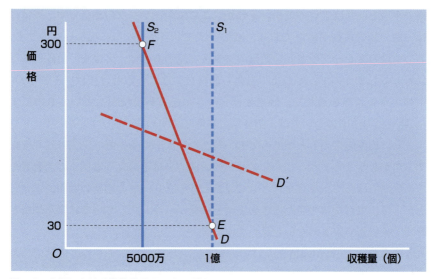

図 1-2　白菜における豊作貧乏のメカニズム
供給量が 5000 万個から 1 億個に増えたとき、需要曲線が弾力的（傾きがなだらかな破線の需要曲線 D'）だとわずかの価格下落で需要が供給増を吸収する。しかし、需要曲線が非弾力的（傾きが急な実線の需要曲線 D）だと、価格が相当下がらないと供給増を需要が吸収することはできない。

白菜の価格はなぜ大きく変動するのか

　上で説明した需要・供給曲線による分析は、さまざまに利用することができます。本書でも、いろいろな問題に関して需要・供給分析を用いますが、以下で一つの代表的な分析例を説明しましょう。

　白菜やレタスなどの野菜の価格は、大きく変動することが知られています。収穫が前年の半分になったため、白菜の価格が数倍も上がってしまったということもあります。なぜ、白菜の価格は大きく変動するのでしょう。

　図 1-2 は、これを説明するためのものです。需要曲線の傾きがきわめて急であること、供給曲線が垂直線であることに注目してください。これが、ここでの議論のポイントです。

　供給曲線が垂直線になっているのは、つぎのような理由のためです。通常の供給曲線が右上がりになっているのは、価格が高くなれば供給が増えるというメカニズムが組み込まれているからです。白菜にしても、そのようなメカニズムがないわけではありません。白菜の値段が高くなっていけば、他の作物から

白菜に切り替える農家が増えるかもしれないからです。しかし、そのような供給の調整には時間がかかります。ここでのわれわれの関心の対象は、天候などによる白菜の収穫の変化が価格に及ぼす影響です。白菜は今日種をまけば明日収穫できるというものではありません。したがって、ここではとりあえず供給量は価格によっては変化しないもの、つまり供給曲線は垂直線であると考えます。

さて、この図では、S_1線が前年の白菜の収穫（供給）を、S_2線が今年の白菜の収穫を表わしています。天候不順のため、今年の収穫は前年の半分になっています。曲線Dは、日本全体の白菜に対する需要曲線を表わしています

---

column

なぜ石油価格は乱高下するのか

　石油価格の変動はしばしばニュースをにぎわす話題です。実際石油価格が上がれば、ガソリンや灯油の価格が上がるだけでなく、プラスチックから化学繊維まで、あらゆる材料や原料の価格高騰につながります。ニュースなどで原油の価格に注目するのは当然のことです。

　それにしても石油価格の乱高下には激しいものがあります。一昔前であれば石油価格は1バーレルで10ドルや20ドルの水準でした。それが2008年には140ドルを超えるような水準にまで上がったかと思えば、数週間で10ドル以上も価格下落が起きました。今後、石油価格がどちらの方向にどれだけ動くのか予想するのは困難な状況です。

　なぜ、石油価格はこれだけ乱高下するのでしょうか。一つには、世界のさまざまな投機資金が石油市場に入り込んで、石油価格の動きを激しくしていることがあります。そして本章で説明したように、石油需要の価格弾力性が低いことも石油価格の乱高下の原因となっています。

　石油はその価格が下がったり上がったりしたからといって、すぐに需要を増減させて調整できるものでもありません。つまり、需要の価格弾力性が非常に小さいのです。そうした財で、産油国の政治紛争などで供給が減少したり、あるいは世界景気の影響で需要が増加したりすれば、石油の需給をバランスするためには価格が大幅に上がる必要があります。逆に供給が少し増えたり、需要が少し減ったりするようなことがあれば、価格は大幅に下がることになります。

　本文中では白菜の例をあげましたが、一般的に一次産品への需要の価格弾力性は低い傾向があり、価格が大きく変動する傾向があります。

（需要については、年によって大きな変動はないと考えます）。すると、前年の均衡点は E、今年の均衡点は F となり、白菜の価格は 10 倍になっています。

このように、価格が大きく変動する原因は、需要曲線の傾きにあります。需要曲線の傾きが急であるため、供給量が減少すれば価格は大幅に上昇するのです。参考までに、図1-2には破線で傾きのなだらかな需要曲線を描いてあります。こちらの需要曲線では、収穫が変動しても価格は大きく変化しないことがわかります。

白菜の需要曲線はなぜ傾きが急になるのでしょうか。傾きが急であるということは、価格が下がっても需要は少ししか増加しないし、価格が上がっても需要は少ししか減少しないということです。つまり、需要が価格にあまり反応しないのです。このような需要曲線を、価格に対して非弾力的な需要曲線といいます。——*

*——確認：需要の価格弾力性が低いとなぜ価格の変化は大きいか？
> 需要の価格弾力性が小さいということは、価格の変化に需要が少ししか反応しないということです。ここでは、供給が減る場合を考えていますが、価格が相当上がらないと需要と供給のバランスがとれないことになります。

日本人にとって、鍋料理（鳥の水炊き、蠣（かき）の土手鍋、てっちりなど）は、冬には欠かせないものです。しかも、白菜の入らない鍋など考えられません。白菜の価格が多少高くなっても、白菜への需要はあまり減らないでしょう。これ

---

column　途上国の豊作貧乏

多くの途上国は農産品や単純な加工品を中心とした産業の構造になっています。しかし、一次産品に過度に依存した経済では、なかなか所得を増やしていくことはできません。農産物などの供給を増やしていっても、それに応じて世界の需要が増えるというものでもありません。がんばって生産を増やすほど、価格が下がってしまうという困ったことになります。本文中で説明した「豊作貧乏」が起きてしまうのです。

途上国の多くは農産品中心の社会から脱却して、工業化を進めようとしています。中国や東南アジア諸国のように、工業化を進めることに成功した国々は、国民の所得を高めることにも成功してきました。しかし、世界には依然として一次産品中心の産業から脱却できない国が少なくありません。

が、白菜の需要曲線の傾きを急にしている原因なのかもしれません。

　理由はともあれ、白菜の需要曲線の傾きが急であれば、つぎのようなことが起こります。天候の不順によって、白菜の供給が減少しても、それに見合った需要の低下をもたらすためには、価格が相当に上がらなければならない。日本人に前年の半分の白菜の消費でがまんしてもらうためには、それだけ白菜の価格が高くならなければならないのです。

豊作貧乏

　ところで、ここで説明したことは、「豊作貧乏」と呼ばれる現象と基本的には同じものです。図1-2で、前年と今年を比べると、農家全体の白菜の収入は、不作であった今年のほうが、豊作であった前年より、はるかに高くなっていることがわかります。1億個とれた前年の収入は30億円、5000万個しかとれなかった今年の収入は150億円となっています。──*

*──確認：収入という概念を理解しよう
> ミクロ経済ではしばしば収入という概念が出てきます。収入は価格に数量をかけたものです。価格と数量は逆の方向に動くことが多いので、収入の動きも複雑になります。ここで取り上げた豊作貧乏のケースのように、供給量が増えると、価格が大きく低下し、収入がかえって減ることもあるのです。

　農家の収入は、価格に収穫量をかけたものです。豊作貧乏とは、とれすぎると価格が大幅に下がって、収益が下がってしまう現象です。需要が価格に対してあまり反応しない財の場合には、このような現象がみられます。

　では、どのような財の場合には、需要が価格にあまり反応せず、需要曲線の傾きが急になるのでしょうか。すぐに思いつくのは、米などのような必需品です。米がいくら安くなったからといって、そうたくさん食べられるものでもありません。また、値段が高くなっても、米なしで生活することはむずかしいので、米の需要はそれほどは落ちないでしょう。このように必需性の強い商品の需要は、価格変化にあまり反応しません。上の例の白菜も、必需品的な性格を持っているのかもしれません。

　発展途上国の輸出品には、農林水産物や鉱物資源のような一次産品が多く、これらの商品の需要は価格変化にあまり大きな影響を受けません。また、農林水産物は、その収穫に大きな変動があります。したがって、白菜の例と同じように、発展途上国の輸出品の価格は大きく変動する傾向があります。この価格

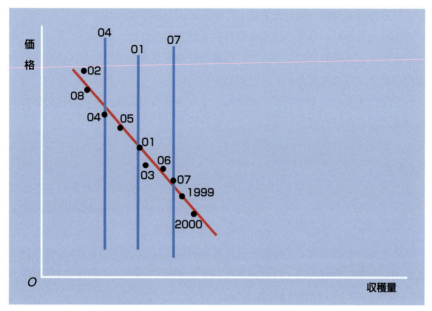

図1-3 データから見た需要曲線
実際に観察される価格と数量の組み合わせは、需要と供給の交点である。ただ、この図のように、供給はいろいろな要因で変化するが、需要曲線が安定的な場合には、データから需要曲線のおおよその形を読み取ることができる。

変動が途上国の輸出収入を不安定にし、経済発展の阻害要因になるともいわれています。

白菜のケースをデータで見ると

　需要曲線や供給曲線は、経済学者が勝手に考え出したもので、現実に眼に見えるものではありません。しかし、実際の価格や需要供給の動向を見ることで、需要曲線や供給曲線の形状について想像することはできます。この点について、白菜の例を使って説明してみましょう。

　図1-3は、ここ10年間の白菜の収穫量と白菜の価格の動きをとったものです（この数字は仮想のものです）。グラフ上の個々の点は、特定の年の白菜の価格と収穫量を表わしています。収穫の少なかった年には、白菜の価格が高くなっていることが読み取れます。

　さて、勘のいい読者なら、図に書き入れてある赤い線が白菜の需要曲線を表

わしたものであることに気づいたと思います。かりに、白菜の需要曲線はあまり変化せず、供給のほうだけ天候の変動などによって動くとするなら、結果的にデータに出てくる価格と収穫量の組み合わせは、需要曲線上の点を拾っているはずです（実際には、景気の変動など需要を動かす要因もあるので、需要曲線も多少はシフトします。したがって、個々の点は完全に一つの需要曲線上にのっているわけではありません）。

図1-3に記入してある3本の垂直線は、2001、2004、2007年の白菜の収穫を示した供給曲線です。需要曲線の位置に変化がないとするなら、この三つの年の価格は、これらの供給曲線と需要曲線の交点となっているはずです。したがって、三つの年の価格と収穫を表わした点は、需要曲線上にのっているということになります。

このように考えると、グラフ上にとった点をつなげていけば、需要曲線を描くことが可能になります。図1-3にも、そのようにして描いた需要曲線が引いてあります。このように、データをもとにして需要曲線や供給曲線を描くことは、現実の経済問題を分析するさいには役に立ちます。計量経済学という分野では、そのための手法がいろいろと開発されています。ここの例では、需要曲

---

column

データ分析が幅をきかせる先端の経済学：計量経済学

　コンピュータを使ってデータを統計的に解析して、いろいろな問題を分析する分野を計量経済学と呼びます。消費動向の把握、増税による経済への影響の分析、為替レートの変化が景気や物価に及ぼす影響の調査など、計量経済学はあらゆる問題に応用されています。理論的に議論を整理するだけでなく、データを用いて現実の経済問題について数字で答えを出すというのが経済学の重要な役割ですが、計量経済学はそのための学問分野なのです。

　大学の経済学のカリキュラムでも、計量経済学は重要な科目として教えられています。また、コンピュータをはじめとするさまざまな情報機器が発達したことで、大量のデータを非常に簡単に処理することが可能になり、計量経済学の利用はますます広がっています。経済学をより深く学ぼうとする場合は、計量経済学をマスターすることが必須であるといってよいでしょう。

線が変化しないで、供給曲線が大きく変化するという特殊な状況を考えているので話は簡単ですが、現実の問題で需要曲線や供給曲線を導出しようとすると、いろいろとやっかいな問題が発生します。

II　需要・供給分析の応用

鉄道の開設と地価：地価上昇は宅地供給を促すか

　白菜の例は供給が変化したときの価格の動きを示したものですが、つぎに需要が変化したときの価格の動きについて、興味深い例をあげてみましょう。ここでは、大都市近郊のベッドタウンの地価を例にとりあげます。

　いま大都市へ通じる新たな鉄道が開設されたとします。通勤が便利になった沿線の地価はどのようになるでしょう。常識的に考えて、地価は上昇すると予想されます。沿線の街は通勤に便利になったので、それだけ宅地への需要が高まり、価格が上昇するというわけです。──＊

＊──確認：需要曲線がシフトするとはどういうことか？
　　需要曲線は「価格が下がると需要が増える」という関係を表わしています。価格以外の要因の変化によって需要が増減する場合には、需要曲線が動くことになります。たとえば、図1-4のケースで言えば、新しい通勤新線ができ便利になることでその地域の土地への需要が増えているので、その分、需要曲線が右にシフトします。

　図1-4は、このような状況を需要曲線と供給曲線を用いて分析したものです。縦軸には宅地の価格、横軸には宅地の需要量と供給量がとられています。通勤新線ができる前の需要曲線はD_1、通勤新線ができた後の需要曲線はD_2で表わされています。つまり、通勤新線の開通で、この街の宅地需要は拡大しているのです。

　さて、図1-4にあるように需要が拡大すると、需給を均衡させる点は、図の点Eから点Fに移動します。つまり、地価は上昇します。これを図上の動きに沿って説明するなら、宅地への需要の拡大によって、需要と供給のアンバランスが生じます。それが地価を引き上げ、そのような地価の引き上げによって宅地供給は供給曲線に沿って点Eから点Fまで増加するのです。

　では、通勤新線によって宅地需要が拡大したとき、地価はどの程度上昇するのでしょうか。図1-4には二つの図が描いてありますが、二つの図の違いは宅地供給曲線Sの傾きの違いにあります。この二つの図を比べるとわかるよう

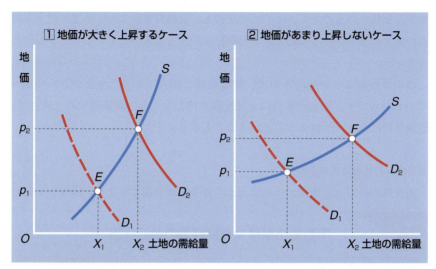

図 1-4　通勤新線と地価
　　　　鉄道が開通して便利になれば、その地域の土地に対する需要は増加し、需要曲線は右上にシフトする。その場合でも、左の図①のように供給が非弾力的（傾きが急）だと地価は大幅に上がるが、右の図②のように供給が弾力的（傾きがなだらか）だと、地価の上がり方は小さい。

に、同じように宅地への需要が拡大しても、ケース①のほうが右側のケース②より地価の上昇の程度が大きくなっています。ケース①では、宅地の供給曲線の傾きが急になっています。これは、地主のつぎのような行動パターンを表わしています。供給曲線の傾きが急になっているということは、地価が上昇しても宅地の供給はあまり増えないということです。したがって、通勤新線の開通によって宅地需要が拡大しても、いたずらに地価ばかり上昇するだけで、宅地供給は増えません。つまり、地主が土地の売り惜しみをしているのです。

　これに対してケース②では、わずかな地価の上昇に対しても、宅地供給は大幅に増加します。この場合には、通勤新線が開通しても地価はそれほど上昇しなくてすみます。このように供給曲線の形状によっては、地価の上昇の程度は大きく違ってきます。

　図 1-4 では、通勤新線の開通によって、地価が上昇しただけでなく、宅地の供給も増加しました。しかし地価上昇は、このように必ず宅地の増加を促すものとは限りません。図 1-5 は、地価上昇が宅地供給をかえって減少させるよう

な状況を描いたものです。この図の場合も、通勤新線によって宅地に対する需要が拡大しますが、その結果、宅地供給はかえって減少していることがわかります。

このようなことが起こるのは、供給曲線 S が右下がり（左上がり）になっているからです。地主が本当に土地を売り惜しんだら、地価ばかり上昇して、宅地供給はかえって減少するということもありえます。

消費税はだれが負担するのか

消費税率の引き上げは、つねに大きな論争を引き起こします。国民がいちば

---

column

不動産市場はマクロ経済の攪乱要因

　不動産価格の乱高下は、経済全体に大きなショックを起こします。国民の多くにとって住宅は重要な資産であり、その価値が下がることが家計を直撃するからです。日本では1980年代の末に不動産価格や株価が急騰するバブルが起き、1990年代の初めにそのバブルが破裂しました。これが日本経済に大打撃を与えたのです。1990年代の後半には多くの金融機関が破綻する金融危機が起き、2000年代には物価や賃金が下がり続けるデフレが10年以上も続きました。バブル崩壊後の20年を「失われた20年」と呼ぶことがあります。

　2000年代後半には、今度は米国などで不動産市場や株式市場のバブルが弾けます。サブプライムローンと呼ばれる低所得者への住宅ローンが不動産バブルの原因ともなり、2007年ぐらいから顕著になった住宅価格の崩壊をサブプライム問題と呼びます。2008年にはリーマンブラザーズなど巨大な金融機関の破綻が続きました。リーマンショックと呼ばれる金融危機は世界中に波及し、日本も深刻な不況に陥りました。

　不動産価格の下落でもっとも深刻な影響を受けるのは中低所得層の人たちです。彼らは住宅を購入するために多くの住宅ローンを抱えています。金融資産の保有額も少ない。住宅価格が下落すると、住宅の資産価値はローンの金額を下回ることになります。こうなると、住宅を売却してもローンをすべて返済することができない状態となります。つまり債務超過の状態になるのです。不動産価格の下落は中低所得の人々の家計を直撃し、彼らの消費支出は大幅に減少することになります。これが経済をさらに深刻な不況に陥らせることになります。

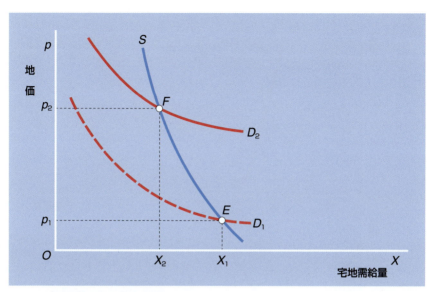

図 1-5　新線開通が宅地供給を減少させるケース
　　　　図に描いたように供給曲線が右下がりになるケースもある。地価が高くなると、かえって土地の供給に出し惜しみが出るような場合である。この場合には土地への需要が増えても、それはすべて地価上昇となって、供給はかえって減少してしまう。

ん関心を持つのは、消費税によって価格がどれだけ上がるのか、ということです。需要・供給曲線を使えば、消費税が価格にどのようにはねかえってくるのかという点について、簡単に分析することができます。図 1-6 を用いて、この点について説明してみましょう。──*

＊──確認：10% 消費税が課されても価格はそれほど上がらない
　　　　消費に 10% 税金が課されても、価格上昇によって需要と供給が減少するので、最終的には消費者が支払う価格は 10% までは上昇しないことを確認してください。

　図 1-6 には二つの図がありますが、図①は消費税によって価格が大幅に引き上げられるケース（つまり税金が消費者価格に転嫁されるケース）を表わしており、図②は消費税がほとんど価格を引き上げないケース（つまり生産者が税金をほとんど負担するケース）を示しています。

　どちらのケースでも、曲線 D は需要曲線、曲線 S は税が課される前の供給曲線を表わしています。消費税が課される前の均衡点は、この二つの曲線の交点（点 E）で表わされますが、図①、図②のどちらの場合も、均衡価格は

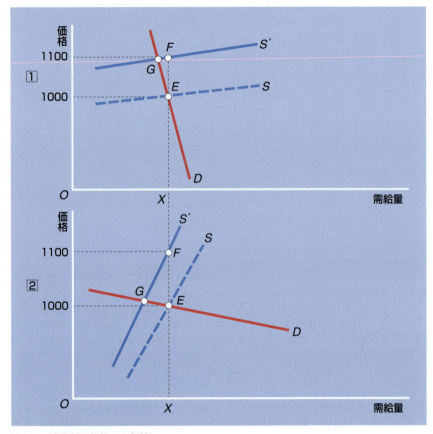

図1-6 消費税の価格への転嫁

消費に税が課されると供給曲線が上にシフトする（図には描いていないが、需要曲線が下にシフトするとして分析することも可能である）。上の図①のように供給の価格弾力性が大きいと、税はほとんど消費者価格の上昇として転嫁されてしまう。下の図②ように供給の価格弾力性が小さいと、消費税は消費者価格にあまり転嫁されず、供給者が負担する分が大きくなる。

1000円に、均衡需給量は X になっています。

　さて、ここで10%の消費税が課されると、需要と供給はどのように変化するでしょうか。消費税が課される場合には、消費者の支払う価格（これを消費者価格と呼びます）と生産者の受け取る価格（これを生産者価格と呼びます）を区別しなくてはなりません。この二つの価格の差額が消費税として政府に支払われます。

いま、図 1-6 の縦軸には消費者価格がとってあるとします。すると、消費税が課されても、需要曲線は変化しません。消費者は自分の支払う価格に合わせて需要量を決めるので、価格のなかに消費税が入っているかどうかは直接需要に影響を及ぼさないのです。

これに対して、消費税が 10% 課されると、供給曲線は 10% 分だけ上方にシフトします（青い色の実線 S' が 10% の消費税のもとでの供給曲線を表わしています）。なぜなら、生産者は生産者価格を見て供給を決めるわけですから、10% の消費税が課されればその分消費者価格が上がらない限り、同じ量を供給しようとしないからです。図でいえば、消費税がかかっていないときには、1000 円という価格で供給曲線 S 上の点 E を選択していたわけですが、10% の消費税のもとでは、供給者が同じ 1000 円の価格をつけていても、税金分 10%

column なぜヨーロッパの消費税は高いのか

本文中で説明した消費税は特定の財の消費に課される消費税（物品税）です。タバコやガソリンに課される税金などがその典型的な例です。ただ、日本で消費税と言えば、消費一般にかかる税のことを指しています。今（2014 年）、日本の消費税は 8％ですが、これは世界的にみても、決して高いほうではありません。

欧州の国々では平均して 20％ 前後の高い消費税を課しています（正確には消費税とは言わず付加価値税といいますが、ここでは詳しい話はしません）。なぜこれほど高い税率となっているのでしょうか。

いくつかの理由があります。一つは欧州が日本よりも「大きな政府」を志向しており、手厚い社会保障などを支えるため、より多くの税金をとる必要があるからです。しかし、それ以上に重要な理由として、消費税は経済活動にあまり大きな負荷をかけない税金であるからです。欧州の税制では、消費税に比べれば、法人税などは相対的に軽くなっています。法人税をあまり高くすると、企業活力に大きなマイナスの影響が及ぶと考えるからでしょう。

国民の多くから薄く広く徴収する消費税は非常に優れた税金であると考える専門家は多いはずです。ただし、消費税は個人所得税のように累進税にするわけにはいきません。そこで欧州などでは、所得の低い人たちには年金・医療・失業保険・生活保障などの制度で手厚く保護しています。

が上乗せされ、1100円になってしまいます。つまり、図の曲線 S' 上の点 F がもとの点 E に対応することになります。消費税が課されるとなぜ供給曲線が税金分だけ上方にシフトするのかという点について、あまりくわしく説明する紙幅がありません（この点については、第3章で説明します）。消費税が課された場合の均衡点は、曲線 D と曲線 S' の交点 G となります。

さて、二つのケースを比べると、図①のケースのほうが消費税の価格の転嫁の程度が大きいことがわかります。一般的に、需要曲線の傾きが大きいほど、そして供給曲線の傾きが小さいほど、消費税のうち消費者価格に転嫁される割合は大きくなります。これはつぎのような理由によります。

需要曲線の傾きが大きいということは、多少価格が上がっても需要がたいして減らないということです。つまり、需要が価格に対して非弾力的であるわけです。一方、供給曲線が水平に近いということは、供給が価格に敏感に反応するということです。つまり、少しでも価格が下がったら、供給量が大幅に減少してしまうということです。このような状況で消費税を課したとき、生産者価格が下がる余地はほとんどありません。もしそうなれば、商品は供給されなくなるからです。したがって、消費者価格が上がることで、つまり消費税が消費者価格に転嫁されることで、調整されるわけです。

これに対して、図②のように、需要は価格に対して弾力的で、供給は非弾力的である場合には、消費税の大半は生産者価格の引き下げで調整されるため、消費者価格にはほとんど転嫁されません。需要や供給が価格にどの程度弾力的であるかは、商品によって大きく異なります。したがって、同じように消費税が課されても、商品によって転嫁の率も異なることになります。──＊

＊──確認：供給の価格弾力性が大きいほど、そして需要の価格弾力性が小さいほど、消費者価格への転嫁が大きくなる

　図1-6の図①にあるように、供給の価格弾力性が大きい場合には、税金に対して生産者価格を下げて対応する余地はほとんどありません。また、需要の価格弾力性が小さいと、税金によって消費者価格が高くなっても需要はそれほど減少しません。以上の両方の理由で、税金の多くは消費者価格に転嫁されることになります。

演習問題

1. 以下の文章の下線部に用語を入れなさい。
   (1) 需要曲線と供給曲線が交わる点の価格を＿＿＿＿＿という。通常は価格がこれよりも高いと需給は＿＿＿＿＿の状態にあり、価格がこの交点の価格よりも低いと需給は＿＿＿＿＿の状態にある。
   (2) 同じ商品が場所によって価格に大きなばらつきがあるとき、価格の安いところから高い所に商品が流れることによって価格は均一化の方向に向かう。これを＿＿＿＿＿の法則という。
   (3) 生産量が増えると価格が大幅に下がって生産者がかえって損をする現象を＿＿＿＿＿と呼ぶ。こうした現象が起こるのは需要が価格に対して＿＿＿＿＿な場合である。

2. $D = 100 - 0.1p$ という式の形をした需要曲線を持つ財を考えてみよう。ただし、D はこの財への需要量、p は価格である。いま、この財の供給量が 50 のとき、生産者全体の収入はいくらになるか。ここで生産者の供給量が 50 から少し増えたとき、生産者の収入は増えるのか、それとも減るのか。この場合、豊作貧乏という現象は起きているのか（この問題については、第 2 章も参考にしてください）。

3. ある財に対する需要曲線と供給曲線はつぎのような形をしているとする。
   $$D = 100 - p$$
   $$S = 3p$$
   ただし、D は需要量、S は供給量、p は価格を表わしている。以下の設問に答えなさい。
   (1) 均衡価格と需要・供給量を求めなさい。
   (2) もしこの財に 10 だけの消費税が課されたとしたら、均衡価格はどのように変化するか。そのとき、消費税は生産者と消費者にどのように転嫁されると考えたらよいか。
   (3) 上の消費税のもとでの政府税収の額を求めなさい。

4. 以下の設問に答えなさい。
   (1) 収穫量が大きく変動する野菜の価格と収穫量を過去からずっとデータにとってみた。そのデータをつなぎ合わせたら、この野菜に対する需要曲線が推測できるという。これはどうしてなのか。前提条件などにも触れて説明しなさい。
   (2) 食料などの一次産品の国際価格は非常に変動しやすいといわれる。これを需要曲線と供給曲線の形状にもとづいて説明しなさい。

5. 以下の記述は正しいのか、誤っているのか、それともどちらともいえないのか、答えなさい。

   (1) 供給が価格に対して弾力的でないと、何らかの外生的な要因によって需要が増えても価格はそれほど変化しない。

   (2) 需要の価格弾力性が小さいと、消費税の大半は消費者価格に転嫁されることになる。

   (3) 需要が価格弾力的でも、供給曲線が価格に対して非弾力的であると、需要の外生的変動によって価格が大きく変動することがある。

2: 需要曲線と消費者行動

　　この章では需要曲線についてよりくわしく学ぶようですが、何が新しい点として出てくるのでしょうか。

　　この章でもっとも大切なメッセージは、単純な需要曲線の背後に実は消費者の合理的な消費活動が隠されているということです。それを表に出してみることで、需要曲線からいろいろなことを読み取ることができるのです。

　　合理的な消費活動と言われても、何が言いたいのかわかりにくいのですが。

　　くわしくは本文を読んでもらうのがいちばんですが、たとえば次のようなことを考えてみてください。コンビニで100円のおにぎりを買った消費者がいるとします。おそらくこの消費者はそのおにぎりを食べることに100円以上の価値を見出しているはずです。それでなくては100円出しておにぎりを買うはずはありません。このように需要の後ろには消費者のその商品への評価が隠れています。

　　ということは、実際に消費されたいろいろな商品の価格と需要量を調べることで、社会のいろいろな人がその商品を消費することで得られる満足度みたいなものがわかると考えてよいのでしょうか。

そのとおりです。この章では、消費者余剰という概念を説明しますが、需要曲線の背後に隠れている消費者余剰を分析することで、社会全体としてその商品にどのような評価がされているのか見ることができるのです。その意味で消費者余剰とは非常に重要な概念なのです。

具体的に消費者余剰をどのように利用するのでしょうか。

たとえば、海外からの牛肉の輸入を自由化したとします。すると、これまでよりも安い価格で牛肉が購入できることになります。そこで、自由化前と自由化後の価格、自由化によってどれだけ国内需要が増えるのか、といったことを調べることで、牛肉自由化が全体として日本の消費者にとって何円に相当するメリットをもたらすのかといったことを調べることができるというわけです。

なかなか計算がむずかしそうですね。

そのとおりです。しかし、現実に政府機関や国際機関などでは、経済学の手法を駆使してそうした計算をしています。また、そうした計算を通じて、いろいろな政策の効果を調べているのです。

私たち読者もそうした計算をすることを求められるわけですか。

この本ではそうした高度なことをやるわけではありません。ただ、こうした需要の背後に隠れている消費者の便益を表(おもて)に出してやることで、需要の考え方やその背後にある消費者行動についてより理解が深まるわけです。

I 需要曲線とは

この章では、第1章で説明した需要曲線についてもう少しくわしく説明したいと思います。

価格と需要

図2-1には、標準的な需要曲線が描いてあります。需要曲線とは、ある財の価格とその財に対する需要量の間の関係を図に示したものです。需要曲線は通常右下がりになっていますが、これは価格が下がれば需要量が増えるという関係を示しているわけです。

需要曲線を式の形で表わすなら、

$$X = D(p)$$

となります。X は需要量で、p は価格です。つまり、需要量 X は価格 p の関数として決まるというわけです。たとえば、図2-1では、価格が p_1 なら需要量は X_1 であり、それよりも低い価格 p_2 であれば、需要量は X_2 まで増えるということが読み取れます。

第1章でとりあげた例からもわかるように、経済問題において需要曲線の傾きの大きさが問題になります。図2-1では、p_1 から p_2 まで価格が低下したと

---

column

吉牛(ヨシギュウ)の需要曲線

私と吉野家社長(当時)の安部修仁氏の著書『吉野家の経済学』(日経ビジネス人文庫)には、外食産業の実態を知るうえで興味深い多くのエピソードが入っています。そのなかで、吉野家が牛丼の価格を400円から280円に下げたときの経緯が書いてあります(今はまた値上げしましたが)。当時、価格を下げることは決まっていたのですが、どこまで下げたらよいのか判断に迷ったようです。そこで、250円の店、280円の店、300円の店と、いくつかの店で実験的にいろいろな価格を試して、それぞれの価格の反応を見たそうです。これは、まさに吉野家が牛丼に対する需要曲線(価格と消費量の関係)を実験で推測したことになります。

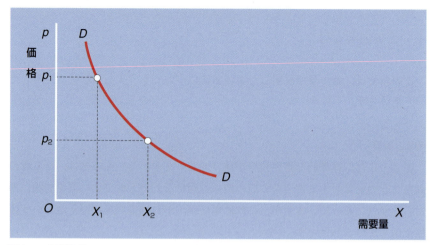

図 2-1　需要曲線
　これは、第 1 章でも出てきた需要曲線である。価格が p_1 から p_2 まで下がれば、需要量は X_1 から X_2 まで増加することが読み取れる。

き、需要量は X_1 から X_2 まで増加していますが、この価格の変化と需要量の変化の相対的な大きさ、つまり変化率が重要になるのです。——*

*——確認：なぜ変化率を使うのか

　経済関係の議論は変化率を使うことが少なくありません。原油価格が 10% 上昇したとか、温暖化ガスの排出量を 5% 下げる、という具合にパーセントで表示します。これは、変化の大きさを測るときに、測定単位から独立にするためです。価格が上がったといっても、100 円上がるというのもあれば、1 ドル上がるというものもあります。これでは比較できませんので、元の水準に比べて何パーセント上がったというように、変化率表示をするのです。

　価格の変化に対して需要量が大きく変化するとき、そのような需要曲線を価格に対して弾力的な需要曲線といいます。つまり、需要量が価格に敏感に反応するのです。この場合には、需要曲線は傾きがなだらかになります。

　これに対して、価格の変化に対して需要量の変化の程度が小さいとき、そのような需要曲線は価格に対して非弾力的な需要曲線といいます。つまり需要量が価格変化に対してあまり敏感に反応しないのです。このような場合には、需要曲線は傾きが急になります。図 2-2 には、価格に対して弾力的な需要曲線と価格に対して非弾力的な需要曲線を描いてありますので、これらを比べてみてください。——*

*——確認：弾力性とは変化の反応の大きさを表わすもの

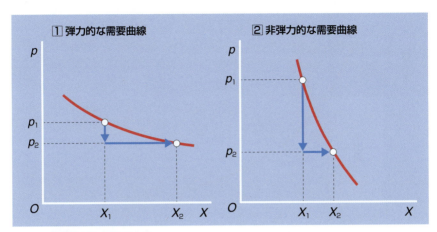

図 2-2　需要曲線と価格弾力性
　左側に示された弾力的な需要曲線（傾きがなだらか）では、価格が少し下がっただけで需要量は大幅に増える。また、価格が少し高くなっただけで需要量は大幅に減少する。これに対して右側に示された非弾力的な需要曲線（傾きが急）では、価格が下がっても需要量はあまり増えないし、価格が上がっても需要量はあまり減らない。

　経済関係の議論には、「弾力性」という用語が頻繁に出てきます。経済においては、あるものが変化すると、それに影響を受けて別のものも変化しますが、その変化の影響の大きさを弾力性で表わすのです。たとえば、この章で説明した需要の価格弾力性とは、乱暴な言い方をすれば、価格が1％上がったとき、需要量が何パーセント動くのかを示したものです。この弾力性が大きいほど、需要量は価格変化に敏感ということになります。

　第1章の例でも説明したことですが、需要がどれだけ価格弾力的であるかは、その財やサービスの性格に依存します。米や味噌のような必需品であれば、価格が多少変化しても需要量にそう大きな変化があるはずはありませんので、これらの商品の需要は価格に対して非弾力的であるはずです。つまり需要曲線の傾きは急になるはずです。

　海外旅行のように奢侈品的な性格が強いものは、需要は価格に対して弾力的であると考えられます。海外旅行の料金が低下すれば旅行者数も大幅に増えると思われますので、需要曲線の傾きもなだらかになるはずです。

需要と収入

　需要の価格弾力性は、売り手の収入や買い手の支出の金額が価格や需要量の変化とともにどのように変化するかをみるときに役に立ちます。この点につい

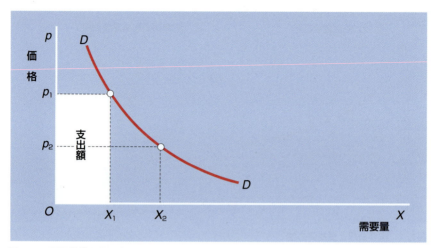

図 2-3 需要曲線と支出額
支出額は価格に需要量をかけたものであるが、グラフの上ではここに白抜きで示されたような長方形の面積で表わされる。

て、いくつか例をあげて説明しましょう。図 2-3 の曲線 D のような需要曲線を考えてみましょう。たとえばこれは石油の需要曲線であり、縦軸には石油価格、横軸には石油に対する需要量がとってあるとしてみましょう。

需要曲線の上では、価格や需要量以外のものを読み取ることができます。供給側から見れば収入であり、需要側から見れば支出です。需要曲線の縦軸にとられた価格に、横軸にとられた需要量をかけると、買い手が需要のために支払った金額、つまり支出額を表わしていることがわかるでしょう。これは売り手からみれば、収入額ということになります。──*

*──確認：収入と支出は同じことを反対の立場から見たもの
　　ここで説明している支出額とは、買い手（需要側）の立場から見たものです。同じことを売り手（供給側）から見れば収入ということになります。

白色で示した長方形を見てください。これは、石油の価格が p_1、そしてそのときの石油の需要量が X_1 である場合の石油への総支出額（総需要額）を表わしています。総支出額は、価格（財 1 単位に対してなされる支出）に需要量をかけたものですので、図の白い部分の面積（＝価格×需要量）が支出額となります。この支出額の動きは、いくつかの経済問題を考えるさいに重要となります。

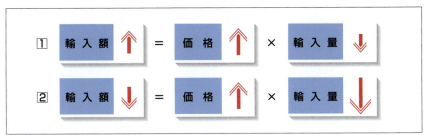

図 2-4　価格変化と輸入額の変化の関係
　輸入量と輸入額を区別することが重要。需要曲線が右下がりであるので、価格と輸入量は逆の方向に動く。すなわち、価格が下がれば輸入量は増え、価格が上がれば輸入量は減少する。価格と輸入量のどちらのほうが大きく動くかによって、輸入額の動きは違ってくる。

例1：石油ショックと日本の石油輸入額

　石油輸出国の供給量制限によって石油の価格が上昇したとき、日本の石油輸入額はどのように変化するのでしょうか。輸入額は、価格に輸入量をかけたものですので、

　　　石油の輸入額＝石油の価格×石油の輸入量

というように表わすことができます。石油の価格が高くなれば、石油の輸入量は減少すると考えられますので、輸入量の動きは図2-4に示した矢印のようになります。

　石油の輸入額は、石油価格の上昇の結果、かえって増大することがありえます。図のケース①に示されているように、価格が上昇しても輸入量がわずかし

---

column

オイルマネーの威力

　国際的な石油価格が高騰すれば、中東やロシアなどの産油国に巨額の所得を生み出す結果になります。こうした所得（資金）をオイルマネーといいます。今や、オイルマネーはいろいろな形で世界中に向かって投資され、世界の金融市場はオイルマネーの存在なしには成立しないと言われています。中東のドバイなどの都市は、世界でもっとも急速に成長した都市のひとつで、一泊何十万円もする部屋ばかりの超高級ホテルが林立しています。

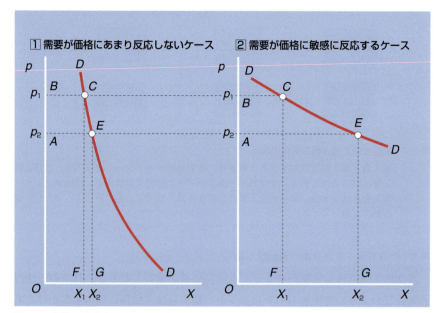

図 2-5　価格の変化と需要量の反応

この図は以下でいくつかのケースの説明に使われている。左の図①のように需要が価格に対して非弾力的なケースでは、供給量が増えると価格が大幅に下がるので収入はかえって減少してしまう。一方、②のように需要が価格弾力的なケースでは、供給量が増えても価格はそれほど下がらないので収入も増加する。

か減少しなければ、価格上昇の効果が輸入量低下の効果よりも大きく、輸入額は増大します。これに対して、ケース②のように、価格の上昇により輸入量が大幅に減少すれば、輸入額も減少します。このように、石油価格の上昇によって日本の輸入額が増大するか減少するかは、石油に対する需要量が価格にどの程度敏感に反応するかに依存することがわかります。

図 2-5 は、以上の点を需要曲線を用いて説明したものです。左の図①は、需要量が価格変化にあまり反応しない場合を表わしています。この図のように、需要の価格弾力性が小さいときには、価格の低下（上昇）に対して、需要量はあまり反応しません。──＊　右側の図②は、需要の価格弾力性が大きい状況を表わしています。

＊──**確認：需要の価格弾力性が低いと供給量減少で収入はかえって増える**
需要の価格弾力性が低いということは、需要者（消費者）は多少価格が高くてもある一定量を購入したいという気持ちが強いということです。この場合に供給量が減れば、価格が相当上がることになり、供給側の収入は増えることになります。

図 2-5 において、石油価格が p_2 から p_1 へと上昇したと考えてみましょう。これによって、石油の需要量は X_2 から X_1 へと低下し、石油の輸入額（すなわち石油への支出額）は、長方形 $OGEA$ から $OFCB$ へと変わります。価格上昇の結果、図①では輸入額は増大し、図②では減少します。これは、すでに図 2-4 で確認したことと同じ結果であることはいうまでもないでしょう。

1970 年代の石油ショックのときの日本の石油輸入額や経常収支の動きを調べてみると、石油価格が上昇した直後には石油の輸入額は大幅に増加し、経常収支も巨額の赤字になっています。しかし、数年後には輸入「量」の調整が行なわれ、日本の経常収支はかえって黒字の方向に転換しました。このような動きは、上で展開した議論によって理解することが可能です。

図 2-5 において、図①は短期の石油への需要曲線、図②は中長期の需要曲線と解釈することができます。石油の価格が変化しても、短期的には、石油輸入量はあまり変化しないでしょう。たとえば石油を用いて精錬を行なっている製鉄所にとって、石油の価格が高くなったからといって、つぎの日から石炭による精錬に切り替えることはできません。

短期における調整のむずかしさを反映して、短期の石油需要は、価格にほとんど反応しないと考えられます。——＊　したがって、価格が上昇すれば、それに応じて輸入額も増大します。石油は日本の輸入のなかで大きなシェアを占めていますので、日本の経常収支も大幅な赤字を示すことになります。

＊——確認：短期の需要曲線は価格に非弾力的だが、長期になればより弾力的になる
　石油の例を考えれば明らかですが、石油の価格が上がれば長期的には省エネが進むことが期待されます。したがって、長期的には価格変化に対して需要は大きく反応しま

---

column　短期と中長期：経済学者と市場関係者

経済学者や政府関係者などにとっては、短期とは数日から数カ月を指し、中長期とは 1 年から場合によっては 10 年ほどを指すことが多いようです。同じ政策を論じるにしても、短期的な目標と中長期の目標とは大きく異なるものです。ところが、市場で為替や株式などを売買するディーラーやブローカーなどの市場関係者の人と話すと、短期とは数分以内、中長期とは 20 分以上という答えが返ってきます。市場関係者は目先の動きだけを追っていて、明日以降には大きな関心がないということでしょうか。

す。ただ、短期的にはそうした調整がむずかしいので価格が多少上がっても需要はあまり減りません。

これに対して、ある程度の時間が与えられれば、経済は石油価格の上昇に対応することができます。製鉄メーカーの例でいえば、石炭による精錬に切り換えることができるわけです。したがって、中長期の石油への需要曲線は、図2-5の図②のような形状をしていると考えてよいでしょう。このような需要曲線のもとでは、価格上昇が大幅な需要の減少をもたらしますので、輸入額はそれほど増加しないか、あるいは減少することさえあります。

例2：豊作貧乏

第1章でとりあげた豊作貧乏の現象も、需要の価格弾力性の概念がかかわっています。気候がよくて野菜が豊作になると、価格が暴落して農家の収入がかえって減ってしまう現象を、豊作貧乏と呼びます。

図2-5をもう一度見てください。いま、ある野菜（たとえば白菜）の需要曲線が図①の DD 曲線のような形状をしていたとしましょう。ここで、もし白菜の収穫量が前年の X_1 の水準から今年は X_2 の水準まで上昇したとしたら、農家の収入はどうなるでしょうか。価格は p_1 から p_2 まで下がりますので、農家の収入（消費者の白菜への支出額）は、長方形 $OFCB$ から $OGEA$ へと減少することが読み取れます。

このような豊作貧乏が起こるのは、図①のように、人々の需要量が価格にあまり反応しないケースに限られます。需要量が価格にあまり反応しない場合には、X_1 から X_2 への供給増を需要に吸収させるため、価格が大幅に下がらな

---

column

白菜を捨てる農家

　白菜などの野菜はとれすぎると価格が大幅に下がって採算がまったくとれなくなります。本文中で豊作貧乏と呼んだ現象です。テレビの報道などを追っていると、ときどき農家が白菜を大量に破棄している光景が映されます。価格が下がりすぎて、出荷しても損するだけということでしょう。最近は、野菜の値崩れを防ぐため、産地全体で協力して野菜の一部を破棄するという動きもあるようです。もったいない話ではあります。

ければなりません。したがって、収穫量の増大幅（線分 FG）よりも価格の下落幅（線分 BA）のほうが大きく、農家の収入は減少してしまいます。

　もし需要が図②のように価格に敏感に反応するのであれば、収穫量の増加があっても、価格はそれほど下落しません（線分 FG のほうが、線分 BA より大きいことに注意してください）。したがって、豊作貧乏は、この場合には起こりません。この点の確認は、読者のみなさんにまかせます。

例３：価格差別の理論──ダンピングの一側面

　映画館などでは、子供と大人には異なった料金が課されます。なぜ、料金に差をつけるのでしょうか。この点についても、図2-5を用いて説明することができます。

　一般的に、大人の映画に対する需要は図①の DD 曲線のような形状をしていて、子供の映画に対する需要は図②の DD 曲線のような形状をしていると考えられます。なぜでしょうか。大人の需要は、子供のそれに比べて、価格に大きく影響されないと考えられます。いくら入場料金が安くても、興味のない映画を観にいく大人は少ないでしょうし、ぜひ観たいと思う映画は、高い入場料を出しても観ようとするでしょう。したがって、大人の映画に対する需要は、価格にそれほど左右されないと考えられます。

　これに対して、子供の場合には、金銭的制約が大きく、入場料の水準は需要に大きな影響を及ぼすでしょう。映画の内容にもよりますが、料金を低く設定すれば、多くの子供をひきつけることができるでしょうし、料金をあまり高くすると、子供の入場者数は非常に少なくなるでしょう。

　さて、以上のような状況で、子供と大人の入場料はどのように設定されるのでしょうか。まず子供の入場料ですが、これは比較的低く設定されます。子供の入場者数は価格に敏感ですので、価格を多少低く設定して入場者数を増やすのは、興行主の利益にかなうからです。すなわち、ここでは「薄利多売」のメカニズムが働いています。他方、大人の入場料を低くすることは意味がありません。入場料を上げても大人の入場者数はそれほど減らないので、興行主は大人の入場料を高めに設定しようとします。

　このように、大人と子供の入場料に差をつけるのは、両者の需要曲線の違いを考えれば、理にかなっていると考えられます。経済理論では、このような価

格設定を価格差別と呼びます。価格差別の理論の応用例は多数あります。たとえば、ダンピングと呼ばれる現象は、価格差別の理論から説明することもできます。

　自国と外国の両方で自動車を売っている企業を考えてみましょう。自国では消費者のブランド選好（ホンダ派、トヨタ派など）が強くて、需要量は価格にあまり反応しないとします（図 2-5 の図①）。一方、外国ではブランドはそれほど大きな意味を持たず、車の価格が需要量の大きな決定要因であるとします（図 2-5 の図②）。各社の車の品質にそれほど差がないとすれば、他社よりも低い価格をつけた車に需要が集中します。その意味で、外国での車の需要量は、価格に敏感であると思われます。このような場合に、自国で高い価格を、外国で低い価格を設定することは、利潤追求にかなっています。これは、ダンピングと呼ばれる現象の一形態にほかなりません。──＊

＊──確認：どこまで価格を下げるのか
　　売り手が価格を思い切って下げるのは、そうすれば需要量が大幅に増える場合です。需要の価格弾力性が大きい市場ほど、価格は低く設定される可能性があります。

　価格差別の理論の応用例をもうひとつだけあげておきましょう。映画や小説の世界では、慈悲深い医者は金持ちから高い診療費をとって、貧しい人の診療費を安くします。ところが、これは価格差別の理論の観点からは、利潤を高める行為でもあります。

　金持ちの医療への需要は、診療費にあまり左右されないでしょうし、貧乏な

column　アンチダンピング

　本文中で、自国よりも安い価格で海外に輸出する行為をダンピングと呼びました。通商政策の世界では、このダンピングは好ましくない行為と考えられ、ダンピングを阻止するために「アンチダンピング」と呼ばれる制度が多くの国で導入されています。海外の企業が明らかにダンピング行為をしているときには、その輸入に高い課徴金をかけるという制度です。ただ、アメリカなどでは、国内企業がこの制度を利用して、外国企業の低価格輸出を阻止しようと戦略的に使うケースも少なくありません。経済学者の多くは、低価格での販売を阻止しようとするアンチダンピングの制度はあまり正当性のないものであると考えています。

人々の医療への需要は診療費に敏感に反応するでしょう。したがって、金持ちに高い診療費を請求するのは、利潤最大化となんら矛盾しません。医者のなかには、利潤動機からこのような価格差別をする人もいるかもしれません。しかし、そのような動機から行なわれる価格差別であっても、結果的には貧乏な人々の利益となっています。

需要曲線のシフト

　第1章の地価の例で、需要曲線のシフト（移動）をとりあげました。読者のなかには、需要曲線のシフトと需要曲線上の動きを誤解している人もいるかもしれませんから、この点について簡単に説明しておきます。

　第1章でとりあげたクレープの需要曲線を例にあげて説明しましょう。一般に、クレープの需要はさまざまな要因に依存するはずです。クレープの価格をはじめとして、そのときの天候（寒暖や空模様）、代替的な財の価格（たとえばたこ焼きやドーナツの値段）などが変化すれば、クレープの需要も変化するでしょう。

　これを需要関数という式の形で表わすなら、

$$X = D(p, p^*, y, w, \cdots)$$

となります。ただし、X は需要量、p はその財（クレープ）の価格、p^* はそれと競合する財（たこ焼きやドーナツ）の価格、y はその地域の所得水準、w は天候の状態を表わす変数であるとします。関数 $D(\cdot, \cdot, \cdot, \cdot, \cdots)$ は需要関数で、需要がいろいろな変数によって決まることを表わしています。需要関数のなかに「$\cdots$」とあるのは、ここにとりあげたもののほかにも需要に影響を及ぼす変数があるかもしれないからです。

　このような複雑な需要関数をグラフに描くことはできません。しかし、われわれの分析の主要な関心は、需要量と価格の関係であり、それ以外の変数にはとりあえず関心がありません。したがって、それ以外の変数（p^*, y, w など）は、とりあえず変化しないものとして扱うことにします。このような扱いを受ける変数を、外生変数と呼びます。外生変数とは、ここで考察している範囲外で決まってしまっている変数のことです。クレープの需要について考えるとき、所得や天候がどのように決まるかということはとりあえず問題にしないで、所得や天候がどのような状態にあるかということをあらかじめ与件（外生

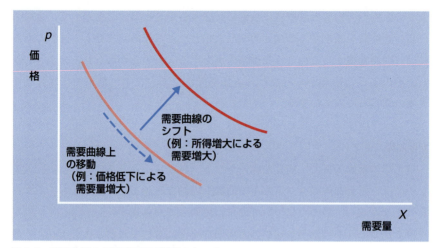

図 2-6　需要曲線上の移動と需要曲線のシフト
価格が下がれば需要量が増えるというのは、需要曲線上の動きで表わされるが、所得が増えて需要が増えるというのは、需要曲線の右へのシフトで表わされる。この違いは、ここで価格は内生変数として扱われているが、所得は外生変数として扱われているからである。

的なもの）として扱うのです。

　これに対して、価格 p や需要量 X を内生変数と呼びます。内生変数とは、考察の対象となっている経済モデルのなかでその動きが分析の対象となる変数のことです。需要曲線とは、外生変数をすべて与件（一定の値）とおいて、内生変数である価格と需要量の間の関係を描いたものです。——＊「価格が下がれば需要量が増加する」という記述は、この需要曲線上の動きとして表わされるのです。

＊——確認：内生変数と外生変数の違いを理解しよう
　この章の例で言えば、価格や需要量はどのように決まるか分析の対象になっているものであり、内生変数として扱われます。これに対して、所得や天候なども需要の重要な決定要因ではありますが、所得や天候がどのように決まるのかはここでの分析の対象外であるので、外生変数として扱われます。

　ところが、「所得が高くなってクレープの需要が増える」とか「天候によってクレープの需要が変化する」といったことは、需要曲線のシフトとして表わされます。外生変数である所得 (y) や天候 (w) が変化すれば、それによって需要曲線の位置も変化（シフト）するのです。所得が増えたり寒くなってクレープの需要が増えれば、需要曲線は右側（需要を増やす方向）にシフトする

はずです。これに対して、需要を減らすような外生変数の変化は、需要曲線を左側にシフトさせます。

図2-6は、以上で述べたことを図にまとめたものです。需要曲線上の動きと需要曲線そのものの移動（シフト）は、きちんと区別しなくてはいけません。

II　需要曲線と消費者余剰

需要曲線の分解

これまで需要曲線と呼んできたものは、経済全体としてみたときの、ある商品に対する価格と需要量の関係でした。このような需要曲線は、個々人の需要行動から生み出されるものです。図2-7は、この点を簡単な例を用いて説明したものです。

この社会には太郎と花子の2人だけしかいないとします。図のDDとD^*D^*は、ある商品に対する太郎と花子の需要曲線を表わしています。いちばん右端にある$D+D^*$と表示してある曲線は、太郎と花子の需要曲線を水平方向に足し合わせたものです。

水平方向に足し合わせるということは、つぎのような操作のことです。たとえば、価格がp_1であると、太郎の需要量はX_1、花子のそれはX_1^*となりますが、太郎と花子の需要量を足し合わせた$X_1+X_1^*$がいちばん右のグラフにとられています。p_2の価格のところでも同じ操作が表示されていますので、確認してください。

このように、経済全体としての需要曲線は、その社会を構成する個々人の需要量を水平方向に足し合わせたものと考えることができます。図2-7の例では2人しかいませんが、この操作は何人いたとしても基本的には同じです。

需要と効用

人々が商品を需要するのは、その商品を消費することによって幸福感を感ずるからです。消費に対するこのような見方はあまりに素朴であるという批判もあるでしょうが、ここではとりあえずこのような立場に立つことにします。経済学では、このような消費の喜びを、効用（utility）と呼びます。

効用とは、はなはだ曖昧な概念です。喜びの程度を数値で表示することは不

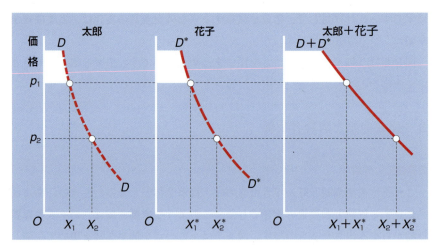

図 2-7　需要曲線の分解
この図では太郎と花子の2人しかいない単純な状況で例示されているが、一般的にもいろいろな人の需要曲線を横方向に足し合わせていけば、市場全体の需要曲線が描かれる。経済分析に使われるのは市場全体の需要曲線であるが、その背後には個々の消費者の需要曲線が隠されていることを知ってほしい。

可能ではないかと思われます。しかし、経済学ではしばしば効用が金銭単位で表わされ、それがおおいに有効性を発揮しています。以下では、この点について簡単に説明してみたいと思います。

図2-8は、1週間ベースで見た太郎のビールへの需要量を表わしています。この図はつぎのように読みます。もしビールの価格が1400円を超えて2000円以下であれば、太郎は1週間にビールを1本飲むでしょう。もし、価格が1000円から1400円の間であれば、太郎は2本飲もうとするでしょう。700円から1000円の間なら3本……となっています。図2-8が、通常の需要曲線とちがって、棒グラフ状になっているのは、ビールは1本単位でしか消費できないからです。ビールをいくらでも細かい単位で買えるなら、需要曲線も滑らかな右下がりの曲線となります。

この需要曲線は、つぎのように読むこともできます。太郎は、ビール1本に対して最高2000円まで出してもよいと思っているのですから、1週間に1本のビールを飲むことの喜びは、太郎にとって2000円の価値があります。すなわち、太郎にとってのビール1本の効用を金銭価値で表わすと2000円になります。

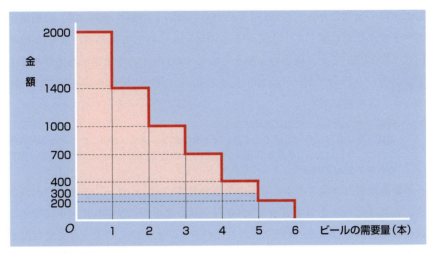

図 2-8 需要と効用
1本目のビールに 2000 円まで出してもよいというのであれば、この消費者のビール 1本の評価（価値）は 2000 円ということになる。さらにもう 1本追加で飲むのに 1400 円まで出してよいと考えているなら、この人の 2本目のビールの価値は 1400 円である。まとめれば、ビールを 2本飲むことの価値は 3400 円ということになる。

では、ビール 2本の効用はどれくらいになるのでしょうか。2本目のビールに対しては 1400 円まで出す気持ちがありますので、2本のビールに対しては合計 3400 円（＝2000 円＋1400 円）の評価をしています。同じようにして、ビール 3本には 4400 円、4本には 5100 円という評価がなされていることがわかります。

このように、個々人の需要曲線は、価格と需要量の関係を表わしているだけではなく、その人がその商品に対してどのような評価をしているかも表わしています。しかも、この評価が金銭単位であるため、それなりの客観性を持った評価ということになります。

消費者余剰

さて、図 2-8 に戻って、ビールの価格が 300 円であったとしてみましょう。このとき、太郎はビールを 5本まで買おうとするでしょう。これは、図から容易に確認できると思います。上で述べた方法で計算すると、5本のビールを飲

むことは、太郎にとって 5500 円（＝2000＋1400＋1000＋700＋400）の価値があります。これに対して、太郎が 5 本のビールに対して支払った金額は 1500 円（＝300×5）です。両者の差額をとると 4000 円という数字が導出されますが、これが消費者余剰（consumer's surplus）──* と呼ばれるものです（図のうすい赤の部分です）。

*──確認：今日のランチの消費者余剰は？
　週に一度は食べに行っている近くのレストランのランチサービス。いつもは 1000 円なのに、今日は開店 10 周年で 800 円に割り引かれていました。ということは、消費者余剰が 200 円増えたことになります。

消費者余剰とはつぎのようなものを表わしています。ビール 1 本 300 円のとき、太郎はビールを 5 本買って 1500 円支払いますが、5 本のビールに対する彼の評価は実際には 5500 円です。したがって、太郎はこのような需要行動をとることで、4000 円だけ得をしたことになります。消費者余剰とは、支払う意思はあるが支払わないですんだという意味での、需要行動を通じた消費者の利益を表わしたものです。

以上の点を確認する意味で、つぎのようなことを考えてみてください。いま、太郎の住んでいる町には酒屋が 1 軒しかなく、しかもつぎのような価格設定をしているとしましょう。ビールは 5 本まとめてしか買うことができず、しかも 5 本まとめての値段は 5400 円という価格設定です（このような販売方法を「抱き合わせ販売」といいます）。このとき、太郎はビールを買うでしょ

column　独占禁止法で規制されている抱き合わせ販売

　まとめて買うことを求める行為は、売り手の利益を上げるものとしてしばしば観察されます。ある商品を買いたければ別の商品とセットで買うようにという行為を、抱き合わせ販売といいます。抱き合わせ販売は、ときに独占禁止法で厳しく規制されます。列車の車内で弁当を買った人しかお茶を売らないとした業者は違法であると指摘を受けました。売れ筋で品不足気味のゲームソフトを買いたければ、別のソフトといっしょに購入しなくてはいけないとするのも違法です。パソコンソフトで OS（オペレーティングシステム）とインターネット閲覧ソフトが一緒になって販売されるのは抱き合わせ販売であるのかどうかという点も、独占禁止法の問題として論議の対象となりうる問題です。

か。太郎にとっての選択の可能性は二つしかありません。ビールを買わないか、それとも5400円出してビールを5本買うかです。図2-8の場合には、太郎は5本のビールを買うという選択をするでしょう。

このような状況と比べると、ビールを1本単位で売ってくれてしかも1本の価格が300円であるというのは、太郎にとってずいぶん都合のよいことです。消費者余剰とは、このような好都合な市場価格のもとで、太郎が獲得することのできる利益を表現したものと考えることができます。消費者余剰の額は、ビールの価格が低くなるほど大きくなります。この点を確認するために、ビールの価格が1000円のときと、100円のときの消費者余剰の金額を計算してみてください。また、外で食事をしたときに、レストランでの自分の消費者余剰は

column 二部料金制（two-part tariff system）

　二部料金制とは、遊園地の料金や電話料金などにみられる価格システムのことです。遊園地に入るためには、まず入場料を払いますが、特殊な切符を買わない限りは、ジェット・コースターなどの乗物を利用することはできません。乗物に1回乗るごとに、代金を別に支払わなくてはいけません。電話料金も、同じです。電話を設置するためには、加入料を支払いますが、これだけでは電話をかけることはできません。電話をかけるごとに、その度数に応じて通話料を払う必要があります。

　通常の商品（たとえばチョコレート）を買うのに入会金は必要ありませんから、チョコレートを何個購入しても、1個当たりに支払う金額は一定です（価格がこれに対応します）。これに対して、二部料金制の場合には、たくさん購入するほど、1個当たりに支払う金額が低下してきます。これは、入場料（加入料）が分散されるからです。

　では、人々はなぜ入場料を払って遊園地に行くのでしょうか。本文中の説明から明らかであると思いますが、もし入場料が消費者余剰よりも安ければ、入場料を払ってでも遊園地に入って、乗物に乗るでしょう。もし、入場料が消費者余剰よりも高ければ、遊園地には行かないでしょう。

　二部料金制が広範に採用されていること、しかも人々が入場料や加入料を払ってでも、二部料金制をとっている商品を購入するということは、これらの商品が入場料や加入料以上の消費者余剰を生み出すからにほかなりません。

どれくらいか、考えてみてください。——*

> *——確認：100円のハンバーガーを買う人の効用は？
> 100円のハンバーガーを買う人は、ハンバーガーに100円以上の評価をしているはずです。100円未満の評価なら、わざわざ100円出して買うはずがないからです。またハンバーガーを一つしか買わない人は、二つ目のハンバーガーには100円未満の価値しか見出していない人だといえるでしょう。

市場需要と消費者余剰

以上では消費者余剰の考え方を、個人の需要曲線で説明しましたが、消費者余剰は社会全体としての需要（市場需要）の上でも考えることができます。この点を、図2-7に戻って説明しましょう。

図2-7の左側二つのグラフの白い部分は、価格がp_1であるときの太郎と花子の消費者余剰を表わしています。いちばん右側のグラフの白い部分は、市場需要（太郎＋花子）$D+D^*$について同じようにして消費者余剰を求めたものです。すでに説明したように、$D+D^*$は、太郎と花子の需要曲線を水平方向に足し合わせたものです。したがって、いちばん右側の白い部分の面積は、左側二つのグラフの白い部分の面積を足し合わせたものに等しくなっているはずです。——*

> *——確認：金銭価値だからこそ足せる
> ここではいろいろな人の消費者余剰を足すことで、社会全体の消費者余剰となることを確認しました。消費者余剰は金銭価値で表した効用です。金銭価値だからこそ、いろいろな人の消費者余剰を足し合わせることができるのです。

このように、市場全体の需要曲線から導かれた消費者余剰の大きさは、その需要を構成している個々人の消費者余剰を足し合わせたものとなっています。上の例では、太郎と花子の2人しかいないケースを考えていますが、社会に何人いても同じような議論が展開できるのは明らかでしょう。消費者余剰は、各消費者の効用を金銭価値という共通の指標で足し合わせたものとなっています。

別のケースでの確認

以上で述べた点、つまり、社会全体の需要曲線から求められる消費者余剰が個々人の評価（金銭的評価）の和になっていることを確認するために、つぎのような単純なケースを考えてみましょう。人々が通常1個しか購入しないよう

な商品を考えてください。たとえば、小澤征爾指揮ボストン交響楽団のマーラーの交響曲第一番「巨人」のCD（コンパクトディスク）の需要を考えてみましょう。

　この商品に対する需要曲線は、通常、図2-1のような右下がりの形をしていると考えられます。つまり、価格が安ければ、需要も大きくなるはずです。と

---

column

行動経済学と経済心理学

　この章では、消費者が合理的に行動したらどのような消費行動になるのかということをくわしく考察しました。この本でも何度も強調してきたように、伝統的な経済学には、合理性という前提がその基礎にありました。ただ、現実の経済行動のなかに合理性では説明できない面も多々あることも事実であり、そうした「非合理的」な面を掘り下げる研究分野が大きく脚光を浴びています。

　行動経済学と呼ばれる分野がその代表的なもので、この分野の先駆的な研究にはノーベル経済学賞が授与されています。行動経済学の研究によると、消費者や投資家としての人間の行動はさまざまな意味で心理的な制約に縛られていると指摘しています。たとえば、どのような商品を購入するのかという消費者行動は、どのような選択の余地が与えられているかによって大きく制約されるようです。

　たとえば、ある店に3000円と5000円の商品が並べてあり、別の店にはこの2つの商品の横に1万円の商品が並べてあったとします。すると、1万円の商品が並べてある店のほうが5000円の品物がよく売れる傾向にあるようです。1万円の商品の存在が、5000円の商品を相対的に安く見せる効果があるのでしょうか。それとも、消費者は一般的に真ん中あたりの価格帯の商品を購入する傾向があるのでしょうか。

　もう一つおもしろいのは、消費者はこれまでの消費行動に縛られる傾向が非常に強いということです。ある会社の携帯電話を使っている消費者は、別の会社が魅力的な商品を出しても、そう簡単にその商品に飛びつかない傾向があるといわれています。今までの商品に慣れ親しんでいると、新しい商品に切り替えることを考えるのがわずらわしいというような心理的なバリアが働いているのでしょうか。

　企業の側から見れば、こうした消費者の一見非合理的に見える特性をビジネスにうまく活用することが考えられます。

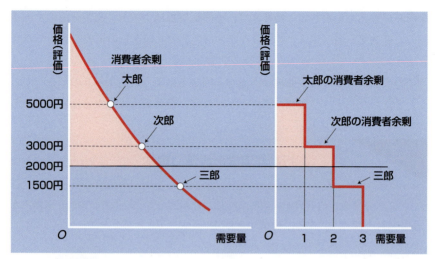

図 2-9　消費者余剰
市場の需要曲線の中には、いろいろな消費者の消費者余剰や価値（評価）が隠されている。この図では、太郎は 5000 円の評価をしているが、次郎は 3000 円の評価しかしていない。ただ、価格が 2000 円であれば 2 人ともこの財を購入する。ただし、1500 円の評価しか持っていない三郎はこの財を買わない。

ころが、個々の消費者の需要曲線は、少し違った形をしています。同じ CD を 2 枚買う人はいないからです。

　図 2-9 の右側の図は、太郎、次郎、三郎の 3 人の、この CD に対する需要曲線を、経済全体の需要曲線に対応させて描いたものです。太郎は小澤征爾のマーラーが大好きなので、5000 円出してもこの CD を買いたいと考えていますが、2 枚以上買う気はありません。したがって、太郎の需要曲線は、図に示したように、高さが 5000 円、幅 1 の長方形となります。次郎のこの CD に対する評価を 3000 円、三郎の評価を 1500 円とすると、次郎と三郎の需要曲線も、図に示したようになります。

　さて、この CD が 2000 円で売られていたとすると、太郎と次郎は購入しますが、三郎は購入しないでしょう。購入する 2 人の消費者余剰は、図のうすい赤の部分で示してあります。

　図 2-9 の左側の図に描いた社会全体の CD に対する需要は、このような個々の消費者の長方形の需要を足し合わせたものです。この需要曲線上の太郎、次郎、三郎の位置が確認できるでしょう。もちろん、この需要曲線の背後には、

この三人以外に多数の人がいます。

このような社会全体の需要曲線の上で求められる消費者余剰は、この商品を購入する個々の消費者の消費者余剰（評価から支払った金額を引いたもの）の和になっていることは容易に確認できると思います。

需要と効用最大化

消費者が合理的であるならば、消費の喜びを最大にするような需要行動をとるはずです。これは、ミクロ経済学のもっとも基本的な考え方です。ここで需要曲線を用いてこの点について簡単に説明しておきましょう（以下の説明では、図2-8を用います）。

図2-8では、ビールの価格が300円であるとき、ビールを5本購入するということが示されています。そして、そのときの消費者余剰は4000円でした。じつは、価格が300円のとき、太郎はビールを5本購入することで、消費者余剰を最大化しています。

この点を確認するために、たとえば、ビールを4本購入したときの消費者余剰を計算してみましょう。ビールを4本飲むことは、太郎にとって5100（＝2000＋1400＋1000＋700）円の価値があります。これに対して、ビール4本分の代金は1200円ですから、このときの消費者余剰は3900円となります。同じ方法によって、6本購入するときの消費者余剰も3900円、3本のときのそれは3500円と計算することができます。結局、価格が300円のときには、5本購入するのがもっとも大きな消費者余剰をもたらすことが確認できます。消費

---

column　水とダイヤモンドではどちらのほうが価値があるのか？

こう問われたら、どう答えますか。それは、「水のほうが命にかかわるから価値が高い」と答えるか、それとも「ダイヤモンドのほうが値段が高いので価値が高い」と答えるのか。実は、これは本文で説明した限界的価値の問題です。水は総価値は高いのですが、豊富にあるので限界的な価値はあまり高くなく、それが価格にも反映されています。一方、ダイヤモンドは総価値はそれほど高くないのですが、希少であるので限界的価値は非常に高くなるのです。

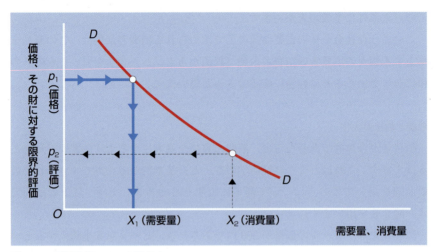

図 2-10　需要曲線の二つの読み方
需要曲線は通常は縦軸から横軸に向けて読む。価格 p_1 であれば、需要量は X_1 であるという具合だ。消費者余剰に関連して学んだもう一つの読み方は横軸から縦軸に向けて読む方法である。需要量（消費量）が X_2 であるとき、その人の限界的な評価は p_2 であるという具合だ。

者は、みずからの消費者余剰を最大にするように行動しています。需要曲線と価格によって決定される需要量は、このような消費者余剰の最大化を実現するものとなっています。

　以上の点は、追加的消費に対する便益と費用という観点から理解することも可能です。図 2-8 において、1 本目のビールは、太郎にとって 2000 円の価値があります。当然、彼は 300 円支払ってビールを購入するでしょう。2 本目のビール（ただしビールを 1 本すでに買うと決心したあとの 2 本目）は、1400 円の価値があります。これもビールの価格（300 円）以上ですので、彼は購入するはずです。このように順次購入量を増やしていくと、5 本目は 400 円、6 本目は 200 円の評価がなされていることが読み取れます。ビールの価格が 300 円ですから、5 本目まで購入するのが、太郎にとってもっとも望ましいことがわかると思います。

　追加的に財の購入量を増やすことに対する消費者の評価のことを、その財に対する限界（的）評価、あるいは（金銭単位で表わした）限界効用と呼びます。太郎は、限界的評価が価格を上回っている限りは購入量を増大し、前者が

後者よりも低くなる直前のところまで購入します。そこで彼の消費者余剰が最大になっているのは、説明するまでもないでしょう。

以上の議論から、需要曲線には二つの読み方ができることがわかったと思います。図 2-10 は、この点を滑らかな需要曲線上で示したものです。まず、通常の読み方ですが、これは縦軸から横軸の方向に読む方法です。たとえば、価格が縦軸上にとられた p_1 の水準にあるとすると、そのときの需要量は横軸上の X_1 である、というのがこの読み方です。これに対して、横軸から縦軸に向かって読むと、つぎのようになります。たとえば需要量（消費量）が横軸上に示された X_2 の水準にあると、そこでのこの財に対しての限界的評価は p_2 であると。後者のような需要曲線の読み方は、以下で展開されるいろいろな議論において頻繁に用いられます。

演習問題

1. 以下の文章の下線部に用語を入れなさい。
   (1) 需要に影響を及ぼす変数のうち、とりあえず分析の対象外におき、あらかじめ与えられたものと考える変数を＿＿＿＿といい、価格のように需要とともに分析の対象となるような変数を＿＿＿＿という。前者の変数が動いたときは、需要曲線は＿＿＿＿し、後者が動いたときは需要曲線上を動く。
   (2) 需要曲線は価格に対する需要量の反応を示していると同時に、消費量に対する消費者の＿＿＿＿をも表わしている。
   (3) 消費者余剰とは、消費者がその財をある価格のもとで自分の満足度を最大化するまで需要したときの満足度を＿＿＿＿で評価したものである。
2. ある財に対する消費者の需要曲線が
   $$D = 100 - 4p$$
   という式で表わされているとしよう。ただし、D は需要量、p は価格を表わしている。いまこの財の価格が 10 であるとき、この消費者はこの財をどれだけ需要するか。そしてこの商品にいくら支払うのか。またそのときの消費者余剰はどのくらいか。
3. 原油の輸入価格が大きく上昇したとき、一時的には日本の貿易収支は大幅に赤字になるが、長期的には必ずしもそうならない可能性が強いといわれる。これを需要曲線を用いて説明しなさい。

4. 太郎は遊園地に遊びに行こうと考えている。遊園地にはいろいろな乗り物があるが、太郎にとって1台目に乗る価値は1000円分に値する。2台目は500円、3台目は300円、4台目は200円、5台目は100円、そして6台目以上は乗りたくないとしてみよう。いま、この遊園地では、1台乗るごとに150円徴収するという。以下の設問に答えなさい。

   (1) もし遊園地に入ったら、太郎は何台の乗り物に乗るだろうか。その理由も書きなさい。
   (2) この遊園地は入場料を別にとる。いま入場料は500円である。太郎は入場料を払ってでもこの遊園地に行こうとするだろうか。
   (3) もし入場料が800円に変わったら、太郎の行動に何か変化は起こるだろうか。
   (4) 入場料は500円のままであるが、乗り物料が1台当たり400円に変わったらどうだろうか。
   (5) 乗り物代は150円のままであるが、入場料が3000円になったらどうなるだろうか。

5. 以下の記述は正しいのか、誤っているのか、それともどちらともいえないのか、答えなさい。

   (1) 需要が弾力的であると、価格が上がるほど支出額も大きくなる。
   (2) 需要は価格以外にも、所得などいろいろな要因によって影響を受ける。一般に所得が増えれば需要も増えるが、これは需要曲線に沿って需要が増えていくことによって表わされる。
   (3) ある財に対する消費者余剰を計算すると、一般的には所得の高い人の消費者余剰のほうが貧しい人のそれよりも大きくなる傾向がある。

3: 費用の構造と供給行動

👧 この章では供給曲線についてくわしく学ぶようですが、前章で学んだ需要曲線の場合と何か違いがあるのでしょうか。

👨 供給曲線の背後にどのような供給者の行動原理が潜んでいるのか探るという意味では、需要曲線の背後にどのような消費者の行動原理が潜んでいるのか見てきた前章と大きなちがいはありません。ただ、供給側を見るさいには、まず費用（コスト）についてのいろいろな性質を理解することから始めなくてはいけません。

👧 費用（コスト）はいろいろな経済問題を考えるうえで重要なんでしょうね。

👨 そのとおりです。ただ、費用にもいろいろなものがあり、これをしっかり理解しないといけません。たとえば、限界費用と平均費用の違いはわかりますか？

👧 いいえ。そもそも「限界」という言い方からしてむずかしい感じを受けます。

👨 少し大げさに言えば、「限界」ということの重要性に気づいたことで、経済学は大きく進歩したのです（1870年代に限界概念を取り入れて発展した経済学の展開を「限界革命」といいます）。この章に限らず、経済学では「限界」という用語が多く出てきます。「限界費用」、「限界消費性向」、「限

界効用」、「限界税率」等々。この章で限界費用についてきちんと学ぶことで、供給曲線について理解を深めるだけでなく、経済学のもっとも基本的な考え方である限界という見方について習熟してほしいのです。

なんだかむずかしそうな話ですが、限界費用ってそんなに大切なのでしょうか。

限界費用の性質についてきちんと理解できれば、この章の目的の3分の2は達成したといってよいと思います。もちろん、限界費用以外に、先ほど触れた平均費用、総費用、固定費用、可変費用など、さまざまな費用が出てきます。

費用以外に、この章で学ぶ重要なことがらはあるのでしょうか。

生産者余剰という概念が出てきます。前章では、需要曲線を使って消費者余剰という概念を説明しましたが、この章では供給曲線から生産者余剰という概念を組み立てていきます。生産者余剰は供給側が生み出す利潤に近い概念ですが、とくに経済が生み出す価値を考えるうえでは重要な意味を持っています。

経済が生み出す価値とは何ですか。

これについては次章でくわしく説明することになりますが、おおよそ次のようなことです。いろいろな商品が生産され消費されることによって、さまざまな価値が生まれます。たとえば、消費者はその商品を購入してよかったと感じるはずです。よくなければ買うはずはないからです。消費者のこの満足を金銭価値で測ろうとしたのが消費者余剰です。同じように供給者はその商品を市場に出してよかったと思うはずです。さもなければ供給などしないからです。その供給者の満足は基本的には利潤で表わされます。利益を生まない商品は供給しないというのが、供給者なのです。その利益に近いものが、生産者余剰です。ですから、消費者余剰と生産者余剰の両方を見れば、その商品の社会的な価値が読み取れるというわけです。

I　供給曲線とは

　前章では黄金のクロスのうちの需要曲線について説明しました。今回は供給曲線、すなわち生産者の行動について説明をすることにします。

価格と供給

　図 3-1 は、標準的な供給曲線を描いたものです。縦軸には価格が、横軸には供給量がとられています。供給曲線とは、財（あるいはサービス）の価格とその供給量の間の関係を図に描いたものです。供給曲線は通常右上がりになっていますが、これは価格が高くなるほど供給量も多くなるからです。

　供給曲線を式の形で表わせば、

$$X = S(p)$$

となります。X は供給量で、p は価格です。関数 $S(\cdot)$ を供給関数と呼びます。供給量 X は、価格 p の関数として決まり、価格が変化すれば供給量も変化します。たとえば図 3-1 では、価格が p_1 であれば供給量は X_1 となり、価格が p_2 まで上がれば、供給量も X_2 まで増加します。

　供給曲線の形は、価格が変化したとき供給量がどの程度変化するかを表わしています。需要の場合と同じように供給の場合にも、価格に対する弾力性を考えることができます。この弾力性の大きさが、しばしば重要な意味を持ちます。第 1 章でとりあげた消費税が価格に及ぼす効果は、そのような例の一つです。

　供給の価格弾力性——＊　とは、供給量が価格に対してどのように反応するかを数値で表わすために、供給量の変化率と価格の変化率の比をとったものです。基本的な考え方は、第 2 章で説明した需要の価格弾力性とまったく同じです。

＊──確認：供給の価格弾力性とは
>　供給の価格弾力性とは、価格の変化に対して供給量がどの程度反応するのかを数値で示したものです。具体的には供給量の変化率を価格の変化率で割ったものになりますが、直感的な意味としては価格が 1% 上がったときに供給量が何 % 増えるのかを示したものとなっています。

　需要曲線の場合と同じように、供給の価格弾力性は供給曲線の傾きと密接な

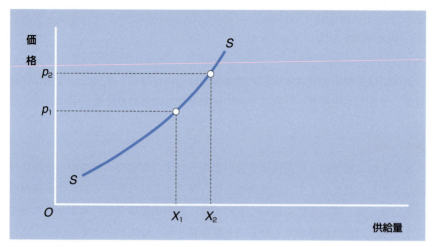

図 3-1 供給曲線
　　　すでにお馴染みの供給曲線である。価格が p_1 から p_2 まで上がれば、供給量は X_1 から X_2 まで増加することが読み取れる。

関係にあります。——* 　図 3-2 には、いろいろな価格弾力性を持った供給曲線が描いてあります。供給の価格弾力性がゼロのときには、供給量は価格にまったく反応しません。このような供給曲線は、図に示したように垂直線になります。これに対して、価格弾力性が無限大のときには、わずかの価格変化に対しても供給量が大きく反応します。この場合には、供給曲線は水平線になります。価格弾力性は、通常、ゼロと無限大の間の値をとり、供給曲線は右上がりになります。需要曲線と同じように、価格弾力性の大きな供給曲線ほど、その傾きは小さくなります。

*——確認：供給の価格弾力性と供給曲線の傾き
　　　図 3-2 に示されているように、供給の価格弾力性が大きいほど、供給曲線の形は水平線に近くなっていきます。逆に弾力性が小さいほど、垂直線に近くなっていきます。

供給行動の集計

　需要曲線と同じように、供給曲線も個々の供給主体（これを以下では便宜上「企業」と呼ぶことにします）の供給行動を集計したものです。たとえば、この市場に A 社と B 社という二つの企業があるなら、市場全体の供給曲線はこの二つの企業の供給曲線を水平方向に足し合わせたものとなっています。これは、需要曲線の場合と同じことですので、あらためて説明する必要はないでし

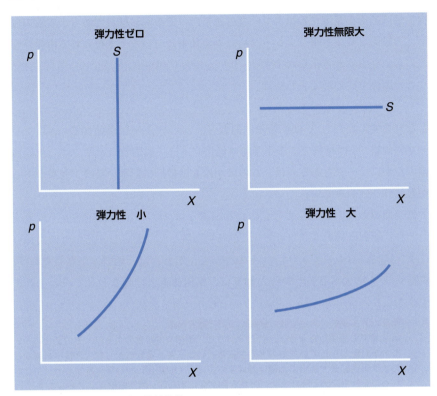

図 3-2　いろいろな弾力性と供給曲線
　　供給の価格弾力性が小さいときには、価格が多少変化しても供給量はあまり変化しない。その場合には供給曲線は垂直に近くなる。弾力性が大きいときには、価格が少し変化しても供給量は大きく変化するので、供給曲線は水平に近くなる。

よう。

　ただし、供給曲線の場合には、以上の点に一つ留保条件を付け加えなくてはなりません。市場で成立している価格によっては、新たな企業が供給主体として市場に参入してきたり、いままで供給を行なっていた企業が市場から退出することがあります。この章では、このような企業の参入・退出については考えません（企業の参入・退出については第5章で説明します）。

供給曲線のシフト

　需要の場合と同じように、供給量もさまざまな要因によって影響を受けるはずです。たとえば、第1章でとりあげたクレープの供給であれば、クレープの

供給量に影響を及ぼすのはクレープの価格だけでなく、材料である小麦粉の価格、一般的な賃金水準（クレープ店以外の仕事についたとき得られる所得）などにも依存すると考えられます。

この関係を式の形で表わせば、

$$X = S(p, q, w, \cdots)$$

となります。ただし X は供給量、関数 $S(\cdot, \cdot, \cdot, \cdots)$ は供給関数、p はクレープの価格、q は材料である小麦粉の価格、w は一般的賃金水準です。供給曲線のなかに「…」とあるのは、このほかにも供給量に影響を及ぼす変数があるかもしれないからです。

需要曲線の場合と同じように、供給曲線とは、供給量 X と価格 p を内生変数とし、それ以外の変数（q や w）を外生変数として固定し、X と p の関係をグラフに描いたものです。──＊　したがって、たとえば「価格 p が高くなれば、供給量 X も増大する」といった動きは、供給曲線上の動きとして表わされます。

＊──確認：外生変数と内生変数の意味について再度確認
> 第２章でも説明したように、ここでいうと、価格や供給量のように、その変化について分析対象となっているものを内生変数といいます。それに対して、天候や技術などのように供給量や価格に影響を及ぼすものの、その変化について分析するわけではないものを外生変数と呼びます。外生変数が変化すれば、供給曲線はシフトします。

これに対し、外生変数である q や w が変化すれば、供給曲線はシフトするはずです。たとえば材料である小麦粉の価格 q が高くなればクレープの供給は減少するはずですので、供給曲線は左にシフトします。あるいは材料の価格が高くなるので、クレープの価格も上げざるをえず、供給曲線が上方にシフトするといってよいかもしれません。──＊

＊──確認：供給曲線のシフトのパターンについて確認しよう
> 原材料の高騰、技術革新、政府による補助金はそれぞれ供給曲線をどちらの方向にシフトさせるでしょうか。答えは、原材料の高騰は上方に、後の２つは下方にシフトさせます。

II　費用の構造と供給行動

生産のための費用の構造

図3-3は、費用にかかわるいくつかの曲線を示したもので、企業の費用構造

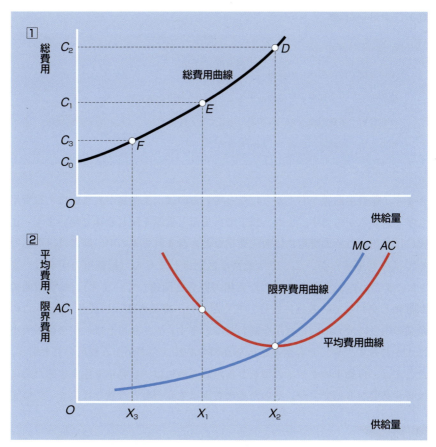

図 3-3　費用曲線の種類：総費用・平均費用・限界費用

総費用を供給量で割ったものが平均費用、総費用の傾き（供給量を少し増やしたときの総費用の変化）が限界費用である。平均費用曲線の最低点を限界費用が通る。また、平均費用が右下がりの部分では、限界費用のほうが平均費用より小さくなり、右上がりの部分では限界費用のほうが平均費用よりも大きくなっている。

について分析するさいに使われます。この図を用いて企業の費用の構造について説明していきましょう。

まず図①のほうですが、これは供給量（生産量）と総費用の関係を表わしたもので、総費用曲線と呼ばれるものです。横軸には生産量がとられており、縦軸には総費用の水準がとられています。たとえば、生産量が X_1 の水準にあれば総費用は C_1、生産量が X_2 であれば総費用は C_2 というように読むことがで

表 3-1　費用の諸概念

総　費　用：費用全体
平均費用：単位当たりの費用（＝ $\dfrac{総費用}{生産量}$）
限界費用：生産量を 1 単位増加することに伴う費用の増大幅
可変費用：総費用のうち、生産量に応じて増大する部分（＝総費用－固定費用）
固定費用：生産量とは独立にかかる費用

きます。総費用曲線が右上がりになっているのは、生産量が大きいほど総費用も多くかかるからです。なお、以下では生産と供給を同じ意味で使います。正確には供給のための費用には販売費用なども含まれますので、両者は区別しなくてはなりませんが、ここでは厳密な区別はしません（総費用の中身は、表 3-1 にまとめたようないろいろな費用の概念と関連しています）。総費用曲線が縦軸と交わっている点に注目してください。縦軸の切片の長さ C_0 は、この企業の生産のための固定費用を表わしています。固定費用とは、生産量の大小にかかわらず、少しでも生産を行なうのであれば必ずかかる費用のことです。たとえば、自動車のボディの型をとるための機械は、自動車を生産するためには必ず必要なものですが、そのための費用は生産台数とは独立に決まってしま

---

column

機会費用（目に見えにくい費用）

　機会費用という用語を知っていますか。たとえば、現金で自宅にお金をおいている人を考えてみてください。もしそのお金を銀行に預けておけば利子が付くのに、現金で持っていたのでその利子を確保することができません。このような場合に、「現金を持つことには機会費用がかかる」といいます。5 万円のアルバイトの話があったのに、パーティに誘われてそちらに行ったのでアルバイトをふいにしたとすれば、パーティに出るために 5 万円の機会費用を払ったといいます。もちろん、機会費用は具体的にその額だけ損をするというよりも、本来であれば得られる利益が得られなかったという形をとります。現実の経済の動きを分析するさいも、このような目に見えにくい「機会費用」が重要な意味を持つことがあります。

す。したがって固定費用となります。

これに対して、費用のなかで固定費用以外のもの、すなわち生産量に依存して変化する費用の部分を可変費用と呼びます。たとえば図3-3の場合、X_1の生産に対してかかるC_1の総費用のうち固定費用C_0を除いた部分が可変費用になります。

平均費用と限界費用

図3-3の図②は、図①に対応して描かれた平均費用曲線と限界費用曲線を表わしています。平均費用とは、生産1単位当たりにかかる費用のことで、総費用を生産量で割ることで求めることができます。たとえば、図でX_1の生産量に対する総費用はC_1ですが、このときの平均費用はC_1/X_1となります。図①ではこの平均費用は原点Oと点Eを結んだ直線の傾きの大きさによって表わされます（なぜそうなるのか、理由を考えてください）。これはまた図②では縦軸上のAC_1で表わされています。平均費用曲線とは、平均費用と生産量の関係をグラフに表示したものです。

平均費用曲線は、図②に描かれているようなU字型をすることがありますが、これはつぎのような理由によります。生産量が非常に小さいときには、固定費用の存在のため単位生産当たりの費用（平均費用）が高くなりますが、生産量が大きくなるにつれて固定費用がより多くの生産量で薄められるので、平均費用も次第に小さくなっていきます。しかし、生産量があまりに大きくなると、こんどは可変費用の部分が逓増的に大きくなっていき、平均費用も増大していきます。

つぎに限界費用について説明しましょう。限界費用とは、生産量を増加させたとき、費用がどの程度増えるかを表わしたものです。図3-3の図①を用いて、限界費用についてもう少しくわしく説明してみましょう。

いま生産量がX_3であるならば、そのときの総費用はC_3となっています。ここで生産量をX_2まで増加させると、費用はC_3からC_2まで増加します。したがって、生産量を増加させることによる追加的な単位生産当たりの費用は、この費用の増加分を生産量の増加分で割った$(C_2-C_3)/(X_2-X_3)$となります。これは、点Fと点Dを結んだ直線の傾きで表わされます。もし、生産量をX_3からX_1まで増加させるなら、この生産増における追加的1単位の生産当たり

の費用増は、$(C_1-C_3)/(X_1-X_3)$ となり、点 F と点 E を結んだ直線の傾きに等しくなります。

このように、X_3 から生産量を増加させることに伴う追加的な費用（限界費用）を求めようとすると、どこまで生産量を増やすかによってその値がちがってきます。このような曖昧さを避けるため、限界費用をつぎのように定義します。すなわち、生産量を微少量増加させたとき、それに伴って費用がどの程度増加するかを、費用の増加分を生産量の増加分で割ったもので表わします。これは、グラフでは総費用曲線の接線の傾きに等しくなります。微分の考え方を知っている読者であれば、限界費用が総費用の微分であることが容易にわかるでしょう。

この本では、高度な数学的手法は使いません。したがって、以下の議論のためには、とりあえず限界費用をつぎのように理解しておけばよいでしょう。ある生産量における限界費用とは、その生産量から生産量をさらに 1 単位増加させたときの費用の増加分によって定義されます。ただ、「平均」や「限界」という考え方は、経済学のなかできわめて重要なものですので、この章の補論で説明します。──*

*──確認：新幹線乗車の限界費用と平均費用を考えてみよう
　　ある人が東京から名古屋まで新幹線で移動したとしてみましょう。この人を乗せる限界費用と平均費用はどうなるでしょうか。もし新幹線が満員でなければ、限界費用は

---

column　携帯電話をかけるための限界費用は？

　皆さんが携帯電話を利用するとき、その固定費用、限界費用、平均費用、総費用は何か考えたことがありますか。携帯電話の料金のなかには月々必ずはらう固定料金部分があります。この部分と携帯電話本体を購入するときの料金（あるいはそれを月割りしたもの）が固定費用です。携帯電話はたくさんかければ追加的な費用がかかりますが、これが限界費用です。ただ、家族間通話タダというような料金もありますので、その場合には、「家族間の通話の限界費用はゼロ」となります。総費用は携帯電話に使ったすべての支出を表わし、可変費用はそこから固定費用を引いたもの、そして平均費用は総費用を通話料（たとえば通話の度数）で割って 1 回当たりの費用として表わしたものです。

表 3-2　費用に関する数値例

生産量	総費用	可変費用	平均費用	限界費用
0	0/200	0	0/∞	10
1	210	10	210	15
2	225	25	112.5	20
3	245	45	81.7	30
4	275	75	68.8	40
5	315	115	63	60
6	375	175	62.5	100
7	475	275	67.9	150
8	625	425	78.1	−

総費用の増加分が限界費用であり、総費用を生産量で割ったものが平均費用。可変費用は総費用から固定費用（200）を引いたものである。

非常に安いでしょう。1000 円以下かもしれません。一人余分に乗せる移動コストの負荷などだけですから。ただ、平均費用では、新幹線を運営するための諸々の固定経費の頭割り分がかかりますから、もっと大きくなります。現実に東京―名古屋間の乗車料金が 1 万円を超えているのは、こうした固定費用分が含まれているからです。

　限界費用はそれぞれの生産量のところで定義されます。異なった生産量には、異なった限界費用が対応します。限界費用曲線とは、限界費用と生産量の関係を表わしたもので、図 3-3 の図②の MC 曲線のような形をしています。この図では、限界費用曲線が平均費用曲線の最低点を通るように描いてありますが、この点については、章末の補論を参照してください。

費用関数に関する数値例

　つぎに数値例を用いて、上で説明した費用に関する諸概念について考えてみましょう。表 3-2 は、ある企業の仮想的な費用構造を示したものです。ここには、生産量とそれに対応する総費用、可変費用、平均費用、限界費用がとられています。

　この企業の固定費用を 200 とすると、総費用は可変費用に 200 を足したものとなっています。生産量がゼロのところの総費用が 0/200 となっているのは、まったく生産しなければ総費用はゼロ、少しでも生産すれば 200 になるということを表わしたものです。平均費用は、総費用を生産量で割ったものとなって

います。平均費用が、生産量の低いところでは、生産量の増加とともに低下しているのは、固定費用の存在によるものです。

　限界費用は、生産量の増加に伴って生じる費用の増加額であり、これは総費用からも可変費用からも読み取ることができます。たとえば生産量3のところの限界費用30は、生産量を3から4まで増加させることによる費用の増加額を表わしています。したがって、総費用から275－245、あるいは可変費用から75－45と計算することができます。

> **column**
>
> ## ガソリンスタンドの混乱：完全競争的な世界
>
> 　私たちがガソリンスタンドで入れるガソリンの料金の半分以上は税金となっています。2008年4月、国会の混乱から、一時的にこの税金の一部が撤廃されました。4月1日からガソリンの税金が安くなったのです。ただ、ガソリンスタンドにとって悩ましいのは、4月1日に売る分のガソリンは、もっと前に税込みの価格で仕入れたものであるので、いきなり安くしたら損が出てしまうことです。
>
> 　それでも、税が安くなったことを知っている国民はガソリンの価格が4月1日から下がることを期待していました。ここで、店によって対応のちがいが出て、混乱が起きました。あるガソリンスタンドは価格を据え置こうとしました。すると、客足がぱたっととまってしまいました。そこで、価格を下げた近隣のガソリンスタンドにあわせて、自分もあわてて価格を下げることにしました。別のガソリンスタンドは、客を増やすために、出血覚悟でガソリン価格を大幅に値下げしました。しかしそうすると、客が集まりすぎてしまいました。そこで、近所のガソリンスタンド価格を調べ、下げすぎた価格を少し上げて調整したそうです。
>
> 　このように、それぞれのガソリンスタンドは自分の判断で料金を決めているのですが、市場の動向や周囲の競争相手の価格を見ながら価格を調整せざるを得ません。こうした状況は、まさにミクロ経済学の完全競争の世界に近いものです。「完全な」完全競争というものは現実の世界にはなかなかないものですが、多くの企業が競争する姿を単純化して描写しているという点で、完全競争の考え方はたいへん意味が深いと思います。

3　費用の構造と供給行動　77

完全競争

　つぎに、上で説明したような費用構造を持った企業が、実際にどのような供給行動をとるかという点について説明しましょう。企業の供給行動について分析するためには、まずその企業がどのような行動原理にもとづいて行動しているかということから明らかにしていかなければいけません。ここでは、完全競争という考え方にもとづいて分析を進めます。

　ある産業が完全競争的な状態にあるということは、つぎのようなことを意味しています。この企業とまったく同じ財を供給している企業が多数存在していて、この企業が供給量を変化させても、市場におけるその財の価格は変化しないとします。このような場合には、市場に同質の財がたくさん出まわっているので、他の企業より高い価格をつけたのでは、その財をまったく売ることはできません。また、他の企業と同じ価格をつければいくらでも売ることができるので、他より低い価格をつける理由もありません。

　このような状況にある供給者をプライス・テイカー（price taker）と呼びま

> **column**
>
> ### ロスリーダー（おとり商品）
>
> 　企業はときとして、限界費用以下の低価格で財やサービスを提供して、損を出すことがあります。たとえば、スーパーなどでよく、おとり商品として非常に安い価格で牛乳や卵を売ることがあります。「お客様一人1パックに限り50円の出血サービス！」などというものです。企業にとっては、費用以下で販売して意味があるのでしょうか。
>
> 　線路の反対側にある二つのスーパーを考えてみてください。お客にとっては、踏切を渡って両方のスーパーに行くのは煩わしいものです。できるだけ一つのスーパーで買い物をすませようとします。そこでスーパーは多くの消費者が必ず購入する、牛乳、パン、卵、ティッシュペーパーなどをおとり商品として利用するのです。あるとき、首都圏の常磐線沿線のある街で鉄道の反対側にある二つのスーパーが牛乳でおとり商品合戦を始めてしまいました。牛乳1パックにつき50円というような損を覚悟の商売です。消費者は喜びましたが、困ったことに近くに牛乳専業の販売店がありました。牛乳だけを売っている店ですから、損を出して売るわけにはいきません。結局、政府の公正取引委員会がこのスーパーのおとり商品は独占禁止法違反であるとして指導したようです。

す。つまり、市場で決まっている価格をそのまま受け入れて供給するというような意味です。市場に競争者が多数いるときには、個々の供給者は価格支配力がありません。──*

*──確認：完全競争の下では供給者はプライス・テイカーとなる
完全競争では競争相手が非常に多く、少しでも価格が上がれば客をすべて他の競争相手にとられてしまいます。こうした環境では、供給者は他の競争相手と同じ価格を設定するしかありません。こうした立場にある供給者のことをプライス・テイカーと呼びます。

たとえば大根を生産・供給している農家を考えてみてください。大根を出荷している農家はたくさんありますので、一つの農家が大根の出荷量を変化させたとしても、大根の市場価格にはまったく変化はないでしょう。このようなとき、各農家は市場で成立している価格で大根をいくらでも売れると考えて供給計画を立てるでしょう。第1章で説明したクレープ店の例もこれに近いものです。

もちろん、このプライス・テイカーの仮定はつねに妥当するものではありません。たとえば、市場に供給主体が一つしかないとき（独占のケース）には、

---

column

吉野家：店を増やすことで安い価格を

　牛丼の吉野家は、もともと東京築地で牛丼の店として営業していました。味と速いサービスと安い値段で、人気のある店だったようです。「旨い・安い・早い」という吉野家のモットーはこのころからあったものです。お客はどんどん増えるのですが、一つの店では売上げを増やすのにも限界があります。そこで、あるとき、これ以上売上げを増やすためには、店を増やしていくしかない、とチェーン展開を始めたのです。

　吉野家のような外食産業にとっては、店を増やせば仕入れが増えて、仕入れ単価が下がるというメリットが出てきます。店を増やして仕入れを増やせば、その仕入れのための限界費用は、新しい店の仕入れコストではなく、そこから大量調達によって節約できる他の店の調達コスト削減分を引いたものとなります（本文中の限界費用の説明と比較してください）。吉野家の牛丼の肉は、牛のある部位だけを集中的に使うため、米国から大量にその部分だけを輸入しています。それによって費用削減を実現しているのです。

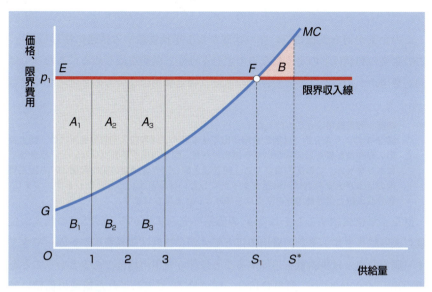

図3-4 企業の供給量の決定
　ここでは価格が限界収入となっている。価格が限界費用よりも高い限り、供給を増やせば利益は増える。結局、価格と限界費用が同じになるところまで供給すれば、価格線（限界収入線）と限界費用線の間の面積分だけ利益があげられる（ただし固定費用があればそこから引いた分が利益となる）。

　この企業は供給量を決定するにあたって、供給量の変化が市場価格に及ぼす影響を考慮に入れるでしょう。また供給主体（企業）の数が少なければ（寡占のケース）、各企業はみずからの価格設定行動が他の企業の行動にどのような影響を及ぼすかということを頭に入れながら行動するでしょう。これらの場合には、完全競争の前提は適当なものではありません。本書では第5章で独占の問題をとりあげます。また、完全競争についても、より詳細な議論を第5章で展開します。

III　利潤最大化と供給行動

利潤最大化行動と供給曲線

　さて、図3-4を用いて、完全競争のもとでの個々の企業の供給行動について説明しましょう。価格が、グラフの縦軸上にとったp_1であるとしてみましょ

う。

　この企業が何も供給していない状態から1単位供給する状態に移行したら、この企業の利潤はどのようになるのでしょうか。供給をはじめるにあたっては固定費用がかかるわけですが、この章では固定費用はないものと考えてください。──*

> *──確認：固定費用はどこへ行った？
> 図 3-4 のような分析では固定費用が出てきません。限界収入や限界費用には、固定費用の存在は影響を及ぼさないからです。ただ、固定費用が重要ではないという意味ではありません。この図の場合でも、限界収入線と限界費用線の間の面積よりも固定費用のほうが大きければ、供給をまったくしないほうがよいことになります。つまり、限界収入線と限界費用線の交点は意味がないことになります。

　財を1単位供給するとそれは p_1 の価格で売れますから、p_1 だけの収入が企業に入ってきます。また、費用のほうですが、これは限界費用がかかってきます（限界費用とは供給量を追加することに伴う費用の増分であるということを思い出してください）。限界費用は、図では B_1 で表わされた領域の面積に等しくなります。企業の利潤とは、財を売ることで得られる収入から費用を引いたもので（利潤＝収入−費用）、供給量を0から1に増やすことによって、企業の利潤は図の A_1 の部分だけ拡大します。

　同じように考えると、供給量を1単位から2単位に増やすことで、この企業の収入はさらに p_1 だけ増大し、費用のほうは B_2 だけ増加します。したがって、両者の差である A_2 の部分が供給量を1から2へ増加させることによる利潤増となります。供給量を2から3まで拡大すれば、それによって利潤はさらに A_3 だけ増加します。

　このように、供給量を拡大していくにつれて、この企業の利潤は価格線（限界収入線）と限界費用線 MC のあいだの領域分だけ拡大していきます。──*
もし S_1 まで供給量を拡大すれば、そのもとでの（固定費用を無視した）利潤総額は、灰色で示した領域の面積に等しくなります。

> *──確認：限界収入と限界費用
> ミクロ経済学では、いろいろなところで限界収入と限界費用が出てきます。また、完全競争や独占など、状況によって限界収入線の形はちがったものになります。ただ、すべてに共通して、限界収入とは供給を少し増やして得られる収入増であり、限界費用とは供給を少し増やすために負担する費用増のことです。限界収入が限界費用より大きい限りは、供給を増やすことで利益も増えていきます。最終的には、両者が等しくなるところが利潤を最大化する点になります（ただし、固定費用が大きいと話はも

う少し複雑になります）。

　図 3-4 から容易に読み取れると思いますが、価格 p_1 のもとでは、S_1 以上に供給すると利潤はかえって低下してしまいます。たとえば、供給量を S_1 から S^* まで拡大すると、その結果、利潤は B の領域の面積分だけ減少します。したがって、完全競争市場の場合には、企業は限界費用が価格に等しくなるところまで供給しようとします。図では、これは S_1 の供給量になります。

生産者余剰

　価格線（限界収入線）と限界費用線で囲まれた領域（図 3-4 の灰色の部分）のことを、生産者余剰と呼びます。固定費用のないケースでは、生産者余剰はその企業の利潤の額に等しくなります（固定費用が存在するケースについては第 6 章を参照してください。ここでは、生産者余剰は利潤に等しいと考えて結構です）。

　図 3-5 は、A 社と B 社の 2 企業が市場で供給している場合の、2 社の限界費用曲線と市場全体の供給曲線の関係を示したものです（供給主体が 3 社以上の場合も基本的には同じような議論ができます）。すでに説明したように、個々の企業の限界費用曲線は、その企業の供給曲線にもなっています。限界費用曲線は、横軸から縦軸の方向に読むものです。つまり、横軸上の各供給量に対して、それに対応する限界費用曲線上の縦軸座標の値が限界費用となります。完全競争の前提のもとでは、限界費用曲線を縦軸から横軸の方向に読むこともで

---

column

2 着目半額のスーツは儲かるのか

　大型紳士服店などには、よく 2 着目半額という広告が出ています。半額にまで下げて背広を売って利益が上がるのでしょうか。その答は限界費用にあります。紳士服店の費用には、背広の仕入れの費用以外に、店の維持費、店員の人件費、広告費などがあります。ただ、お客が追加的にもう 1 着購入しても、それにかかる限界費用は背広の仕入れコストだけであり、店の維持費や人件費とはほとんど関係ありません。ですから、1 着目を定価で売れるのであれば、2 着目については半額、あるいはそれ以上に下げて売っても利益になるのです。

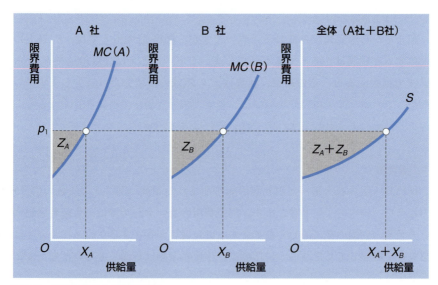

図 3-5　個別の供給と市場の供給
需要曲線（図 2-7）と同じように、個々の供給者の供給曲線を水平方向に足すことで、社会全体の供給曲線を導出することができる。

きます。すなわち、縦軸上にとられた各価格に対して、それに対応する限界費用曲線上の点の横軸座標の値は、その価格のもとでの供給量を表わしています。限界費用曲線がその企業の供給曲線であるというのは、このことを指しています。

　市場全体の供給曲線は個々の企業の供給曲線を水平方向に足し合わせたものとなっています。この点は、需要曲線の場合と同じですので、繰り返し説明するまでもないでしょう。市場全体としての供給曲線は、A 社の限界費用曲線 $MC(A)$ と B 社の限界費用曲線 $MC(B)$ を足し合わせたものとなっています。

　もし価格が p_1 であると、市場全体の供給量は $X_A + X_B$ となります。また、このとき価格線と供給曲線によって決まる領域 $Z_A + Z_B$ は、2 企業の生産者余剰を足し合わせたものに等しくなっています（この点も消費者余剰の場合と同じです）。──＊　一般的に、市場の供給曲線から導出される生産者余剰は、個々の生産者の生産者余剰を足し合わせたものに等しくなっています。

＊──確認：生産者余剰と利潤の関係
　　　確認：「固定費用はどこへ行った」（80 ページ）で触れた固定費用の存在が話を多少

複雑にしています。固定費用がなければ、生産者余剰は利潤そのものになりますが、固定費用がある場合には固定費用がこの図の上に出てきません。この場合、利潤は生産者余剰から固定費用を引いたものとなります。

さて、以上の点をふまえて、もう一度図3-1の供給曲線をみてみましょう。個々の企業の限界費用曲線と同じように、市場の供給曲線にも二通りの読み方が可能であることがわかります。一つは通常の読み方で、価格に対して供給量がどのように反応するかという関係を表わしているというものです。

もう一つは、限界費用曲線としての供給曲線の読み方です。たとえば、価格p_1のもとでX_1のところまで市場で供給が行なわれるならば、そこで各企業の限界費用はp_1の水準になっています。完全競争のもとでは、各企業は限界費用が価格に等しくなる点まで供給しますので、供給曲線から、市場全体の供給量とそのもとで各企業の限界費用の水準の関係を読み取ることができるわけです。もし市場全体の供給量が図3-1のX_2であれば、そのもとでの各企業の限界費用はp_2になっているはずです。いいかえると、供給曲線は市場全体としての限界費用曲線となっており、その財の供給量を増加させることに伴う社会的費用を表わしていることになります。──＊　この点は次章の議論において重要なものとなりますので、よく検討しておいてください。

＊──確認：限界費用曲線と供給曲線のちがい
> 限界費用曲線とは、それぞれの供給のところで、供給を少し増やしたら費用がどれだけ増えるのかを示したものです。つまり供給者の技術的特性を示したものです。これに対して、供給曲線は、「供給者は限界費用が価格に等しくなるところまで供給する」という利潤最大化の条件を付加したもので、供給者の行動を示したものです。完全競争の場合には、両者の形状はまったく同じになりますが、その意味はだいぶ異なります。

需給均衡

これまで多くのスペースを使って需要曲線と供給曲線について説明してきました。次章では、これを使っていろいろな経済問題を考えていきますが、その前にいままでの議論の内容について簡単にまとめておきましょう。図3-6は、ある財の需要曲線と供給曲線を描いたものですが、このグラフからどれだけのことが読み取れるでしょう。

まず第一に、需要曲線と供給曲線の交点Eが、実際に市場で取引される財の数量と価格を表わしているということがわかります。もし価格が図のp_1よ

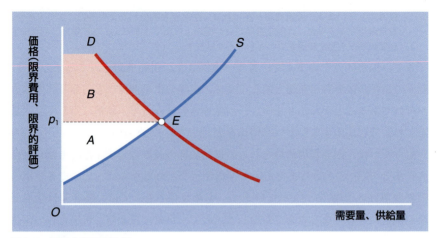

図 3-6 需要と供給の均衡
需要曲線と供給曲線の交点が均衡であるが、それに対応して消費者余剰（B）と生産者余剰（A）も読み取ることができる。

りも高い水準にあると、供給量が需要量を超過してしまいます。つまり、売れ残りが生じます（図の上で確認してください）。このようなときには、遅かれ早かれ価格は下がるでしょう。逆に、もし価格が p_1 よりも低ければ、今度は需要量が供給量を上回ってしまいます。つまり、この財を買いたくても買えない人が出てきます。このときは価格が上昇するでしょう。価格が p_1 の水準にあれば、需要量と供給量の乖離は起きませんので、価格を動かすような力は働きません。図の点 E はこのような状態を表わしていますが、これを<u>市場の均衡点</u>と呼びます。

　第二にわかることは、均衡点 E のもとで、各企業の限界費用は p_1（均衡における価格）になっており、各企業の粗利潤（生産者余剰）を足し合わせると、領域 A に等しくなっているということです。

　第三に、消費者は、均衡においてこの財に対して p_1 という限界的な評価をしており、市場取引を通じて消費者が獲得する消費者余剰の総和は、領域 B の面積に等しくなります。

補論：費用曲線の数学的展開

　数学的な知識のある読者のために、本文で説明した費用曲線の性質につい

て、数学的な説明をします。いま、総費用を C で表わし、これは生産量 X の増加関数として $T(X)$ と表わされるとしましょう。

$$C = T(X) \tag{3-1}$$

このような関数 $T(X)$ を総費用関数と呼びます。

平均費用は総費用を生産量で割ったものですので、平均費用を AC とすると、それは

$$AC = \frac{T(X)}{X} \tag{3-2}$$

と表わされます。限界費用は、総費用曲線の接線の傾きで表わされますので、式の上では総費用を微分したものとして求めることができます。限界費用を MC とすると、それは

$$MC = T'(X) \tag{3-3}$$

となります。

(3-2) 式を書き換えると、

$$T(X) = AC \cdot X \tag{3-4}$$

となり、これを微分すると

$$MC = T'(X) = AC + (AC)' \cdot X \tag{3-5}$$

となります。ただし、$(AC)'$ は平均費用の微分であり、生産量が変化するのに伴い、平均費用がどれだけ変わるかを表わしたものです。

(3-5) 式の右辺の第二項 $(AC)' \cdot X$ の符号が平均費用の傾きと等しくなるので、①平均費用が右上がりのときは $(AC)'$ が正となり、限界費用は平均費用よりも大きくなり、②平均費用が右下がりのとき（$(AC)' < 0$）は限界費用は平均費用よりも小さくなり、③平均費用が一定（平均費用曲線の接線の傾きがゼロの水平線、すなわち $(AC)' = 0$）のときは限界費用と平均費用が等しくなることが式の上で確認できます。

ちなみに、本文の図 3-3 の図②のように平均費用曲線が U 字形をしているときは、その底の点では平均費用曲線の接線の傾きがゼロ（水平）になっています。この場合には限界費用と平均費用が等しくなっているわけですが、これは図の上では、この点を限界費用曲線が通るということにほかなりません。この点を確認してください。

ところで、ここで説明した限界費用と平均費用の関係は、他の概念に関する

「限界」と「平均」にもあてはまります。ここでの限界費用と平均費用を、限界収入と平均収入、限界税率と平均税率などに置き換えても、まったく問題は生じません。この点を確認してください。

演習問題

1. 以下の文章の下線部に用語を入れなさい。
   (1) 生産にかかる費用全額のことを_____という。これを生産量で割って単位当たりの費用にしたものを_____といい、また、生産量を追加的に増やしたことに伴う費用の追加分を_____という。
   (2) 完全競争的な行動をとる生産者にとっては、価格が_____に等しくなるところまで供給すれば利潤最大化が実現できる。
   (3) 企業の収入から可変費用を引いたものを_____という。これに対して、企業の収入から総費用を引いたものを_____という。

2. ある企業の費用曲線は、固定費用が100、可変費用 (B) は $B = 3X$ の形になっているとする。ただし、X は生産量を表わしている。このとき、総費用を C と置くと、
   $$C = 100 + 3X$$
   となる。以下の設問に答えなさい。
   (1) 生産量が10のときの、総費用、平均費用、限界費用を求めなさい。
   (2) 総費用曲線のグラフを描きなさい。
   (3) 平均費用曲線と限界費用曲線のグラフを描きなさい。
   (4) この費用曲線のもとで、平均費用が逓減するのは生産量がどの範囲にあるときか。

3. ある企業の限界費用曲線は
   $$MC = 3X$$
   という式になっている。ただし、MC はこの財を供給するための限界費用を表わし、X は供給量を表わす。以下の設問に答えなさい。
   (1) もしこの企業が完全競争的な企業であり、市場価格が30であれば、この企業はこの財をどこまで供給するだろうか。またそのような答を出したのはどのような理由によるのかも記しなさい。
   (2) この場合の企業の生産者余剰はいくつであろうか。
   (3) ここでこの企業のこの財を生産するための固定費用が100であれば、この企業

はこの財を供給するだろうか。固定費用が 300 であればどうか。
4. 以下の設問に答えなさい。
   (1) 二つの費用曲線を考える。両者は限界費用曲線が同じ形をしているとする。ただ、一方はもう一方よりも固定費用が大きいとする。この二つの総費用曲線のグラフを描きなさい。
   (2) いま社会全体である財を供給する企業が 100 社あり、それぞれ完全競争的に行動しているものとする。これらの企業の限界費用曲線は、すべて $MC = x$ という形をとっている。ただし、MC は個々の企業の限界費用であり、x は個々の企業の供給量である。このとき、100 社全体をあわせた供給曲線はどのような形になるか計算しなさい。
5. 以下の記述は正しいのか、誤っているのか、それともどちらともいえないのか、答えなさい。
   (1) 価格弾力性の大きな供給曲線は垂直線に近い形状となる。
   (2) 固定費用が大きいと平均費用曲線が右下がりになる可能性が大きい。
   (3) 平均費用が逓減的であると、限界費用は平均費用よりも大きい。
   (4) 価格が上がると、供給者の生産者余剰は増大する。

4: 市場取引と資源配分

👧 この章のタイトルにある「資源配分」という用語は経済関係の本にしばしば出てくるようですが。

👨 経済学のもっとも重要なテーマが、「資源配分」の問題であるといっても過言ではありません。この章では、これまでの章で学んできた需要曲線と供給曲線を使って、資源配分について本格的に説明することになります。

👧 資源配分とは、一言でいえばどのようなことなのですか。

👨 経済というのは、資本や労働などの限られた資源をいろいろな目的に利用するために配分する機械にたとえることができます。もし資源が無尽蔵に使えるのであれば、経済学は必要ありません。しかし現実には、資本や労働に限りがあるとき、どのような財やサービスにどれだけの資源を投じ、それを誰がどれだけ消費するのかは重要な問題となります。このようにさまざまな経済資源がどのように使われるのかというのを、一般的に資源配分といいます。この資源配分がうまく機能すれば、豊かな社会が実現できますが、この機能がうまくいかないと貧しい生活を余儀なくされてしまいます。

👧 資源配分はだれが決めるのでしょうか。

👨 それが大問題です。社会主義国であれば、計画経済の制度であるため、国家や地方政府が資源配分をコントロールしようとします。しかし、このような計画経済はあまりうまくいきません。これに対して、今の日本のような市場経済社会では、一人ひとりの消費者や多数の企業がそれぞれ独自の行動をとり、社会全体では価格メカニズムという調整機能が働いています。

👩 価格メカニズムとは何ですか。

👨 それを学ぶのがこの章の重要な目的です。ようするに、需要と供給が等しくなるように価格が調整されることで、全体の調和がとれていくのです。

👩 それは有名なアダム・スミスの「見えざる手」の働きのことを指しているのでしょうか。

👨 そのとおりです。市場メカニズムは、言語などと並んで、人間がつくったもっとも精巧ですぐれた仕組みです。しかもこの仕組みはだれか特定の人がつくったというのではなく、多くの人の日々の経済的な営みの結果としてできあがったものなのです。ある意味では言語と似たようなところがあります。

👩 なかなかむずかしそうなテーマですね。

👨 そうでもありません。これまで学んだ需要と供給の考え方を使えば、資源配分や市場メカニズムの本質をわかりやすい形で学ぶことができるはずです。

I 市場と価格メカニズム

　経済学におけるもっとも重要な命題を一つあげるとしたら、何をあげたらよいでしょうか。「市場での自由な取引にまかせておけば、資源配分の最適性が自動的に保証される」という命題をあげる人が多いと思います。ミクロ経済学の最大の課題は、市場の機能とそこでの価格メカニズムについて明らかにすることにあります。

市場における価格決定のメカニズム

　市場というと、野菜などを取引する青果市場や株式市場などを連想する人が多いと思います。これらの市場は、目に見える形で存在します。そこには売り手と買い手が集まり、価格が決められていきます。しかし、野菜や株などの価格決定のあり方は例外的であり、ほとんどの商品については目に見える形の市場があるわけではありません。しかし、青果市場などの市場のイメージを拡張して、一般の財についても抽象的な意味での「市場」を考えることができます。これまで説明してきた需要曲線と供給曲線による分析は、このような抽象的な市場での価格決定のメカニズムを説明したものです。──*

> **column　オランダの花のオークション市場**
>
> 　マクミラン著『市場を創る──バザールからネット取引まで』（NTT出版）の冒頭に出てくるオランダの花市場の情景は非常に興味深いものです。ここには世界中の花が集められ、情報機器をフル活用した非常に効率的な競りが行なわれ、大量の花がこの市場を通って世界中に送られていくのです。その記述を少し引用すると、「ある朝の動きを見ただけでも、700万本のバラ、300万本のチューリップ、200万本の菊などが」取引され、「コロンビア、ケニア、ジンバブエなどから空路で送られてくる」花が取引されている。「なかには1日以内に韓国などの市場に送られるものもある」といいます。花のように商品としての寿命が非常に短いものでも、巨大な市場を通じて、グローバルな規模で取引が行なわれているのです。

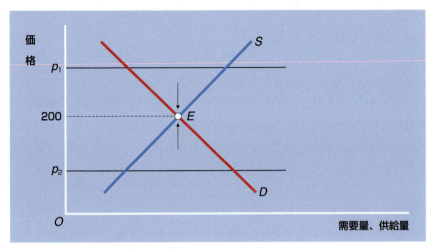

図 4-1 需要・供給曲線と価格の調整
需要曲線と供給曲線の交点である E 点が均衡であり、そこでの価格 200 で需要と供給が一致している。これよりも高い価格 (たとえば図の p_1) では供給のほうが需要よりも大きくなる (超過供給)。そこでは超過供給を反映して、価格は下落する方向に調整する。他方、価格が均衡価格よりも低いなら (たとえば図の p_2)、需要のほうが供給よりも大きくなる (超過需要)。そこでは超過需要を反映して、価格は上昇する方向に調整する。結局、こうした調整を通じて、最終的には均衡点 E にいきつく。

*――確認：価格調整メカニズムとは？
　価格は需要と供給のバランスを実現するように調整されます。需要が供給よりも多ければ (超過需要)、需要が満たされない人が価格を吊り上げるでしょうから価格は上がります。需要よりも供給のほうが多ければ (超過供給)、売れ残りを抱える供給者が価格を下げるので、価格は下がると考えられます。

　これまでの議論を、第 1 章で用いたクレープの例を使って、もう一度簡単にまとめてみましょう。ある商品 (クレープ) を供給する人 (企業) も、それを需要する消費者も多数います。これは、青果市場や株式市場でせりに参加する人が多数いるのと同じです。これらの消費者や供給者は、市場価格を見ながらみずからの需要量や供給量を決めます。図 4-1 に示した需要・供給曲線は、このような需要と供給の状態を示したものです。

　もし価格が高すぎるようであるなら、需要は少なく供給が多くなります。つまり、超過供給の状態になります。これは図では価格 p_1 のような状態です。この価格では、供給のほうが需要より多いので、売れ残りが大量に生じます。その場合には、価格は次第に低下していくでしょう。価格を下げない限り、供

給者の手元には売れ残りがたまるばかりだからです。図の矢印はそのような価格の動きを表わしています。

　逆に、価格が低すぎるようであるなら、需要は供給より多くなります。超過需要の状態です。図では価格 p_2 がこのような状態を示しています。この場合には、買いたくても商品が買えない人が出てきます。したがって、供給者は価格を引き上げようとするでしょう。その結果、市場全体の価格は引き上げられていきます。このことも矢印で示されています。

　このような調整プロセスを経て、最終的には需要曲線と供給曲線の交点である図の点 E のような状態が実現します。均衡、あるいは市場均衡です。調整プロセスでは、青果市場のように、せり人がいて、需給の状態を見ながら価格を上げたり下げたりしているわけではありません。あくまでも価格は個々の供給者が市場の状態を見ながら自発的に上げ下げしています。しかし、市場全体で見れば、せり人による調整と同じようなことが起こっているように見えます。このような意味で、一般的な財やサービスの価格決定や需給のバランスについて考えるさいにも「市場」という考え方を使うことができます。

価格を通じた消費者の「連帯」

　さて、点 E のような需給がバランスしたところで、個々の消費者はどのような行動をとっているのでしょうか。いま、需要と供給がバランスする均衡価格（図4-1の点 E における価格）は200円であるとしましょう。

　第2章で説明したように、個々の消費者は自分の消費からの満足度（効用）を最大にするように、消費の選択をすると考えます。個々の消費者の満足度を客観的なかたちで評価するのはむずかしいことですが、一つの便法として、消費者はそれぞれの財の消費に関して金銭的な評価を行なっていると考えることができます。

　たとえば、いまクレープをむしょうに食べたいと思っている人は、1000円出してもいいからクレープを食べたいと考えるかもしれません。これに対して、クレープがそれほど好きでない人は、100円でもクレープを買おうとしないかもしれません。この人のクレープへの評価は10円とか20円といったレベルでしょう。

　このように、個々の人はクレープに対して金銭価値で表わした評価を持って

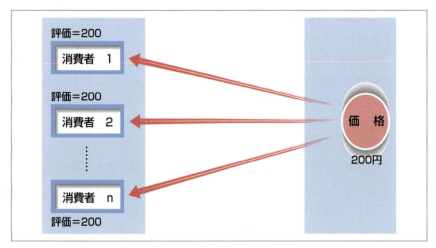

図 4-2　価格を通じた消費者の評価の均等化
　　消費者は価格を見て消費量を決める。この商品が 200 円であれば、自らの限界的な評価が 200 円のところまですべての消費者が行動する。価格を通じて、すべての消費者の限界的な評価が等しくなるという好ましい資源配分が実現している。

いると考えます。そして、消費者は自分の評価と市場価格を比べながら消費量を決めています。クレープの価格が 200 円であるなら、それよりも高い評価をする人だけがクレープを買うことになります。

　このような消費行動を通じて、非常に重要なことが起きています。「クレープを購入している人は、どの人も、自分の評価が市場価格に等しくなるところまで、クレープを購入する」ということです。すべての人が 200 円という同一の市場価格に直面しているわけですから、「クレープを購入している人は、どの人も、その評価が 200 円になるところまで購入する」ということになります。——＊

＊──確認：需要とは消費者の評価
　　需要曲線の背後には、消費者によるその財に対する評価があることを確認してください。もう少し具体的にいえば、需要曲線上のそれぞれの点における縦軸の値は、需要がそこからさらに増えることに対する消費者の限界的な評価（金銭価値で表示）を表わしています。

　図 4-2 は、このことを図で例示したものです。各消費者は、それぞれ勝手に自分の満足のために行動しています。——＊　上で説明した考え方でいえば、自分の評価が市場価格に等しくなるところまでクレープを買うわけです。ところ

が、すべての人が同一の価格（200円）に直面しているので、結果としてすべての人の評価が等しくなっているわけです。価格を通じて自動的に、すべての消費者の評価が一致するという、消費者間の「連帯」ができあがっていることになります。

*──確認：各自の勝手な消費行動の結果、最適な資源配分が実現する
　一人ひとりの消費者は、価格を見て自分にとってもっとも好ましい消費量（購買量）を決定します。それは、自分の限界的な評価が価格に等しくなるところまで消費するということです。すべての人は同じ価格に直面していますので、結果的にその財・サービスに対する限界的な評価がすべての人で等しくなっていることがわかります。

　消費者の評価がすべて等しくなっているということは、資源配分という観点からはきわめて重要な意味を持っています。この点を理解するためには、消費者の評価が異なっている場合にどのようなことが生じているのか考えてみたらいいでしょう。

　かりに、太郎は彼の評価が500円のところまでしかクレープが食べられず、花子は彼女の評価が100円のところまでクレープを食べていたとしてみましょう。クレープが配給制になっていれば、このようなことが起こりえます。この場合、太郎はクレープを満足のいくまで消費していないし、花子は飽きるほど

column　コンサートチケットのネットオークション

　人気のあるアーティストのコンサートチケットは、かつてはそれを手に入れるのが非常に困難でした。著名な海外のオペラのチケットでも、発売日に電話を何度もかけて、それでもチケットがとれないということもありました。しかし最近は、そうしたチケットでも、少し高い代金を払う気があれば、ネットオークションで確保することが可能になりました。
　多少高い代金を払ってもチケットを購入したいと思う人は、オークションで高い価格でも購入しようとするでしょう。一方、チケットを持っていても高ければ売ってもよいと思っている人はオークションでチケットを売るチャンスを狙っているのです。ここでは、まさに本文中で説明したようなことが起きています。すべての人はコンサートのチケットに自分の評価を持っており、高い評価の人が低い評価の人からオークションを通じてチケットを確保することができるのです。それですべての人がハッピーになります。

地球温暖化と市場メカニズム

　地球温暖化を阻止するため、産業活動や生活から出てくる温暖化ガス（CO_2など）をどのように抑制するのかということが、世界的な課題となっています。温暖化ガス排出を抑制するため、さまざまな仕組みの可能性が議論されています。そうしたなかで、日本でも、個々の産業が排出削減目標を設定して、省エネ・温暖化ガス排出抑制に努めています。

　こうした取り組みは非常に重要なことです。ただ、本当にこれでうまくいくのか、疑問を持っている経済学者も少なくありません。そもそも、こうした「計画経済的」な手法で1億人を超える国民の行動を正しい方向にもっていけるのでしょうか。たとえば、普通の国民は自動車に乗るとき、本当に温暖化ガスの問題を考えて行動しているのでしょうか。ガソリンが安くなったら、喜んで遠くまでドライブに行く人が増えるような社会では、なかなか温暖化ガスの抑制はむずかしいと思います。国民に温暖化ガスの問題を理解してもらい、産業が協力して温暖化ガス抑制に計画的に取り組むという今のやり方には、何か欠けているものがあるのです。

　社会主義経済が破たんしたように、温暖化ガス抑制を計画経済的な方法だけで抑制するというのではうまくいかないでしょう。温暖化ガス抑制にも、市場メカニズムを活用する必要があるのです。そのもっとも単純な方法は炭素税の導入です。日本は石油や石炭など、温暖化ガスを発生するエネルギー源の大半を海外から輸入しています。もしそうしたエネルギー源に炭素税という税金を課したらどうでしょうか。国民が自動車に乗るときも、企業が生産活動を行うときでも、すべての経済活動について、温暖化ガスを排出する活動について税金がかかる仕組みとなるので、温暖化ガスを抑制する誘因が働くはずです。また、電力などでも、高い炭素税が課されれば、太陽光発電や風力発電のような温暖化ガスを発生しない方法への移行が加速化するかもしれません。

　ただ、炭素税は重い税負担を経済活動全般に課すことになるので、産業界には根強い抵抗があります。そこで、炭素税以外の方法で市場メカニズムを使った温暖化ガス抑制の方法が模索されることになります。その方法として注目すべきなのが、温暖化ガス排出権の市場取引です。あらかじめ産業ごとに温暖化ガスの排出目標を決め（ここまでは今の制度と同じです）、そのうえで、目標以上の排出をする企業や産業は、目標以下の排出を実現したところから排出権を購入しなくてはいけないという仕組みを導入するのです。この仕組みでは、目標を超えて排出量を下げることには排出権の売却という補助金的な仕掛けが、目標以上の排出には排出権購入という税金的な仕掛けが働くことになるのです。炭素税とは異なりますが、こうした排出権取引も市場メカニズムを活用した温暖化ガス排出の抑制策なのです。

食べていることになります。このような状態は、望ましいとはいえません。太郎にはもっとクレープを消費してもらって、花子にはクレープの消費を減らしてもらう。そのかわり、花子には他の財をもっと消費してもらうことが、二人の利益となるのです。

　つまり、みんなの限界的評価が一致するように商品が配分されることは、財が効率的に配分されているということにほかならないのです。価格を通じて、すべての消費者の評価が一致するということは、このような最適な資源配分が自動的に実現されることを意味しています。

価格を通じた生産者の「連帯」

　以上で説明した価格を通じた消費者の「連帯」と同じようなことが、供給側にも起こっています。この市場にはたくさんのクレープ屋がいます。これらのクレープ屋は、市場価格である200円を見て、自分のクレープの供給を決めています。

　第3章で説明したように、それぞれのクレープ屋は自分の利潤（利益）をできるだけ大きくするように行動しています。クレープを追加的に供給する費用（限界費用）が市場価格より低い限りは、その店は供給を増やそうとするでしょう。結局、個々の店は、自分の限界費用がクレープの価格（200円）に等しくなるところまで供給するはずです。──*

> *──確認：供給曲線は供給者の限界費用である
> 　それぞれの供給者は、自らの限界費用が市場価格に等しくなるところまで供給します。結果的に、市場で観察される供給曲線は、個々の供給者の限界費用を表わすことになります。

　すべての店は、限界費用が200円になるところまで供給しています。また、市場価格が200円であるので、すべての店はこの同一の価格に直面しています。──* したがって、個々の店はそれぞれ利己的に行動しているにもかかわらず、市場価格に導かれて、結果的に同一の限界費用のところまでクレープを供給していることになります。これは、価格に導かれた生産の「連帯」ともいえる現象です。

> *──確認：完全競争は最適な生産レベルでの資源配分を実現する
> 　個々の供給者は、限界費用が価格に等しいところまで供給します。すべての供給者は同じ価格に直面していますので、結果的にすべての供給者の限界費用は等しくなっているのです。これは生産面において最適な資源配分が実現していることを意味しま

す。

　消費の場合と同じように、個々のクレープ屋の限界費用が一致していることは、資源配分上、大きな意味を持っています。かりに、限界費用が高い店と低い店が共存していたとしたら、それは社会全体の資源配分上、非効率であるということになります。限界費用の高い店が供給を減らし、限界費用が低い店が供給を増やせば、社会全体としての費用を節約することができるからです。市場経済の場合には、このような限界費用の均等化という生産者間の「連帯」が自動的に実現できることになります。

II　余剰分析

余剰分析による説明

　以上でクレープの例を使って直観的に説明したことを、余剰分析を用いてもう少しくわしく分析してみましょう。

　経済活動が望ましい形で行なわれているかどうか判断するうえで一つの基準となるのは、労働、土地、資本など生産活動に用いられる資源（これを生産要素と呼びます）が適所に適量だけ配分されているかどうかという点です。たとえば、大量の失業者が存在していたり、資本が生産性の低いところに滞留していては、望ましい資源配分の状態とはいえません。資源が効率的に配分されているというのは、諸生産要素が各産業間にうまく配分されていて、資源のむだ使いが生じていない状態をいいます。部分均衡分析では、余剰の大きさによって資源配分の状況を判断します。

　図4-3のD曲線とS曲線は、ある財の需要と供給を表わしたものです。もしこの財について自由な取引が行なわれれば、図のEが均衡点となり、X^*だけの財が取引され、p^*が均衡価格となります。

　この均衡点Eは最適な資源配分点にもなっています。需要曲線は、この財を需要する人々のこの財に対する限界的評価を表わしており、供給曲線は生産の限界費用を表わしています。したがって、均衡点Eでの生産量X^*では、需要側の限界的評価と供給側の限界費用が一致しています。

　もしX^*よりも多く生産が行なわれると、限界費用が限界的評価よりも高くなってしまいます。たとえば、X_2まで生産されると、そこでの限界費用は点

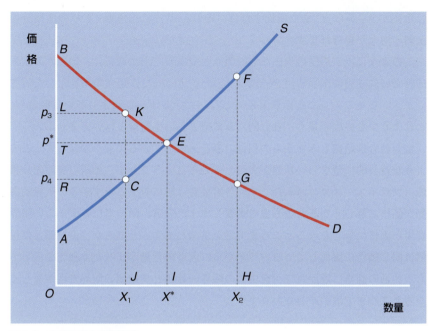

図 4-3　市場取引と資源配分
需要曲線は消費者の限界的評価を、供給曲線は供給者（企業）の限界費用を反映している。両者の交点（E 点）では、この二つが均等化しており、望ましい資源配分が実現されているのだ。図には X_1 や X_2 のような均衡からはずれた生産量が示されているが、それらのところでは消費者の限界的評価と供給者の限界費用が一致しておらず、資源配分のゆがみが生じている。

F の高さで、限界的評価は点 G の高さになります。つまり、この財は需要側の評価以上の費用をかけて生産されているのです（過大生産）。もし生産量が X_2 から X^* まで下げられれば、それによって三角形 EFG の面積分だけ余剰の増加（社会的利益）が得られることになります。生産が X_2 から X^* まで下がると、財を需要することによる便益は $IEGH$ の面積分だけ減少しますが、同時に生産のための費用も $IEFH$ の面積分だけ減少します。

　X^* よりも少ない生産しか行なわれないと、今度は限界的評価よりも限界費用のほうが低くなります。たとえば、図の X_1 までしか生産が行なわれなかったとしたら、需要側の限界的評価は点 K の高さになり、限界費用は点 C の高さになります。ここでは、限界的評価以下の費用で追加生産できるにもかかわらずそれが行なわれていないのですから、過小生産ということになります。も

し生産が X_1 から X^* まで増加すれば、それによって三角形 CEK の面積分の余剰の増大が得られます。

このように、市場での自由な取引のもとで実現した生産量は、需要側の限界的評価と供給側の限界費用を一致させるという意味で、最適な生産量となっています。またこの点で総余剰も最大となっています。これより多い生産量も、これより少ない生産量も、社会的にみて望ましい生産量とはいえません。

需要側も供給側もみずからの利益のみを追求しているにもかかわらず、このような社会的に望ましい状態が実現しているということが、価格の資源配分機能（プライス・メカニズム）です。各需要者は財に対するみずからの限界的評価が価格に等しくなるところまで需要します。一方、供給者はみずからの限界費用が価格に等しくなるところまで財を供給します。ところが、需要側と供給側は同じ価格に直面しているのですから、両者の行動がまったく独立であっても、共通の価格に導かれて、需要側の限界的評価と供給側の限界費用が等しくなるところまで取引が行なわれます。

計画経済との比較

以上で説明した価格を通じての消費の「連帯」と生産の「連帯」は、市場経済の機能のもっとも重要なものです。計画経済の場合と比較してみると、その機能の特徴がよくわかると思います。

図4-4は、市場経済と計画経済の資源配分のあり方を、単純化した形で比較したものです。左の図は市場経済の資源配分のメカニズムを図示したものです。市場経済では、生産や消費の決定が個々の企業（工場）や消費者にゆだねられています。個々の経済主体が勝手な行動をとるとき経済全体の資源配分の調和を図るメカニズムが必要になりますが、その役割を価格メカニズムが果たします。

生産者も消費者も同じ価格に直面している（一物一価の法則）ので、消費者の財への評価や生産者の限界費用はすべて等しくなります。中央に管理者がいなくとも、消費者や生産者（工場）は自主的にみずからの消費量や生産量を調整し、結果的に最適な資源配分が実現するのです。

生産と消費のバランスは、価格の調整によって処理されます。たとえば、消費者が欲する以上に生産が行なわれれば、売れ残りが生じ、それが価格を引き

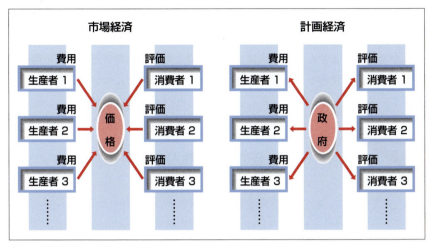

図4-4 市場経済と計画経済のちがい
市場経済では、個々の消費者・生産者が価格を見ながら行動する。すべての人が同じ価格に直面しているので、結果的に最適な資源配分が実現する。計画経済では、政府が生産や消費計画を指令するが、政府に個々の消費者や生産者の正確な情報が上がってこないので、結果的に資源配分はゆがむことになる。

下げるでしょう。これは、生産の減少と消費の増大を誘発し、結果的に生産と消費のバランスが保たれることになります。生産が過小になるときには、これと逆の力が働きます。このように、市場経済においては、各経済主体（生産者・消費者）が、みずからの持つ正確な情報にもとづいて行動すれば、あとは価格が全体の調整媒体となって資源の最適配分がもたらされます。

　図4-4の右の図は、計画経済の資源配分メカニズムを表わしています。工場が国内のあちこちにあり、中央の管理機構が各工場の生産能力や消費者の需要を考慮に入れながら、各工場へ生産の指令を出していきます。このときの生産計画のポイントとなるのは、中央の計画主体が各工場の生産能力や消費者の需要についてどれだけ正確な情報を持っているかということです。

　正確な情報なしに生産計画を割り当てると、資源のロスが生じること（資源配分が効率的に行なわれないこと）になります。たとえば、生産者1のほうが生産者2よりも低コストで生産できるのにもかかわらず、より多くの生産を生産者2に割り当てるということも起こりえます。また、消費者が欲しない商品を多量に生産するということもあるでしょう。

常識的に考えて、中央当局が末端の工場の情報を正確に把握することは、困難だと思われます。末端の工場や消費者が正しい情報を提供するかどうかも、明らかではありません。この点は、市場経済と大きく異なる点です。市場経済においては、消費者や生産者が、財への評価や費用などについていちばんよく知っています。したがって、正しい情報にもとづかないで行動するということ

> **column**
>
> ## 一物一価の法則と商人の役割
>
> 　本文中では、すべての生産者と消費者が同一の価格に直面するということを前提に議論してきました。これは一物一価の法則と呼ばれる考え方です。
> 　同一商品の価格は同一の価格になる傾向があります。もし同じ商品が別のところで異なった価格で売られていたら、だれも高いところで買おうとしないでしょう。あるいは、安いところで買って、高いところで売ることで儲けようとする者が出てくるでしょう。そもそも商人の役割とは、できるだけ安いところで商品を仕入れ、それをできるだけ高く売れるところで売るということです。ちょうど水が高いところから低いところへ流れるように、商品は値段の安いところから高いところに流れるのです。
> 　江戸時代の豪商、紀伊國屋文左衛門は、江戸にミカンがないときに、嵐のなかを命を張って紀州のミカンを運びました。それで大金を儲けたわけです。文左衛門がいなければ、江戸のミカンの価格はとてつもなく高いものになったでしょう。江戸っ子にとって、ミカンのない正月はわびしいものでしょう。一方、紀州ではミカンは投げ売られたでしょう。文左衛門の行為は、紀州と江戸のミカンの価格差を埋めることで、両方を救ったわけです。
> 　文左衛門のやったように、安いところで買って高いところで売る行為を、裁定あるいは裁定取引と呼びます。現代社会においても、さまざまな裁定が行なわれています。たとえばヨーロッパ製のブランド衣料品や洋酒の日本国内の価格は、メーカーや輸入総代理店（独占的に輸入を行なっている輸入業者）によって非常に高い値段がつけられることが少なくありません。すると、海外で大量に仕入れて日本で売ろうとする企業が出てきます。「並行輸入」と呼ばれるものです。
> 　このように、余っているところから不足しているところに商品を流す行為は、市場経済の健全な機能に欠かすことができません。

はありえません。

　ハイエクはこの点を、**場の情報（information on the spot）**という考え方を用いて説明しています。個々の消費者の選好や生産者の生産費用などの情報は、すべてそれぞれの当事者がいちばんよく知っています。それを、中央の計画主体に集めて生産計画や消費計画に利用することは、ほとんど不可能なことです。

III　資源配分のゆがみ

間接税の導入

　これまで市場経済が持つ資源配分のメカニズムについて説明しました。現実の経済では、いろいろな形の税金が経済活動にかかってきます。これらの税金

---

column

爆発したソ連製のテレビ

　80年代、まだ社会主義経済下にあったロシア（当時はソビエト連邦）のモスクワなどの大都市ではしばしば家庭のテレビの出火や爆発の事故があったようです（P. ミルグロム・J. ロバーツ著『組織の経済学』（NTT 出版）にこの点についての紹介がある）。どうも、当時のソ連のテレビ工場では、生産量のノルマを果たすために、安全性など無視した相当乱暴な生産が行なわれていたようです。

　社会主義国では、テレビなども計画的に生産されます。工場の責任者は、おそらく、共産党や政府の役人などのキャリアとして、その工場に配属されてきます。その工場で高い成果をあげれば、さらに上の地位に出世していきます。そこで、工場の責任者は自分の工場の能力を過大に申告し、大きな生産計画を立てるでしょう。大きな生産計画が認められてこそ、はじめてそれに必要な原材料の調達が認められるし、大きな生産を実現することで、この人の評価を高めることができるからです。

　しかし、現場の労働者はなかなか工場のトップの考えるようには動かないものです。そこでノルマを達成するために、トップが圧力をかければ、見せかけだけでもテレビの生産台数を増やそうとするでしょう。その結果、質の悪いテレビが次々に出荷される。そうしたテレビがモスクワ市内などで大量に発火したのです。

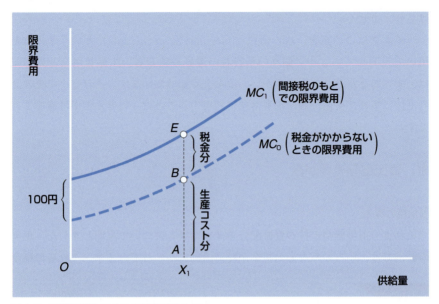

図 4-5　間接税導入による供給曲線のシフト
間接税が課されると、供給側から見れば通常の費用に加えて税金分の費用が追加されることになる。税の支払いも含めて、供給のための限界費用はその分だけ上方に100円分だけシフトする。

は、市場にノイズを持ちこみ、資源配分にゆがみをもたらすのです。以下では、酒やガソリンなどにかかる間接税を例に、この点について分析します。市場の持つ資源配分効果について、より深い理解が得られるはずです。

　間接税にはいろいろな形のものがありますが、ここではとりあえず酒税のようなものを考えてください。この税のもとでは、生産者の設定する価格のうち一定額ないし一定割合が、税金として徴収されます。たとえば、ある財1単位当たり100円の税金がかかるとしてみましょう。

　このような間接税は、生産者の費用曲線を変化させると考えることができます。供給のための費用のなかに税金を含めなくてはいけないからです。図 4-5 は、このことをグラフの上で例示したものです。MC_0 は税金がかからないときのある企業の限界費用曲線を、MC_1 は100円の間接税が課されているときの限界費用曲線を表わしています。間接税が課されると、限界費用曲線は100円分だけ上方に移動します。たとえば、図の X_1 の供給量のところでは、AB の部分が生産費用など通常の供給費用部分であり、BE の部分が新たに1単位

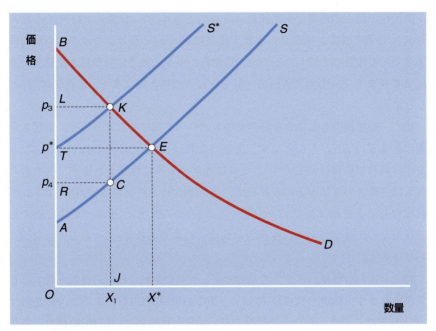

図 4-6　間接税による供給曲線のシフト
間接税が課されると、税金分だけ供給曲線が S から S^* へと上方にシフトする。生産量は X^* から X_1 へと減少し、価格は p^* から p_3 へと上昇する。消費者余剰は BET から BKL まで縮小し、生産者余剰は AET から ACR へと縮小する。$RCKL$ 分だけの税収が確保されるが、この税収を入れても、総余剰は間接税の導入によって CEK だけ減少する。

の供給を追加するために納める税金となっています。

このように、100 円の間接税の導入により、すべての供給者の限界費用曲線は 100 円分だけ上に移動します。すでに説明したように、市場全体としての供給曲線は、各供給者の限界費用曲線を水平方向に足し合わせたものとなっています。したがって、間接税の導入の結果、供給曲線も 100 円分上方に移動します。図 4-6 は間接税がかかっていないときの供給曲線 S と、間接税のもとでの供給曲線 S^* を表わしています。税金の分だけ、供給曲線は上方にシフトします。──*

*──確認：間接税が課されると、その分供給曲線は上方にシフトする
　　　間接税分だけ、供給者にとっては費用が増加することになる。供給曲線は個々の供給者の限界費用を反映しているので、間接税によって限界費用が上がれば、その分だけ供給曲線も上方にシフトすることになる。

間接税の導入の結果、供給曲線は S から S^* の位置へ移動し、均衡点は E から K へと動きます。消費者の支払う価格は図の p_3 となり、このうち100円は税金として政府の手にわたるので、供給者の手元に残るのは供給1単位当たり p_4 となります。p_3 を消費者価格、p_4 を生産者価格と呼びます。需給量は X_1 となります。

次に、間接税のもとでの余剰の大きさについて調べてみましょう。消費者余剰は図 4-6 の BKL となります。生産者余剰は、TKL あるいは ACR になります（両者の面積は同じです）。これはつぎのように確認できます。生産者の収入は消費者の支払う額である $OJKL$（＝価格 p_3 と供給量 X_1 の積）です。これに対して、費用は税金が $RCKL$（あるいは $TKCA$）、生産や供給にかかわる費用が $OJCA$ ですので、生産者余剰はその差である TKL（あるいは ACR）となります。

経済全体の余剰は、以上の消費者余剰と生産者余剰に政府の税収を足すことで求まります。政府の税収は $RCKL$（あるいは $TKCA$）ですので、総余剰は $ACKB$ となります。これを間接税がない場合と比べると、CEK の面積に等しい額だけの余剰の損失が生じています。間接税は消費者と生産者の直面する価格にギャップを引き起こし、価格の資源配分効果を歪める働きをします。

ところで、このような間接税はだれの負担となっているのでしょうか。税金を政府に支払うのは供給者であるから供給者がすべての負担を負っている、というのはあまりに単純な見方です。この点については、第1章で説明しました。図 4-6 にも示されているように、税金が課された結果、消費者が支払う価格は p^* の水準から p_3 の水準に上昇しています。課税の結果、生産者が価格を引き上げる行為を、税の価格への転嫁と呼びます。図 4-6 の場合には、転嫁は 100 円以下（100%以下）ですので、税の負担は供給側と需要側で分担して負担しています。供給側か需要側のどちらか一方だけが税をすべて負担するというのは、きわめて稀なケースです。

上で議論した間接税の資源配分に及ぼす影響の問題は、社会にとって望ましい税の体系を考える場合に重要なポイントとなります。この点について、簡単に説明しておきましょう。図 4-7 は、二つの異なった財について、間接税からの税収と間接税による余剰の損失を図示し、比較したものです。図の ①、② で、p_1 が消費者価格、p_2 が生産者価格、両者の差が税額を表わしています。

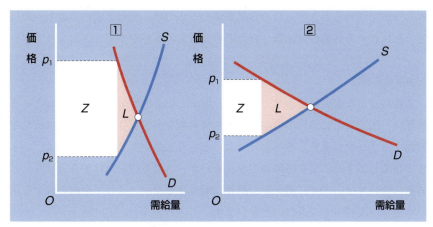

図 4-7　間接税からの収入と社会的コスト
どちらの図でも、Z で示される領域が間接税の税収を表わし、L の領域がそれによってもたらされる余剰の損失を表わしている。需要や供給が非弾力的であるほど、税収に比べて余剰の損失が少ない。

また、白色の部分（図の Z）が政府の税収であり、赤色の部分（図の L）が間接税による余剰の損失（間接税の社会的コスト）です。

二つの図を比べると、①のケースのほうが税収のわりに税の社会的コストが小さいことがわかります。これはどのような理由によるのでしょうか。二つのケースの違いは、②のケースのほうが、需要も供給も価格の変化に敏感に反応するということです。このような場合には、間接税の導入によって価格体系が変化すると、市場の需給も大きく影響を受け、その結果、余剰の損失も大きくなります。余剰の損失は税によって需給量が変化することに原因があるのです。これに対して、①のケースのように需要や供給が価格にあまり反応しない場合には、税が課されても需要や供給に大きな影響はありませんので、税の社会的コストも小さくなります。

このように、間接税がもたらす資源配分の歪みの大きさは、その財の需給が価格変化にどの程度反応するかによります。したがって、ある一定の税収を獲得することを前提としてどのような税体系を構築したらよいか、という問題を考えるときには、できるだけ需給が価格変化に反応しないような財に高い税率を適用するというのが一つの考え方となります。たとえば、賃金所得に対する税（所得税）と支出に対する税（支出税）のどちらを重くしたらよいかという

点について決めるとき、一つの判断基準となるのは、労働需要の賃金率への反応と財に対する需要の財価格への反応の相対的大きさがポイントになります。

自由貿易の利益

市場の自由な取引にまかせておけば、望ましい資源配分を実現できるという命題は、国際貿易について議論するときにも顔を出してきます。各国は貿易を制限するような措置をとるべきではないという主張があります。これは、いままで議論してきたことを国際取引を含めたケースに拡張したにすぎません。この点については、すでに第1章で簡単に触れましたが、ここで余剰の概念を用いてもう一度検討してみたいと思います。

図4-8の D と S は、国内の牛肉に対する需要と供給を表わしています。もしこの国（以下では日本と呼びます）が、外国と牛肉の貿易を行なわないなら、価格は p^* となり、消費者余剰は BEI、生産者余剰は AEI、そして総余剰は両者の和として AEB となります。また、そのときの国内生産量と消費量は X^* となります。

もし日本が海外と牛肉の自由貿易を行なうならば、価格や余剰はどのように変化するでしょうか。いま、海外から p_1 の価格でいくらでも牛肉を輸入できるとします。この価格で牛肉を自由に輸入したら、国内価格も p_1 まで低下するでしょう。なぜなら、品質に差がない限り、消費者は高い価格の牛肉を買わないからです。価格 p_1 のもとでは、牛肉の国内生産量は X_1 まで低下し、国内消費量は X_2 まで増加します。また、両者の差である線分 FG の長さ（$=X_2-X_1$）は、牛肉の輸入量を表わしています。

このような貿易に伴う牛肉価格の低下は、消費者に利益をもたらします。これは、貿易前と貿易後の消費者余剰を比べてみればわかります。貿易前には BEI であった消費者余剰は、貿易後には BGH にまで拡大しています。これに対して、生産者は価格低下のため、損失をこうむっています。貿易の結果、生産者余剰は AEI から AFH にまで減少しています。

このように、安価な牛肉を海外から輸入することは、消費者には利益を、生産者には損失をもたらします。さらに、二つの余剰の和である総余剰を見ると、貿易によって AEB から $AFGB$ にまで拡大していることがわかります。つまり、貿易の結果、総余剰は FEG だけ増大しているのです。海外と自由な

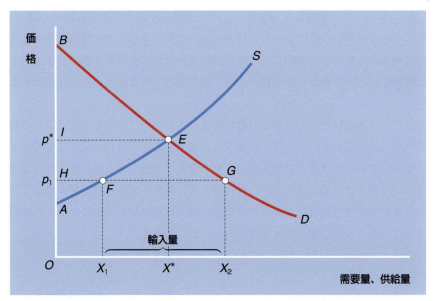

図 4-8　貿易の利益
貿易をしないで国内で需給をバランスさせると価格は p^* と高いものになる。もし、p_1 という低い価格で海外から輸入できれば、国内価格も p_1 まで下がり、需要量は X_2 まで拡大、国内供給量は X_1 まで縮小する。

　貿易をすることはその国にとって望ましいことであるということは、この場合、余剰の増加という形をとります。
　では、なぜ貿易は日本に利益をもたらすのでしょうか。これに対する解答の鍵は、p^* と p_1 の差にあります。p^* は貿易をしていないときの日本の牛肉の価格ですが、それは同時に牛肉生産者の限界費用をも表わしています。この国内生産者の限界費用が輸入価格 p_1 よりも高いということは、海外から輸入するほうが日本で生産するよりも効率的な資源の使い方であるということを意味します。
　日本国内の資源の量は限られていますから、牛肉の生産をすれば、それだけ資本、労働、土地などの資源を他の産業にまわせなくなります。安く海外から輸入できる牛肉を高い費用をかけて国内で生産するより、その資源を日本が高い生産力を持っている産業にまわしたほうが資源は効率的に使われることになります。海外と自由に貿易をすることで、このような効率的な資源配分を自動的に実現できます。

ところで、牛肉を輸入することによって生産者が損失（生産者余剰の減少）をこうむる、という点には十分に注意を払う必要があります。自由貿易は総余剰の増加をもたらしますが、同時に国内の所得分配にも影響を及ぼします。この場合、国内の生産者に不利な、そして消費者に有利な分配の変化が起こります。

通常、生産者に比べて消費者の数は非常に多いので、消費者一人当たりの利益は非常に小さいものであり、生産者一人当たりの損失は相当大きなものとなります。このため消費者は輸入のメリットをあまり強く感じず、輸入自由化をそれほど強くは主張しません。これに対して、生産者は輸入自由化を阻止するインセンティブ（誘因）を強く持ちます。輸入自由化がむずかしいことの理由は、このような政治的な非対称性にあると思われます。

X非効率

市場経済の重要な特徴は、そこでさまざまな形のきびしい競争が展開されているということです。この競争は、資源配分上もきわめて重要な意味を持っています。以下、この点について考えましょう。

---

column　農産物輸入と日本の国益

日本の食料自給率は40%を切る水準まで落ちています。この最大の理由は、日本の食の欧米化が進むなかで、私たちの食べる肉が国産か輸入かを問わず海外産の穀物に依存しているからです。40%というのは私たちのカロリー摂取で見た自給率のことで、食料の金額ベースで見れば自給率はおおよそ70%です。こうしたなかで国内の農業生産を強化する必要性が叫ばれています。しかし、これまで日本が行なってきたような時代遅れの輸入制限政策や兼業農家まで保護するような支援策をつづけていたのでは、状況がよくなるはずはありません。そもそも、狭い国土の日本ですから、海外から積極的かつ戦略的に食料確保をしない限り、これだけの国民を食べさせていくことはできないのです。そこで、一方では海外から積極的に食料を輸入しながら、他方で国内の農業生産を強化する政策が求められるのです。これまでの過保護な農業政策から、より戦略的な農業強化策への転換が必要となります。

国鉄（現在のJR）や電電公社（現在のNTT）の民営化を議論したときに、民間企業にすればもっと競争意識が出て、企業としての活力が出てくるだろうという議論がありました。公社や公団という形で親方日の丸の立場にあれば、効率の悪い経営を行なっても国家財政で損失を補填してもらえます。また、一生懸命に効率性を高めてもそれで利益になるわけではないので、効率を高めるインセンティブもありません。

　市場経済の重要な特徴は、生産者間の競争によって、資源のロスを小さくす

> **column**
>
> ## マルクスを殺したハイエクと、資本論を復活させたピケティ
>
> 　渡部昇一著『ハイエク』（PHP研究所）の副題は、「マルクス主義を殺した哲人」というものでした。なかなか面白い表現です。もちろん、文字通り「殺した」のではなく、ハイエクの思想が20世紀後半に世界に広がるなかで、マルクスの思想的な影響力が弱くなったということです。
>
> 　20世紀半ば、世界の半分近くはマルクス的な考え方の影響を強く受けていました。ソビエト連邦、中国、東欧諸国などの多くの国では共産党の一党独裁であったし、日本や欧州でも、共産党や社会党など、社会主義的な考え方を持つ政党が強い影響力を持っていました。そうした時代にあって、F. ハイエク（1899-1992）は自由主義を前面に出した強烈な社会主義批判を展開していったのです。イギリスで規制緩和を積極的に進めていたサッチャー首相は、ハイエクの『隷従への道』（東京創元社）から大きな影響を受けたと言われています。
>
> 　1990年前後のベルリンの壁の崩壊で、社会主義国は一斉に市場経済に代わり、マルクスの思想の影響力は大きく低下したかに見えました。ただ、市場経済にもさまざまな難しい問題があります。とくに深刻な問題が、所得や富の格差の問題です。多くの国で、所得格差や資産格差が深刻化し、社会的な不安の原因ともなっています。
>
> 　そうした中で、フランスの経済学者ピケティが著した『21世紀の資本論』という本が大いに注目されています。「資本論」という名称を題名につけるように、ピケティは強烈な社会主義者でもあります。彼の著書では、市場経済における所得や富の格差は必然であり、それを是正するための強烈な政策的な介入を求めているのです。ピケティの主張には強い批判をする研究者も多く、論争は広がっています。

るということにあります。企業が利益を求めて競争をするためには、生産のむだはできるだけ減らさなくてはいけません。むだの多い生産方法をとっていたら、利益をあげるどころか、競争に敗れて倒産してしまうかもしれません。

東西ドイツの統合に関連して、東ドイツ製の自動車が話題になりました。これはひどいポンコツ車ですが、ドイツの統一で西ドイツ車を買えるようになれば、この東ドイツの車を生産している会社は確実に倒産するでしょう。国家的独占のもとで競争相手がいなかったので、ひどいポンコツであっても売れたわ

> **column**
>
> ## 資源配分から見た郵政の民営化
>
> 　郵政の民営化は国論を二分した大きな政治的イベントでした。小泉政権のもとで実現した郵政の民営化は、新生の郵政会社がどのように民営化の成果を出すのか、今まさにその成果が問われています。民営化前の郵政公社には、約350兆円の郵貯や簡保の国民の資金が集まり、35万人近くの郵政の職員が働いていました。また、全国の主要都市の一等地に郵政公社の建物があったのです。日本にとってかけがえのない、人・カネ・不動産などの経済資源を、親方日の丸ともいわれるお役所仕事に任せておけないというのが郵政民営化の最大の理由でした。郵政が民営化すれば、こうした巨大な経済資源が市場競争にさらされ、より有効な利用が促されると期待されたのです。
> 　たとえば、東京駅丸の内側にある東京中央郵便局は、日本でも有数の高い地価の立地にもっとも非効率な利用がされている不動産といわれています。民営化によって、この郵便局は高度な利用をされる建物に建てかわりました。
> 　郵政が民営化した後、郵便貯金から毎年10兆円近くの貯金が逃げていきました。預金者が他の民間金融機関のほうがより効率的な運用をすると考えて預金を移したのかもしれません。こうした動きに対抗して、郵便貯金会社はより高いサービスを提示してきました。そうした競争によって民営化した郵便貯金会社が強くなるのか、それとも他の民間金融機関が郵貯の資金を吸収してしまうのかは、国民にとっては二次的な問題です。ようするに、私たち国民のかけがえのないお金がもっとも有効に運用されることが重要なことであるからです。そしてそれこそが、郵政民営化の最大の狙いでもあるのです。

けです。競争相手がなければ、何をつくってもたいていは許されるということでしょうか。

競争にさらされていない企業に生じる資源配分のロスのことを、X 非効率と呼びます。競争にさらされて、企業ははじめて効率性を上げることを真剣に考えます。つまり、X 効率性が高まるのです。

市場経済においては、ライバル企業との競争以外にも、さまざまな形の競争が行なわれています。個々の労働者にとっては、同僚との競争があります。努力してよい業績をあげないと、出世はできないでしょう。

アメリカでは、企業の業績が悪いと企業買収の対象にもなりかねません。経営の失敗で業績の低下している会社は、株価も下がります。このような企業は乗っ取りの対象となります。株価が安いうちにその企業を買収し経営者のクビをすげ替えて、もっと優秀な経営者にまかせれば、企業の業績がよくなって株価も上がるでしょう。そうすれば、買収の利益も出るわけです。

以上のように、市場経済においては、実に多様な形で競争が行なわれており、それが個々の労働者や経営者に、効率性を高めたり、よい製品を開発したりするインセンティブを与えています。イギリスの経済学者ヒックスは、「独占のよいところは平和であることである」といいました。独占的な地位にあれば、あくせく競争をしなくてすむので楽だ、というような意味の皮肉なのでしょうか。競争相手が多数いる競争的な市場では、このような X 非効率を享受する余裕はありません。

IV　市場競争と経済発展

自然淘汰と適者生存

市場経済における競争は、適者生存あるいは自然淘汰というメカニズムを持っています。競争の過程で、生産性の低い企業や労働者は、淘汰されていってしまうのです。

たとえば、クレープ屋がたくさんあるなかには、おいしい店、サービスのいい店もあれば、そうでない店もあるでしょう。努力をしても、おいしいクレープがつくれない店もあるかもしれません。クレープ屋の間で競争が起これば、客は味のいいクレープ屋で買うので、まずいクレープ屋は廃業に追い込まれる

ことになるでしょう。

　このような自然淘汰は、同業のなかだけで起こるわけではありません。むしろ異業種間の競争のほうが重要なのかもしれません。戦後の経済発展の過程で、日本の産業構造は大きく変化しました。戦後初期には経済のなかで大きなシェアを占めていた農業や軽工業は、いまでは非常に小さな規模になっています。それに代わる形で重化学工業化し、さらには機械産業（自動車、電機、精密など）や先端技術産業へのシフトが起こっていきました。

　これは、農業や繊維産業（これらのすべてが競争力を失ったわけではありませんが）が、自動車や電気機器によって淘汰されてきたことにほかなりません。繊維産業の人たちが、トヨタやパナソニックと競争したという意識は少ないかもしれません。しかし、自動車産業や電機産業の生産性が上昇していくことで、日本の賃金が上昇し、円の価値が高くなりました。それで、繊維や農業などは、海外の同業の生産者に対する競争力を失っていったわけです。

　このような産業間の淘汰による産業構造の変化は、日本経済にたいへん大きな恩恵をもたらしてきました。産業構造の変化なしには、日本はこれだけの高度成長を遂げることはできなかったでしょう。産業構造の変化のない経済や社会は、新陳代謝のない肉体のようなものです。日本経済が動脈硬化の状態に陥らないようにするためには、このような産業構造の変化を維持していかなくてはなりません。

---

column

ダーウィンの自然淘汰とゲームの理論

　ダーウィンの自然淘汰の考え方は、経済問題を考えるうえでも重要な示唆を与えてくれます。「なぜドルという通貨が世界の基軸通貨になったのか」、「なぜウィンドウズがパソコンのOSでデファクト・スタンダードになったのか」など、現実の経済ではさまざまな企業、制度、技術が競合しながら、自然淘汰のメカニズムで経済環境にもっとも適合した仕組みや企業が生き残るからです。最近では、こうした自然淘汰のメカニズムがゲームの理論を用いて分析されていますが、経済学においてもゲームの理論は主要な分析手法として定着してきました。この本でも第8章でごく初歩的なゲームの理論の解説をします。

自然淘汰と比較優位

　自然淘汰という言葉を使うと、競争は非情なものであるという印象を持たれるかもしれません。淘汰される者のことを考えているのかという反感を持つ読者も少なくないでしょう。現実問題としても、競争に敗れて倒産した企業やそこで働いている人には、いろいろな悲劇がついてまわります。

　しかし、競争によって淘汰されるということは、淘汰される側にとってもつねに悪いことであるとはかぎりません。その一つの例として、国際貿易における比較優位ということを考えてみましょう（比較優位についてのくわしい説明に関しては、第16章を参照してください）。現在の日本は、工業製品においては国際競争力を持っていますが、農業にはありません。つまり、日本は農業には比較優位はないのです。

　米や牛肉をはじめとするきびしい輸入制限によって日本の農業は守られています。しかし、もし農業製品の輸入が自由に行なわれるようになれば、日本の農業のかなりの部分は国際的な競争によって淘汰されるかもしれません。かりにそのようなことが起こるとしたら、それは日本経済に、あるいは農業従事者に、どのような影響を及ぼすのでしょうか。

　まず日本経済全体への影響ですが、もし日本の農業が国際競争で淘汰されていけば、現在農業に利用されている土地や労働などの資源が、他の用途に使われることになります。土地は住宅や公園に使われるかもしれませんし、農業で働いていた人たちあるいはその子孫は、工業やサービス業で働くようになるでしょう。このような土地や労働の用途転換で、日本のGDPは高くなるでしょう。また、土地もより有効に利用されると思われます。もちろん、日本の農産物の生産量は低下するでしょう。しかし、それは海外から安い農産物を輸入すればよいのです。

　では、農業に従事している人には、このような競争による淘汰はどのような影響を及ぼすのでしょうか。確かに、先祖代々農業に従事してきた人にとって、農業を捨てて他の職業に移るのはたいへんなことでしょう。これらの人にとっては、淘汰されることの被害はきわめて大きいかもしれません。政府もなんらかの援助をすべきかもしれません。少なくとも、一生農業をつづけることぐらいは保証すべきなのかもしれません。

　しかし現実の農家の実情をみると、兼業農家と呼ばれる農家のほうが、専業

農家よりもはるかに多いようです。このような農家にとって、農業をやめることの被害は小さいでしょう。そもそも、兼業農家なら、国際競争にさらされていても、農業をつづけていくかもしれません。

また、兼業農家にとっても、専業農家にとっても、自分の子供や孫にまで、不自然な輸入制限に守られた形で農業をつづけてほしいのでしょうか。その時代にあった職種に転換できる柔軟性を持ったほうが、子孫の幸せかもしれません。そもそも、戦後の産業構造の転換のなかで農業から工業への労働移動があったのは、工業のより高い所得を求めたからです。

農業の問題は複雑なので、これ以上踏み込むつもりはありませんが、競争による淘汰は、淘汰される側にとっても必ずしも悪いことではないという点だけ強調しておきます。

アダム・スミスの夜警国家論

行財政改革の考え方の根底には、政府が経済活動にあまり介入しないで、企業や消費者のやりたいようにやらせておけば、それが経済にとっていちばんいいことであるという思想があります。これは、これまで説明してきた市場の機能や価格メカニズムを評価する立場であり、古くはアダム・スミスの夜警国家論として知られているものです。国家の役割は、夜警をおいて治安を維持する程度のものであり、それ以外の活動はすべて民間にまかせておけばよいという

---

column

経済学の父「アダム・スミス」

アダム・スミス（1723-1790）はその主著『国富論』（諸国民の富の性質と原因に関する研究）で重商主義を強烈に批判した議論を展開しました。重商主義にもとづいた保護主義を打破し、貿易の自由化を進めていくうえで重要な理論的バックボーンを提示したのです。スミスの考え方はその後の貿易理論の考え方の基礎となるのですが、同時にその考え方は市場経済の持っているすぐれた特性を明らかにするミクロ経済学の発展の出発点ともなっているのです。国際貿易論は「経済学の女王」と呼ばれることがあります。少し乱暴な言い方をすれば、経済学から自由貿易論が出てきたというよりも、自由貿易論から経済学の基本的な考え方が発展してきたといっても過言ではありません。

考え方です。

　このような市場メカニズム崇拝主義をいちばん強く打ち出したのは、フリードマンやスティグラーに代表される新古典派でしょう。フリードマンによるつぎの主張はなかなか説得的です。

　　「政府は他人（国民）のお金を使って、他人（国民）のためにいろいろなことをやっている。民間経済主体（企業と消費者）は、自分のお金を使って自分のためのことをやっている。どちらがより真剣であり正しい判断を行なえるかは明らかである」。

　フリードマンにいわせれば、鉄道や電話サービスはもとより、郵便貯金業務、タバコや塩の専売業務などに政府がかかわることは意味がないということになるのでしょう。貨幣の発行、税の取り立てなども、民営化できる部分はやるべきだという考え方もあります。

　なお、この章では市場の機能を説明するために、市場のよい面だけを見てきました。現実の経済問題を考えるにあたっては、市場の持っている影の面、あるいは問題のある面にも配慮しなくてはいけません。これについては、第6章でとりあげます。

演習問題

1. 以下の文章の下線部に用語を入れなさい。
   (1) 完全競争の市場均衡下では、生産者の_____と消費者の_____が等しくなる。
   (2) 過剰生産の市場では、_____が消費者の限界的評価よりも大きくなっている。
   (3) 独占的な供給者は、競争圧力にさらされていないので組織内にさまざまなむだを抱えている。こうした現象を_____という。
2. いまある財に対する需要曲線は $D = 200 - p$、供給曲線は $S = p$ で与えられている。ただし、D は需要量、S は供給量、p は価格を表わしている。以下の問いに答えなさい。
   (1) この市場で資源配分をもっとも効率的にする生産量はいくらか。またそのとき、消費者余剰と生産者余剰をあわせた額はいくらになるか。
   (2) なぜ上のような生産量がもっとも資源配分上効率的であるといえるのか。その

理由を述べなさい。
(3) もしこの財の取引に 20 だけの消費税が課されると、そのときの均衡需給量はいくらになるか。また、そのときの消費者余剰、生産者余剰、税収はそれぞれいくらになるか。
(4) 上で求めた三つの和は、(1)で求めた総余剰と比べてどちらが大きいか。またそうなるのはどうしてか。

3. ある財に対する需要曲線は $D = 100 - p$、供給曲線は $S = 3p$ であるとする。ただし、D は需要量、S は供給量、p は価格である。
(1) この財について外国と貿易することなく国内だけで取引した場合、そのとき成立する価格、需給量、消費者余剰、生産者余剰を求めなさい。
(2) ここで、この商品を価格 10 で海外からいくらでも輸入できるとしてみよう（関税や輸送費用などはないものとする）。このとき、国内価格、需要量、供給量、消費者余剰、生産者余剰はどうなるだろうか。
(3) (1)と(2)を比べてどのようなことがいえるだろうか。

4. 「場の情報」という考え方にもとづいたハイエクの計画経済批判や市場経済擁護の基本的な論点は、どのようなところにあるのか。

5. アダム・スミスは、市場経済においては価格メカニズムという「見えざる手」に導かれて資源配分の効率性が実現するといったが、この「見えざる手」とはどのような現象を指しているのか。

5:
独占と競争の理論

この章では、独占について学ぶそうですが、独占とはある商品を1社が一手に生産しているような場合を指すのですか。

そうです。巨大企業が生産を支配している産業が多くあります。そうした巨大企業が価格をどう決めるのか知っておく必要があります。

生産を独占してしまうのは悪いことなのではないですか？

「悪」と決めつけることはできません。半導体、航空機、金融ビジネスなど、ある程度のスケールがないと効率的な生産やサービス提供が成り立たない産業では、企業の数はどうしても少なくなります。ただ、少数の企業の間でも競争は存在します。しかし競争相手が少なくなると一般的には、どうしても独占的な行動をとる企業が出てくることになります。

この章では「独占による資源配分のゆがみ」について書かれています。ということは、やはり独占はよくないことなのではないでしょうか。

たしかに、独占の問題は資源配分をゆがめるところにあります。独占的な行動をとる企業は、価格をつり上げるために供給量を抑えようとします。その結果、社会的に望ましい状況に比べ、過小供給になってしまうのです。

要するに、売り惜しみをして価格をつり上げているのですね。

👨 そのとおりです。そうした問題が起きないように、政府も公正取引委員会という組織を通じて監視をしています。そのもっとも典型的な例が談合の摘発です。

👩 談合というのは、企業が結託して公共事業などの入札価格を高めに誘導することですよね。

👨 そうです。ところで、この章では後半で「競争」について、完全競争と独占的競争という二つのケースを取り上げています。

👩 具体的にどのようなことを学ぶのですか？

👨 競争の概念についてくわしく説明するのが、この章の一つのねらいです。具体的に言うと、「参入」という現象に焦点をあてて競争原理について考えます。利益のある分野には多くの企業が参入してきます。つまり競争が激化するわけです。

👩 そうした競争が激化することは、社会全体にとっては好ましいことなんでしょうね。

👨 だいぶ経済学の考え方が身についてきましたね。競争を通じて費用を下げていく努力が見られるということを学んでほしいのです。

👩 ところで、独占的競争というのはどういうことですか。独占があれば競争が起こらないのではありませんか。

👨 現実の世界では、同じ産業内に多数の企業がひしめきあって競争している場合もあれば、そうではない形で競争をしているケースも少なからず存在するのです。企業はつねに、自社の製品にちがいを出そうと工夫をします。競合他社と同じような製品を売ったのでは、価格競争に巻き込まれて高い利益を上げられないからです。

👩 そういえば、ビールなんか、ブラインド・テスト（目隠しテスト）で銘柄を隠して飲んだらどのメーカーの商品かわからない場合が多いのに、各社、つぎつぎに新しい製品を出しては、コマーシャルを打っていますね。

👨 そうしたブランド戦略も現実の競争を考えるうえで重要です。独占的競争の概念は、商品にユニークさを加えることによって製品差別化し、競争に勝ち抜こうとする企業の戦略を考えるうえで有益な見方を提供します。

I　独占の理論

独占的価格とは

　石油の輸出国が原油の供給量をコントロールしようとするのは、それによって世界の原油市場の需給をタイトにして価格を高く維持するためです。図 5-1 の D 曲線のように世界全体の原油に対する需要曲線が右下がりになっていれば、供給量が少ないほど原油の価格は高くなります。

　いま、原油を掘り出して積み出すコストは 1 バーレル当たり 30 ドルであるとしてみましょう。石油輸出国の結束が非常に固くて、独占的利潤を最大にするように価格を設定するなら、どんな価格がつくのでしょうか。供給量を大幅に削減すれば、価格も非常に高くなりますが、そもそも原油をあまり掘らないのですから利潤はそれほど大きくないでしょう。

　逆に、供給量をあまり多くしても、価格が下がってしまいます。たとえば、図 5-1 の横軸上の X_1 まで供給すれば、価格が原油生産コストに等しくなってしまいますので、利潤は消えてしまいます。結局、ほどほどに高い価格、あるいはほどほどに制限した供給量というものがあって、そこで利潤がもっとも大きくなるはずです。

　どこに価格を設定すればよいのか、あるいはどれだけの供給をすれば利潤がもっとも大きくなるのかという点については、限界収入という概念を用いて分析することができます。限界収入とは、その財をもう 1 単位追加的に供給したとき、それによってどれだけの収入の増加があるかを示したものです。

　たとえば、図 5-1 の横軸上にとってある X_2 という供給量を考えてみましょう。ここから供給量を 1 単位増加させたとき、原油供給者にはどれだけの収入増加があるでしょう。X_2 だけの原油が供給されているときには、市場で p_2 という価格がついています。つまり、原油供給の平均収入（原油 1 単位当たりの収入）は p_2 となっています。——*

*——確認：価格は平均収入であるが、限界収入は通常それより小さくなる
　単位当たりの収入が価格であることは理解できると思います。ただ、限界収入とは供給を少し増やしたときの収入の増分であり、供給を増やせば価格が下がってしまうというマイナス面を考慮に入れる必要があります。だから、需要曲線が右下がりである限り、限界収入は価格よりも低くなるのです。

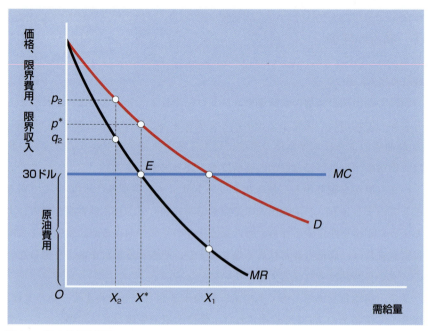

図 5-1　独占的価格設定
需要曲線 D は供給者にとっての平均収入（AR）でもある。限界収入線（MR）は、需要曲線が右下がりである限り、需要曲線よりも下方にある。この限界収入線と限界費用線が交わる点が利潤を最大にする供給量を表わしている（図の X^*）。価格はこの供給量に対応する需要曲線上の点から p^* と読み取ることができる。

　ここから、原油の供給量を 1 単位増加させると、それによって原油供給からの収入はどのように変化するでしょうか。収入の変化は、つぎの二つの要因によって決まります。まず、もう 1 単位余分に供給されるのですから、その追加供給分の原油の代金が新たな収入として付け加えられます。追加供給によって多少価格が下がりますが、おおよそ p_2 だけの追加収入が入ってくると考えてよいでしょう。

　限界収入については、以上のほかにもう一つ重要な要因があります。原油を追加供給することで原油の価格は多少なりとも下がります。もしすべての買い手に同じ価格で売らなければならないとすると、いままで p_2 の価格で売っていた相手にも、この低くなった価格で売らなくてはいけません（すべての相手に対して同じ価格で売るという点は、独占の問題について考えるさいの重要な

点となります。売り手が買い手によって価格に差をつけるケースについては、あとで議論します）。より多くの原油を売るために価格を下げることは、いままでより低い価格で売らねばならない分だけ、収入を下げる方向に働きます。

以上をまとめると、供給量を1単位追加することによる収入の変化は、つぎのようになります。

　　　限界収入＝価格－（供給追加による価格の低下幅×供給量）

読者のみなさんのなかには、以上の式が、第3章で議論した限界費用の考え方と基本的に同じである点に気づいた方も多いでしょう。

上の式の理解を深めるために、いくつかのケースを考えてみましょう。まず、完全競争企業について考えてみてください。完全競争企業の場合には、どれだけ供給しても市場価格で売れます（完全競争的な状況については第4章で説明しました）。つまり、完全競争的な企業は水平な需要曲線に直面しています。この場合には、いくら供給しても価格は下がらないのですから、上の式の右辺第二項はゼロとなります。つまり、完全競争的な企業にとっての限界収入は、市場価格に等しくなります。──＊　企業が供給を増やせば市場価格でいくらでも売れるのですから、限界的に入ってくる収入も価格に等しくなります。

＊──確認：完全競争の場合のみ、限界収入は価格に等しくなる
　　完全競争では、一定の価格でいくらでも供給できると想定しています。つまり、供給量を増やしても価格低下がないので、価格と限界収入は等しくなるのです。

これに対して、独占的な供給者にとっての限界収入は、必ず価格よりも低くなります。なぜなら、追加供給によって価格が下がるからです。上の式からも容易にわかることですが、需要曲線の傾きが急であるほど（需要の価格弾力性が小さいほど）、限界収入は小さくなります。──＊

＊──確認：需要の価格弾力性が小さいほど限界収入は小さくなる
　　需要の価格弾力性が小さいと、供給量を増やすためには価格を大きく下げる必要があります。この場合は、供給量を増やすことによる限界的な収入はどうしても小さくなります。

需要曲線の傾きが急であるときには、供給量の増加に伴って価格は急激に低下します。別の言い方をすれば、価格を大幅に下げない限り、供給を拡大することはできません。この場合には、供給の増加による価格低下の幅が大きい分だけ、限界収入は小さくなります。逆に、需要曲線が水平に近いほど、限界収入は価格に近くなってきます（この点は各自検討してください）。

図5-1の MR 曲線は、需要曲線 D から導出された限界収入曲線を表わしています。限界収入曲線が需要曲線より下にあるのは、各供給量において限界収入が価格より低くなっているからです。たとえば供給量 X_2 のところでは、価格は p_2 ですが、限界収入は q_2 となっています。

さて、以上で説明した限界収入という概念を用いて、独占的な価格設定について説明しましょう。供給者が利潤を最大にするためには、限界収入が限界費用に等しくなるところまで供給すればよいことになります。これは図では横軸上の X^* で表わされています。

X^* より少ない供給量のもとでは、限界収入は限界費用より高くなっています（これは図の上では、X^* よりも左では限界収入曲線 MR の高さが限界費用

---

column

競争政策重視の流れ

　企業の独占的行為を監視し、社会的に好ましくない独占的行為を排除するための法律が独占禁止法です。そしてその法律で企業の行動を監視する組織として、日本には公正取引委員会という組織があります。大臣もないような組織ですので馴染みのない読者もあるかもしれませんが、今後ますます重要な役割を果たすことが期待される組織です。そして、独占禁止法などにもとづいて企業の競争を高めるように指導する政策を、一般的に競争政策といいます。

　企業活動が社会に及ぼす影響が大きくなるなかで、競争政策の社会的重要性は国際的に高まっています。アメリカのコンピュータソフト最大手のマイクロソフトが独占的行為を行なっているか、欧州政府や中国政府と論議が行なわれましたが、これは競争政策が企業活動に介入しようとする典型的なケースです。

　これまで、日本では公正取引委員会の力は非常に弱いものでした。金融、通信、製造業、運送業、医療機関など、それぞれの個々の産業分野は、大蔵省（今は金融庁）、総務省、経済産業省、国土交通省、厚生労働省など、担当官庁ベースで行政が行なわれてきたのです。こうした縦割行政に競争政策的な面がなかったわけではありませんが、業界保護、護送船団方式的な色彩が強い分野が少なくありませんでした。今後は、こうした縦割行政とは別に、横断的にすべての業種に同じような形で公正取引委員会主導の競争政策を適用すべきであるという議論が高まっています。

を表わす30ドルの線（MC）より上にあることで表わされています）。このときには、供給量を追加することによる収入の増加分（限界収入）のほうが、費用の増加分（限界費用）よりも大きいので、供給量を拡大することで利潤を増やすことができます。

　これに対して、X^*よりも多い供給量のもとでは、限界費用は限界収入より高くなっています（この点を図の上で確認してください）。したがって、ここでは供給量を増加することによる収入より費用の増加分のほうが大きくなっているので、供給量を増加するほど、利潤は低くなります。結局、限界収入と限界費用が等しくなる供給量X^*だけ供給することで利潤が最大化されることがわかりました。──＊　このとき独占的供給者がつける価格は、図の縦軸上にとられたp^*となります。

＊──確認：利潤最大化を実現する供給量は？　そのときの価格は？
　利潤最大化を実現する供給量は限界収入線と限界費用線の交点に対応する供給量（横軸）で求められます。そのときの価格は、この供給量に対応する需要曲線上の価格（縦軸）で読み取ることができます。

独占的価格設定と資源配分

　図5-1に示されたような独占的行動のもとでは、供給者の設定する価格は限界費用30ドルよりも高くなっています。すでに第4章で説明したように、このような状態は理想的な状態に比べて過小生産になっています。この点はつぎ

---

column

高級車が高い価格でも売れる理由

　独占企業が高い利益を上げることは必ずしも社会的正義に反するとは限りません。たとえば、乗用車では一部の高級車が非常に高い価格で売られています。つまり、メーカーは商品のブランド価値を利用して独占的価格設定を行なっているのです。ただ、そうした自動車を購入するのは一部のお金持ちであり、自動車の販売によって得られた収益はメーカーの従業員のボーナスになるでしょう。あるいは、メーカーの利益の一部が途上国の貧困対策の支援に回されるかもしれません。つまり、高級自動車の高値販売を通じて、一部のお金持ちの懐から工場労働者や途上国の貧困層にお金が回るのです。これは社会的には好ましいことといってよいでしょう。

のように確認できます。

独占的供給量 X^* よりも追加的にもう1単位余分に供給されたとしてみましょう。この追加的供給のための費用は30ドル（限界費用）です。一方、この追加的に生産された原油はだれかが消費するわけですが、その追加的な消費に対する評価は X^* のもとで成立している市場価格である p^* となります（第4章で説明したように、市場で成立している価格は、その財に対する限界的（金銭）評価となっています）。

独占的供給者は必ず限界費用よりも高い価格をつけるので、需要者の評価は限界費用よりも高くなっています。このような状態では生産を増加することで費用以上の（消費からの）便益を得ることができます。つまり、独占のもとでの供給量は社会的にみて過小となっているのです。——* 図5-1の場合には需要曲線 D が限界費用曲線 MC と交わる X_1 が社会的に最適な生産量となります（この生産量のもとで総余剰が最大になっていることを確認してください）。

*——確認：独占の場合、社会的に望ましい供給量よりも少ない（過小供給）
　社会的に望ましい（最適な資源配分の）供給量は価格が限界費用に等しくなる点です。独占の場合は、価格は限界費用よりも高くなっています。つまり、最適な資源配分の点よりも少ない供給量となっているのです。

独占的供給者はみずからの供給量を制限することで価格をつり上げて、それによって利潤を獲得します。この独占的行為による利潤増大は、価格つり上げによる需要者の犠牲にもとづいていますが、このような独占的供給行動の結果、需要者の失う余剰は独占的供給者の獲得する利潤より大きくなっています。独占的行為が社会的総余剰の減少をもたらすのは、このような過小生産による資源配分のゆがみにもとづくものです。

一般的には、独占的供給者は需要者を搾取するものであり、そのことが、独占的行為が悪である理由と理解されている向きがあります。これは、それで十分に説得的な反独占の根拠となりえますが、以上で議論した独占的行為による資源配分のゆがみとはまったくかかわりがありません。需要者を搾取するという意味での独占的弊害と、（過小生産という形で）資源配分をゆがめる独占的行為は、区別する必要があります。

独占的価格差別と資源配分：文庫本流行のメカニズム

出版界の最近の顕著な傾向として、文庫本の出版点数の増大をあげることが

できます。小説だけでなくノンフィクションや写真集、はては辞書にいたるまで文庫本の形で出版されています。このような傾向は、経済理論からはどのように説明できるのでしょうか。

図5-2の曲線 D は、ある小説に対する需要曲線を表わしています。話を簡単にするために、人々は小説の内容を問題にするのであって、本の装丁などは需要に大きな影響を及ぼさないとします（もちろん、この仮定は議論を単純にするためのもので、より現実的な状況を考えても議論の本質には影響はありません）。

直線 MC は、この本を追加的に1冊作成し販売するための費用（限界費用）を表わしています。したがって、限界費用の水準は縦軸にとられた p_2 となっています。もし出版社が利潤を最大にするような価格をつけるなら、それは図の p^* の水準となります。これは、すでに説明した図5-1のケースと同じですので、繰り返す必要はないでしょう。

以上の状況は、すべての読者に同一の価格をつけるという前提での話です。もしこの出版社が価格差別（読者によって異なった価格をつける）を行なうことができるなら、より多くの利潤をあげることができます。小説ができあがったら、まず単行本という形で高い価格で売り、需要が一巡したところで残りの読者に文庫本という形で安く売るのです。

column

独占がもたらす「平和」

ノーベル経済学賞を受賞した英国の経済学者 J.R. ヒックス（1904-1989）の有名な言葉に "The best of all monopoly profits is a quiet life."（「すべての独占利潤のもっともよいところは平和な生活である」）というものがあります。これはもちろん、独占の問題点を皮肉ったものです。独占企業が存在するところでは、価格は変化しないし、競争もない。倒産も解雇もなければ、企業のリストラもないのです。だから、独占が支配していれば平和な生活がつづくというわけです。もちろん、実際にはそうした独占的利益の結果の負担は消費者が負っているわけですが、しかし消費者は独占が崩れたときの価格を計算することなどできませんので、独占の問題に気づくこともないわけです。

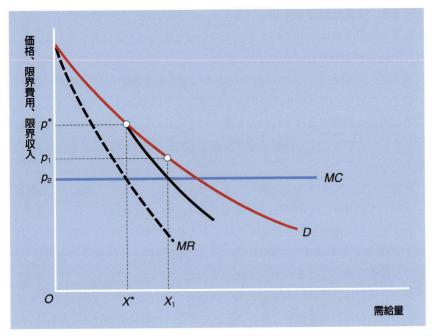

図 5-2 独占的価格差別

まず p^* という独占価格で X^* だけ供給する。これで独占的な利潤を確保する。しばらくして p_1 というより安い価格で販売すれば、さらに追加的に X_1 まで売上げを伸ばすことができる。高い価格で販売して需要が一巡したうえで、価格を下げて追加的な売上げを狙うという、時間差を利用した価格差別である。

　図5-2では、これはつぎのように説明できます。まず、p^* という独占価格で単行本を売ります。もし読者があとで文庫本が出ることを予想できないのなら、X^* だけの単行本が売れるでしょう。単行本が売れた後、今度は p_1 の価格で文庫本を出します。すると、図の $X_1 - X^*$ だけの消費者が、この文庫本を買います。文庫本を買う人は、単行本では高すぎるので買わないが、文庫本なら買おうという人たちです。

　さて、以上の方法によって、明らかに出版社の利潤は増加しています。このように、まず高い価格で売り出して、需要が一巡した後、安い価格で売り出す行為を、時間を通じての価格差別（intertemporal price discrimination）と呼びます。映画でも、まず封切り館で高い価格で観せて、その後しばらくしてから安い二本立てで観せるのは、このような価格差別にほかなりません。パソコ

ンや家電の新製品の値段も、このような傾向が見られます。

　以上のように、価格差別を行なうことで、独占企業の利潤は拡大しますので、それだけ消費者から利潤を搾取しているといえるかもしれません。しかし、非常に興味深いことには、このような価格差別行為の結果、社会的総余剰はかえって増加しています。──＊　図5-1に比べて、図5-2の場合には、X_1まで生産が行なわれています。価格差別行為の結果、過小生産の弊害は緩和されているのです。

＊──確認：価格差別によって総余剰が増加する
　　図5-2のような価格差別の例では、価格差別をしない場合に比べて供給量が拡大していることがわかります。価格差別をしない独占の状況では過小供給になっていますので、価格差別によって供給量が増えることは、資源配分上は好ましいことになります。

　この例からもわかるように、独占的行為によって供給者が高い利潤を稼ぐことは、それ自体直接的には資源配分に悪影響を及ぼすとは限りません。資源配分上問題なのは、価格をつり上げるために供給量が制限される点にあります。ここでの価格差別の例のように、独占的供給者が高い利潤をあげていても十分な供給量が確保されているなら、資源配分上問題はないわけです。

---

column　価格差別のいくつかのパターン

　価格差別にはいろいろなパターンがあります。
　①もっとも単純なケースは、大人と子供、あるいは男性と女性などで異なった価格がつく場合です。あるいは、国内と海外という異なった市場で、同じ商品に違った価格を設定する場合もこれに含まれます。
　②化粧品や自動車などで見られるように、低級品から高級品まで品揃えして、高級品には非常に高い価格をつけるという手法です。高級品は、もちろん製造コストも高いのですが、高級品の価格はそのコストでは説明できないくらい高くなっています。
　③料金体系のなかに価格差別を埋め込む典型的なケースとして、携帯電話の料金があります。ヘビーユーザーにはたくさん使ってもらえるように、定額部分の料金は高めに設定し、利用ごとの料金を安くします。一方で、少ししか使わない人には、定額部分を低くし、利用ごとの料金を高くするのです。こうした料金体系によって結果的に価格差別をしていることになります。

では、独占的行為によって供給者が高い利潤を得ることは、社会的に問題ないのでしょうか。独占的供給行為によって利益を受ける人々が、この財を購入する人々よりも金持ちであるなら、独占的行為によって貧乏な人々から金持ちに所得移転が起こるので、その意味では問題でしょう。しかし、この独占企業に勤める人々のほうがこの財を購入する人々より貧乏であったなら、あるいは独占利潤の一部が寄付・法人税などの形で社会還元されるのであれば、独占者が（裕福な）消費者から利潤を搾取することは必ずしも問題であるとはいえないかもしれません。

ところで、以上で説明したような価格差別行動は、つねにうまく機能するとは限りません。単行本を買う気持ちのある人でも、もしあとで文庫本が出るの

column
赤ひげと価格差別

　若い人は赤ひげといわれても知らないかもしれませんが、貧乏人はただで診療し、金持ちからは高い診療代をとる、正義感にあふれた医者を主人公にした小説で、映画化もされました。赤ひげに限らず、こうした正義の医者の話はいろいろな小説に出てきます。

　しかし、価格差別の観点でこの話を再解釈してみると、少しおかしなことになります。利益追求のために価格差別をするなら、お金がたくさん払える金持ちからは高い診療代をとり、貧乏な人には来やすいように診療代を安くすることが利潤原理にかなっています。つまり、赤ひげの行為は価格差別の理論にもとづけば、利潤をもっとも高くする行為となるのです。

　誤解があってはいけませんが、赤ひげのような医者が、ほんとうは利潤という不純な動機で動いているといいたいのではありません。赤ひげは利潤なんか考えず、金持ちからとった高い診療代で購入した薬を貧乏な人たちにただで分け与えていたのでしょう。

　ここでいいたいのは、利潤動機にもとづいた価格差別行為であっても、その結果が社会的には好ましい結果になることもあるということです。医者が金持ちと貧乏人に異なった料金を請求すれば、貧乏な人の診療代は安くなるのです。独占というとなんでも悪いと安易に考える人が多いようです。しかし、行為の意図と行為の結果は、きちんと分けて考えなくてはいけません。利潤動機で行なったことが社会のためになるということはいくらでもあるのです。

であればそれまで待とうとするかもしれません。このような人が増えると、単行本の売れ行きは落ちてくるでしょう。最近のようになんでもかんでも文庫本を出すという風潮のなかで、おそらく単行本の売れ行きは相当落ちているのではないでしょうか。

独占的価格設定に関する数値例

　以上の議論を確認するため、数値例を用いて独占的供給者の価格設定行動について考察しましょう。いま、ある独占者の供給する財に対する市場の需要曲線が

$$D = 100 - p \tag{5-1}$$

という形をしているとします。ただし、D は需要量、p は価格を表わしています。独占企業のこの財を供給するための費用は、

$$C = 2X + 10 \tag{5-2}$$

となっているとします。ただし、C は総費用、X は供給量です。

　独占企業が X だけ供給すると、それを全部売り切るためには、

$$p = 100 - X \tag{5-3}$$

という価格をつけなくてはなりません。ただし、(5-3) 式は、需要関数 (5-1) の需要量 D のところに供給量 X を代入して求めたものです。

　独占企業の収入は、価格に供給量をかけたものですので、

$$R = pX = (100 - X) \cdot X \tag{5-4}$$

となります。ただし、R は総収入を表わしています。利潤 (π) は、収入から費用を引いたものですので、

$$\pi = R - C = (100 - X) \cdot X - (2X + 10) = -X^2 + 98X - 10 \tag{5-5}$$

となります。

　この利潤を最大化する供給量 X は、(5-5) 式を X で微分してゼロとおいて、

$$\frac{d\pi}{dX} = -2X + 98 = 0$$

すなわち

$$X = 49$$

を求めることができます。49 という供給量を実現するための価格は、49 を需

要関数（5-1）式に代入して、

$$p = 51$$

と求めることができます。

　つぎに、以上の点を限界収入(MR) ＝ 限界費用(MC)の条件を使って確認してみましょう。この企業の総収入 R（(5-4) 式）を供給量 X で微分して限界収入を求めると、

$$MR = \frac{dR}{dX} = -2X + 100$$

となります。これに対して、総費用 C（(5-2) 式）を同様に X で微分すると、この企業の限界費用(MC)は 2 であることがわかります。したがって、

$$MC = 2$$

より、

$$X = 49$$

を求めることができます。

II　完全競争と独占的競争

企業の参入・退出行動と資源配分：完全競争市場の長期均衡

　産業や経済のダイナミズムというものは、つぎつぎと新しい企業が市場に参入してくることによって生まれるものです。グーグルの成長は、マイクロソフトの牙城をおびやかしています。日本においても、次々に外資系金融機関が参入してくることで、日本の大手金融機関も、人材や顧客の獲得で厳しい競争を強いられています。このように、新たな企業が参入してくることによって競争が活性化した例は、ほかにも多数あります。企業の参入・退出行動は、資源配分や競争構造に非常に重要な意味を持っています。

　企業の参入・退出行動は、いろいろな産業構造のもとで起こりますが、まずもっとも単純なケースとして完全競争の場合を考えることにします。図 5-3 は、完全競争市場のもとにおける個別企業の供給行動を表わしたものです（この点についてくわしくは第 3 章を参照してください）。この図で、AC 曲線は、この企業の平均費用曲線、MC 曲線は限界費用曲線を表わしています。もしこの企業が図に示された p_1 という価格に直面しているならば、この企業は価格

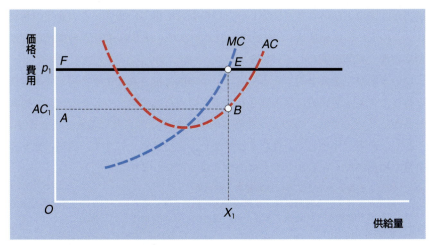

図 5-3　完全競争のもとでの短期均衡
完全競争では、個々の供給者の直面する需要曲線は水平である。つまり、一定の価格でいくらでも供給できる。利潤最大点は需要曲線（市場価格）と限界費用線の交点 E となる。この図では価格が平均費用よりも高くなっている。つまり超過利潤が生じている。

が限界費用に等しくなる X_1 のところまで供給するでしょう。図の上では、これは価格線 p_1 と限界費用曲線 MC の交点 E によって示されています。

この図に示された状況は、個別企業の観点からは均衡となっています。すなわち、この企業は図に示された状況のもとで、利潤を最大化しているわけです。しかし、産業全体の観点からは、均衡状態とはいえません。なぜなら、各企業が利潤をあげているために、企業の参入を招きやすい状態にあるからです。

完全競争市場においては、非常に多くの企業が競争しています。これは、二つのことを意味します。一つは、個々の企業が価格支配力を持っていない（プライス・テイカーである）ということです。もう一つは、潜在的に非常に多くの企業がこの市場に参入する可能性があるということです。前者については、すでに第 4 章で説明しました。ここでは、後者の参入について考えてみましょう。

図 5-3 を見ると、この企業が受け取る価格は p_1 であるのに対し、この企業にとっての平均費用は AC_1 となっています。したがって、この企業は単位生

産当たり図の EB の大きさに等しいだけの利益を得ています。この企業の利潤は、この EB に供給量 X_1 をかけたものですので、長方形 $ABEF$ の面積がこの企業の稼ぐ利潤を表わしています。

　この産業が完全競争的であるならば、この図に示された企業と同じ費用構造を持った企業が潜在的には多数存在すると考えられます。もしその産業で利潤があがっているなら、このような潜在的参入者がこの産業に参入してきます。そして、産業全体としての供給量は増加し、価格は低下します。結局、個々の企業の利潤がなくなるまで参入はつづくことになります。──*

*──**確認：利潤があるところには新規参入がある**
　利潤が生じている産業には必ず新規参入が起きます。これは、既存の企業と同じような技術や費用条件で操業できる企業が潜在的には多数あるという想定にもとづいています。

　図5-4は、以上で説明したような参入プロセスがいきわたり、産業が長期的な均衡状態になった状況を示したものです。この図に示されているように、長期的な均衡のもとでは、価格は各企業の平均費用曲線の最低の水準に等しくなっています。これは、図の上では、AC 曲線の最低点である H の水準に、価格が等しくなっていることによって表わされています。図では、この価格は縦軸にとられた p_2 に等しくなっています。

　完全競争的な市場においては、同じような費用構造を持った企業が多数存在します。もし少しでも利潤をあげられる状況であるならば、新たな企業が参入

> **column**
> ### 退出の社会的問題
>
> 　本文中で説明した参入と退出はワンセットです。利潤が上がっている分野では参入が起き価格が下がり、損失が出ている分野では退出する企業が出て利潤が上がる程度にまで価格が上昇します。こうした調整メカニズムを通じて、健全な競争が維持されているのです。ただ、分野によってはこうした退出が地域の生活に大きな悪影響を及ぼす場合もあります。たとえば、航空業の競争が激化し、ある地域の路線が撤退することがあります。これは地域の人の移動に深刻な影響を及ぼします。また、競争が激しくなって地域にあった小売店が閉鎖したり撤退したりすれば、その周囲の住民は影響を受けます。

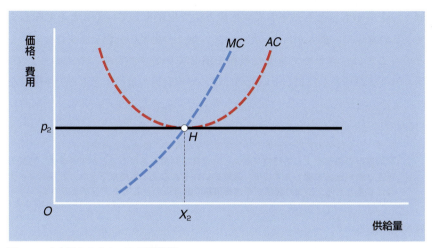

図 5-4　完全競争のもとでの長期均衡
　超過利潤がある限り新規参入がつづき、市場全体の供給量が増え、価格が低下していく。この図に示されたのはそうした参入が行きついた状態である。これ以上価格が下がればどの企業も利潤があげられない。長期均衡の点では、すべての企業は平均費用のいちばん低いところで供給している。

してきます。その結果、長期的な均衡状態においては、どの企業も利潤をまったくあげられないところまで、参入が進むことになります。図 5-4 は、このような状況を示したものと考えることができます。

　もちろん、ここで個々の企業の利潤がゼロになるまで参入が行なわれると考えることは、あくまでも理論上の単純化にすぎません。現実の経済においては、完全競争的な産業といえども、個々の企業はある程度の利潤を獲得しています。しかしそのような場合にも、自由な参入が起こりうる状況のもとでは、個々の企業があげられる利潤はきわめて限られたものでしょう。自由な参入のもとで個々の企業があげられる利潤のことを、経済学では正常利潤と呼びます。ここでの平均費用や限界費用には、この正常利潤が含まれていると考えてください。したがって、利潤がゼロであるということは、個々の企業が正常利潤しかあげていないということにほかなりません。

　図 5-4 は、参入行動が資源配分にどのような影響を及ぼすかという点に関して、きわめて興味深いことを示唆しています。参入の結果、個々の企業はその平均費用がもっとも低くなる点において生産をしています。──＊　これは、

個々の企業がもっとも効率の高い生産方法で生産をしていることを意味します。この意味で、参入が自由に起こって、個々の企業の利潤を減少させていくということは、きわめて重要な役割を演じています。自由な参入のもとで、個々の企業が利潤を負にしないためには、平均費用の最低のところで生産しなくてはなりません。これが、完全競争のもとで各企業の生産が非常に効率的に行なわれる結果をもたらしているのです。

*──確認：完全競争の長期均衡点では供給者は平均費用の最低点で操業している
平均費用の最低点よりも価格が高いと、企業は利潤をあげることができます。利潤の存在は新規参入を促しますので、最終的にはそれ以上に価格が下がれば利潤がマイナスになるところ、つまり価格が平均費用線の最低点のところまで下がるのです。

独占的競争

完全競争的な市場においては、個々の企業は価格支配力を持っていません。同じような財を供給している企業が多数存在しているときには、他の企業よりも高い価格を設定したのではその財をまったく売ることができません。このた

---

column

なぜ飲料には多くの種類があるのか

　日本のソフト飲料のメーカーはそれほど多くありません。日本コカ・コーラ、サントリー、伊藤園、アサヒ飲料など、ごく一部のメーカーで市場の大きなシェアを維持しています。しかし、それぞれのメーカーは実に多くの商品を出しています。たとえば、ソフト飲料のトップ企業の日本コカ・コーラを例にとれば、コーラだけでなく、ジョージアのようなコーヒー飲料、爽健美茶のようなお茶飲料、飲料水など、実に多くの種類の商品を出しています。消費者は個々のメーカーを認識するというよりは、個々の商品を認識します。したがって企業数が少なくても、これらのメーカーが非常に多くの種類の商品を出して市場を席巻しているので、新規企業が参入する余地が非常に小さくなっているのです。多くのブランドで埋め尽くして競合の参入を抑えるという現象は、飲料以外にも、カップラーメン、お菓子類など、いろいろな商品で見られます。読者の皆さんも一度スーパーの売り場で、何社くらいの商品が売り場の棚を押さえているのかチェックしてみてください。商品の種類は多いのですが、メーカーの数は意外に限られていることがわかるはずです。

め、他の企業と同じ価格をつけざるをえないわけです。

　現実の経済をみると、供給者が多数存在する場合でも、個々の供給者が価格支配力を持っているケースはしばしばあります。それぞれの供給者によって供給される商品がまったく同質であるならば、個々の供給者は価格支配力を持ちません。しかし現実には、個々の供給者が供給する財は、それぞれ微妙に品質が異なります。供給者が多数存在していても個々の供給者が価格支配力を持つのは、このような理由によります。

　具体的な例をいくつかあげてみましょう。カップラーメンや菓子類では、供給者が非常に多くいますが、個々の商品は少しずつ異なります。あるブランドの商品の価格が上がったからといって、その財に対する需要がまったくなくなるわけではありません。このため、個々の供給者が直面する需要曲線は右下がりになります。つまり、競争者が多数いるにもかかわらず、個々の供給者はある意味で独占的な供給者と同じような状況に直面することになるわけです。

　同質の財が多数の人によって供給される場合でも、供給される地域に広がりがあれば、個々の供給者の直面する需要曲線は右下がりになります。例として、ガソリンスタンドを考えてみましょう。いま、Aという町とBという町にガソリンスタンドが1軒ずつあるとします。ガソリンの品質はまったく同じです。この場合でも、Aの町からBの町までわざわざガソリンを買いに行くのは手間がかかりますので、Aの町のガソリンスタンドが価格を多少上げたからといって、Aの町の客をすべて失うわけではありません。つまり、距離が離れていることが、それぞれのガソリンスタンドにその地域での独占力を与えてくれる結果になります。このような状況を地域独占と呼びます。

　ブランドイメージなども、個々の供給者に独占力を提供します。ビールを目隠しして飲んで商品をあてるのは非常にむずかしいことです。それでも、ブランドにこだわる消費者は少なくありません。キリンのビールが他のメーカーのビールよりも多少高くなったとしても、キリンに対する需要がまったくなくなるということはまずないでしょう。ブランドイメージを高めることは、個々のメーカーに独占力を与えるものですので、メーカーはブランドイメージを高めるために広告をします。広告活動はブランド価値向上のために非常に重要なものです。

　図5-5は、独占力を持った企業の供給行動を表わしたものです。独占力を持

った企業の価格設定行動は、この章の前半で分析した独占の場合と同じになります。したがって、くわしい説明は省略しますが、その概要は以下のとおりです。

図の曲線 D は、この企業が直面している需要曲線です。この需要曲線が右下がりになっているのは、この企業が価格支配力を持っているからです。独占の場合と異なり、この場合はライバル企業が多数存在するわけですが、この企業が供給する財が他の企業の供給する財とまったく同じではないので、需要曲線は右下がりになります。この企業が価格を上げれば需要の一部は他の企業の財に移り、この財に対する需要は減少します。この企業が価格を下げれば、他の企業からこの企業へ需要が移ってきますので、需要は増加します。需要曲線が右下がりになっているのは、このような状況を表わしていると考えることができます。

曲線 MR は、需要曲線から導かれる限界収入曲線です。限界収入曲線が需

> **column**
>
> ## 企業の利益の生命線であるブランド
>
> 企業経営者と話をすると、「無意味な価格競争に巻き込まれないためにも差別化する必要がある」という発言をよく耳にします。ようするに自社の製品が競合メーカーの製品とは違うということを明確にして、多少価格を上げても競合品に顧客が逃げないようにしたいのです。果てしない価格競争をしていたのでは高い利益をあげることができないわけです。問題はどうやって差別化をするのかです。競合品にはないような機能や味を出せるのであれば、問題はありません。ただ、多くの場合、商品の性能や性質の違いだけで差別化をすることは容易ではありません。そこで広告やデザインなどによってブランド価値を高める手法が取られています。本文中で例にあげたビールなど、素人が目隠しをして飲んでもメーカーのちがいを当てるのがむずかしいはずなのに、大量に流されるテレビの広告などを通じて、それぞれのメーカーのイメージが強く印象づけられています。自動車やファッション製品などでも、ブランド価値のイメージを固定するため、特徴のあるデザインやロゴが重要な役割を果たすことになります。本文で説明した独占的競争の世界とは、こうしたブランド間の競争という面もあるのです。

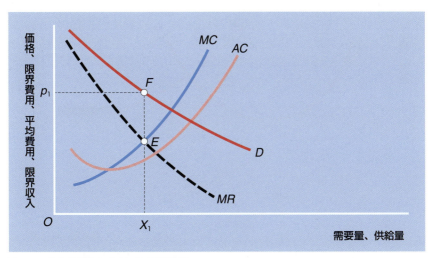

図 5-5 独占的競争のもとでの短期均衡
　　　　独占の場合と同じく、限界収入と限界費用が等しい点が利潤最大点となる。この図では、価格 p_1 は平均費用よりも高くなっている。すなわち超過利潤が生じている。

要曲線よりも下方にあることは、すでに説明しました。曲線 MC は限界費用を、曲線 AC は平均費用を表わしています。この企業が設定する価格は、限界費用 MC と限界収入 MR が交わる点 E によって決まります。すなわち、E 点に対応する供給量 X_1 が決まり、価格は p_1 となります。

　ここで考えているケースが、独占のケースと異なるのは、供給者が利潤をあげている場合には、新たな参入が起こる点にあります。潜在的な参入者が多数あり、利潤があるところには新たな参入者が入ってくるという点は、完全競争の状態に類似しているといえます。

　図 5-5 に示されたような状況では、この企業は正の利潤をあげています。これは、供給量 X_1 のところにおいて、価格のほうが平均費用よりも高くなっている点からも確認できます。このような場合には、類似の商品を供給する参入者が現われます。この結果、顧客の一部が類似の商品のほうに逃げてしまい、需要曲線は次第に左方にシフトしていきます。——＊　そのため、参入によって、既存の供給者の利潤も次第に減少していきます。

＊——確認：新規参入があると需要曲線は左へシフトする
　　　　独占的競争の場合に新規参入が起こると、そのぶん既存企業は需要が奪われることに

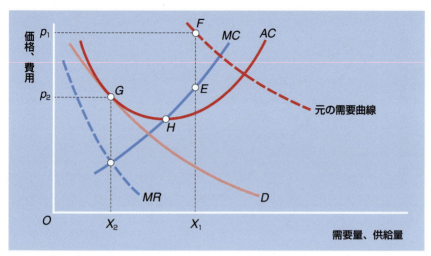

図 5-6　独占的競争のもとでの長期均衡
超過利潤が出ていれば、新たな参入が起きる。新規参入者に需要の一部を奪われるので、需要曲線は次第に左へシフトしていく。これ以上需要が左にシフトしたら利潤がマイナスになってしまうところまで参入がつづく。長期均衡では、「限界収入＝限界費用」という短期均衡の条件に加えて、「価格＝平均費用」という長期均衡の条件が成立している。

なり、需要曲線は左にシフトしていきます。

　図 5-6 は、長期的な均衡を表わしたものです。──＊　供給者が正の利潤をあげている限り、つぎつぎに新しい参入が起こります。そして、すべての企業の利潤がゼロになるところまで参入がつづきます。この図は、すべての企業の利潤がちょうどゼロになるような状態を表わしています（完全競争と同じく、利潤がゼロとは各企業が正常利潤をあげていることを意味します）。

＊──確認：独占的競争の長期均衡点では……
独占的競争の長期均衡点では、需要曲線が平均費用曲線の下から接し、そこで限界費用と限界収入が等しくなっています。つまり、独占的競争の長期均衡の二つの条件、「限界収入＝限界費用」「価格＝平均費用」が成立しているのです。

　この図の曲線 D は個々の企業に対する需要を表わしたものです。この需要曲線の右上方に点線の曲線が示してありますが、これは図 5-5 に描いた需要曲線の位置を表わしています。すなわち、新たな参入によって、この企業の需要が点線の位置から左方の需要曲線 D の位置までシフトしたことになります。

　図の曲線 AC と曲線 MC は、それぞれ平均費用曲線と限界費用曲線を表わ

表 5-1　独占、完全競争、独占的競争の特性

	価格支配力	参　入
独　　占	あり 価格 > 限界費用	なし（正の利潤） 価格 > 平均費用
完全競争	なし 価格 = 限界費用	あり（ゼロ利潤） 価格 = 平均費用
独占的競争	あり 価格 > 限界費用	あり（ゼロ利潤） 価格 = 平均費用

しています。これは、図 5-5 と同じものです。曲線 MR は需要曲線 D から導出された限界収入曲線を表わしています。この場合にも、この企業の供給量は、限界収入 MR と限界費用 MC の交点で決まる X_2 となります。そして、そのときの価格は、図の p_2 の水準になります。図 5-6 が図 5-5 と異なるのは、企業が設定する価格 p_2 が平均費用に等しくなっている点にあります。つまり、この企業は利潤をまったくあげていないのです。

　ここで考えてきたようなケースは、独占的競争と呼ばれます。すなわち、個々の供給者が直面する需要曲線が右下がりになっており、個々の供給者が価格支配力を持っているという意味では、独占の状態に近いのですが、利潤があるところにはつねに新たな参入が起こるという意味では完全競争に近いわけです。表 5-1 は、独占、完全競争、独占的競争の三つのケースについて、それぞれの特徴を示したものです。この表からも明らかなように、独占的競争は独占と完全競争のそれぞれの性格を備えていることがわかります。

　図 5-6 を見ると、独占的競争の場合には、各生産者は平均費用曲線の最低点で生産をしていないことがわかります。この意味で、独占的競争は、完全競争が持つ意味での生産の効率性は持っていません。しかし、独占的競争の場合には、このような意味での生産効率性はあまり重要ではありません。もし生産効率性を重視して、図 5-6 の H 点のところまで生産を拡大しようとするならば、それだけ市場に財を供給している企業の数は減ることになります。なぜなら、個々の企業の生産量が拡大すれば、全体の企業数が減らない限り、需要と供給が一致しないからです。

　しかし、独占的競争の場合には、何種類の財が市場に供給されているかとい

うことが、重要な意味を持ちます。個々の商品がそれぞれ微妙にちがうのですから、より多種の財が供給されているということは、それだけ製品の多様化が進んでいるということにほかなりません。したがって、より多様な財が供給されるためには、個々の企業の生産量が図5-6のG点のように過小供給のところであったとしてもそれは仕方のないことです。

以上の問題は、製品の多様化と生産コストの効率性の間のトレードオフとしてとらえることができます。もし個々の製品の製造コストを最低にするということを目的とするのであれば、個々の企業が生産量を図のHまで拡大することが望ましいことになります。これに対し、できるだけ多様な財を供給することを目的とするならば、個々の企業の生産量が多少少なくなることはやむをえないでしょう。比喩的にいえば、衣料の生産コストをできるだけ低くするため

---

column

重要性を増す独占的競争の理論

　独占的競争の理論は、1930年代に、ジョーン・ロビンソンとエドワード・チェンバリンという二人の学者によって、それぞれ独立に考案されました。完全競争というのはあまり現実的ではありません。多くの企業はある程度の価格支配力を持つものです。しかし、独占というのも多くの産業には当てはまりません。そこで独占と完全競争の中間的なケースということで考案されたのです。しかし、独占的競争の議論はその後ほとんど注目されることなく、教科書の片隅に追いやられてしまいました。しかし、70年代後半から、新たな分析モデルが開発されていくなかで、独占的競争の理論ががぜん脚光を浴びるようになってきました。

　この理論が大きな注目を浴びた理由は、それがさまざまな応用分野に利用できるようになったからです。国際経済学、マクロ経済学、経済成長論、産業組織論、都市経済学などで、独占的競争モデルを用いた斬新な研究がつぎつぎに発表され、いまや独占的競争の理論は多くの経済学研究者にとって必須の分析手法となったのです。独占的競争理論が優れているのは、それが完全競争よりも現実に近いというだけでなく、完全競争では十分に説明できなかった現象が独占的競争モデルを使うことで説明可能になったからです。マクロ経済における失業の存在、技術革新の波及のメカニズム、国際貿易における産業内貿易のメカニズムなどが、このモデルで分析されています。

には、国民全体が制服を着ることがもっとも望ましいことになります。これに対し、ファッションや衣料の多様性を重んじるのならば、それによって衣料の生産コストが多少高くなることは、避けられないことだと考えられます。

演習問題

1. 以下の文章の下線部に用語を入れなさい。
   (1) 独占企業の設定する価格は_____に等しくなり、それは通常、_____よりも高くなっている。独占企業の直面する需要曲線の_____が小さくなるほど、独占企業の設定する価格は高くなる。
   (2) 独占企業が行なう供給量は、本来の社会的に望ましい水準よりは_____になっている。これは、独占企業の供給量のところで、価格が_____よりも高くなっていることに関連している。
   (3) 異なった市場で別の価格を設定することができる独占的供給者は、需要の価格弾力性の大きな市場でより_____価格を設定する。

2. $D = 100 - 2p$ という需要曲線に直面している独占企業がある。ただし、D は需要量、p は価格である。この企業の限界費用は10の水準で一定であるとする。以下の設問に答えなさい。
   (1) この企業にとっての総収入は価格に供給量をかけたものとなるが、これを上の需要曲線を利用して関数の形で求めなさい。
   (2) 上で求めた総収入曲線から限界収入曲線は $MR = 50 - X$ となる。ただし、MR は限界収入、X は供給量を表わす。この導出を確認しなさい。ただし、この問題を解くためには微分の知識が必要となるので、微分を知らない読者はスキップしてよい。
   (3) 上の限界収入曲線を用いて、独占企業が設定する価格を求めなさい。また、そのときの独占企業の供給量も求めなさい。
   (4) 上で求めた価格のもとでの独占企業の利潤の水準を求めなさい。ただし、固定費用はないと考えてよい。
   (5) この市場で消費者余剰と生産者余剰の和を最大化する供給量を求めなさい。そして、そこでの総余剰の額を計算し、(3)を利用して独占のときの総余剰と比較しなさい。
   (6) 独占企業に規制をかけて資源配分の最適性を実現するためには、どのような規制をかけたらよいだろうか。

3. 以下の設問に答えなさい。
   (1) 独占的行為が資源配分の観点から好ましくないのはなぜか。一言でその理由を述べなさい。
   (2) 独占企業の価格は、需要の価格弾力性が大きくなっていくにしたがって、完全競争の価格に近くなっていくといわれる。この点について説明しなさい。
4. 以下の記述は正しいのか、誤っているのか、それともどちらともいえないのか、答えなさい。
   (1) 需要の価格弾力性が小さい市場ほど、独占の弊害が大きく出てくる。
   (2) 独占企業がもたらす資源配分のゆがみを正すためには、独占企業に生産補助金を出すのも有効である。
   (3) 上限価格規制をかけると、独占企業の供給量は一般的に減少する。
   (4) 日本の競争政策の所轄官庁は経済産業省である。

6：
市場の失敗

　これまでの章では、市場は優れた資源配分機能を持っていることを説明してきました。これは、強調しすぎてもしすぎることのないほど重要な市場の機能なのですが、いくつかの点で、市場には大きな欠陥があります。こうした市場の失敗について学ぶのがこの章の目的です。
　市場の失敗の重要な例をあげてください。

　いま世界で大きな問題となっている市場の失敗は、地球温暖化問題でしょう。
　石油などの利用によって大気中に二酸化炭素などが蓄積される問題ですね。
　そうです。大気中に蓄積した二酸化炭素などの温暖化ガスには地球上に熱をためる効果があって、そのために気温が少しずつ上がっていく傾向があります。これは、南極などの氷山を溶かすことで海水面をあげてしまいます。それだけでなく、台風や干ばつなどの被害が大きくなり、世界全体の食料生産を減少させ、このまま放置していたら多くの人間の生存さえむずかしくなる事態も想定されています。
　それがどうして市場の失敗なのでしょうか。

人々の経済活動は、さまざまな形で石油や石炭などの炭素燃料のお世話になっています。ただ、そうした炭素燃料を利用することで大気中に温暖化ガスが排出され、自分たちの環境を破壊していることまでは意識していません。つまり、環境破壊は市場取引の外で起きている現象で、そこでは市場の持つ資源配分機能がうまく働きません。これを経済学では「外部効果（外部性）」と呼びます。

外部効果とは耳慣れない言葉ですね。

この章の目的の半分以上は、この外部効果についての理解を深めてもらうことにあります。地球環境に限らず、技術の波及から混雑現象まで、経済活動がプラスマイナスいろいろな面で副次的な影響を社会に及ぼすことが少なくありません。こうした現象を総称して外部効果と呼びます。つまり、財・サービスを生産・消費するという経済活動から生じるさまざまな副次的な影響のことを外部効果と呼ぶと考えればよいと思います。

外部効果があるときには市場の持つ資源配分機能がうまく働かないとおっしゃいましたが、ではどうすればよいのでしょうか。

政府が直接規制によって市場に介入するのが一つの方法です。また、税金や補助金の導入によって、市場機能を最大限に生かしながら、外部性を補正していくという方法も重要です。たとえば、地球温暖化問題に対応するため、ガソリンなどの税金を上げて石油利用を抑える手法を炭素税と呼びます。炭素燃料の利用に税金をかけるのでこう呼ばれます。日本は、炭素燃料の大半を海外から輸入しているのでこうした税を課すのは理論的には容易なことです。そうした制度を導入するかどうかは大きな政治的論争点になるでしょうが、この手法は税による補正を加えたうえで、市場メカニズムを最大限に活用しようという考え方です。

外部効果以外に市場の失敗の例はあるのですか。

この章では外部効果以外に、「公共財」と「費用逓減産業」という二つのタイプの市場の失敗について説明します。また、これ以外にも市場が失敗するケースはいろいろあります。第7章で情報の不完全性について学びますが、これなども市場の失敗を起こすケースとなります。

I 外部効果

自動車による大気汚染の例

　ある経済主体の活動が、他の経済主体に直接あるいは間接に影響を及ぼすとき、外部効果（external effects）が生じているといいます。外部効果はさまざまな形をとりますが、その典型的な例は環境破壊でしょう。自動車が出す排気ガスは空気を汚し、それは人々の健康に悪影響を及ぼします。大気汚染は自動車を購入して乗るという活動が引き起こす外部効果にほかなりません。

　自動車による大気汚染の例を用いて、外部効果が生じるときにはなぜ価格メカニズムがうまく働かないのか考えてみましょう。図6-1は、外部効果のない場合（ケース①）とある場合（ケース②）を比べたものです。第4章で説明したように、ケース①のように外部効果が働かなければ、すべての消費者の限界的評価とすべての生産者の限界費用は一致します。当該商品の社会的な価値を考えるにあたっては、その生産費用と需要者の評価以外には考慮すべき要素はないので、これで資源の最適配分が実現していることになります。

　これに対して、ケース②では大気汚染というもう一つの要素が入っていて、これがケース①と異なった結果をもたらしています。この場合にも、供給者（自動車の生産者）は限界費用が価格に等しいところまで生産しており、需要主体（自動車の購入者）は自分の限界的評価が価格に等しいところまで需要しています。その結果、自動車の生産のための限界費用と需要主体による自動車の限界的評価は一致しています。しかし、自動車がどれだけ生産され使用されるかという資源配分の問題を考えるにあたっては、自動車の発生させる大気汚染の問題を無視することはできません。この場合の最適な資源配分とは、大気汚染という社会的ロスも考慮に入れた自動車生産の限界的費用が、自動車の限界的便益に等しくなるところまで自動車が生産され使用されることでしょう。

　環境破壊のないケース①では、当該財の生産のための限界費用は、たんに生産者が生産のために支払った限界費用でよいわけですが、環境破壊の生じているケース②では、自動車の生産のための限界費用には、生産にかかった費用だけではなく、自動車によって引き起こされる大気汚染の社会的コストも含めるべきなのです。しかし、生産者も消費者も自分に責任のある大気汚染の問題

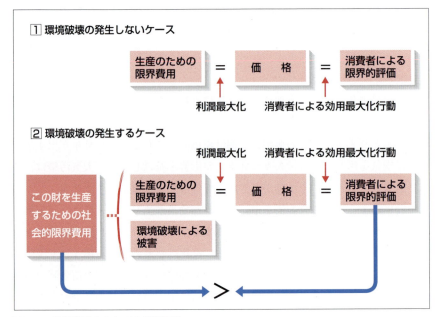

図 6-1　外部効果のもとでの資源配分
　　　　環境破壊の発生するような場合には、環境破壊による被害は価格のなかに組み込まれていないので、この財やサービスの限界的な社会的価値以上の費用を社会は負担することになる。

を、供給行動や需要行動において考慮に入れていないのです。──*

──＊確認：外部効果が働いているときには、社会的限界費用と私的限界費用が乖離する
　　環境破壊のような外部効果が働いていても、生産者（供給者）はその費用を負担していません。つまり、外部効果を含めて考えるべき社会的限界費用とそれが含まれない私的限界費用に乖離が生じているのです。

その他の外部効果の例

　外部効果の例はこのほかにもたくさんあります。環境破壊と呼ばれているような現象は、外部効果に含まれます。工場地帯の騒音、工場や家庭による汚水のたれ流しなどについて、すべて同じような議論ができるのは明らかでしょう。

　環境破壊のほかにも、外部効果は多数あります。環境破壊は相手に迷惑を及ぼす形の外部効果（これを外部不経済と呼ぶことがあります）ですが、相手に良い影響を与える外部効果もあります。たとえば、自宅の庭に花を育てている

人がいたとしたとき、その花は花を育てている当人だけでなく近隣の人々にも楽しみを与えています。これも外部効果にほかなりません。

　花のような財の場合にも、環境破壊の場合と同じように、市場取引だけでは資源の最適配分は実現できません。花を育てる人は、自分の楽しみだけの目的でやっています。したがって、その人の個人的な限界便益と花を育てるための限界費用は等しくなりますが、周囲の人々の花を見る楽しみも含めた花の持つ真の社会的便益までは考慮しませんので、花の社会的な限界便益は限界費用よりも高くなっています。これは、明らかに花の過小生産・過小消費となっています。なぜなら、より多くの花を育てれば、育てた人の損得は別としても、社会的には限界的に費用以上の便益が得られるからです。

外部効果に対する政策的介入

　外部効果によって市場の失敗が生ずるとしたら、それを補正するような政策的介入が必要となります。自動車による大気汚染の例を用いて、この点について考えてみましょう。

　自動車の場合には、エンジンなどの構造を変えることで、ある程度は大気汚染を防ぐことができます。したがって、排気規制などのエンジンの構造に対する直接的規制が必要であることはいうまでもありません。しかし、問題はどれだけの規制をする必要があるかということです。

---

column　マーシャルの外部性

　19世紀から20世紀初めにかけてのイギリスの代表的経済学者であるマーシャルは、産業が集積することで生まれる相乗効果に注目しました。より多くの関連企業が一カ所に集中すれば、それは互いの費用を下げるような分業を可能にすると同時に、さまざまな形で技術やノウハウが広がる効果を持っていると考えたのです。日本でも、繊維や金属加工品など、さまざまな伝統的産業で産地の集積が生まれました。現代でも、自動車産業、機械加工、電機関連産業などが特定の地域に集中しており、そうした集中がその産業にさまざまなメリットをもたらしています。一般的に、産業全体の生産が拡大するほど、その産業のなかの個々の企業の費用が下がっていくような現象を、マーシャルの外部性といいます。

ここでも重要となるのは、規制の便益と費用の関係です。排気の内容についての規制を強めていけば、それだけ大気汚染の程度は緩和されます。これが規制の便益です。他方、規制をすればそれだけ自動車の製造費用も高いものになり、これは消費者に高い価格として転嫁されます。これが、規制強化の費用となります。

　結局、規制強化の限界的便益と限界費用がちょうど等しくなるところまで規制を強化すればよいことになります。大気汚染が緩和されることの便益をどの程度に評価するかということは、きれいな大気をどの程度に評価するかということであり、この評価については個人差が出てきます。きれいな大気は何よりも優先されるべきであるという立場に立つのであれば、自動車の排気規制は非常にきびしいものにすべきで、その場合には自動車はごく一部の人しか手の届かない非常に高価なものになるでしょう。逆に、自動車の便利さを考えたら大気汚染はやむをえないという立場に立つのであれば、規制はあまりきびしくしないのが望ましいことになります。

　経済学は、規制の程度をどのような基準で決めたらよいのかについての考え方は提示しますが、具体的にどの程度の規制が望ましいのかという問題になると、大気汚染をどのように考えるのかという評価の問題が重要となります。

　自動車の構造に対する直接的規制だけが、環境規制の方法ではありません。もし、どのような技術をもってしても大気汚染を完全になくすことができないとしたら、つぎには自動車の台数をコントロールする問題が生じます。

　たとえエンジンの構造などに規制があったとしても、もし自動車保有にまったく規制がなかったら、自動車の保有台数は社会的観点からは過剰になります（この点については、後でもう少しくわしい分析を提示します）。消費者による自動車の限界的な評価は、（規制されたエンジンではあっても）自動車の限界生産費用に等しくなっています（なぜなら、消費者の限界的評価も生産者の限界費用も価格に等しくなるからです）。

　自動車を1台増加することの社会的便益は、消費者による自動車に対する限界的評価にほかなりませんが、社会的限界費用は生産のための限界費用と自動車が1台増えることで悪化する大気汚染の費用の和になります。したがって、自動車保有に関して政府の規制がないときには、社会的限界便益より社会的限界費用のほうが大きくなります。いうまでもなく、これは消費者も生産者も自

column
共有地の悲劇

　ある漁場で漁業を営んでいる人がたくさんいるとしてみましょう。ここの漁師は自分の利益だけを考えて漁をしています。しかし、彼がより多くの漁をするほど、その漁場の他の漁師の漁にはマイナスの影響が及ぶはずです。こうした互いのマイナスの外部効果があるため、漁場での自由な漁を認めてしまうと、漁業資源の枯渇などの問題が起こることがあります。こうした現象を「共有地の悲劇」と呼びます。

　共有地とは、その地域の人たちが共同で利用する牧草地や漁場などのことです。昔は酪農をしている農家も、共有地である草原で牛や馬を放牧していたところが少なくありませんでした。もし地域の人が自分の利益だけを考えて放牧すれば、結果として草原の牧草が食い尽されてしまうことにもなりかねません。

　共有地の悲劇も外部効果によって生じる資源配分のロスの典型的な例のひとつです。漁場の例でいえば、個々の漁師が全体に対する影響を考えながらセーブした漁をすればそれが彼も含めた漁師全体の利益になるのですが、一人だけそうした行動をしても意味がないということで乱獲が進むことになるのです。

　共有地の悲劇を防ぐためには、結局、漁師の行動を規制するしかありません。よくある手法はあらかじめその漁場で漁をできる人は漁業組合のメンバーだけに制限しておき、しかも組合員全体で漁の規模を決めてそれ以上獲れないようにすることです。素人が海岸でこっそりサザエなどを捕ろうとして注意されるのはこうしたルールに反するからです。制度的にも、こうした管理を可能にするため、漁業組合やそのメンバーに漁業権という権利が与えられます。

　別の方法として、シーズンに川で鮎やニジマスを釣りたい人には、ライセンスを購入してもらうという方法もあります。お金を払わないと釣りを楽しめないという制度にすることで、一人ひとりの釣り人に釣ることに伴う外部効果の費用を負担してもらおうとする制度です。ここで重要なことは、そのライセンスの収入をどう使うかということよりも、ライセンス料金が釣り人の数を抑制する効果があるということです。

　共有地の悲劇という現象はいろいろなところにみられます。たとえば、タクシー業界がその一例です。タクシーはその地域の中で一定の顧客を奪いあっています。個々の運転手ががんばるほど、そしてタクシーの台数が増えるほど、その地域のタクシーの水揚げは減少するでしょう。しかし、個々の運転手はそうした外部効果を意識していませんので、結果的にタクシー台数は過多となり、タクシー運転手の生活は厳しくなる傾向にあります。

動車による大気汚染の社会的コストを考慮に入れて行動していないからです。

では、どのような方法によって社会的に最適な自動車の保有台数を実現できるのでしょうか。根本的問題は、各保有者が自分の引き起こす大気汚染を考慮に入れずに行動していることにあります。自動車が1台増えることによって生ずる大気汚染の費用分だけの保有税を、自動車にかければよいことがわかります。それによって、自動車はその限界的便益が価格と大気汚染の限界的費用の和に等しいところまで保有されることになり、最適な保有台数が実現することになります。——*

——*確認：環境破壊という外部効果に対する資源配分上の是正とは
> 環境破壊への対応にはいろいろ考えられます。もっとも重要なのは、環境破壊を減らすことの社会的な限界便益が、環境破壊を減らすための限界的な費用に等しくなるところまで、環境破壊を減らす努力が必要となることです。次に、環境破壊を起こすような財の生産・消費活動を、その環境破壊コストまで含めた社会的限界費用が、その限界的便益に等しくなるところまで生産・消費を抑えることが必要になります。

このように、外部効果によって生じうる市場の失敗を是正するために導入される税金をピグー税と呼びます。環境問題を厚生経済学という手法で分析した英国の経済学者 A.C. ピグーにちなんだものです。ピグー税は、外部効果のコスト分を需要者や供給者の行動に反映させるため政府が導入した税金といえます。——*

——*確認：社会的限界費用と私的限界費用のギャップを埋めるピグー税
> ピグー税を課すということは、税という恣意的な費用を企業や消費者に課すことで、私的限界費用を社会的限界費用に等しいところまでもっていくという効果を持ちます。それによって社会的限界費用を価格に等しくさせます。つまり、最適な資源配分を実現することができるのです。

多くの外部効果に対して、ピグー税は有効に働きます。たとえば花のような正の外部効果をもたらす財についていえば、花が他の人にもたらす楽しみの便益（外部効果）に等しいだけの補助金を、花の栽培をしている人に出せばよいことになります。次項では、以上の点についてのもう少しくわしい分析を行ないます。

外部性の問題に関する余剰分析

上で説明したことは、図6-2のような需要・供給曲線を用いて分析することができます。この図の D 曲線は、環境破壊をもたらす財（上の例でいえば自動車）に対する需要曲線を表わしています。第2章で説明したように、これは

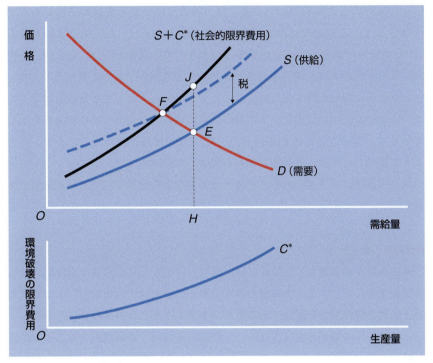

図 6-2　外部性とピグー税
外部効果の社会的限界費用に匹敵するだけの税（ピグー税）を生産や消費に課してやれば、その税を含んだ私的限界費用は社会的限界費用に等しくなる。市場取引で最適な資源配分を実現することができる。

消費者の財に対する限界的評価でもあります。S 曲線はこの財の供給曲線で、生産者による限界費用を表わしています（第 3 章の議論参照）。

　図 6-2 の下のほうに描かれた C^* 曲線は、この財によって生じる環境破壊の社会的限界費用を示したものです。この財の供給が増大するとそれによって環境破壊の度合いもひどくなりますが、環境の悪化が社会的にどれだけの費用と評価されるべきかというのを示したのがこの曲線です。環境の評価には主観的な価値基準が入ってくることはいうまでもありません。

　図の $S+C^*$ 曲線は、この財の供給曲線 S（生産のための費用）とその財の供給により生ずる環境破壊の限界費用 C^* を足し合わせたものです。したがって、これは環境破壊の費用も含めた意味での、この財を供給するための社会的限界費用を示しています。

もし政府による規制がないときには、均衡点は需要と供給の交点である E になります。この点では、この財の限界的便益（EH）より社会的限界費用（JH）のほうが大きくなっています。つまり、生産過多となっています。社会的に最適である点は、限界的評価と社会的限界費用が一致する F となります。

F のような点を実現するためには、ピグー税を導入して生産を抑制しなくてはいけません。図の点線は、この財の生産に課税されたときの供給曲線を示しています。この点線と S 曲線の垂直方向の差が税額を表わしています。このような税のもとでは、社会的に最適な点 F が実現されます。

以上の点は、消費者余剰や生産者余剰の大きさを比較することでも確認できます。

外部効果の内部化

外部効果がある場合、一般的には、政府の介入なしには最適な資源配分は実現できません。しかし、ある種の外部効果については、市場取引によって社会的に最適な資源配分を実現することができます。それは外部効果にかかわっている経済主体の数が非常に少なくて、外部効果自体を市場取引することが可能な場合です。

一つの例として、鉄道と沿線の不動産業の関係について考えてみましょう。鉄道のサービスがよくなれば、沿線の不動産の価値も上がるという意味で、両

---

column

交通渋滞

　道路が渋滞するのは、車が多すぎるからです。つまり、渋滞でイライラして被害者であると考えているドライバーは、実は渋滞を起こしている原因、つまり渋滞の加害者でもあるのです。交通渋滞は、その道路を走っているドライバーがお互いに及ぼしあっている外部効果の結果ともいえます。高速道路などの渋滞を解消してよりスムーズな交通を確保するためには、個々のドライバーに渋滞を起こすような外部効果を費用として感じてもらう必要があります。これは通行料金を上げるということを意味しますが、この高めの通行料金がこの章で取り上げたピグー税に対応します。ただし、渋滞しているような道路でさらに通行料金を上げるとはなにごとか、と怒る人は多いかもしれませんが。

者の間には外部効果が働いています。もし鉄道と沿線の不動産業者がそれぞれまったく独立に行動していたら、社会的に最適な状態は実現しないでしょう。

鉄道のサービスの水準を考えるとき、社会的には鉄道輸送そのものの便益の増加だけでなく、沿線の地価の上昇などで表わされる沿線宅地の便益増加も考

---

column

ネットワークの外部性

少し前まで、新型のハイビジョン用のDVDに関して、ブルーレイ方式を推すソニー・松下電器（現パナソニック）などと、HD-DVD方式を推す東芝の間で激しい規格競争が繰り広げられました。消費者としてどちらの方式を購入するのかの重要なポイントは、どちらの方式のほうがたくさん売れているかということです。より多く売れる規格のほうが、映画などのソフトも多いからです。結果的には、ブルーレイ方式が業界の多数派となり、HD-DVD方式は撤退を決めました。

一般に、より多くの人がその方式や商品につながっているほど、その商品や方式のメリットが大きくなるような現象をネットワークの外部性と言います。一人ひとりの利用が他の人の便利さを少しずつ増やすという意味で外部性（外部効果）が働いているのです。たとえば、ファクシミリが出てきたばかりは、ほとんどの人がファックスを持っていないので、ファックスを購入しても使う機会が非常に少なかったのです。しかし、ファックスが普及するにつれて、ファックスでどこにでも文書を送れるようになり、ファックスを持つことのメリットが大きくなってきました。これはファックスがネットワークの外部性を持っているからです。

企業からみれば、ネットワークの外部性のある製品やサービスでは、早い段階でできるだけ多くの人に購入してもらって業界標準をとることが重要となっています。携帯電話でソフトバンクなどの新興企業が利益を圧縮しても家族割りなどの割引を早い段階から導入したのは、できるだけ多くの人にソフトバンクの携帯電話を持ってもらうことで全体としてネットワークの外部性を利用したいと考えたからです。当然、ドコモもKDDIもそれに対抗するために似たようなサービスを始めます。

ネットワークの外部性がもっとも顕著に出ているのは言語かもしれません。なぜ世界中の人が英語を学ぼうとするのかといえば、皆が英語を学ぼうとするからです。英語で話すのが世界のどこでももっとも通じる可能性が高いということが、英語を国際標準語の地位に押し上げ、さらに多くの人が英語を学ぶのです。

慮に入れる必要があります。しかし鉄道会社が沿線の不動産を保有していなければ、鉄道収入だけしか考慮に入れないので、鉄道サービスは過小にしか提供されないことになります。このような状態は、明らかに最適ではありません。

日本の多くの鉄道では、以上のような資源配分のロスが存在するように思われます。しかし、首都圏の一部の私鉄の場合には、沿線の不動産ビジネスも大々的に行なっており、鉄道サービスの質と沿線の不動産業がうまくマッチしているように思われます。もし鉄道と沿線の不動産業を同じ企業が経営するのであれば、両部門の間の相互依存関係を十分に考慮に入れた経営をするでしょう。すなわちこの場合には、外部効果が内部化されており、もはや外部効果ではなくなっているのです。

このように二つの異なった活動（上の例では鉄道と不動産業）の間で外部効果が存在するときには、その外部効果を考慮に入れないでそれぞれの活動が営まれるのは社会的に望ましくないだけではなく、活動を行なっている企業の利潤動機にもかなっていません。もし可能であるならば、外部効果を内部化しようとするでしょう。鉄道と不動産業の例でいえば、鉄道会社が周囲の不動産業を吸収したり、あるいは周囲の不動産業と共同で不動産業を営むことになります。いろいろな産業で見られる企業の多角化、業務の提携、あるいは合併などにはこのような外部効果の内部化という行為によって説明可能なケースが多くあります。

II 公共財

公共財の理論

公園やテレビ放送といったものは、通常の財・サービス（私的財）とは性質が異なります。通常の財ではだれか一人が消費したら、他の人がそれを消費することができません。具体的な例で言えば、太郎が食べたラーメンを花子が食べることはできないはずです。しかし、公園やテレビ放送では、多くの人が同時にそれを楽しむことができます。

公園やテレビ放送などの財・サービスは、公共財と呼ばれます。公共財には、通常の私的財にはない二つの性質があります。一つは消費における非競合性という性質で、その財を他の人が消費したからといってその価値が失われる

ものではないこと、つまり多くの人が同時に消費できるという性質です。もう一つの性質は排除不可能性というもので、ある特定の財・サービスを、それに対する対価を払っていないからといってその消費から排除することがむずかしいということです。

もちろん、非競合性と排除不可能性には公共財によって程度の差があります。公園もあまりに多くの人が利用すれば混雑しますので、非競合性は完全に成り立っているわけではありません。テレビ放送も特殊な受信機を購入しないと観られないようにすれば、排除性が出てきます。ただこうした細かい点にはこだわらないで、以下でも非競合性と排除不可能性を持った財・サービスとして公共財をとりあげます。

公共財と通常の財の違いは、図 6-3 によって説明することができます。図には、太郎と次郎の公園に対する需要曲線がとってあります。横軸には公園の規模、縦軸には規模の増加に対してそれぞれが支払ってもよいと思う金額がとれています。縦軸は各人のその財に対する限界的評価でもあります。

公共財の場合には、市場全体の評価は、各人の需要曲線を縦方向に足し合わせることで求められます（これに対して、通常の財の場合には、各消費者の需要を水平方向に足し合わせることで市場全体の需要を求めました）。縦方向に足し合わせるのは、太郎が消費する公園は次郎も消費できるという消費の非競合性によります。

もし、この経済に太郎と次郎の二人しかいないとすれば、経済全体としての需要は、図に示したように二人の需要を縦方向に足し合わせたものになります。もし公園を供給するための限界費用が図の MC であるなら、社会的に最適な点は図の E 点であり、X^* だけの規模の公園が造られることが望ましいことになります。問題は、市場の自由な取引では、このような最適な規模の公園の供給が実現できないことにあります。

通常の財の場合には、みずからの選好を正直に表明しない限り、その財を消費することができません。市場でのその財の価格より自分の評価のほうが高ければ、消費者はその財を買うでしょうし、それによって消費者の選好を表明したことになります。その財を買いたいのに、「自分はそれが欲しくない」といつわっても、なんの利益もありません。このように各消費者がみずからの選好を正直に表明することが、市場取引によって最適な配分が実現できることの背

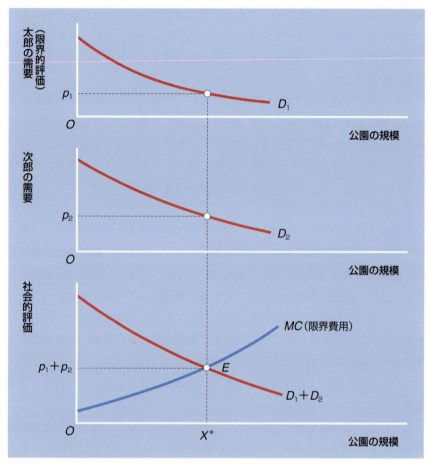

図 6-3 公共財の最適供給量
公共財の場合には、太郎が消費したものを次郎もそのまま消費することができる。そこで太郎と次郎の二人を合わせた公共財全体の限界的評価は、両者の需要曲線を垂直方向に足したものとなる。

景にあります。

　しかし、公共財の場合にはこの条件が成り立ちません。他の人に支払わせておいて、自分はそれに「ただのり」（このような行為をする人のことをフリーライダーといいます）することができるからです。たとえば、ほんとうはNHKの番組を楽しんでいるのに、自分は観ていないといって受信料を払おうとしない人は、フリーライダーということになります。

コースの定理

　環境破壊や騒音などの外部効果が市場の失敗をもたらすのは、外部効果が市場メカニズムに乗らないからです。しかし、外部効果でも法的措置がきちんとなされれば、結果的に外部効果についての取引が生まれ、資源配分の是正がはかられることがあります。たとえば、騒音を出して周囲の住宅に迷惑を及ぼしている工場があるとします。典型的な外部効果の例です。この状態を放置しておけば、問題は解決しません。

　ただ、裁判所が介入して、この状況を是正することはできます。たとえば、裁判所は工場に対して周囲の住民に迷惑をかけるような（ひどい）騒音を出さないように命令することができます。この場合は、裁判所は周囲の住民に静寂の権利を認めたことになります。その場合には、工場はコストをかけて壁をあつくするなどの方法で、騒音があまり周囲に漏れないような配慮をしなくてはいけません。それでも、操業を停止するよりは、コストをかけて防音壁を設置したほうが安上がりならそうするでしょう。

　では、裁判所が工場にある程度の騒音を出しても操業をつづける権利を認めたらどうなるでしょうか。つまり、騒音を減らしてほしいという住民の要求を裁判所が却下した場合です。この場合には、工場は音を出して操業する権利が認められたことになります。

　この場合には、住民は騒音をがまんするか、他へ引っ越すか、それとも住民がコストを負担して工場に防音壁を設置してもらうという選択になります。ある程度のコストで防音壁を設置することができれば、住民は防音壁を設置するかもしれません。

　二つのケースを比べると、住民に有利な裁判所の判断が出ても、工場に有利な判断が出ても、結果的には防音壁が設置されるという外部効果に対する好ましい結果になります。違いは、防音壁設置の費用をだれが負担するのかという点だけです。

　このように、裁判所が権利関係をきちんと明確にすることは、外部効果の問題にとって非常に重要な意味を持ちます。いったん権利関係が明確になれば、あとは当事者の間の交渉（コスト負担）によって外部効果が解決される場合があるからです。しかも、どちらに有利な判断が下されても、（防音壁が設置されるという）同じような結果になります。どちらに有利な判断になっても、資源配分は同じになるという現象を、この点を最初に明らかにしてノーベル経済学賞を受賞したロナルド・H. コース教授にちなんで、コースの定理と呼びます。

このようなただのり行為の結果、公共財の供給を市場取引で実現することはたいへんに困難です。消費者が正確に自分の選好を表明しないし、財を供給する主体がそれを予想することも困難だからです。この結果、公共財の多くは、公的機関によって供給されることが多くなります。公的機関の場合でも、消費者の選好を知って的確な供給量を決めることがむずかしいことは市場取引の場合と同じですが、少なくとも支払いを強制することはできるのです（税でまかなうこともあります）。

　公共財の性格を備えたものは多数あります。公園や道路などの公共施設だけでなく、軍備なども公共財です。軍備を評価するかどうかは人によって意見が異なるでしょうが、軍備の恩恵（人によっては被害）はすべての人にかかって

---

column

地球的規模の気候変動の問題

　石油や石炭などの炭素燃料を燃やすと、大気中に二酸化炭素が出ます。二酸化炭素のようなガス（温暖化ガス）が大気中に過度に蓄積すると太陽光の熱が地表近くに封じ込められ、地表の温度が高くなっていることを、地球温暖化現象と呼びます。温暖化ガスの蓄積は地表の温度を上げて、南極海などの氷を溶かし、海水面を上げることになるので、低地は海に沈むことになります。それだけでなく、各地で異常気象が増え、大型ハリケーンや台風が頻発し、多くの地域では干ばつが増え、世界の食糧生産も減少していくといわれます。

　一人ひとりの経済活動が地球の気象を異常にするという意味では、典型的な外部効果であり、地球全体にたまる温暖化ガスの量が人類の生活にさまざまな影響を及ぼすという意味では、地球規模の公共財ということになります。

　主要国は温暖化ガス排出削減のためにさまざまな会議を開き、協力して温暖化ガス排出削減を実現しようとしていますが、なかなか合意にいたることはできません。

　途上国も含めた温暖化ガス排出削減の合意を実現しようと外交的な努力がつづけられています。このまま温暖化ガスを排出しつづけたら、私たちの子孫の地球は取り返しのつかないようなひどい状態になるので、なんとか実効性のある排出量削減の合意を実現しなくてはいけません。

きます。自然環境や教育水準、あるいは法制度なども公共財的性格を強く持っています。

コラムでとりあげた地球温暖化問題における大気中に蓄積した温暖化ガスなどは典型的な公共財、それも地球規模の公共財となります。もっとも公共財とはいっても、地球の気候に悪い影響を及ぼすありがたくない公共財ですが。

費用逓減産業

鉄道や電力・ガスなどの事業は、公企業によって運営されます。私企業が行なう場合でも、その活動は多くの規制や政府の補助の対象となっています。これらの事業が公共性の強いものであることによるのでしょうが、それ以外にも以下で述べるような理由が存在します。

これらの産業に共通していることは、固定費用が大きくて、通常のやり方では採算があいにくいということです。第4章で説明したように、資源を最適に配分するためには、価格が限界費用に等しくなっていなくてはいけません。しかし、もし固定費用の部分が非常に大きいと、限界費用に等しい価格では費用を十分にまかなえなくなります（この点については、以下でくわしく説明します）。

したがって、このような産業では、政府がなんらかの援助をするとか、あるいは価格のつけ方に工夫をするとかいうことが必要となります。さもないと、市場の失敗が生ずるからです。

図6-4を用いて、上で述べた点について検討することからはじめましょう。図の曲線 D は、ある財（たとえば鉄道輸送サービス）に対する需要曲線を表わしています。第2章で説明したように、この曲線はこの財に対する需要者の評価を表わしています。曲線 MC は、この財を供給するための限界費用曲線です。いま、この財を供給するための固定費用が大きいので、複数の企業がこの財を供給することはなく、単独の企業が供給するものとします（もし複数の企業が供給すれば、固定費用がだぶって支払われることになります）。

第3章で説明したように、もしこの財が供給されるのであれば、限界費用曲線と需要曲線の交点の E まで供給されるのが望ましいといえます（このときの供給量は X^* となります）。なぜならば、X^* よりも少ない供給量のところでは需要曲線の高さで表わされる需要者の限界的評価のほうが、限界費用より高

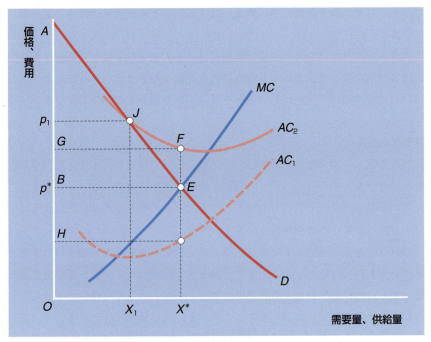

図 6-4 費用逓減産業の費用構造と限界費用価格形成原理
限界的評価が限界費用に等しくなる点（E）にくるように価格を p^* に設定することが、資源配分上もっとも望ましい。ただし、そこでは平均費用は F 点で表されるように価格よりも高くなってしまう。つまり損失が発生している。平均費用が右下がり（費用逓減）のときには平均費用が限界費用よりも高くなってしまうからだ。参考までに平均費用曲線が点線のようになっていて平均費用曲線が右上がりであれば、価格は平均費用よりも高くなるので利益が発生して問題はない。

くなっており、過小供給となっています。また、X^* よりも右側では、限界的な評価は限界費用よりも低くなっており、過大供給となっています。

　X^* だけの量を需要ですべて吸収するためには、価格は図の縦軸上の p^* に設定されなくてはなりません。つまり、価格は限界費用に等しくなくてはいけないのです。このような価格設定のルールを、限界費用価格形成原理と呼びます。問題は、このような価格設定をして採算があうかどうかということです。

　採算性の問題を考えるとき重要となるのは、固定費用がどの程度の大きさであるかということです。図 6-4 には、固定費用の小さい場合の平均費用曲線（AC_1）と固定費用の大きい場合の平均費用曲線（AC_2）が描いてあります。

以下で説明するように、前者では採算性の問題は生じませんが、後者では採算があわなくなります。

固定費用が小さければ、それだけ平均費用も低くなります。図の AC_1 の場合には、X^* の生産をするための平均費用は縦軸の H の高さで表わされています。これは価格 p^* よりも低いので、この財の生産は十分に採算があうことがわかります（理由を考えてみてください）。これに対して固定費用が大きいと、平均費用も図の AC_2 のように高くなります。この場合には X^* の生産をするための平均費用は G の水準になり、明らかに採算があいません（平均費用が価格よりも高ければ、その差額分だけ損失が生じます）。——*

——＊確認：費用逓減産業では限界費用は平均費用よりも低くなっている
> 平均費用が右下がりの部分では、限界費用は平均費用よりも低くなっているということが、ここでの議論のポイントとなります。そのため、価格と限界費用とを等しくすれば、平均費用が価格よりも高くなってしまい、採算があわなくなってしまう（つまり損失が生じる）わけです。

もっとも、限界費用価格形成原理の適用のもとで採算があわないからといって、この財が供給されることが社会的に望ましくないということではありません。図6-4の AC_2 の費用の場合、消費者余剰は AEB であるのに対して、損失額は $BEFG$ にすぎません（この点を図の上で確認すること）。消費者余剰のほうが損失額を十分に上まわっているということは、この財が X^* だけ供給され p^* の価格で売られることが、社会的に十分に意味のあることだということです。

なぜ市場の失敗が生じるのか

以上で説明したことは、どのような意味で市場の失敗といえるのでしょうか。固定費用が大きな産業の場合、二つの意味で市場の失敗が生じえます。まず第一に、独占の問題があります。固定費用があるため、多量に供給したほうが費用が低くなり、したがって少数の企業がこの財を供給することになります。このような場合には独占や寡占の弊害が起こり、最適な資源配分は保証されません。

以上の問題は重要ですが、ここでとくに問題にしたいのは、もう一つの市場の失敗です。それは、たとえ企業が独占的な行動をしないとしても、最適な配分を実現するような価格をつけたら、採算があわなくなるという点です。独占

的行動をしないという仮定はそれほど非現実的でもありません。このような産業は多くの場合公企業ないし準公企業として、政府の管理下に置かれています。したがって、価格設定にあたっては、利潤最大化ではなく、社会的利益の最大化をその目的とします。問題なのは、そのような動機で価格設定をしたとしても、損失が生じるということです。

では、なぜ損失が生じるのでしょうか。問題の根本には、すべての購入者が同じ価格を支払うという大前提があります。需要曲線が右下がりになっているということは、この財に対する評価が人によってまちまちだということです。需要曲線の左上のほうの高いところは、この財を高く評価している人の需要を反映しており、右下に下がっていくほど、より低い評価の人の需要が含まれてきます。この財を高く評価している人もいるのに、支払われる価格は限界的な評価をする人に横並びになるのです。

このように人々のこの財に対する評価は異なるにもかかわらず、価格はすべての需要者に同じにつけられます。しかもその価格は最低の限界費用価格ですので、高い評価をしている人々は自分の評価と価格の差だけ消費者余剰を獲得することができるのです。このような消費者余剰は企業の収入として入ってこないので、社会的には評価が高くても、企業は正の利潤をあげられないのです。

政府による介入と公共料金体系

このように、固定費用が大きいと、限界費用価格形成原理をそのまま適用したのでは、採算があわなくなります。したがって、採算をあわせるためには、もっと高い価格をつけるか、それとも政府が損失を補塡するかしなくてはなりません。

高い価格をつければ、採算の問題はなくなるかもしれません。たとえば、図6-4において平均費用が図のAC_2の場合には、図の縦軸にとったp_1のような価格をつければ、価格と平均費用が等しくなるので、採算の問題はなくなります（この点を図の上で確認してください）。しかし、そのような価格をつければ、この財の需要量は図のX_1にまで下がってしまいます。これは明らかに過小消費です（なぜなら、X_1では限界的評価のほうが限界費用よりも高くなっており、消費を増やすことで総余剰が増加します）。

したがって、望ましい配分を実現するためには、高い価格をつけるのではなく、政府が補助金を出しても限界費用価格を維持する必要があります。鉄道や大学などにおいて政府が巨額の補助をしていることに正当性があるとしたら、一つにはこのような事情があると考えられます。

　このような補助金を出すことには意味がありますが、補助金に問題がないわけではありません。政府からの資金援助が期待できる場合には、おうおうにして経営努力が足りなくなるからです。

　補助金に代わるものとしては、二部料金制という仕組みが考えられます。すなわち、まず固定額を請求し、そのあと需要に応じて限界費用分だけ徴収するという方法です。この場合、もし消費者余剰が固定支払い額を超過していれば、消費者は固定額を支払ってもこの財を需要しようとするでしょう。そして、この固定支払い額が、生産のための固定費用をカバーするのです。

　このような二部料金制にもとづいた公共料金制度を実行することは、それほど困難ではありません。たとえば、電話システムでいえば加入料金が、ここでの固定支払い額にあたります。電気や水道でも、基本料金というものがありま

---

column　なぜ携帯電話では二部料金制が導入されるのか

　携帯電話の料金体系は二部料金になっています。すなわち、月々一定の基本料を払ううえに、通話回数に応じた追加料金が徴収されるのです。こうした料金体系になっている理由の一つは、携帯電話サービスには固定費用が大きく、平均費用が逓減しているからです。携帯電話サービスを提供するためには、街のいたるところにアンテナや基地局を設置しなくてはいけません。これはすべて固定費用であり、ユーザーがどれだけ使うかに関わりなくかかる費用となります。

　携帯電話の料金体系を二部料金にしないと、料金を高くすれば利用者が少なく、料金を低くすれば採算があわないという費用逓減産業の問題に直面してしまいます。ただ、幸いなことに携帯電話の場合には、客から毎月一定額の定額料金を徴収できるので、この部分を固定費用に充てることで、限界的費用である通話にかかる料金を低くし、十分な利用を確保することができるのです。

column
炭素税と排出権取引

　政府による指導や個別の産業や企業の自主的な努力だけで温暖化ガスの排出量を削減することは容易ではありません。そこで、市場の力を借りて削減を実現していくという道が模索されています。

　そのもっとも単純でわかりやすい手法が、石油や石炭など温暖化ガスを排出する炭素燃料の利用に税を課す炭素税です。これは本文中で説明したピグー税そのものです。

　すべての企業や国民に炭素燃料を使うことに伴う温暖化ガス排出のコストを認識してもらうため、その環境負荷部分に対応する金額を炭素税として価格に上乗せします。すべての人の経済活動にはこの炭素税がかかってくるので、炭素燃料の消費量を抑制する効果が期待できます。また、原子力や太陽光など、温暖化ガスを排出しない代替エネルギーへのシフトも進むでしょう。さらには、自動車や家電なども省エネ型のものにシフトしていくはずです。そして、産業構造や都市の構造も、炭素燃料を極力使わない省エネ型の構造になるはずです。

　ただ、炭素税の導入については、産業界から強い抵抗があります。税金が賦課されればそれだけ税負担が増えるので、それよりは自主的に温暖化ガス排出を抑制するほうがよいというわけです。逆にいうと、企業の自主努力だけでは限界があると考えられるので、炭素税の導入が検討されているともいえます。

　一方、炭素税と同じように市場メカニズムを通じた温暖化ガス排出抑制手段として考えられているのが、排出権取引です。排出権取引にはいろいろなケースがありますが、もっとも標準的であるのはキャップ&トレードと呼ばれる手法です。排出量に上限（キャップ）を設け、キャップを超えた温暖化ガスを排出する産業や国は、キャップ以下の排出ですんだ国から排出権を購入するという制度がキャップ&トレードです。

　この場合、キャップを超えて温暖化ガスを排出しようとする国や産業には、排出権を購入するという意味で、排出を増やすことで費用負担が増えます。一方、排出権を売ることができるような企業・産業・国家は、排出量をさらに下げることでより多くの排出権取引収入が得られるので、排出量を下げる誘因が強く働きます。そして、排出権の価格は市場メカニズムで決まりますので、炭素税と違って、どこに税率（価格）を決めるのかという政治的な問題も発生しません。

　炭素税と排出権取引はそれぞれ長所と短所を持っています。世界が直面している気候変動の問題の深刻さを考えた場合、両方の制度を併用していくことが必要となるでしょう。

す。公共料金以外にも、ゴルフ場やスポーツクラブのように固定費用が大きいところでは、二部料金制をとっています。

演習問題

1. 以下の文章の下線部に適当な用語を入れなさい。
   (1) ある人の経済活動が市場以外のルートで他の人に影響を及ぼす現象を_____という。その典型的な事例が自動車などによる大気汚染である。こうした問題があるときには、市場の自由な活動だけにまかせておいたのでは効率的な資源配分は実現しない。このような問題を_____という。大気汚染の場合には税金を利用して資源配分を改善することが考えられるが、こうした税を_____という。
   (2) 平均費用が逓減するような産業では、_____は平均費用よりも低くなっている。一般的に効率的な資源配分を実現するためには、価格が_____に等しくなっていなければならないが、それでは価格が_____よりも低くなってしまうので採算割れが生じてしまう。したがってなんらかの政策的な介入が必要になる。
   (3) 消費の排除性がないような財・サービスは、だれかがそれを消費したからといって他の人の消費を妨げるものではない。さらに、複数の人が同時に消費できる特徴を持つ財・サービスを_____という。

2. ある財（たとえば鉄道サービス）に対する需要曲線が $D = 1000 - p$ という式で表わされるとする。ただし、D は需要量、p は価格である。この財を供給する費用は、固定費用が 30000 で限界費用が 100 であるとする。以下の設問に答えなさい。
   (1) この財の供給水準として社会的にもっとも望ましい水準はどのくらいか。またそのときの価格はいくらに設定するのがよいか。
   (2) 上のような価格設定で社会的に望ましい供給水準を実現しようとすれば、どのような問題が生じるのか。
   (3) この問題を解消するためには、どのような政策的な対応がありうるのか。

3. ある財に対するある社会の需要曲線は $D = 100 - p$ で表わされるとする（p は価格）。ただ、一方で、この財を 1 単位消費することに対して社会的コスト 10 だけの大気汚染などの問題を起こすとする。この財を 1 単位生産するための限界費用は 20 であり、完全競争的な環境で供給されているとする。以下の問いに答えな

さい。
  (1) 市場の自由な取引にゆだねたとき実現する価格、供給量、そしてそのときの総余剰を求めなさい。
  (2) これに対して環境破壊まで考慮に入れて社会的に最適な供給量を実現しようとするなら、供給量はいくらにすべきか。
  (3) 上で述べたような望ましい供給量を達成するために税金（ピグー税）を課すとしたら、この財1単位あたりいくらの税金を課したらよいのか。また、その理由も説明しなさい。

4. ある公共財（たとえば公園）を利用する可能性のある人が100人いたとする。彼らはこの公共財に対して同じような選好を持っていて、それを評価関数で表わすと、$P = 10 - x$ となるとする。ただし、x は公園の規模であり、P は公園に対する彼らの限界的評価である。通常の言い方をするなら、$x = 10 - P$ が、一人ひとりの公園（の大きさ）に対する需要曲線ということになる。公園の規模を1単位広げるための限界費用は10であるとする。
  (1) 100人全体（社会全体）の公共財としての公園に対する評価関数（需要関数）を導出しなさい。
  (2) 社会的にもっとも望ましい公園の規模 x の水準を求めなさい。またそのときの総余剰も計算しなさい。
  (3) (2)のような配分を実現するため、たとえば公園の費用負担を平等にするとすれば、住民一人あたりいくらずつ払えばよいのか。
  (4) こうした望ましい資源配分が通常の市場メカニズムでは実現できないのはなぜか。

5. 以下の設問に答えなさい。
  (1) 外部性があると通常は資源配分の最適性は保証されないが、外部性を内部化することができれば資源配分はよくなる。こうした外部性の内部化の具体例について述べなさい。
  (2) 費用逓減産業でも二部料金制などを利用すれば資源配分を改善することができる。この点について、たとえば電話サービスのような簡単な例を使って説明しなさい。
  (3) もっとも典型的な公共財としてテレビ放送サービスがある。このサービスは市場の自由な取引では最適な資源配分が実現できないといわれるが、その理由を説明しなさい。ただ、デジタル放送のように課金ができればその限りではないともいわれる。これはどうしてなのか。

(4) 公共財の供給量を決める一つの方法として投票を利用するということが考えられるが、これを具体的な事例をあげながら説明しなさい。
6. 以下の記述は正しいのか、誤っているのか、それともどちらともいえないのか、答えなさい。
   (1) 正の外部効果（外部経済）を出している産業には補助金を出すことが望ましい。
   (2) 固定費用がある産業は必ず費用逓減になっていて、市場の失敗が必ず生じる。
   (3) 法律や制度は公共財的な性格を持っている。

7:
不確実性と不完全情報の世界

🧑 この章のタイトルは「不確実性」「不完全情報」とどちらも「不」がついていますね。

👨 現実の世界では絶対確実なことや情報が完全であることなどはまずありえないわけで、その意味では、この章で扱うような経済のほうが現実の経済に近いといったほうがよいかもしれません。とくにリスクが重要な役割を果たす金融の世界では不確実性の問題を避けて通ることはできません。ただし本書は入門レベルなので、こうした複雑な問題にこれまであえてふれずにきたのです。

🧑 先生は金融の世界では不確実性を避けて通ることができないとおっしゃいましたが、それはどういうことですか。

👨 たとえば、保険を考えてみてください。なぜ人々は生命保険や火災保険に入るのでしょうか。それは、万が一事故や火事にあっても、困らないようにするためです。つまり、保険という金融商品は不確実性に備えるものなのです。

🧑 株式や外国為替などはどうですか。

👨 株価は日々変動しています。為替レートも円高に振れるか円安に振れるかで、輸出企業などへの影響はちがってきます。ですから、株価や為替

も不確実性という視点から見ることが必要になります。

経済現象を不確実性という視点から見ることで何が見えてくるのでしょうか。

この章でまず学んでほしいことは「危険分散」という考え方です。金融の例でいうと、できるだけ異なった資産を分散して持つとリスクが軽減されるのです。商売を始めるときにも、どれだけお客が来るかわからないので、売上げは不確実です。そうしたリスクを軽減するために、コンビニなどではフランチャイズ契約を結ぶことがあります。

後半の「不完全情報」では何を学ぶのでしょうか。

「不完全情報」では、二つの重要なキーワードが出てきます。「逆選択」と「モラルハザード」です。

逆選択というのは聞き慣れない言葉ですね。

逆選択もモラルハザードももともと保険業界で使われた言葉です。いまでは、保険を超えて不完全情報の世界でより広く使われる重要な概念です。

逆選択について、わかりやすい例をあげてください。

経済学の本でもっともよく出てくるのは中古自動車市場の例です。中古自動車には品質の良いものと悪いものがあります。しかし外見からは品質の良し悪しがわかりません。品質がわからないと買い手は疑心暗鬼になってしまい、市場はうまく機能しなくなります。「悪貨は良貨を駆逐する」（グレシャムの法則）という言い方がありますが、品質の劣った商品の存在が品質の優れた商品の取引の障害になってしまうのです。このほかにも逆選択の問題は、雇用契約や金融取引など、いろいろな分野で見られます。

もう一つのキーワードである「モラルハザード」という言葉は、新聞や雑誌などでもよく出てきますね。

そうですね。医療保険のもとで、余分な薬を処方したり、過剰な検査をしたりするのが、典型的なモラルハザードの例です。一般に、人々の行動の歪みが社会全体の損失になる現象をモラルハザードと呼びます。

I　不確実性と経済現象

経済問題に潜んでいるリスク

　現実の経済問題を考えるとき、不確実性やリスク（危険）が重要な意味を持っていることが少なくありません。たとえば、株式市場では株価が日々大きく変動するため、株式に投資した人は大きな損失を被るリスクを考えておかなければなりません。海外に巨額の輸出を行なっている企業は、為替レートの変化により輸出収益が大きく変動するリスクに直面しています。石油会社のようにほとんどを海外からの輸入に頼っている企業も、為替レートの変化によってその収益が大きく変化します。

　労働市場にもさまざまなリスクが潜んでいます。これから就職先を選択しようとしている大学生にとって、個々の業種や企業の直面するさまざまなリスク

---

column　金融工学

　現実の金融市場の世界では、最先端の経済学が活用されています。金融工学という名称で呼ばれることもある最先端のファイナンス理論では、複雑な数学を駆使し、コンピュータをフル活用した資産運用の方式が考案されています。株や不動産などの資産はある一定の法則にしたがって動くものであり、その動きを数学的にとらえることでより精緻な運用が可能となります。金融工学は、不確実性の経済学を、高度な確率理論をもちいて金融市場を分析するために発展させたものであるといってもよいかもしれません。

　グローバルレベルで活動している多くの金融機関は積極的に理数系の人材の確保に走り、経済・経営系の大学や大学院でも複雑な数式を使ったファイナンス理論が教えられるようになっています。IT技術の進歩で大量のデータの移送・解析が可能になったことも、ファイナンス理論の実務での活用を広げています。

　もっとも、実務での高度なファイナンス理論の活用が進めば進むほど、市場もそれを織り込んでさらに先に行ってしまいます。リーマンショックの原因ともなったサブプライムローン問題では、ファイナンス理論を過信したために結果的に大きな損失を被った事例などが報告されています。

は重要な関心事でしょう。その業種に将来性があるのかどうか、その企業の賃金は安定的であるかどうかなどといったことです。

　新しいプロジェクトに対して投資を行なおうとする企業も、大きなリスクに直面しています。たとえば半導体のように巨額の投資が必要な分野でも、その投資が必ず収益をあげるという保証はありません。半導体の市場規模がどの程度大きくなるのか、ライバル企業がどの程度の投資を行なうのか、また投資がどの程度の技術的成果をあげることができるのかといったことに対して、あまりにも不確定な要素が多いからです。

　このような不確実性やリスクの問題に対処するため、経済のなかにはさまざまな仕組みが存在します。そもそも保険（生命保険、損害保険、預金保険など）は、リスクへの対処の手段として生まれたものです。株式市場や外国為替市場などにおいても、株価変動や為替変動のリスクに対処するためにさまざまなことが行なわれています。いろいろな株式や債券に分散して投資する投資信託、為替レートの変動リスクを回避するための為替の先物取引などはその代表的な例です。

　個々の消費者や企業の行動のなかにも、リスク回避やリスク分散を目的とした行動が見られます。企業と労働者の間の賃金契約を見ると、労働者側にリスク負担をかけず企業側がリスクを負担するような形になっていることが少なくありません。家計の貯蓄や資産運用の行動でも、リスク回避という要因が大きく働いていることは明らかです。

大数の法則と危険分散

　「卵は一つのバスケットに入れて運ぶよりも、分けて運んだほうがよい」といわれます。これは危険分散のことを指しています。一つのバスケットに入れて運ぶと、バスケットを落としたとき、卵が全部だめになってしまいます。分けて運べば、全部の卵が壊れることはありません。このような危険分散のメカニズムは、経済のなかでいろいろな形で利用されています。

　保険は危険分散を利用した商品の代表的な例です。火災保険を考えてみましょう。もし火災保険に入っていなければ、火事が起きたときの被害はたいへんなものです。その意味で、各経済主体は大きなリスクに直面しています。火災保険とは、多くの人が資金を出し合って、その資金で実際に火災にあった人を

補償しようという制度です。

保険への加入者が多いほど、火災発生に関して大数の法則が働きます。つまり、保険加入者のだれかのところでは火災が起こるでしょうが、その頻度をかなり正確に予測できるのです。そのため、そのような火災の発生確率をもとにして保険料率が計算でき、その保険料金で火災の被害に対する補償額をカバーできるのです。

企業の多角経営も、危険分散という視点から説明することが可能です。企業が行なっている事業は、不確定要因を多く抱えています。たとえばテレビやクーラーなどの家庭電気製品を生産している企業にとって、このような製品が将来も大きな利潤を生んでくれるかどうか確かではありません。したがって、特定の製品に集中しすぎると、経営上のリスクは拡大してしまいます。もしこの企業が半導体、通信機器、コンピュータ関連製品などに多角化していけば、それによってリスクは軽減されることになります。家電部門が不振になっても、他の部門がそれをカバーしてくれるかもしれないからです。

保険の限界：モラルハザード

リスクを軽減するうえで、保険の存在はきわめて重要です。世の中には実にさまざまな保険が存在します。あるサッカー選手が自分の足に巨額の保険をかけて、黄金の足といわれたことがあります。紛争の多い中東に出かけていくタンカーにも、ちゃんと保険がかかっています。クレジットカードによっては、カードで購入した商品が壊れたらそれを補償すると宣伝をしていますが、これも一種の保険であることは明らかです。

このようにさまざまな保険があるにもかかわらず、現実に存在する多くの重要なリスクに対して、それをカバーする保険がないことも事実です。たとえば、企業の業績が不確定であるなら、なぜ企業に一定の利潤を補償するような保険はできないのでしょうか。あるいは、これから就職しようとする学生が、就職先の企業の業績にいまひとつ不安があるのなら、なぜ学生に対して就職保険（就職先がつぶれたり業績不振に陥ったら、一定の所得を補償するような保険）というものができないのでしょうか。

どんなリスクに対しても保険を設定することができるわけではないのは、保険の世界でモラルハザードと呼ばれる現象があるからです。モラルハザードと

は、保険契約に入ったため、被保険者の行動が変化して保険が成り立たなくなったり、余分な負担が被保険者にかかることです。

> **column**
>
> ## モラルハザード：救急車の不正利用
>
> 　救急車の不正利用が増えていることを知っていますか。タクシーで行くよりも救急車で病院に行ったほうが速いので、たいした病気でもないのに救急車を呼んで、それに乗って外来病棟に行こうとする患者、数日後に予約を入れてある病院に行くため救急車を予約しようとした人など、あきれるような話が報道されています。医療関係者の話を聞くと、救急車の不正利用、あるいは過剰利用としかいえないようなケースが全国どこでも報告されており、日本全国では相当な数の救急車の不正利用が見られるようです。
> 　それでも119番で呼ばれれば救急車は駆けつけるわけですが、そうした不正利用や過剰利用が増えれば、本当に救急車を必要としている急病患者などが出たとき、その場所に迅速に駆けつけることができる救急車がない、というような悲惨な事態にもなりかねません。
> 　日本人のモラルもここまで落ちたのかと嘆きたくなります。ただ、嘆いてばかりでもいられませんので、この問題の根本にあるモラルハザードについてきちんと分析をし、適切な対処を考えなくてはいけません。ようするに「救急車はタダである」ということがモラルハザードの根本にあるのです。タダだから使ってみようということになるのです。
> 　仮に救急車を一回利用すれば5万円ぐらい徴収するとしたらどうでしょうか。おそらくタクシー代わりに利用する人はいなくなるでしょう。5万円とられたとしても、急病や事故でどうしても救急車が必要な人は5万円払っても救急車を呼ぶでしょう。お金のない人は救急車が呼べなくなる、と心配する人もいるかもしれませんが、後でチェックしてやむをえないと判断される場合には行政がその代金を本人に払い戻すということも考えられます。もちろん、救急車をタクシー代わりに使った人に戻す必要はありませんし、救急車代金を払う経済的な余裕がある人にも戻す必要はありません。
> 　救急車のような公共サービスを有料にすることに抵抗感を持つ人もいるかもしれませんが、公共サービスだからこそ乱用されないように有料にするという面もあります。ゴミ収集の有料化にも似たような面があります。モラルハザードをどう排除するのか、価格をその手段として利用することの重要性を認識する必要があります。

たとえば、企業に一定の利潤を補償するような保険ができたら、企業の経営者は、景気の悪いときには、無理に努力してまで利潤を獲得しようとはしないでしょう。どうせ保険金が支払われるからです。しかしそれでは、保険会社の負担が高くなってしまいます。保険会社があらかじめそのような事態を予想していれば、保険料率を高くするでしょうから、企業も保険に入らないでしょう。つまり、保険が成立しなくなるのです。

column　医療保険の免責制度

　医療保険制度のもとでは、病院に何回かかろうと、どれだけ薬を出そうと、保険でその大半がカバーされます。そのため、必要以上に多くの検査をする病院が出たり、やたら多くの種類の薬を処方するケースがあったりします。どうせ保険でカバーされるので患者への負担は少ないということで、病院も患者も安易に考えがちです。

　病院の待合室で待っていたら、そこにいた何人かの高齢者が「今日は山田さんが来ていないようだが病気かしら」という会話が聞こえたというのは有名な話ですが、私自身も似たような会話を聞いたことがあります。たいした病気でもないのに気軽に来ることができるというのが日本の病院のよいところでもあるかもしれませんが、その結果、医療費が不必要に膨らむ可能性があります。これは典型的なモラルハザードなのです。

　このモラルハザードの弊害を軽減するための方法の一つが、医療保険に免責条項を入れることです。自動車保険にも免責制度がありますが、ようするにすべて保険でカバーするのではなく、毎回一定額は患者本人が支払うという制度です。それによって、医療コストの負担を患者に認識してもらおうとするのが狙いです。免責条項があれば、軽い風邪ぐらいでは病院に行かないで安静にして治そうとする人も増えるでしょうし、薬についても必要以上に多くを処方しようとする病院に対してチェックを働かせようというのです。

　海外では免責制度をもう少し柔軟に運用しており、健康に自信がある若い人などは、毎回の免責金額を引き上げるかわりに、医療保険料を下げてもらうという選択も可能なようです。携帯電話でも、あまり多く利用しない人には基本料金を低くするのと同じような狙いがあります。日本でも、免責制度をより積極的にかつ柔軟に利用することを検討したらどうでしょうか。

現実に存在する保険でも、モラルハザードの現象は見られます。そして、それが保険の健全な機能を阻害しています。たとえば、医療保険（健康保険）の例を考えてみましょう。保険に入っていれば、病気にかかったときの診察費や薬代が安くなります。したがって、病気になったとき、実際の医療費用（その大半は保険組合・保険会社が病院に払う）のことを意識せずに、治療を受けます。その結果、医師は必要以上に検査をしたり、薬を出したりしますし、患者も必要以上に病院に行くようになります。

　個々人の立場から見れば、「どうせ保険に入っているのだから」ということになりますが、このような医療費が結局は保険組合・保険会社の支払いを増加させ、保険料の引上げにつながるのです。つまり、個々人の行動が、個々人の保険負担を引き上げているのです。

　モラルハザードのために、多くのリスクは保険でカバーすることができません。そのため、保険に代わるようなリスク分散のメカニズムが必要となります。株式市場や証券市場、賃金契約やフランチャイズ契約などの契約のあり方は、そのようなリスク分散という機能を持っています。

株式市場とリスク分散

　株式市場においても、リスク分散のメカニズムが働いています。株主は企業に資金を提供しているわけですが、資金提供への見返りは企業の利益が出たとき支払われる配当という形をとります（あるいは将来の配当の予想をもとにした株価の値上がりという形もとります）。企業の利益は、景気の状態やライバル企業との競争などで大きく変動しますので、株主はつねに配当をもらえるわけではありません。利益が出たときのみ、配当を支払ってもらえるのです。

　この意味で、株主は企業の抱えるリスクの一部を負担しているといえます。企業の業績が悪いときでも、企業から銀行への利子支払い、労働者への賃金支払いなどは継続されます。企業収益が下がった分は、株主への配当が減らされたり、一時中止されることで調整されます。そのかわり、企業の業績がいいときには、配当の額も上積みされます。

　株主にとって、このような形で企業収益の変動リスクを負担させられることは、それほどたいへんなことではありません。なぜなら、多くの種類の株に分散投資することで、個々の企業のリスクを軽減することができるからです。つ

まり、株主にとって分散投資することがリスク分散になっています。生命保険会社などのような大きな機関投資家は資金量が大きいので、分散投資をするこ

> **column**
>
> ## 資産三分割
>
> 　引退後の生活をどう設計するのか、そのための資産運用をどうするのかということが、いま多くの人にとって切実な問題となっています。セカンドライフのための資産運用セミナーが全国の至る所で開かれています。中高年だけでなく、若い人にとっても資産運用は重要なテーマです。世間では「貯蓄から投資へ」というかけ声で、銀行などに預貯金で置いておくだけではなく、資産運用を真剣に考える必要があるという議論が行われています。
>
> 　たとえば、若い人が100万円を資産運用して増やそうと考えているとしてみましょう。金利が年0.1％程度しかつかない普通預金に入れておくと、30年たっても103万円ほどにしかなりません（計算方法について考えてみてください）。もし年1％で運用できれば30年後には約135万円になります。さらに、もし3％で運用できれば、約243万円になるのです。複利で運用されているので、わずか1、2％の違いが長期的には大きな違いとなって表われます。もちろん、より高い利回りを求めようとすれば、それだけリスクが高くなる恐れがあります。そこで、リスクを抑えながらもなるべく高い利回りを確保するにはどうしたらよいのかということになるのです。
>
> 　この点について、昔からよく言われる名言があります。資産三分割という考え方です。資産はすべて一つのものに集中しないで、三つに分けるという考え方です。三つとは、第一が現金や預貯金など、第二は株や投資信託などの有価証券、そして第三が不動産です。資産をこのような異なったものに分割することで、リスクへの対応をしながらもより高い利回りを得られます。最近は、これに加えて、変額年金などの保険商品や外貨建ての資産などもあるので、資産四分割、あるいは五分割ということになるのでしょうか。
>
> 　規制緩和や技術革新のおかげで、個々の資産を少額で購入できるようになりました。株式は少額で買えるようになったものが多いし、個別の株を購入しなくても、いろいろな種類の投資信託があるので、多くの株式や債券に分割投資することが可能になっています。不動産についても、家や土地を直接購入しなくても不動産投資信託（REIT）を購入することで不動産に間接的に投資することができるようになっています。

とになんら問題はありません。しかし、資金量の小さな個人の投資家でも、投資信託のように最初から多数の株式を組み合わせた資産を購入することで、分散投資をすることができます。

　株式の利用によって企業の抱えているリスクを多くの株主に分散することは、現代社会の大規模な企業活動を支えるうえで欠かすことのできない条件です。株式市場の存在があってはじめて、個々の企業は巨額の資金を集めて、多くのリスクを伴うプロジェクトを行なうことができます。

　株式市場と同じように、他の資産市場もリスク分散という機能を持っています。たとえば、不動産の証券化も、そのような側面を持っています。超高層ビルを建ててオフィススペースとして賃貸することには、かなりのリスクが伴います。建設コストから管理コストまで、すべて単独の企業が負担するとしたら、そのリスクは相当なものになるでしょう。このような場合、その高層ビルの所有権を証券化し、多くの投資家に分けて販売するという方法が考えられます。

　証券を販売することで、ビルの建設コストや管理コストのための資金を調達するわけです。ビルの所有権は証券を持っている投資家たちに帰属しますので、オフィススペースの賃貸などで入ってきた収入は、配当ないしは利子という形で、証券の所有者に分配されます。以上は、不動産の証券化をごく単純な形で述べたものですが、これだけでもビル建設のリスクが多くの投資家に分散できることがわかると思います。

リスク分散と契約形態

　リスク分散のための工夫は、労働契約やフランチャイズ契約などにも見られます。たとえば、労働契約の例を考えてみましょう。景気の波やライバルとの競争にさらされ、企業の収益は大きく変動します。そのような収益変動はだれによってカバーされているのでしょうか。一般論として考えれば、収益の変化に応じて賃金も調整されてよいわけです。現実にも、証券会社のボーナスなどは、会社の業績によって大きく増減するようです。

　しかし、ほとんどの企業においては、業績の変動の多くは、株主への配当の増減や企業の内部留保の取り崩しなどによって調整され、労働者の賃金はあまり大きく変動しないようです。マクロの指標で見ても、GDPに占める労働所得の割合は、景気のよいときには低下し、景気の悪いときには上昇する傾向が

表7-1　コンビニエンス・ストアの三つの契約形態

賃金契約	店の従業員を本部が雇用し，一定の賃金を支払い，働いてもらうシステム（本部直営店のケース）
利益分割方式	店の収益の一定割合をフランチャイズ料として本部に支払うシステム
定額フランチャイズ方式	店の収益とは関係なく，毎月一定の金額がフランチャイズ料として，店から本部に支払われるシステム

本部とフランチャイズ契約をしている店主の取り分は，契約形態によって変わってくる。この表には三つの代表的な契約形態をとりあげているので比較してほしい。

あります。つまり、景気の変動は、賃金ではなく利潤の変化で調整されているのです。

　このような現象は、労働者が所得の変動リスクに対して弱い存在であるということから説明することができます。景気の状態にかかわらず一定の賃金を労働者に保証することは、じつは企業側がたんに労働者を雇用しているだけでなく、労働者に対して賃金保証という保険を提供していることにほかなりません。

　同様の現象は、経済の至る所で見られます。たとえば、セブン-イレブンやローソンなどのコンビニエンス・ストアの契約形態も、同様の側面を持っています。これらの店は、フランチャイズ契約ということで、もともとは酒屋や乾物屋などをやっていた地元の商店が、セブン-イレブン本部と契約を結びます。ノウハウの提供や仕入れの補助などのサービスのかわりに、フランチャイズ料を本部に支払うというシステムです。

　表7-1にあるように、コンビニエンス・ストアの本部と個々の店の間には、いろいろな形態の契約が考えられます。表には代表的な例として、賃金契約、シェア方式（利益分割方式）、リース契約（定額フランチャイズ方式）が記されています。このうち賃金契約は、本部の直営店（本部が情報収集などのために人を雇って直接経営している店）のケースですので、後の二つを比較してみましょう。

　コンビニエンス・ストアの経営には、リスクが伴います。店を開いた場所が、コンビニエンス・ストアに向いているかどうかは、しばらくやってみなけ

ればわかりません。このようなリスクを考えると、利益分割方式は店の店主にとってはありがたいシステムです。収益のリスクの一部を、本部が負担してくれる形になっているからです。利益があがればそれに応じて本部への支払いも増えますが、儲らないときには本部への支払いの金額も少なくてすみます。これに対して、定額フランチャイズ方式のように、店の売上げとは関係なく一定額のフランチャイズ料をとられるようなシステムは、店主の立場からはリスクが大きすぎます。──*

*──確認：フランチャイズ方式では店主はやる気を出すがリスクも大きい

表7-1にあるフランチャイズ方式では、売上げが上がるほど店主の取り分が高くなるので、店主のやる気を高める仕組みとなっています。これに対して、本部直営の店だと店長はサラリーマンであり、売上げがすべて店長の給与に直結しているわけではあ

column
フランチャイズの活用

　コンビニエンス・ストア、牛丼やハンバーガーなどのファーストフード店、クリーニングや写真サービス店、学習塾など、フランチャイズの仕組みは実にいろいろなところで活用されています。新しいビジネスのアイデアがあれば、フランチャイズによっていろいろな人にそのビジネスに参画してもらって、一気に店舗数を増やすことが可能になるからです。

　フランチャイズは、人材、資金、土地などの経営資源を潤沢に持っていない企業でも、地域の企業や個人にフランチャイズに加入してもらうことで、彼らにそうした経営資源を拠出してもらうことができます。また、フランチャイズに参加した地域の企業や個人は、売上げからフランチャイズの料金を払った残りが自分の利益になりますので、一生懸命に売上げを伸ばそうとするでしょう。

　もちろん、フランチャイズの場合には、店主はそれぞれが一国一城の主ですので、つねにフランチャイズ本部の思うように動くとは限りません。現実にも、フランチャイズ本部とフランチャイズ加盟店の間では、ときに軋轢（あつれき）が生じることもあります。

　フランチャイズの抱えるそうした弱点を嫌う企業は、直営店で店を増やそうとするでしょう。その場合には、店主はすべて企業の従業員になります。本部側のいうままに動くという意味ではよいのですが、サラリーマンですので、フランチャイズのオーナー店主のように、死にものぐるいで働くというようなことはしないかもしれません。

りません。ただ、フランチャイズ方式では、売上げが落ちれば店主の所得も大幅に落ち込む結果になり、その意味で店主は大きなリスクに直面しています。高いリスクと強いインセンティブ効果（やる気を出す効果）の間でトレードオフの関係が見られるのです。

　現実のコンビニエンス・ストアの契約を見ると、利益分割方式が広く普及しているようです。店主のリスクを大手企業であるコンビニエンス・ストアの本部がリスク分担するシステムが、経済合理的であるからでしょう。

　リスクの分散機能を持つ利益分割方式は、フランチャイズ契約以外にも、いろいろなところで見られます。駅ビルやショッピングセンターにテナントとして入っている店の家賃は定額ではなく、その店の売上げの何パーセントという形をとります。テナントとなっている店のリスクの一部を、駅ビルの管理者側が負担しているわけです。フィリピンなどの農業における地主と小作の契約関係を見ても、地代は定額ではなく、収穫の一定割合を支払う（これを刈分け小作と呼びます）という形態をとっていることが少なくありません。

---

column
コンビニの店頭を観察すると

　コンビニエンス・ストアでは、どの店にいっても同じようなサービスが受けられるようにということで、サービスの標準化のための徹底した取り組みが行われているはずです。非常に精緻なマニュアルがあって、各店がそれに適切な対応をするように求められています。

　たとえば、混雑したコンビニのレジを観察してください。レジの前に数人の客が並び始めたら、レジの担当がすぐに他のレジを開けるように他の店員に応援を求めているはずです。短時間で商品を確保してレジを抜けたいというコンビニエンスを重視する客にとって、レジの前で待たされるというのは非常に不快なことなのです。だからコンビニにとっては、レジの前で待たせないというサービスの標準化を徹底する必要があるのです。

　たまに、レジの前に多くの客が待っているのに、まったく気にしていないようなコンビニを見かけることがあります。そうしたコンビニはそもそもはやっていない店か、さもなければそのうちに淘汰されて潰れるような店なのです。

II　不完全情報の経済学

情報の不完全性と経済現象

　これまでは、情報ということにあまりこだわらないで議論してきました。しかし、現実の経済現象のなかには、情報を抜きにして語ることができない問題が少なくありません。実際の経済では、完全な情報などということはありえません。情報が不完全であることから、取引がいろいろな形で歪められてしまいます。また、情報の欠落や不完全性のために生ずるさまざまな問題に対応するために、取引の形態や企業の組織構造などにいろいろな形の工夫が見られます。このような点について分析することが、不完全情報の経済学（情報の経済学ともいいます）の課題です。

　情報の問題がとくに重要であるのは、金融、労働、企業、流通、産業組織などの分野です。以下でこれらの分野についての例をとりあげますが、情報の不完全性に対応するための手段として、さまざまな興味深い取引慣行や制度的特徴が見られます。

　労働市場を例にとりあげてみましょう。企業が新規に人を雇うとき、企業はその人の資質や性格についてできるだけ把握しようとします。能力の劣る人、さぼり癖のある人、協調性のない人を雇ったのでは、企業の業績にもかかわってきます。企業は、面接や調査会社を利用して、直接的な形で情報を集めるとともに、学歴や過去の経歴などを見ることで、間接的な形で情報を獲得しようともするでしょう。

　学歴で採用者を限定することは、「学歴主義」であるとよく批判されます。しかし、非常に限られた時間で多くの応募者をふるいにかけようとする人事担当者にとって、学歴は有益な情報源となります。たしかに、学歴の立派な人のなかにも企業から見れば役に立たない人もいるでしょうし、逆に学歴がなくても有能な人も少なくありません。しかし、統計的に見て、企業がその人に求める資質と学歴の間にある程度の相関関係があれば、学歴は重要な情報源となるのです。これは、経済学ではシグナルと呼ばれる現象であり、後でくわしく説明します。

　労働にかかわる情報は、新規雇用の時点だけの問題ではありません。いったん

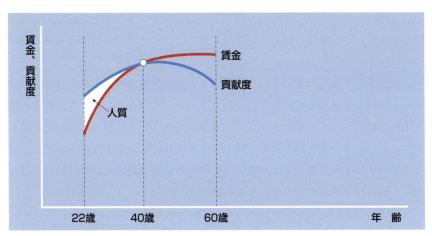

図 7-1　年功賃金制と人質
　　　　年功賃金では、若いときには賃金が安く、歳をとると高い賃金となる。若い人は未払い賃金という人質をとられ、一つの企業に勤めあげることでそれを返してもらうことになる。

ん採用した労働者であっても、まじめに働いているのか、どのような職種に適性を持っているのか、どのような問題を抱えているのかといったことについて、経営者側はつねに情報を確保しなくてはなりません。

　経営者、あるいは現場の管理者は、労働者の一挙手一投足を常時監視し、管理することができるわけではありません。そのため、企業組織のなかには、労働者に真剣に働く誘因をもたらすようなメカニズムが備わっています。たとえば、日本的な労働雇用慣行の一つであるといわれる年功賃金制も、このような観点から理解することが可能です。

　図 7-1 は、年功賃金制を非常に単純化して表わしたものです。横軸には年齢（あるいは勤続年数）がとられており、縦軸にはそれぞれの年齢における賃金の水準とその労働者の企業への貢献度が図示してあります。この図に示されていることは、若いときは企業への貢献ほど賃金が支払われないが、その点、歳をとってから貢献以上の賃金をもらえるということです。現実の日本の企業の賃金体系がこのようになっているかどうかは議論の余地がありますが、かりにこれが年功賃金制の特徴であるとしてみましょう。

　労働者としては、一生を通じて考えれば、働きに応じた賃金をもらうわけですから、その意味では問題はありません。しかし、若いうちは賃金が少な目に

しか支払われないわけですから、ある意味では企業に人質をとられていることになります。その企業で勤めあげてはじめて、この人質は返してもらえるのです。

　このように未払いの賃金という人質をとられた労働者は、それだけ企業に忠誠心を持つようになるでしょう。また、上司から管理されなくても、ある程度まじめに働こうとするでしょう。年功賃金制である限り、適当に働いて賃金をもらったら、さっさと他の企業に移ろうというわけにはいかないからです。年功賃金のメリットを享受するためには、一つの企業に勤めあげなければなりません。それだけさぼりにくくもなるわけです。――*

*――**確認：年功賃金では労働者は見えない人質を出している**
年功賃金・終身雇用のもとでは、若い労働者は働きに比べて安い賃金しかもらえないことが多い。ただ、その分中高年になったときに多くの賃金をもらうので、一生で見れば働きに応じた賃金をもらえます。ただ、若いうちに辞めれば将来の高い賃金機会を逸することになります。その意味で、辞めたら損であり、企業に人質を取られていることになるのです。もっともそうした人質の存在が労働者の定着率を高め、それが結果的に企業の業績を高めることになれば、最終的には労働者により高い賃金や雇用の安定が保証されることにもなります。人質の存在が必ずしも悪いということではないのです。

　年功賃金制によって、企業の管理者が部下の行動について監視するために多大な努力を費やさなくても（これは情報収集にほかなりません）、労働者がまじめに働くようなメカニズムが提供されています。労働者を十分に監視できないという情報上の制約が、年功賃金制を生み出した一つの要因となっているというわけです。

レモン市場：逆選択の問題

　レモン（lemon）という言葉には、果実としてのレモンという意味以外に、「くわせもの」あるいは「価値のないもの」という意味があります。見かけは立派だがとんでもないポンコツである中古自動車のことを、「レモン」と呼ぶことが多いようです。経済学で「レモン市場の問題」と呼ぶのは、買い手が商品の品質について完全な情報を持っていないケースを指します。

　中古自動車の例を考えてみましょう。中古車市場の特徴として、売り手と買い手の間に自動車の品質について情報の大きな格差があります。売り手はその車にこれまで乗ってきたので、品質についてかなりよく知っています。しか

し、買い手は品質についての十分な情報を持っていません。つまり、中古車という商品について、売り手と買い手に顕著な情報の非対称性があるのです。

もし車の修理工にみてもらったり、短時間乗ってみることで車の品質がわかるのであれば、情報の非対称性の問題は深刻ではありません。しかし、そのような方法では品質について正確な情報を得られないことが多く、このために取引に支障が生じることになります。

買い手は、中古車の価格でその品質を判断しようとするかもしれません。売り手は自分の売ろうとする車の品質を知っているので、もし性能のよい車を売ろうとするなら、けっして安い価格では売ろうとしないでしょう。ということは、安い価格で売られている車はクズばかりということになります。

さらに問題なのは、価格が高ければ、車の品質がよいということにはならないことです。高い価格の中古車のなかにも質の悪いもの（レモン）が紛れ込んでいるからです。買い手はレモンをつかまされることを考慮に入れるので、価格が高くてもその中古車をたいして評価しないでしょう。

このようなレモンの存在のために、質のよい中古車の取引は成立しないかもしれません。質の悪い商品が出回ることで質のよい商品の取引が阻害される現象を、グレシャムの法則と呼びます。この法則は、もともと、「悪貨は良貨を駆逐する」という現象を指したものでしたが、それが拡大解釈されたのです。このような現象を、逆選択（adverse selection）と呼ぶこともあります。

品質に関する情報が不完全なまま市場取引が行なわれることはめずらしいことではありません。したがって、さまざまな市場で逆選択が見られます。企業が労働者を雇うとき、その労働者の能力や性格を完全に知っているわけではありません。企業で働きたいと考えている有能な労働者と、そのような労働者を高い賃金で雇いたいと考えている企業があっても、その他の労働者と見分けがつかないため、双方に利益のある雇用関係が結べないことが少なくありません。

銀行が企業に資金を貸すときにも、融資先の情報を集めることが大問題となります。企業によっては、放漫な経営を行なっていたり、危険の高い事業に手を出したりしています。このような企業と、より健全な経営をしている企業を見分けることはそんなに簡単なことではありません。現実に、銀行が融資を焦げつかせることがよくありますが、これは資金の借り手に関する的確な情報を

集めることのむずかしさを物語っています。このように、資金の借り手の情報が不完全にしか手に入らないとするなら、資金市場においても逆選択の問題は十分に起こりうるわけです。

逆選択の例は、その他いろいろな市場で考えることができます。医療保険の場合、保険会社は被保険者の健康状況などについて完全な情報を得ることがで

> **column**
>
> ## 保険におけるクリームスキミング
>
> 　保険は事故の多い人も少ない人もまとめて一つの保険でカバーしているので、全体でリスクを分散する結果にもなっています。ただ、保険加入者の情報がより詳しくわかるようになると、クリームスキミングという現象が起きかねません。クリームスキミングとは、原乳のいちばん濃い部分であるクリームだけとってしまうように、ビジネスのいちばんよい部分だけをとってしまって、他の部分を台無しにする現象です。
>
> 　あるとき、都道府県別の交通事故に関するデータを見たら、東北地方の県はどこも保険の費用が少ないのに、大阪などは保険の費用が高くなっていました。事故の件数のちがいもあるのでしょうが、大阪では事故が起こった後の交渉のトラブルも多く、それが保険費用を上げる結果になっているようです。
>
> 　こうしたデータを見たある保険会社は、福島県や宮城県のような東北地方の保険料を下げ、大阪府などの保険料をあげようとしました。これは明らかにクリームスキミングです。事故の費用が小さい東北地方の人はこの保険に入ろうとしますが、料金が高くなった大阪の人は、この保険ではなく、全国一律の料金を設定している（大阪にとって）より割安な保険に入ろうとするでしょう。その結果、料金格差をつけた保険会社には事故のコストの小さな東北地方の人が多く入り、格差をつけない保険会社には事故のコストの大きな大阪の人が多く入る結果になります。クリームスキミングをして事故コストの少ない人ばかりを集めた保険会社はよいのですが、他の保険会社の保険が成立しにくくなるのです。
>
> 　本文中で説明した逆選択という現象は、質の悪い人や商品の存在が市場の機能を損ねる行為です。それに対してクリームスキミングとは、都合のよいタイプの顧客だけ集めてビジネスをしようとする行為で、その結果、一部の人（この場合は事故の費用が高い人たち）が市場から排除されるのです。

きるわけではありません。医者や弁護士の能力を判断することに、われわれは多大な努力を払います。幼稚園や塾を選ぶときにも、品質の問題は重要です。情報が重要な市場においては、情報に関する非対称性のため、逆選択が起こりうるのです。——*

> *――確認：逆選択とは
> 逆選択とは、質の悪い商品の存在によって、質のよい商品の質も疑われて、市場が成立しなくなる現象を指します。個々の商品の質がわかれば、質に応じて違った価格がついて問題は起きませんが、個々の商品についての情報が買い手にとってはわからず、しかし売り手はその情報を知っていて、買い手も売り手が情報を持っていると考える場合に、市場に疑心暗鬼が生まれてしまうのです。

Ⅲ 情報の不完全性への対応

第三者による情報の提供

　前節で説明したような逆選択の問題は至る所で見られます。しかし、同時に、逆選択を引き起こしている原因である情報の欠落や不完全性を排除しようとする活動も少なからず見受けられます。このような情報収集のあり方のなかには、経済学の観点からみて興味深いものが少なくありません。

　売り手と買い手の間に情報の非対称性があるとき、まず考えられるのが、なんらかの方法によって情報の不完全性を解消しようとすることでしょう。たとえば、中古自動車の例でいえば、間にディーラーが入って、品質の保証をすれば、買い手としてもある程度安心して購入することができます。ディーラーはプロですので、中古自動車の品質を見抜く目を持っています。そのようなディーラーの「プロとしての目」を利用することで、買い手としても品質に関する情報の問題を解消できるのです。

　このように第三者が入ることで、売り手と買い手の間の品質に関する情報の非対称性を解消する例は、金融市場などでも見られます。企業が資金調達をするための手段の一つとして社債を発行する方法がありますが、この場合問題になるのは、資金の調達者（債券の発行者）である企業の業績や将来性について、資金の提供者（債券の購入者）が必ずしも十分な情報を持っていないということです。つまり、中古自動車と同じような意味での情報の非対称性があります。

このような企業に関する情報の非対称性を解消する手段の一つとして、格付け機関があります。格付け機関とは、企業の経営状況や将来性の評価を専門にする企業で、アメリカの格付け機関であるスタンダード・アンド・プアーズやムーディーズなどは有名ですので、その名前を聞いたことのある読者もいるでしょう。格付け機関は、企業の状況をトリプルAやダブルAというようにランク付けします。格付けは、債券の買い手にとって企業の経営状況の判断材料になります。また企業のほうでもよい格付けをもらえれば有利な条件で社債を発行できますので、積極的に格付けをしてもらう誘因を持っています。

商品やサービスの標準化

　つぎに、商品やサービスの標準化という現象について、簡単に説明しましょう。レモンの市場の問題点は、その市場で供給されている財やサービスの品質が個々の商品によって異なり、買い手の側からその商品の品質を見抜くことができないということにあります。もし供給側がなんらかの方法によって商品の品質を標準化できれば、逆選択の問題は解消することになります。この点を、幼稚園の例を用いて説明してみましょう。

　幼稚園は、レモンの市場の典型的な例です。筆者自身、アメリカで娘のために幼稚園を探さなければならないことがありました。そのとき、アメリカにもひどい幼稚園がたくさんあるので気をつけたほうがよいと忠告を受けました。心配になって地域の幼稚園をずいぶんていねいに調べましたが、結局わかったことは、幼稚園はまさにレモンであるということです。校長先生は電話すれば簡単に会ってくれて、幼稚園のことを話してくれます。見せてくれるところはみなりっぱなように見えます。しかしいろいろ聞いてみると、悪い話がたくさん伝わってもきます。売り手である幼稚園と買い手である保護者との間にはたいへんな情報の格差があります。だから、どの幼稚園にするかを決めることが大問題となるわけです。

　後で聞いたことですが、さすがアメリカだと思ったのは、非標準的な幼稚園を標準化するようなフランチャイズ型の幼稚園があることです。このフランチャイズ型の幼稚園は、カリフォルニアにもテキサスにもニューヨークにもあって、きちんとしたマニュアルがあります。多少誇張していえば、先生の資質からはじまって、昼のスパゲッティ、ピザの直径や長さ、オモチャの数から教材

まで全部マニュアルがあります。どこでもそのマニュアルにしたがって教育しているわけです。

アメリカは毎年4家族に1家族は引っ越すような移動性の高い国です。カリフォルニアからテキサスに引っ越すこともあるかもしれませんが、同じフランチャイズの幼稚園に行っていれば、つねに同じ教育が受けられます。悪口をいう人は「ケンタッキー・フライド・チルドレン」と呼びます。ケンタッキー・フライド・チキンのように画一化された教育だというのでしょう。しかし、典型的なレモンの例である幼稚園教育を標準化した形でやろうとしていることを評価することもできます。

このような例はほかにもたくさんあります。たとえば、セブン-イレブンの

> *column*
>
> ## 格付け機関への批判
>
> 格付け機関は、債券などの危険度を評価することで、債券の発行者や買い手に大きな影響を及ぼします。しかし、しょせんは人間がリスクを判断するのですから、格付け機関の格付けも完全なものではありえず、社会的にもその格付けの内容に批判の声が上がることもあります。
>
> 少し前、日本経済がまだ不良債権処理で苦しんでいたとき、日本政府の公的債務は急激に拡大していました。日本の膨大な政府債務は内外から懸念をもって見られていましたが、多くの日本人にとってショックであったのは、日本の国債の格付けがアフリカのボツアナと同等であると評価されたことです。ボツアナがどのような国であるのかはここで論じませんが、日本の国債の評価は非常に低かったのです。当然、日本政府はこうした評価に激しい批判を行いました。
>
> より最近の出来事としては、サブプライムローンという非常にリスクの大きい住宅ローンを組み込んだ証券の価格が暴落して、世界全体の金融が危機的状況に陥るなかで、証券化商品（住宅ローンなどを証券化して組み込んだ証券）に対する格付け機関の格付けの内容が大きな批判の対象になりました。格付け機関の不適切な格付け内容が結果的にリスクの高い証券に多くの投資を呼び込む結果になったという批判です。当然、格付け機関はそうした批判に反論しており、どちらの主張が正しいかをここで論じることはできません。ただ、一般論として、複雑な経済のなかで、債券のリスクを第三者機関が評価するということは非常にむずかしいことなのです。

ようなコンビニエンス・ストアなどはそういう特徴を強く持っています。フランチャイズにすることで、それぞれの店のサービスの内容を標準化し、それで客に安心して買いにきてもらおうというわけです。

シグナルの理論

　読者のみなさんは、英会話のCDを買うとしたら、どのようなものを選ぶのでしょうか。市場には実に多くの種類のCDが出回っており、どれがよいのかわかりません。英会話CDは、手を抜いてつくることが簡単にできますので、そんなものを買わされたのでは、代金を支払ったかいがありません。

　実際に長時間聞いてみないとその品質がわからないという意味では、英会話CDの品質には情報の非対称性が存在します。レモンもたくさんあり、逆選択の問題が起こるわけです。もちろん、友人や先生からよいCDを紹介してもらうこともできますが、そのような手段に頼らなくてもよい製品を探す方法があります。それが以下で説明するシグナルという考え方です。

　新聞や雑誌を開けると、大々的に宣伝を行なっている英会話CDをよくみかけます。このように広告費をたくさん使った会社の製品を買えば、まずまちがいないはずです。その理由はつぎのようなものです。

　会話CDの品質がどの程度であるのか、どれだけコストをかけて作成したものであるかをいちばんよく知っているのは、それをつくっているメーカー自身です。もしメーカーが手を抜いてつくった製品であれば、その商品の寿命は短いでしょうし、爆発的に売れるはずもありません。そんな商品に巨額の広告費をかける企業はないでしょう。これに対し、自社の製品に自信があり、消費者に品質を認めてもらえれば必ず売れると信じている企業こそ、商品の宣伝に巨額の宣伝費を投じようとするでしょう。したがって、消費者としては広告宣伝に多くの支出をしているCDを購入しておけばまちがいは少ないことになります。

　このように考えたとき、広告支出をCDの品質に対するシグナルと呼びます。広告支出そのものは、なんの意味もありません。広告支出が増えたからといって、CDの内容が変わるわけではありません。しかし、品質のよいCDを出している企業しか多額の広告支出をする誘因を持たないとしたら、広告支出がCDの品質を示す指標となりうるのです。一見、なんの意味もないような広告であっても、このようにシグナルとして機能することで、買い手に対して商

品の品質を伝える一つの手段となります。

　CDに限らず、広告はその商品の品質のシグナルとなることが少なくありません。新作の映画が封切られたとき、どの映画がおもしろいかといえば、やはり評判になっていて大々的なキャンペーンを行なっている映画でしょう。映画会社のほうでも宣伝費を十分カバーできるほど興行収益があがると考えるから、大々的なキャンペーンを張っているのです。

　広告とは多少ちがいますが、店で売っている商品の品質を考えるにあたって、店構えは重要なシグナルとなります。みなさんがたとえば旅行に行ってヨーロッパの都市で宝石を土産に買う必要ができたとします。どのような店で買うでしょうか。

　宝石のような高い商品を買うのですから、インチキがあってはいけません。そのためには、その街の中心地域にあるもっとも豪華な建物の宝石店で買えばまちがいないでしょう。そのような店構えの店では、客を騙して一時的に大儲けをたくらむような商売をするはずはありません。客を騙して得られる利益より、店をたたむ費用のほうが大きいからです。このように、店構えも店の商品

---

column

行列のできるラーメン屋

　街を歩いていると長い行列ができているラーメン屋を見かけることがあります。そうした店が近くにあると、きっとおいしいはずだから、そのうちに行ってみようと考える人も多いと思います。

　店から見れば、客に行列で待たせることは好ましくない面もあります。待つのはいやだ、ということで失う客も多いでしょう。また、客を待たせるよりは店を拡張してより多くの客をさばいたほうが店の売上げも増えるはずです。

　ただ、行列ができる店というのは、おいしいラーメン屋だけが発信することのできるシグナルでもあるのです。まずい店では、一時的にさくらを雇って列をつくることはできても、持続的にそうした状況を維持することはできません。おいしい店だからこそ、客も我慢して列に並ぶのです。

　皆さん、もし今度ラーメン屋の行列に並ぶことがあったら、皆さんはラーメン屋さんの立派な広告塔になっているんだということを考えてみてください。

の品質を知るうえでの重要なシグナルとなります。

　シグナルの例としてこのほかよくとりあげられるのが、労働者の能力をはかる指標としての教育です。学歴の高い人ほど、労働者としての能力が高いはずであるという考え方です。この点については、多少の説明が必要ですので、もう少しくわしく議論します。

シグナルとしての教育

　シグナルという考え方をはじめて詳細に分析したのは、ノーベル経済学賞を受賞したM. スペンス教授です。彼は、教育の例を用いました。スペンスの議論を簡単な例を用いて説明してみましょう。

　いまシグナルという機能を強調するために、教育は個々人の能力にまったく変化を及ぼさないものと考えます。つまり、個々人の労働者としての能力は先天的に決まっているわけです。このような想定は大学教育に携わるものとして、受け入れがたいものです。ただ、あえて議論の本質を明確にするためにこのような想定をするのであって、現実がこのようになっているというわけではありません。

　前に議論した中古自動車の市場と同じように、この社会には能力の高い労働者と普通の労働者の2種類の人がいるとします。これも前の例と同じように、二つのタイプの労働者はちょうど半々ずついるとします。表7-2にもあるように、能力の高い労働者が働いたら20の働きをするのですが、普通の人では10の働きしかできません。

　企業は労働者を雇うとき、どの労働者が有能な労働者で、どの労働者が普通の人なのか見分けがつかないとします。ただし労働者自身は、自分の能力を知っています。その意味で労働の供給主体である労働者と労働の需要主体である企業の間に、情報に関して非対称性があります。この点も、中古車のケースとまったく同じです。

　この労働者のケースも、中古車のケースと同じように、このままではグレシャムの法則が働いてしまいます。つまり、雇う時点では、企業側で労働者の能力を見分けることができないので、すべての労働者に一律の賃金を支払うことになります。

　読者のなかには、まず雇ってみて、その後で能力を見極め、それによって賃

金に差をつければよいではないかと考える人もいるでしょう。現実の雇用の場合には、そのような方法によって情報の非対称性を解消することが可能な場合も少なくないでしょう。ここではあくまでも議論を単純化するために、いったん賃金契約をして雇ってしまったら、途中で変更することは難しいと仮定します。現実にも、いったん雇用した人を能力によって解雇したり、賃金にプレミアムをつけたりすることはそう簡単にできることではありません。

　さて、この経済には労働者を雇用したい企業は多数あるとします。賃金が生産性よりも低い限りは、労働に対する需要が不足することはないわけです。このような状況では、賃金は15という水準になります。なぜなら、労働者の能力を識別できないのであれば、有能な労働者と普通の労働者の平均的な賃金を支払うしかないからです。15以上の賃金を支払ったのでは企業の採算は合いませんし、15以下の賃金では労働者を雇用することができません（15の水準の賃金を支払う企業はたくさんあるという意味で、労働市場はきわめて競争的です）。企業は労働者の能力を識別できないままに雇用しますが、有能な労働者と普通の労働者に当たる確率が半々ですので、採算上は問題ないわけです。

　このような状態は、有能な労働者から見たら望ましいものではありません。中古自動車の例と同じように、グレシャムの法則が働いています。普通の労働者の存在ゆえに、有能な労働者はその働きに応じた賃金を受けることができません。その分、普通の労働者が働き以上の賃金を支払われているのです。

　このような場合、有能な労働者と普通の労働者を区別するために、シグナルが利用されることがあります。この例では教育がその機能を果たします。いま、表7-2にあるように、有能な労働者と普通の労働者では、大学教育を受けるための負担が異なるとしてみましょう。大学を修了するためには、それなりの時間をかけて試験の準備をし、試験にパスしなければなりません。有能な人は、わずか2の努力で大学を修了できるとします。しかし、普通の人は15の努力をしなければ、大学を修了することができないとします。

　ここで負担とは精神的負担、金銭的負担など、すべてを含むもので、賃金と比較できる形で金銭単位で表現してあると考えてください。最初に触れたように、大学の教育そのものは労働者の生産性には影響を及ぼさないとします。ただ、有能な人のほうが、少ない負担で大学の修了資格を獲得できるということです。

表 7-2　労働者の特性とシグナル

	割　合	仕事量(金銭表示)	教育の負担
能力の高い人	1/2	20	2
普通の人	1/2	10	15

二つのタイプの労働者がいる。雇う側としては外見からそのちがいが判別できないが、教育の経歴を通じて間接的に労働者のタイプが読み取れる。

　さて、ここで企業が、大卒と高卒で賃金に差をつけたとしてみましょう。大卒には20の賃金を支払うが、高卒には10の賃金しか支払わないとします。このような賃金を見て、各タイプの人はどのような教育の選択をするでしょうか。

　まず有能な人のほうですが、これは明らかに大学卒業の資格を取得することを選択するでしょう。これによって、20の賃金を得ることができますので、2の教育の負担を引いてもネットで18の利益になります。これに対し、普通の人はあえて高卒の資格に甘んじることを選択するはずです。大卒の資格をとって20の賃金を獲得できても、そのための教育の負担が15もかかっては、ネットの利益は5にしかすぎません。高卒のまま就職すれば、10の賃金が得られますので、こちらのほうが利益が大きいのです。

　このように、教育によって賃金に差をつけることで、企業は有能な労働者と普通の労働者を区別することができます。有能な労働者にとっても、教育によってみずからの存在を示すことができるわけです。このような教育の機能をシグナルと呼びます。

　ここでの例では、教育はまったく直接的な役には立っていません。それによって、労働者の能力が上がるわけではありません。その意味では、先の広告の例と似ています。しかし、たまたま二つのタイプの労働者にとっての教育の負担が違うため、教育のレベルで労働者の能力を選別するためのシグナルの機能を果たしているのです。

料金体系と自己選択メカニズム

　教育の例は、労働者の側（とくに有能な労働者）で積極的に、みずからを他の労働者と区別するために利用されたシグナルの例となっています。企業の側でも、教育に応じて異なった賃金を支払うことで、労働者についての情報を獲

得することができます。

　シグナルに限らず、賃金や価格の形態に工夫をすることで、取引相手の持つ情報を吸い上げることが可能になる例は少なくありません。たとえば、ある喫茶店が、頻繁に来る客には、他の客よりも低料金でサービスしたいと考えているとしましょう（それによってもっと店に来てもらえるかもしれません）。

　この場合、客は自分がどの程度の頻度でその店に来るか（あるいは来ようと考えているか）はよく知っています。しかし、店のほうでは個々の客がどれだけの頻度で来るかを把握することは容易ではありません。その意味で、客と店の間には情報の非対称性があります。店の店員がいちいち客に今月何回来たか聞いたり、あるいは来店客の名前をノートに記すといったことは手間がかかってできません。

　しかし、飲物の回数券を出してやれば、問題はたちどころに解決されます。店によく来る客は、回数券のほうが得ですので、回数券を購入します。回数券は割引になっているので、それによって客を一人ひとりチェックすることなく、お得意客に割引をすることができるのです。

　この場合、客のほうの自主的な選択の結果、店のほうでも客に関する情報を収集することができるわけです。このように料金体系などを工夫することで、客の自主的な選択を通じて客に関する情報を集めたり、その情報を生かすようなメカニズムを、自己選択メカニズムと呼びます。

　自己選択メカニズムが利用されている例はたくさんあります。定期券の制度も、自己選択メカニズムを利用して、多頻度利用者に低料金でサービスしようとするものであることがわかると思います。鉄道の側で個々の客の利用度をいちいち調べなくても、客が定期券を購入するか、それとも切符で乗車するかで、選別できるわけです。

　自己選択メカニズムは、逆選択に対する対応として利用することも可能です。そのようなケースの典型的な例は、保険料金です。いま世の中には、健康で医者にもあまりかからない人と、健康がすぐれずすぐに医者にかかる人がいるとします。しかし、保険会社の側は、相当な費用をかけないと、この二つのタイプの人を区別することがむずかしいとしてみましょう。

　この場合、二つのタイプの人を区別することなく保険契約をすると、上で説明したような逆選択的な状況が生じます。健康な人の保険料は少額でも、保険

会社は十分に採算がとれるはずですが、健康のすぐれない人と混じった形で保険料金が決まるので、保険料が高くなってしまいます。その分、健康がすぐれない人の保険料は安くなっています。

さて、ここで保険会社がつぎのような保険料金制度を提示したらどうなるでしょうか。二つのタイプの料金を設定して、被保険者に自由に選ばせるのです。一つは、保険料が安いかわりに医療費の一部を自己負担する保険、もう一つは保険料が高いかわりに医療費の全額（あるいは大半）をカバーする保険です。

このような二つのタイプの保険が提示されたとき、健康に自信がある人のなかには、料金の安いほうの保険を選択する人が多いでしょう。これに対して、健康に自信のない人の多くは、料金が高くても保険のカバーの程度の高い第二

> **column**
>
> ### プリンターの料金設定
>
> 市販のインクジェットプリンターの料金体系は、本文中で説明した「自己選択メカニズム」を見事に活用して、大きな利益をあげているケースです。プリンターを購入する客の中には、プリンターの利用にあまりお金を出したくない人と、プリンターをフルに活用するためには多少お金がかかっても仕方ないと考えている人がいます。仕事でプリンターを利用するような人は後者の部類に入るかもしれません。
>
> ただし、メーカーのほうで顧客を選別して別の料金をつけるというわけにはいきません。そこで、プリンター本体は価格をできるだけ安く設定して、カートリッジのインクの価格を高めに設定するのです。プリンターをたくさん使う人は結果的にインクもたくさん購入する必要があり、高いインクを大量に購入することでメーカーにたくさんの料金を支払っていることになります。また、プリンターを少ししか使わない人は、インクの利用も少ないのでメーカーにそれほどたくさんの金額を払ってはいません。また、プリンター本体も価格が安いので、プリンターを購入することはできます。
>
> このようにプリンター本体とカートリッジのインクの価格を巧妙に設定することで、メーカー側はヘビーユーザーと一般ユーザーをうまく区別していることになります。これは本文中で説明した自己選択メカニズムの典型的な事例です。

のタイプの保険を選択するでしょう。そして、このような自己選択メカニズムによって、保険会社は被保険者のタイプに関する情報を獲得できます。それによって逆選択の問題もある程度、解消されることになります。

エイジェンシー関係とモラルハザード

　弁護士と依頼人の関係について考えてみてください。弁護士は依頼人のために働くわけですが、裁判などで依頼人の利益にかなうような仕事ができるかどうかは、弁護士がどの程度熱心に仕事を行なうかということに大きく依存します。時間をかけて調査をし、まじめに仕事をしてくれる弁護士に依頼をするほうが、裁判を有利な方向にもっていける可能性が高いでしょう。

　このような弁護士と依頼人の関係を、エイジェンシー関係（代理人関係）と呼びます。弁護士の立場にある人をエイジェント（代理人）、依頼人の立場にある人をプリンシパル（依頼人）と呼びます（以下ではエイジェント、プリンシパルという用語を用います）。

　エイジェントとプリンシパルの間では経済的取引が行なわれていますが、これまで議論してきたような単純な経済取引とはかなり大きなちがいがあります。それはエイジェントがどのような行動をとるか（弁護士の場合でいえば、どれだけ熱心に仕事をするか）ということが、プリンシパルの利益に大きくかかわってくるからです。

　現実の世界には、エイジェンシー関係にある取引の例は少なくありません。表7-3は、エイジェンシー関係の代表的な例をいくつかまとめたものです。

　労働者と経営者がエイジェンシー関係にあるというのはつぎのような理由によります。ある企業や工場がどれだけ効率的に運営されて利益をあげることができるかは、ひとえに労働者がどれだけまじめに働くかにかかっています。当然、プリンシパルである経営者の利益にも影響します。

　地主と農業労働者がエイジェンシー関係にあるというのは、農業労働者がどれだけまじめに農業労働に従事するか、あるいは肥料の使用などに関してどれだけ土地を大切にするかということが、その土地の収穫、ひいては地主の所得に大きく影響するからです。

　政策当局と民間企業、株主と経営者、銀行と融資先などの関係がエイジェンシー関係であるということについては、理解に苦しむ読者もいるかもしれませ

ん。しかし、これらにおいても他のケースと似通った関係が見られるのです。たとえば政策当局と民間企業の関係を見ると、政策当局が行なった政策がどの程度の成果をあげるかは、民間企業がどのような行動パターンをとるかに大きく依存します。政策決定主体と民間企業の関係はかなり複雑で、民間企業の行動パターンが政策の効果に大きな影響を及ぼします。

株主と経営者の関係について見ると、経営者がどれだけ株主の利益を考えた経営を行なうかが、株主にとって大きな関心事となります。現実の企業を見ると株主軽視の行動をとる企業が多くあるようですが、これは株主と経営者の間

---

column

歩合制：米国の百貨店の賃金体系

エイジェンシーの理論では、エイジェントが好ましい行動をとるような誘因を持ってもらうために、どのような契約形態がよいのかについていろいろな分析が行われています。その典型的な例としてよくとりあげられるのが、歩合制です。ようするに、エイジェントへの報酬を成功報酬にしようというものです。成功報酬にすることで、エイジェントもより強い労働意欲を持つことが期待されます。

米国では百貨店の店員でも、歩合制が導入されています。日本の百貨店の店員の給与は売上げに大きく左右されないようになっていますが、米国では店員の給与が売上げの一定割合という歩合制になっている百貨店があるのです。もっとも有名な例は、シアトルに本拠があるノードストロームという優良百貨店です。

私もあるとき、友人何人かとこの店に行ったことがあります。当時、靴などの革製品は米国のほうが安かったので、われわれは靴売り場に向かいました。そこにいた店員に声をかけ商品の説明を受けていたのです。ただ、われわれは5人ぐらいのグループでしたので、一人の店員では手が回らないようだったので、私は別の店員に声をかけて説明してもらおうとしました。ところが、われわれが最初に声をかけた店員が別の店員に向かって、「このお客は全部私の客だ」と大きな声で主張したのです。

結局、われわれは全員、その店員から靴を購入することになったのですが、後で計算してみると、われわれ5人の売上げだけで、この店員は一日の平均収入以上の歩合をもらっていることがわかりました。店頭で顧客に熱心に説明している理由がわかったような気がしました。

表7-3 さまざまなエイジェンシー関係

エイジェント	プリンシパル
弁護士	依頼人
労働者	経営者
民間企業	政策当局
経営者	株　主
融資先	銀　行
農業労働者	地　主
タクシー運転手	タクシー会社
小売業	メーカー
納税者	税務当局
被保険者	保険会社

この表に列挙したようなエイジェントとプリンシパルの関係は、共通の性質を持っている。エイジェントがどのような行動をとるかがプリンシパルの利害に大きく関わってくるのだ。そのため、両者の契約関係や取引関係にいろいろな工夫が見られることになる。

のエイジェンシー関係がうまくいっていないということです。

　エイジェントがプリンシパルの利益にかなうような行動をとらなかったり、あるいはそのような行動をとらないとプリンシパルが疑ってかかることで、エイジェントやプリンシパルは本来なら得られるかもしれない経済的利益を得られないことがあります。このような現象を、モラルハザードと呼びます。

　モラルハザードとは、もともと保険において見られる現象です。たとえば医療保険の場合でいえば、被保険者が保険に加入しているため、必要以上に医療機関を利用し、その結果保険料も高くなってしまうというような現象です。これは、被保険者がエイジェント、保険会社がプリンシパルの立場にある典型的なエイジェンシーの関係における問題です。経済学では、保険の場合に限らず、すべてのエイジェンシー関係において生じる問題を、モラルハザードと呼びます。

演習問題

1. 以下の文章の下線部分に適当な用語を入れなさい。
   (1) 売り手と買い手の間に不完全情報が存在するときには、市場取引が効率的に実現することはむずかしい。一方が他方の特性（品質や能力など）に関して不完全な情報しか持っていないために生じる問題を＿＿＿＿といい、一方の行為が他方の利害に影響を及ぼすにもかかわらず、そうした行為の内容が見えないときに起きる現象を＿＿＿＿という。
   (2) エイジェンシー関係とは、＿＿＿＿と呼ばれる主体の行為が、＿＿＿＿と呼ばれる依頼者の利害に影響を及ぼすような関係である。たとえば、地主と小作、株主と経営者、経営者と労働者などの関係で、前者を＿＿＿＿、後者を＿＿＿＿という。

2. ある人がコンビニエンス・ストアをやるため、本部とフランチャイズ契約を結んだとしよう。この人がこの商売のリスクの一部を本部に肩代わりしてもらうためには、どのような契約を結んだらよいだろうか。

3. 以下の設問に答えなさい。
   (1) 製品の品質に関して売り手と買い手の間に情報の非対称性があるとき、どのような問題が生じるのであろうか。簡単に説明しなさい。
   (2) エイジェンシー関係とはどのようなものであるのか。具体的な例をあげながら説明しなさい。
   (3) 本文でとりあげた以外に、現実の世界にどのようなシグナルの例があるだろうか。

4. 預金保険があると預金者と銀行の間にモラルハザードが生じるといわれる。そもそもモラルハザードとは一般的にどのような現象であるのか。それは、ここではどういう意味で使われているのか。

5. 本文中で教育がシグナルとして使われている例が説明されている。その例を使いながら、そもそもシグナルとは何か説明しなさい。そしてシグナルの別の例を一つあげなさい。

6. あるタクシー会社の賃金体系はリース制に近くなっており、別のタクシー会社は歩合制（売上げの一定割合の賃金）になっているのはなぜか。

7. 逆選択について、具体例を使いながら簡単に説明しなさい。

8: ゲームの理論入門

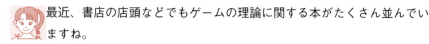

👧 最近、書店の店頭などでもゲームの理論に関する本がたくさん並んでいますね。

👨 そうですね。今や、ゲーム理論は経済学に限らず、いろいろな学問分野で使われるようになっています。10年後には、世界の主要な大学では、すべての学問分野の基礎としてゲーム理論が教えられるようになる、と書いている著名な学者もいるほどです。

👧 そういえば先日、書店で「ゲーム理論で勝つ経営」というタイトルの本を見つけました。ビジネスの世界などでもゲーム理論を使うのでしょうか。

👨 米国のビジネススクールなどでも、ゲーム理論的な考え方をきちんと教えて、それをビジネスの問題などにも応用しているようです。

👧 そもそもゲーム理論ってなんですか。

👨 経済学との関係でいえば、企業や消費者や政府などが、たがいに相互依存関係のなかで活動しているのが経済の基本です。そうした相互依存関係によって経済がどう動いていくのか、そのなかで企業や個人がどう行動するのか考えるための理論体系です。

もう少し具体的に説明していただけないでしょうか。

たとえば、トヨタとダイムラーベンツ、パナソニックとサムスンのように、グローバル市場で競争している企業の場合、相手がどのような手を打ってくるのか見ながら、あるいは予想しながら、自分の戦略を決めていきます。これなどまさにゲーム理論による分析が威力を発揮する分野です。

ゲーム理論ってむずかしそうですが、私たちはどう学べばよいのでしょうか。

この章に、ゲーム理論を分析するためのいくつかの重要な手法が出てきます。また、ゲーム理論に特有な用語が出てきます。それらに慣れることがまず必要でしょう。これから、いろいろなところでゲーム理論を使った分析にふれる機会があると思いますので、そうしたものを理解できるようなトレーニングと考えてください。

具体的にどのような用語があるのでしょうか。

そうですね、プレイヤー、戦略、利得、などのゲーム理論の用語だけでなく、関連した概念として、コミットメントやから脅しなど、なかなか意味の深い言葉が出てきます。プレイヤーや戦略という用語は、ゲーム理論がもともと、トランプなどのゲームの用語を借りて理論構築したことからきます。

もう一つ、ゲーム理論を分析するための手法とおっしゃったのですが、これはどのようなものでしょうか。

2章から4章では、需要曲線と供給曲線という手法を学んでもらいました。同じように、ここでは戦略の表やゲームの樹と呼ばれる分析手法を使って戦略について分析することを学んでもらいます。

なんだかむずかしそうですね。

そんなことはありません。この章では、ゲーム理論が持っている幅広い応用範囲を理解してもらうため、企業の競争だけでなく、マクロ経済政策から北朝鮮のミサイル戦略まで、幅広い例を使って直感的に理解できるように説明していますので、ご安心ください。

この章では、近年発展の著しいゲーム理論について、簡単な事例を使いながらその考え方を紹介します。この章で明らかにするように、ゲーム理論の応用例は多岐にわたります。市場で激しい競争を演じている企業行動、民間の反応を考慮に入れて政策決定を行なう政府や中央銀行の行動、取引所でのオークション（競売）のメカニズム、労働組合と経営者の間の労使交渉などなど、すべてゲーム理論を利用して分析することが可能です。この章の目的は、初学者の方々にゲーム理論とはどのようなものであるのか、そしてそれを利用して経済問題をどのように分析できるのか、ごく初歩的な説明をするところにあります。

I　囚人のディレンマ

ゲームの理論とは

　経済は、多数の経済主体（企業、消費者、政府など）が相互に依存しながら動いています。したがって、いかなる経済主体であっても、自分の意思だけですべてのことを決めることはできません。他の経済主体がどのような行動をとるのか、それが自分の経済利益にどのような影響を及ぼすのか、また自分のとった行動が他の経済主体にどのような影響を及ぼすのか、その影響が自分にどのようにはね返ってくるのかといったことが、重要な関心事項となります。ゲーム理論は、このような経済主体間の相互依存関係にかかわる問題を考えるのに有益な分析手法です。

　伝統的な経済理論は完全競争という枠組みを中心に考えることで、ゲーム理論的な世界にあまり大きな関心を示してきませんでした。多くの企業や消費者が参加する競争的な市場では、市場で成立している価格に注目して生産や消費の行動が決められます。個々の消費者や企業の行動に各自が配慮する必要はないのです。

　しかし、現実の経済現象には、こうした完全競争的な世界だけでは描写しきれない多くの問題があります。そうした問題のほうが多いといってもよいでしょう。たとえば、寡占的な産業では、個々の企業の行動の相互依存関係が非常に重要な問題として浮かび上がってきます。

　具体的な例として、自動車産業について考えてみましょう。トヨタ自動車

が、新製品の開発、その製品の価格づけ、そしてそのための販売戦略などを策定するとき、どのようなことを考えるのでしょうか。当然、トヨタのとった行動が、ライバル企業の行動にどのような影響を与えるのかといったことが、重要なポイントとなるはずです。

　トヨタが新しいタイプの自動車を発表すれば、ライバルのメーカーはそれに対抗する手を打ってくるでしょう。同種のタイプの車を開発してくるかもしれませんし、既存の車の価格を下げてくるかもしれません。あるいは、別のタイプの新車をぶつけてくるかもしれません。このようなライバルの行動は、当然、トヨタの売上げに影響を及ぼすでしょう。したがって、そのようなライバルの行動に対して、トヨタは新たな対応を迫られるでしょう。トヨタは、新製品を開発する時点で、このようなライバルの反応を織り込んで、行動計画を策定しているはずです。このように、寡占的な産業においては、ライバルの行動を読む、そしてそれを織り込んだ形で行動を決定していくということが日常的に行なわれています。

　ゲーム理論では、戦略的行動（strategic behavior）という考え方が頻繁に出てきます。戦略的行動とは、自分の行動が相手にどのような影響を及ぼすのかということを読みながら、自分の行動を決めることです。上でとりあげたトヨタの例は、戦略的な行動をとることが企業に要請される典型的なケースです。

　ゲーム理論が利用されるようになったのは、長い経済学の歴史のなかでは、比較的最近のことです。20世紀を代表する数学者であるフォン・ノイマンと、経済学者のモルゲンシュテルンという二人のヨーロッパ出身の研究者が、アメリカのプリンストン大学をベースに行なった研究成果が、1944年に出版された『ゲームの理論と経済行動』という書籍にまとめられました。これがその後のゲーム理論の発展のエポックとなりました。そして、そのプリンストン大学のジョン・ナッシュがナッシュ均衡という考え方を提起したことが、ゲーム理論の発展に大きく貢献したのです。

　もちろん、これ以前にも、ゲーム理論的な考え方はいろいろな形で見られました。19世紀のフランスの経済学者クールノーなどによって確立された寡占理論には、すでにゲーム理論的な考え方の萌芽が見られます。政治学の世界においても、国家間の対立と協調を分析するための考え方として、ゲーム理論的

な概念の利用がいたるところに見られます。

　ゲーム理論は、このように経済や政治のなかに見られる戦略的行動や相互依存関係を、数学という手法によって整理し発展させたものであると考えることができます。1970年代以降の経済学におけるゲーム理論の発展には目ざましいものがあり、現在多くの分野の先端的な研究は、ゲーム理論を抜きにして語ることができません。

　ゲーム理論は、きわめて抽象的な思考を要求する分野で、本書のような入門レベルの議論で取り扱うことは容易ではありません。しかし、経済学におけるゲーム理論的な考え方の重要性を考えると、この分野をまったく無視するわけにはいきません。本章では、詳細な理論的問題にはできるだけ踏み込まないで、ゲーム理論的な考え方を説明するとともに、ゲーム理論を用いた経済分析の例をいくつかとりあげます。

囚人のディレンマ

　図8-1は、ゲームの理論でもっともよく使われる囚人のディレンマと呼ばれる例です。囚人のディレンマ的な状況は、経済現象のなかに広く見られるものです。以下では、囚人のディレンマについて学ぶだけでなく、図8-1のようなゲーム理論を分析するための基本的な手法を習熟してもらいたいと思います。

　共犯の罪で逮捕された二人の犯罪者がいるとします。まだ証拠は不十分で現在きびしい取り調べを受けています。二人の犯罪者は、それぞれ別々に拘留されており、二人の間で相談をすることはできません。二人は、どのような罰を受けるのでしょうか。

　図には、四つのケースが示してあります。この二人の犯罪者を山田と加藤と

---

column

ジョン・ナッシュ

　ジョン・ナッシュ（John Forbes Nash：1928-2015）は、映画『ビューティフル・マインド』で主人公としても取り上げられた天才数学者です。ゲーム理論にナッシュ均衡という概念を導入して、その後のゲーム理論の発展の基礎を築きました。若くして精神的な病に陥り、苦しみますが、何十年もたってその病を克服し、ノーベル経済学賞を受賞しました。

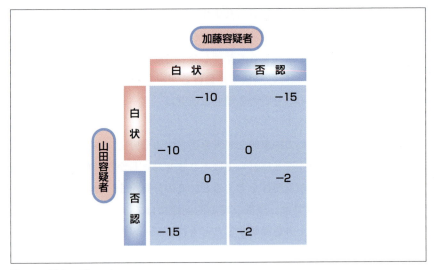

図 8-1 囚人のディレンマ
二人の容疑者のとる行動（戦略）と二人の利得の関係を示している。各セルの右上の数字が加藤の利得、左下の数字が山田の利得を示している。たとえば、山田が白状し、加藤が否認を通したとき（右上のセル）には、山田の利得は 0、加藤の利得は－15 となる。

呼びましょう。図の左側には山田の選択（戦略）が、上側には加藤の選択（戦略）が示してあります。両者とも、犯罪を白状するか、否認するかの選択しかありません。そして、二人の利得（取り調べや罰の負担を数値で示したもの）が、表のなかの数値で表わしてあります。左下の数値が山田の利得、右上の数値が加藤の利得を示しています。この利得の数値が大きいほど（マイナスが小さいほど）、その負担は小さいと考えてください。利得というのは聞き慣れない用語かもしれません。もともとは、トランプやチェスなどのゲームからきています。──＊　ここでは、二人にとっての結果の良し悪しを数値で示したものと考えればよいでしょう。

＊──確認：ゲーム理論で使ういくつかの基本用語
　プレイヤー：ゲームを行なっている人たち。状況によっては、企業、政府など、いろいろな主体がプレイヤーとなります。
　戦略：それぞれのプレイヤーがゲームのなかでとる行動（あるいは行動のルール）。戦略は一つの行為であるとは限らない。「雨が降ったらこの行動をとる」とか、あるいは「相手がこう出たら自分はこうする」といった、環境や相手の行動に依存して決

まる行動パターンをも含みます。

利得（ペイオフ）：各プレイヤーにとっての得失としての結果を示したもの。利得は、自らの戦略だけでなく、他のプレイヤーの戦略にも影響を受けます。

さて、図にもあるように、二人の犯罪者の利得は、二人がどのような態度で取り調べに応じるかによってちがってきます。それも自分の態度だけでなく、共犯者の態度にも依存するところが、ゲーム理論的現象の重要な特徴です。

二人の態度によって、四つの状況が出てきます。

①もし二人とも罪を否認すれば、証拠不十分で無罪になります。しかし、その場合にはかなり長期間拘留されて、きびしい取り調べを受けます。図の右下の欄は、この状況を表わしています。二人とも、利得は－2です。

②もし二人とも白状すれば、二人は有罪となります。有罪になればきびしい罰を受けるので、二人の利得は、ともに－10になります（－10という数値そのものはとくに意味がありませんが、①のケースに比べて2人の利得が小さいことが重要です）。図では、左上の欄がこの状況を表わしています。

③もし山田が否認をつづけているのに、加藤が白状してしまったら、白状した加藤は罪を許してもらえますが、否認した山田は②のケースより重い罰を受けるとします。したがってたとえば、山田の利得は－15、加藤の利得は0であるとします。図の左下の欄がこの状況に対応します。現代の社会において白状

---

column

ゲーム理論とゲーム

　ゲーム理論では、トランプゲームやチェスなど通常の意味での（娯楽）ゲームで使われる用語がそのまま利用されています。たとえば、「プレイヤー」という用語が使われますが、これはゲームを行なう人を指しています。また「利得」という用語は、通常のゲームでは勝ち点や損失額などを指していますが、ゲーム理論でも同様にプレイヤーの利益（損失）としてどれだけになるのかを示しています。もちろん個々のプレイヤーの利得は、その人のとった戦略だけでなく、他のプレイヤーのとった戦略にも影響を受けます。

　トランプやチェスなどのゲームも、ゲームの理論の分析枠組みで考察することができます。そうしたゲームの分析そのものが、数学的な意味でもゲームの理論の基礎の一つにあるといっても過言ではありません。

すれば無罪になるということはありませんが、ここではこの例のようであると考えてください。

④上のケースとは逆に、加藤が否認し、山田が白状すれば、状況はちょうど逆転します。図の右上の欄がこのケースに対応します。

さて、この取り調べの顛末はどうなるでしょうか。2人の容疑者は、それぞれ別々に拘留されていますので、共犯者がどのような行動に出るか考えながら自分の行動を選択するでしょう。山田の立場に立って考えてみましょう。

山田には、加藤が白状するかどうかわかりません。したがって、加藤が白状したらどうなるか、加藤が否認しつづけたらどうなるか、と両方のケースを考えるでしょう。

もし加藤が白状したとしたら、山田にとって否認をつづけることは意味がありません。山田が否認しつづければ、彼の利得は－15ですが、白状すれば－10になるからです。図では、これは左側の二つの欄の山田の利得の比較の問題になります。山田にとっては上のほうの利得が高いので、白状することを考えます。

では、加藤が否認をつづけるとしたら、山田はどうすべきでしょうか。実はこの場合にも、山田にとってみると、白状したほうが利得が高くなります。山田が白状すれば彼の利得は0、否認をつづければ利得は－2となるからです。図では、これは右側の二つの欄の比較になります。

さて、このケースは、山田にとって決断の比較的容易な状況となっています。加藤が白状する場合でも、否認をつづける場合でも、山田にとっては白状するほうが利得は高くなります。山田は、加藤がどういう行為に出るかわかりませんが、どちらにころんでも、白状したほうがよいと計算します。その結果、白状するという選択をするでしょう。

加藤の立場も、山田と同じです。加藤にとって、山田が白状するか否認をつづけるかはわかりませんが、どちらの場合にも、加藤にとっては白状するほうが利得が高くなります（この点を山田のケースにならって、図で確認してください）。

結局、このゲームでは、加藤も山田も白状してしまいます。その結果、二人の利得は－10になります。──*

*──確認：相手の行動を予想しながら自分の行動を決める囚人のディレンマ

二人の囚人はそれぞれ、相手がどのような行動を取るか考えながら、その場合に自分にとっていちばんよい行動は何かを決めます。たとえば、加藤のケースでは、

　山田が白状するなら→自分も白状したほうが得（損が少ない）
　山田が否認を通すなら→自分は白状したほうが得

と考えるはずです。結局、加藤は山田の行動いかんにかかわらず白状を選びます。これは山田も同じです。

囚人のディレンマの解釈

　以上で説明したことを念頭において、図をもう一度眺めると、つぎのようなことに気づくかもしれません。もし二人とも否認をつづければ−2の利得が得られるのに、なぜ二人とも白状してしまうのでしょうか。この点が、囚人のディレンマのディレンマたるゆえんです。

　二人で十分に話し合って、お互いを信頼して行動できるのであれば、二人とも否認をつづけるべきでしょう。しかし、別のところに拘留されて取り調べを受けるのでは、それぞれ利己的に行動せざるをえません。

　山田も加藤も、自分の利益のことは考えますが、相手への影響については考えません。その結果、二人の選択は自分にとって都合がよいと見えても、相手に対してそれ以上に悪い影響を及ぼしているのです。たとえば、山田が白状すれば、それは山田にとって少し利得を上げますが、それ以上の大きさで加藤の利得を下げてしまうのです。加藤の白状も、山田に同じような悪影響を及ぼす

---

column

囚人のディレンマ的な現象

　個々人が自分にとってよいと考えて行動したことが、互いに迷惑を及ぼして結局誰のためにもよくないという現象は、現実の社会にいろいろな例があります。たとえば、満員で湧きかえる甲子園球場の巨人阪神戦。同点で二死満塁のとき、試合をよく観ようとするなら立ったほうがよく見えます。でも、まわりの人が立ったら自分も立たないと見えない。結局、観客の多くが立って見るということになりかねません。みんなが座ったほうがよく見えるはずであるのに。

　高速道路の混雑も同じです。だれかが叫んだ。「だれの責任で道路が混雑しているのだ！」返ってきた声は、「あなたもその責任の一端である」。皆が特定の時間帯に高速道路を利用しようとするから、混雑が起きて、皆が迷惑することになるわけです。

			保護貿易	自由貿易
			軍備拡張	軍　縮
			価格競争	価格協調
保護貿易	軍備拡張	価格競争	2 2	0 10
自由貿易	軍　縮	価格協調	10 0	7 7

図 8-2　囚人のディレンマの類似例
　図 8-1 で示した囚人のディレンマは、さまざまな応用例に用いることができる。ここでは、価格競争か協調かの判断を迫られる企業、軍拡か軍縮かを迫られる国家、保護貿易か自由貿易かの選択に直面する政府という、三つのケースで囚人のディレンマが説明されている。

わけですから、結局、二人とも大きな利得の損失を被ることになります。
　ここで囚人のディレンマとしてとりあげた例と同じような状況は、ほかにもいろいろ考えることができます。「囚人のディレンマ」という呼称は、囚人のゲームだけでなく、図 8-2 のような類似のケースすべてに使われます。
　図 8-2 は、囚人のディレンマの例を三つまとめて示したものです。この図の各欄の数字は図 8-1 とは違うものですが、その性質は基本的には図 8-1 と変わりません。これは以下の説明で明らかになるでしょう（ここでの利得の数字の絶対値はそれほど大きな意味を持ちません。図 8-2 の 2 を 200 に、7 を 700 に、そして 10 を 1000 に読み換えても、以下の議論に変更はありません）。
　第一の例は、きびしい価格競争をしている二つの企業のケースです。一つの産業のなかに少数の企業しか存在しておらず、お互いの行動を読みながら競争を行なっている状況を寡占と呼びます。市場に 1 社しか供給者がいない独占と、多数の供給者がいる完全競争の中間的な状況です。競争関係にある二つの自動車メーカーを念頭に置いて議論してみましょう。二つの企業には、それぞ

れ価格を下げてきびしい価格競争を行なうということと、価格を高めに設定して価格協調をねらうということの、二つの選択があるとします。

　もし二つの企業がともに価格を低く設定したら、どちらの企業も低い利益しか得られません。図の左上の欄の2という利得は、このときの企業のそれぞれの利益を表わしています（商品が低価格になるので、消費者の利益は大きくなります）。これに対して、もし両方とも価格を高めに設定すれば、どちらの企業の利益も大きくなります。右下の欄の7という利得は、このときの両企業の利益を表わしています。

---

column

瀬戸際戦略

　北朝鮮（朝鮮民主主義人民共和国）の核開発やミサイル実験などは、北東アジア全体の安全保障問題に大きな脅威となっています。これは今後大きく展開する可能性がある問題ですので、本書のような教科書で分析するのに適当なテーマではありません。ただ、一連の報道の中で北朝鮮の行為としてしばしば言及される瀬戸際戦略（brinkmanship）という用語は国際関係問題のみならず、経済現象でもときどき話題になる考え方です。瀬戸際政策、あるいは瀬戸際外交というのは、自らの危険も顧みず状況を危機的な水準まで持ち込むことによって相手の譲歩を引き出そうとする政策です。

　瀬戸際外交を行なうことは、ゲーム理論的な表現を使えば、危機をあおるような行為にコミットすることで、相手側に譲歩せざるをえないような状況をつくっているのです。日米などにとっては譲歩しなければこの地域でたいへんなことが起こることを覚悟しなくてはいけません。

　ただ、こうした瀬戸際政策がつねにうまくいくとは限りません。とくに、危機的な状況にまでもっていくことは、為政者の意思とは別のところで起きた突発事故的な動きで破壊的な状況にまでいくこともあるからです。北朝鮮の為政者があくまでも脅しで核実験やミサイル実験を行なっていたとしても、国境などに駐留する兵士の間の突発的な戦闘行為によって戦争が止められない事態にまで発展することだってありえます。また、脅しのつもりでやっていたことが、結果的に相手側の非常に過激な行為を誘発することだってありえます。国際紛争問題がすべて合理的な行動のなかでコントロールされているわけではありませんので、瀬戸際外交は非常に危険な行為なのです。

もし一方の企業が価格を高めに設定しているとき、他方の企業が低い価格を設定したら、需要のかなりの部分が低い価格を設定した企業に向かうので、高い価格を設定した企業の利得は 0 という低い水準に、低い価格を設定した企業の利得は 10 という高いものになります。図の左下と右上の欄の利得は、この状況を表わしています。──*

*──確認：囚人のディレンマと優越戦略
　　図 8-1、図 8-2 の囚人のディレンマでは、それぞれのプレイヤーの戦略は、「優越戦略」と呼ばれる性質を持っています。たとえば、図 8-2 の企業間競争の例でいえば、相手がどちらの戦略をとろうと、価格競争を行なうのが当事者にとって望ましい戦略となっているのです。つまり、価格競争という戦略は、価格協調という戦略に比べて、相手の戦略いかんにかかわらず優越しているのです。しかし、すべてのゲームがこうした性質を持っているわけではありません。

　この図を図 8-1 と比べてみると、両者は基本的にはほとんど同じ構造であることがわかると思います。囚人のケースの「白状」という行為が、ここでの「価格競争」に対応し、「否認」という行為が「価格協調」に対応します。くわしい検討は読者にまかせたいと思いますが、囚人のケースと同じように、二つの企業は価格競争に走ることになります。価格協調をしたほうが両企業の利益が高くなるのですが、そのような協調は容易ではありません。このように寡占的な産業のなかで企業が結託して価格の引上げを狙う行為をカルテルと呼びます。この点については、後で議論します。
　二つ目の例は、軍備拡張レースです。冷戦時代のアメリカとソ連を考えてく

column
米ソ間のホットライン

　囚人のディレンマの重要な特徴は、それぞれのプレイヤーが相互に情報交換や意思の疎通ができないということです。社会主義国ソ連邦が核兵器をはじめとする強大な軍事力を保持した時代、米ソ間の軍拡競争の結果、核戦争という世界が破滅的危機に陥るような事態になることが強く懸念されていました。そこでそうした危機的事態を避けるため、米ソのトップを結んだ特別の電話（ホットライン）が設置されたのです。問題が起きたときこのホットラインを通じて危機を避けるというのです。ゲーム理論的な観点から見れば、米ソがそれぞれ勝手に行動して囚人のディレンマの状況に陥ることがないよう、意思疎通を図る必要があるということになるのです。

ださい。両国にとって、軍備拡大をするか、軍縮をするかの選択があるとします。両国が軍備拡大をすれば、両国の相対的軍事優位性は変わりませんが、軍備の経済的負担のため、利得は2という低い水準となります。これに対し、もし両国とも軍縮をすれば、相対的な軍事優位性は変わりませんが、軍備のための経済的負担が低下しますので、利得は7と高い水準になります。

もし一方が軍備縮小をしたとき、相手が軍備拡張すれば、軍備バランスが崩れます。そのときは、軍縮をした国は軍事優位性を失うために、利得が0という非常に低い水準になりますが、軍備拡大したほうは、利得を10まで高めることができます。この例を図8-1に対応させるなら、「軍拡」が「白状」に対応し、「軍縮」が「否認」に対応することは明らかでしょう。

さて、軍縮レースにおいても、他の例と同じように、ゲームの結果、各国は軍備拡張に走ることになります。ほんとうは、両国が同時に軍縮を行なえればよいわけですが、なかなかうまくいきません。ここでも囚人のディレンマが起こっています。

最後の例は、二つの国（たとえば日本とアメリカ）の貿易政策に関するゲームの例です。くわしい説明はしませんが、他のケースと同じですので、図8-2を見ながら、みなさんでストーリーを考えてください。

II　ジャンケン、チキンゲーム、そして異性間の軋轢

これまで説明してきた囚人のディレンマは、ゲーム理論のなかでもっとも重要で基本的なものです。図8-2を使って説明したように、囚人のディレンマはさまざまな現実世界の問題に応用できます。ただ、囚人のディレンマはあくまでもゲームの一つの例にすぎません。ゲームにもいろいろなパターンがあるということを理解してもらうため、この節ではいくつか他の例をあげてみたいと思います。

ジャンケン

まず、図8-3を見てください。これがジャンケンをゲームの形で表わしたものであることがわかるでしょうか。プレイヤーは二人（太郎と花子）です。二人がそれぞれとりうる手は、グー・チョキ・パーの三つしかありません。表に

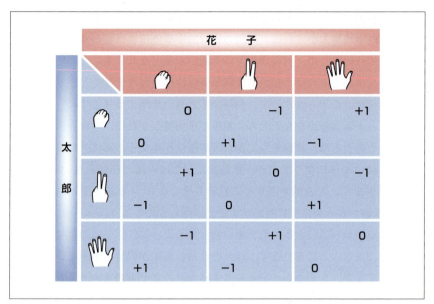

図 8-3 ジャンケンのゲーム
太郎と花子の二人にとって三つの手、グー・チョキ・パーがある。勝ったほうの利得は＋1、負けたほうの利得は－1、引き分けのときは利得が0になっている。

は、二人がとったそれぞれの手に対応する二人の利得が示されています。たとえば、太郎がグーを出し、花子がチョキを出した場合は、太郎の勝ちですので、太郎の利得は＋1、花子の利得は－1としてあります。他のケースも、勝ったほうの利得が＋1、負けたほうの利得が－1となっています。二人が引き分けの場合は、両者とも利得はゼロとしてあります。

もちろん、利得の数字の絶対的な大きさには重要な意味はありません。1のかわりに10であっても大きな違いはありません。ただ、ジャンケンの場合には、囚人のディレンマとは異なる特徴があります。それはジャンケンの場合には、一方が勝つときには必ず他方は負けるということです。このようなゲームをゼロサムゲームと呼びます。──＊　囚人のディレンマの場合には、両者が協調して否認を通せば両者の利益になるという意味で協調の可能性があります（この点については次節で説明します）。囚人のディレンマのようなケースをノンゼロサムゲームと呼びます。

＊──確認：ジャンケンはゼロサムゲーム

ジャンケンでは、どのようなケースでも二人の利得を足すと0になっています。ゼロサム（「足して0」ということ）の語源もここにあります。

　私たちが日ごろ行なうゲームにはゼロサムゲームが多くあります。チェス、将棋、野球などはすべてゼロサムゲームです。ただ、現実の世界で見られるゲームにはノンゼロサムゲームが少なくありません。企業間の競争、国家間の軋轢、政府と国民の間のゲームなど、この章のなかで出てくるゲームはすべてノンゼロサムゲームです。

　さて、ジャンケンのゲームですが、二人にとってそれぞれ最適な戦略はなんでしょうか。残念ながらジャンケンでもっともすぐれた手は簡単には見つかりません。ゲーム理論の突っ込んだ議論に入っていくことはできませんが、結論からいえば、グー・チョキ・パーをそれぞれ3分の1の確率で出していくことがそれぞれのプレイヤーにとって最適な戦略となるのです。

　ゲーム理論を大きく前進させる結果になったのが、ジョン・ナッシュの業績であると紹介しましたが、そのナッシュのもっとも重要な貢献が、ナッシュ均衡という考え方を考案したことです。すべてのプレイヤーの戦略が、それぞれ、相手のとった戦略に対してベストの戦略になっている状態を**ナッシュ均衡**といいます。ジャンケンの場合で言えば、相手が3分の1の確率でそれぞれの手を出してくるとき、こちらとしても同じ戦略でいく以上の利得を出せる戦略はないのです。それは相手にとっても同じことです。つまり両方が3分の1ずつ同じ手を出す戦略をとっているとき、ゲームはある種の均衡状態にあるわけですが、それをナッシュ均衡と呼びます。

　入門書では、ナッシュ均衡について詳しく説明することはむずかしいことです。ここで、ナッシュ均衡についてきちんと理解することを求めているわけでもありません。ただ、ジャンケンのケースで確認したいことが二つあります。

　(1) ゲームによっては、確率的に手を選ぶことが最適な戦略になることが少なくないということです。野球でも、キャッチャーとピッチャーが乱数表を用いて次に投げる球種やコースを決めることがあります。試験でも、学生に問題を読まれないよう、あらかじめ多めに問題をつくっておいてそこからランダムに選ぶというやり方をする先生がいるようです。

　(2) ナッシュ均衡のポイントは、それぞれの人が相手の戦略に対してベストな戦略を選んだ結果として実現するものであるということです。結果的には、

だれもそこから戦略を変える誘因がないことになり、ゲームがある種の均衡状態になるのです。

チキンゲーム

さて、むずかしい話はこれぐらいにして、もう少し他のゲームの例をあげてみましょう。図8-4に示したのは、チキンゲームとして知られているものです。映画のシーンなどによくありますが、二人の若者（太郎と次郎）が度胸を競うため、埠頭を海にめがけてオートバイを走らせます。そのまま走りつづければ二人とも海に落ちてしまいますが、勝負はどちらが先にオートバイを減速するかにあります。早く減速したほうがチキン（臆病者）となるのです。

もう少し一般的な例としては、細い路地を反対方向から車がやってくる。速いスピードであるとすれちがうのがむずかしく事故になる可能性が高い。ただ、どちらが減速して道路の端に寄せれば2台はすれちがうことができるとします。

さて、どちらの場合も、二人とも減速すれば、だれも事故に合わないので利得は両者とも3となっています。もし二人とも加速すれば、事故になる可能性が高いので二人の利得はともに－1となります。一方が加速し他方が減速すれば事故は起きませんが、減速したほうがチキンゲームに負けることになりますので、利得は0、減速をしなかったほうはチキンゲームに勝ったのですから利得は4となります。

さて、このゲームではどのように行動するのがベストな戦略なのでしょうか。実は、このゲームにはいくつも均衡（ナッシュ均衡）があります。もし太郎が加速という強気の戦略をとったら、次郎にとっては減速という弱気の戦略をとることが最適の戦略となります。太郎が加速をとるとき、次郎も加速したら、次郎にとってはろくな結果にならないからです。一方の太郎にとっても、次郎が減速するとわかっていれば、加速するのがベストの戦略になります。つまり、（太郎＝加速、次郎＝減速）というのが、上で述べたナッシュ均衡になるのです。

ただ、このゲームの複雑なところは、太郎と次郎をひっくりかえした戦略のペア、つまり（太郎＝減速、次郎＝加速）というのもナッシュ均衡になるということです。つまり、このゲームでは、少なくとも二つの均衡があり、どちら

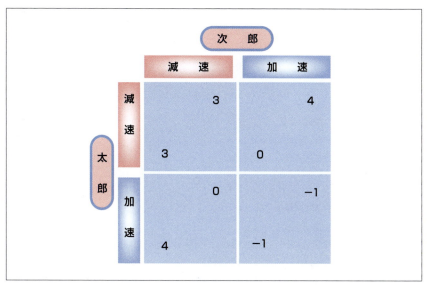

図 8-4　チキンゲーム
減速か加速かという選択を二人とも持っている。二人とも減速すれば事故はないので両者の利得はともに 3、相手が自分よりも先に減速すれば、減速したほうが負けなので利得は 0、減速しなかったほうの利得は 4 となる。両方とも減速しないと事故となり、両者の利得はともに −1 となる。

になるのかで立場が大きく異なるということです。

　現実の世界では、この図の例にいろいろな要素が加わるでしょう。埠頭で度胸だめしをする二人でも、その性格、風貌、過去の戦歴などにちがいがあり、それが戦略に影響を及ぼすかもしれません。あるいは道路で対抗する二つの車でも、一方は高級車、他方はぼろぼろの車かもしれません。そうした多様な要素を入れて考えれば話は複雑になるばかりですが、ここで図に示したような単純な例でもかなり多様な結果が出てきうるのです。

バトル・オブ・セックス

　チキンゲームは、勝負・衝突という性格が強いのですが、もう少し協調・協力の要素があるゲームの例を紹介しましょう。図 8-5 に示した「バトル・オブ・セックス」というゲームです。「異性間の軋轢（あつれき）」とでも訳したらよいのでしょうか。このゲームは男女のペア（太郎と花子）の話です。

　二人は今日の夕方デートをする予定です。行先の候補は二つあり、ボクシン

		花子	
		ボクシング	ミュージカル
太郎	ボクシング	1 2	0 0
	ミュージカル	0 0	2 1

図8-5 バトル・オブ・セックス（異性間の軋轢）
二人は同じ場所にいたいと考えている。ただ、男性の太郎はボクシングがよく、女性の花子はミュージカルがよいと考えている。

グのゲームか、ミュージカルのショーです。太郎はボクシングのほうが好きですが、花子はミュージカルに行きたいと考えています。ただ、二人にとって一番避けたいのは、デートが成立しないことです。

　利得を見てください。二人が別々の所に行くことは二人にとってよいことではありませんので、利得は両者にとって0となっています。二人がボクシングに一緒に行けば、太郎は楽しいので利得は2、花子はボクシングを楽しめないものの太郎と一緒にいれるのがうれしいので利得は1となります。逆にミュージカルに行った場合は、攻守逆になり、太郎の利得は1、花子の利得は2となります。

　このゲームがチキンゲームと違うのは、二人にとって何らかの協調のメリットがあるということです。さて、ボクシングかミュージカルのどちらにするか決めないまま別れた二人は、夕方どこへ行くでしょうか。この場合にも、少なくとも二つの均衡があります。一つは二人ともボクシングに行くという均衡、そしてもう一つは二人ともミュージカルに行くという均衡です。もし太郎がボクシングに行くと決めれば花子にとってもボクシングのほうがミュージカルよりよい選択になりますし、花子がボクシングに行くなら太郎にとってもボクシ

ングが最適の選択になります。一方、太郎がミュージカルに行くなら、花子にとってもミュージカルに行くのが最適の選択になりますし、花子がミュージカルに行くなら太郎にとってもミュージカルに行くのが最適の選択になります。

ミュージカルとボクシングのどちらを選ぶのかということは、このゲームのなかからは一概には決まりません。もちろん、現実の世界では、さまざまな要

column 生物学、進化論、そしてゲーム理論

　ゲーム理論は、経済学以外のさまざまな分野で幅広く利用されています。生物学などもそうした分野の一つです。生物の進化の動きを見るうえでゲーム理論が有効な働きをするのです。

　たとえば、ある草原に多くのハトがいたとします。ハトはみんなで仲良く住んでいるし、草原に餌もたくさんありました。今、そこに突然、何羽かのタカが来ました。タカはハトを襲い食べてしまいます。次第にハトの集団は駆逐されてしまいました。ハトはタカの集団に弱いのです。では、タカの集団はその草原で繁栄できたのでしょうか。もちろん、だめです。餌となるハトがいなくなれば、タカの集団も生き残ることができないのです。

　これは単純な例ですが、自然界では、変化する環境のなかでつねに淘汰が起きているのです。温度の変化、敵の襲来、水の流れの変化、仲間の繁栄などです。結局、そうした変化のなかで、環境にもっともあった遺伝子を持った種族が生き残ることになります。この遺伝子が、ゲーム理論でいうところの戦略になるのです。多くの生物は意識して合理的な戦略をとっているわけではありませんが、生まれながらにして遺伝子によって決められている体質や行動特性が、たまたま周囲の環境にあった特性を持っていたとき、それがすぐれた戦略になっているのです。

　ハトは仲間やその他の非攻撃的な動物のなかにいるときには、その非攻撃性が優れた戦略となるのです。都市の神社などに多くのハトが生息するのは非攻撃的な人間との共存なのです。タカの戦略（特性）は、ハトのような餌の存在があって、はじめて優れた戦略となります。タカだけでは、生き残ることができないのです。

　自然界では、遺伝子の突然変異なども織り込みながら、実に多様な生物が多様な戦略（特性）を持っており、そうしたなかでさまざまな生物が共存しています。ただ、そうしたなかで淘汰された生物も少なくありません。自然界では、まさに壮大なゲームが行なわれているのです。

素が関与してきます。たとえば、前回二人がボクシングに行ったので、今回は自然にミュージカルが選ばれるということがあるかもしれません。あるいは、太郎は少し前に花子にひどいことを言ってしまったという負い目があるために、今回は花子の行きたいミュージカルに行くということもあるかもしれません。もちろん、こうした要素は図8-5のゲームの要素のなかには入っていません。バトル・オブ・セックスのゲームもチキンゲームも、あくまでも問題の本質をえぐりだす非常に単純化したゲームであるからです。

以上、三つの非常に単純なゲームの例を検討してきました。囚人のディレンマ以外にもいろいろなタイプのゲームがあることがわかったと思います。また、それぞれのゲームには異なったパターンの相互依存関係が潜んでおり、それを探っていくことでいろいろな興味深い現象が明らかになります。ここではそうした掘り下げた議論をすることはできませんが、ゲームにはいろいろなタイプのものがあることを知ってもらえればそれで十分です。

III 協調のメカニズム

囚人のディレンマと協調行為

囚人のディレンマの例に戻って、もう少し話を進めてみたいと思います。現実の世界では、囚人のディレンマの問題が回避されていることが少なくありません。共犯者は、つねに犯罪を白状するわけではなく、示し合わせて否認をつづけることも少なくありません。競争関係にある企業でも、しばしばカルテルを結び、社会的批判を浴びています。軍備拡張をつづけてきた二つの国家も、軍縮に向けて歩み寄りをはじめることもあります。

図8-1や図8-2から明らかなように、囚人のディレンマに陥っている企業や経済主体は、なんとかそこから抜け出し、協調を実現しようとする誘因を強く持っています。囚人の例であれば、お互いにあらかじめ打ち合わせをして、否認をつづけるように示し合わせようとするでしょう。競争関係にある企業であれば、ひそかに会合を重ねて、カルテルを維持し、価格引下げ競争を回避しようとするでしょう。アメリカとソ連（現ロシアなど）は、軍縮を実現するために、政府の首脳間で頻繁に会合を重ねてきました。

囚人のディレンマの重要な特徴は、お互いに意思の疎通を図らなければ、協

調を実現することがむずかしいということにあります。したがって、意思の疎通を図ることで互いを信じて行動することができるような状況にあるほど、囚人のディレンマを脱して、協調が実現されることになります。

協調はどのようなメカニズムで生み出され維持されるのかという問題は、経済学にとっては、きわめて重要なものです。寡占的な産業で企業が結託をして価格の引上げを狙う行為をカルテルといいますが、このカルテルの発生やその維持のメカニズムを明らかにすることは、独占禁止法にかかわる政策を行なううえで必須のものであると考えられます。ゲームの理論は、協調の発生メカニズムを説明するうえで、きわめて有益な考え方を提示しています。以下で説明する継続的なゲームの考え方です。

---

column

談合

協調はよいことのように思えますが、企業が競争をしないで協調をすることは社会的に好ましいことではありません。価格が高くなって利用者のコスト負担が大きくなるからです。一般に企業が協調して価格をつりあげたり、競争を避けようとする行為をカルテルといいます。カルテルの一つの例として、談合があります。

公共工事などでは、競争入札によってもっとも安いコストを提示した企業に工事を発注する制度になっています。ただ、こうした公共工事の入札に参加する企業は、その多くの企業が同じ業界で互いに顔見知りであるので、こっそりと相談してあまり低いコストで入札しないように示し合わせることがあります。これが談合です。談合のやり方にはいろいろな方法がありますが、あらかじめ次はだれが入札に勝つようにするか決めておき、他の業者は高めの入札コストを出すのです。そうすれば、入札した業者は比較的高いコストでその工事の仕事を取ることができるのです。そしてつぎの回の入札では、ほかの業者にその順番が回るというように、業者間で調整をするのです。

談合は、結果的に公共工事の費用を上げることになりますので、納税者の負担を上げる結果になります。公正取引委員会という政府の組織はこうした反社会的な行為を摘発しています。

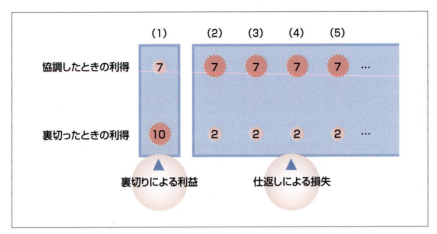

図8-6 協調のメカニズム
裏切ると一時的には10という高い利得が得られるが、そのあとは相手の報復が続いて2の利得しか得られない。協調を続けていれば、7という利得をずっと確保できる。相手の報復の可能性を考えると、協調をつづけたほうがよいかもしれない。

継続的なゲームと協調の発生

　ここでは、図8-2に示した、競合関係にある二つの企業の価格競争の例を用いて説明します（他のケースでも同じ議論ができることはいうまでもありません）。現実の経済では、企業間の競争は、1回だけ行なわれるわけではありません。企業は倒産するまで活動をつづけるので、企業間の価格競争も、繰り返し行なわれることになります。ゲーム理論では、これは繰り返しゲームとして分析されます。図8-2にあるようなゲームを何度も繰り返し行なうと考えればよいわけです。

　ゲームが1回だけ行なわれるのと、繰り返し行なわれるのでは、大きなちがいがあります。繰り返しゲームが行なわれる場合には、相手がいうことをきかなかったら、それに対して後で仕返しするということが可能となります。また、そのような仕返しを恐れて、各経済主体は協調を維持する誘因を持ちます。

　図8-6は、図8-2の価格競争のゲームにおける協調のメカニズムを説明するためのものです。相手が裏切ったら必ず仕返しをするという態度は、「目には目を、歯には歯を」という言葉で連想されるような行動で表わすことができます。ここでは、この行動はつぎのようにまとめることができます。

　この立場をとる企業は、まず協調的な行動に出ます。ここでの例でいえば、

価格競争を避けて高い価格を設定します。そして相手が同じように高い価格をつけている（つまり協調的な行動をとっている）限りは、自分も価格を引き下げるようなことはしません。しかし、いったん相手が裏切って価格を下げてきたら、自分もそれに対する報復として価格を下げ、二度と協調的な行動はとらないとします。つまり、ずっと低い価格をつけつづけるのです。

図8-6は、相手の企業がこのような「目には目を、歯には歯を」という態度をとっているとき、もう一つの企業が協調行動をとる場合と、相手を裏切って低い価格をつける場合の、利得の動きを比べたものです。もしこの企業が高い価格をつけるという協調的な態度をとりつづけるなら、相手からの仕返しもないわけですので、7という高い利益をずっと享受できます。図8-6の上のケースはこれを示したものです。

これに対し、もしいったん裏切って低価格をつければ、そのときは相手を出し抜くことができます。つまり、10という高い利得を獲得できるのです。しかし、それ以降は相手の仕返しにあって、2という利得しか獲得できません。下のケースはこれを示しています。

この企業は、協調をつづけるでしょうか。それとも、あえて相手を裏切るような行為に出るのでしょうか。一般的なことはなにもいえませんが、図8-6を見る限り、将来の協調のメリットを失ってまで、一度の利益のために裏切りを

> **column**
>
> ## 日本的取引慣行
>
> 継続的な取引がつづくと、そこに協調的な関係が生まれてくるという現象の一つの典型的な事例が、戦後日本経済を支えた日本的な取引慣行です。労働市場での終身雇用制、金融市場でのメインバンク制、自動車や家電などで見られる下請制度、流通市場で見られる小売・卸とメーカーの間の取引関係などに、継続的な取引のもとでの協調関係が観察されるのです。
>
> たとえば、終身雇用であれば、一生その会社に勤めるわけですので、労働者と会社の間の関係は長期継続的になります。そのような雇用関係のもとでは、労働者の会社への忠誠度は高くなるだろうと考えられます。会社も短期的な利益のために労働者を裏切るようなことはしません。もっとも、社会の変化によって、最近はこうした日本的な取引関係にも変化が見られるようです。

働くことはないという見方ができるのではないでしょうか。継続的なゲーム（繰り返しゲーム）で協調が発生しやすいというのも、このようなメカニズムが働くからです。

　日常の生活体験から、私たちはみな、つきあいが長くなるほど協調関係を結びやすくなるということを感じているはずです。1回きりのつきあいの人には将来のことをあまり考えずに接しますが、これからも長くつきあう人の場合には、将来のことを考えた接し方をするものです。

　日本の企業間ではカルテルが結ばれやすいのに、海外の企業とはどうしても価格競争が激しくなりやすいという傾向があるとしたら、それは日本企業の間では、継続的なゲームのメカニズムが強く働いているからでしょう。

　R. アクセルロッドは、その著書『つきあい方の科学』（ミネルヴァ書房）のなかで、継続的な関係にともなう協調のメカニズムについて興味深い分析をしています。なかでもとくにおもしろいのは、第一次世界大戦中ヨーロッパで対峙したドイツ軍とイギリス軍の兵士の日記を分析したところです。この戦争の特徴は、比較的長期間にわたって、敵同士が向かいあって戦争をつづけていたということです。その意味で継続的なゲームが行なわれていました。

　敵同士ですから、互いに相手への同情など持つはずがありません。しかし、戦場のあちこちで協調とも思われるような現象が見られたようです。ある兵士は日記に、「自分たちが攻撃してドイツ兵士を5人殺せば、ドイツ軍も攻撃をしかけてきてこちらも5人殺されるであろう。そのような報復を考えたら、積極的に攻撃する気にはなれない」と書いています。ここで述べられていることは、まさにいま説明した継続的なゲームでの協調のメカニズムにほかなりません。

Ⅳ　経済政策とゲームの理論：ルールか裁量か

金融政策のあり方に関する論争

　中央銀行が行なう金融政策の主たる目標は何でしょうか。経済が大きく揺れる時期には、この点について論争になることが少なくありません。

　1970年代の前半、日本は激しいインフレに見舞われました。1973年には消費者物価は23.2%も上昇したのです。こうした異常な事態を受けて、一部の経

済学者は日本銀行がマネーストックを増やしたことにその原因があると指摘しました（マネーストックについては第11章でくわしく説明します）。それに対して、当時の日本銀行の一部のエコノミストは次のように反論しました。投資ブームなどによって金融機関の融資は膨れあがっていた。そのような状況で日銀が信用供与を増やさなかったら、資金需給が逼迫して金融が大混乱をきたすことになっただろう。マネーストックが増えたことは仕方のないことだったのだ、というのです。

この論争の背景には、金融政策のあるべき姿について重要な思想の違いがあるようです。日本銀行の立場を擁護するなら、「経済の状況に応じて金融政策を調整すべき」ということになるでしょうし、貨幣供給の過度な増加を批判した経済学者の立場から言えば、「経済に大きな変動が起きないようにマネーストックにぶれがないようにするのが金融政策運営の基本である」ということになります。

こうした論争は、「ルールか裁量か」というマクロ経済学の重要な論争にかかわってきます。この点については後でもう少しくわしく説明しますが、金融政策のあるべき姿については、最近にいたるまでいろいろな形で論議が行なわれています。たとえば、90年代後半からのデフレに直面して、日本はインフレ・ターゲッティング政策をとるべきか否かという論議が盛んに行なわれました。

インフレ・ターゲッティング政策とは、一定幅のインフレ目標をあらかじめ設定して、それをできるだけ達成するような金融政策をとることをいいます。すでに英国など一部の国ではこうした政策をとっていますが、日本ではインフレ・ターゲッティングを採用していませんでした。経済状況を見ながら金利やマネーストックを調整する政策をつづけていたのです。ただ、2013年からはインフレ・ターゲッティングを採用しています。

ここでは金融政策のあるべき姿を論じるつもりはありません。ただ、こうしたマクロ経済政策のあるべき姿を考えるうえでもゲーム理論の考え方が役に立つことを明らかにしていきたいと思います。そのためにゲーム理論の分析でよく用いる「ゲームの樹」を使って考察を進めていくことにします。

ゲームの樹による表現

上で述べたことは、図8-7にまとめることができます。このような図はゲー

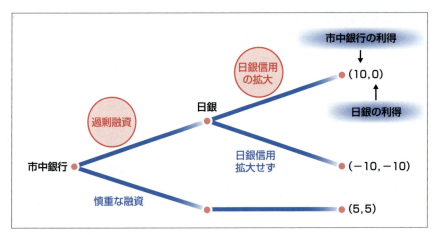

図 8-7　金融政策のゲームの樹
市中銀行と日銀がゲームをしている。市中銀行は自分が過剰融資しても、いざとなれば日銀信用を拡大してくれると読んでいるので、安心して過剰融資をすることになる。図では、信用拡大策を日銀がとると市中銀行は読み切っている。

ムの樹と呼ばれるもので、図 8-1 と同じく、ゲーム理論の分析を行なうにあたって有益な分析手法です。

この図の左端の点に市中銀行とあり、そこから過剰融資と慎重な融資という線が出ています。これは、市中銀行のとりうる行動として、この二つがあるということです（話を単純化するために、市中銀行がとりうる行動は二種類しかないとします）。

さて市中銀行が行動すると、その後に日銀の行動の順番になります。たとえば、市中銀行が無謀な融資（土地融資など利潤動機にもとづいた貸出し拡大）をしたとき、日銀のとる選択は二つあるとします。一つは、そのような融資拡大によって増加する日銀信用への需要拡大に応えて、日銀信用を拡大するという行動であり、もう一つは民間の融資の増大にもかかわらず、日銀信用を拡大しないという立場です。図では、上方にある日銀という点からの 2 本の線によって示されています。

図の下方にあるもう一つの日銀という点は、市中銀行が慎重な融資態度をとったときの日銀の行動で、この場合には日銀は特別なことをする理由はないので、記述の入っていない線を描いてあります。

図の右に記してある数値が、市中銀行の利得（左側の数値）と、日銀の利得

（右側の数値）です。市中銀行の利得とは、利益を表わしたものと考えればよいでしょう。これに対し、日本銀行の利得は、日本全体の経済厚生の水準を反映したものであると考えてください。日本銀行は公的な機関ですので、その利得は日本全体の利益を反映したものと考えるわけです。

市中銀行が過剰融資をし、それに対して日銀が信用拡大をすれば、市中銀行の利益はきわめて大きくなるでしょう。それが10という利得に反映されています。この状況では、国内にインフレが発生しますので、日銀の利得はゼロとなっています。

市中銀行が過剰融資をしたとき、日銀が日銀信用を拡大しないと、金融に混乱が起こります。このときには、市中銀行の利得も日銀の利得も、−10という非常に低い水準になります。市中銀行は利益を減らすでしょうし、日銀も金融市場の混乱は好ましいと考えていないからです。

市中銀行が慎重な融資態度をとっているときには、市中銀行の利得は5という中間の値になります。日銀にとってはこれがいちばんよい状態であるので、利得は5となっています。

さて、このゲームは、最終的にはどの状況に落ち着くのでしょうか。ゲーム理論における重要な考え方は、「相手の立場に立って考える」──＊　という視点です。市中銀行が最終的にどのような利得を獲得するかは、自分がどのような融資態度をとるかということだけではなく、それに対して日銀がどのような政策をとってくるかということに大きく依存します。したがって、過剰融資をするのか、それとも慎重な融資行動をとるのかは、日銀がどのように反応してくるのかを読みながら決定されるわけです。

＊──**確認：相手の立場に立って考える**
> 図8-7のポイントは、市中銀行が日本銀行の立場に立って合理的な行動を考え、それで日本銀行の行動を予想していることです。具体的には、自分が過剰融資したとき、日本銀行は日銀信用を拡大してくれるかどうかという点です。市中銀行が過剰融資した場合は日銀信用を拡大することが日本銀行にとって合理的な行動となります。市中銀行はこうした日本銀行の行動パターンを読み切っているので、安心して過剰融資に走ることになるのです。もちろん、これは日本銀行の望むことではありませんが。

市中銀行はつぎのように考えるでしょう。かりに過剰融資をしたら、日銀は信用を拡大してくれるだろうか。日銀の立場に立って考えれば、市中銀行が融資を拡大してしまったら、日銀信用を拡大しなければたいへんなことになります。したがって、図8-7の右上（過剰融資の線）に行ってしまったら、日銀は

信用を拡大せざるをえません。市中銀行はこのような日銀の「弱み」につけ込んで、過剰融資をする結果となります。その結果、過剰融資とそれに伴うインフレとなってしまうのです。

ルールか裁量か：経済政策の機能とは

しかし、以上で議論したことを、図8-8のように、状況をもう少し広い視野から見ると、その意味するところも相当ちがってきます。図8-8を図8-7と比べるとわかるように、図8-8の赤色で囲った部分が、図8-7に対応しています。

図8-8が明らかにしていることは、日本銀行が、民間の融資行動に先だってできることがあるということです。ここでは議論の単純化のために、二つの選択が示してあります。一つがケインジアンと記した線、もう一つがマネタリストと記した線であり、それぞれいちばん左の点から出ています。これは、日銀としてあらかじめ政策のスタンスを決めることができるということです。

ここでケインジアンと記したのは（これをケインジアンと呼ぶことに関しては異論のある経済学者が多いと思いますが）、政策の目的が裁量政策ないしファイン・チューニングにあるという立場です。すなわち、金融政策の目的は、その場その場の経済の状況に応じて、もっとも望ましいと考えられる方向に経済を引っ張っていくことだとする立場です。

これに対し、$k\%$ルールないしマネタリストと記したのは、ルール主義という金融政策に対する考え方です。マネタリストであるフリードマンは、望ま

---

column

ミルトン・フリードマン

ミルトン・フリードマン（1912-2006）は、自由主義的なシカゴ学派の重鎮として、幅広い分野で多くの研究成果をあげるだけでなく、評論活動などを通じて自由主義的な経済政策に強い影響を及ぼした経済学者です（1976年にノーベル経済学賞を受賞）。フリードマンは若いときから貨幣数量説を主張し金融政策のあるべき姿を論じてきましたが、それは金融政策を裁量的に利用しようとするケインジアンの考え方とは相いれないものでした。フリードマンのマクロ経済政策の考え方は、若いころはアメリカの経済学会で少数派でしたが、次第にケインジアンを圧倒するような影響力を持つようになりました。

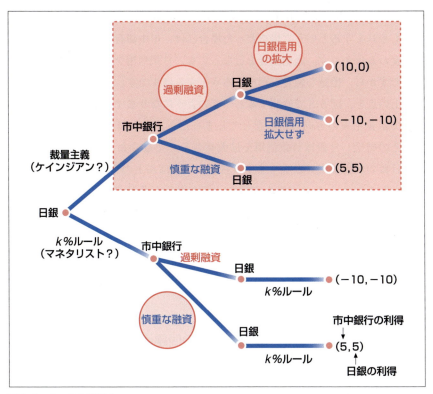

図 8-8 ルールか裁量か
日銀が裁量的な姿勢をとれば、いざとなれば日銀信用を拡大してくれると、市中銀行に読み切られてしまう。日銀が k% ルールを堅持し、どんな場合でも貨幣供給量を一定の比率で成長させると考えれば、市中銀行も過剰融資はできなくなる。これは日銀にとっても好ましいことだ。

しい金融政策とはマネーストックを安定化することに努めることであり、経済の状況に応じて金融を緩めたり引き締めたりしてはならないと主張しました。そのための方法として、経済の実質的な成長率に等しい率でマネーストックを成長させる（これが k% であるとします）ことが望ましいというのです。多少極端な言い方をすれば、実体経済のマネーストックがつねにモニターされていて、それが k% の成長率からはずれるようであったら、それを機械的に修正するというメカニズムを考えればよいでしょう。

　図 8-8 に示したことは、中央銀行がどちらの立場をとるかによって、金融政策の意味が大きく異なるということです。もし裁量主義の立場をとるなら、図

8-7で説明した状況に戻ります。これに対し、k％ルールを宣言し、何が起こってもそれを守るという立場をとった場合には、市中銀行の行動パターンも大きく変わるはずです。過剰融資を行なっても、日銀信用を拡大してもらえないわけですから、慎重な融資行動をとろうとするはずです。

　以上の点を、図8-8で確認するとつぎのようになります。もし、日銀が左端の点で裁量主義の方向の選択をしてしまったら、市中銀行は過剰融資を選択し、その結果、日銀は日銀信用を拡大せざるをえなくなります。その場合には、日銀の利得はゼロとなります（右端のいちばん上のケース）。これに対して、もしk％ルールの立場を宣言し、市中銀行もそれを信じるのであれば、左端の点から下の方向に行き、市中銀行は慎重な融資態度をとらざるをえなくなります。その結果、日銀の利得は5となります。この場合明らかに、日銀はk％ルールをとるべきであることになります。——＊

＊——確認：コミットメントは、自らの行動を縛ることで相手の行動に影響を及ぼす

　図8-8では、日本銀行はk％ルール（何があってもマネーサプライがk％で増えるよ

> **column**
>
> ## 中小企業支援策の問題点
>
> 　景気が悪くなると中小企業の悲鳴の声が聞こえてきます。過剰な設備を抱えた中小企業はそのコスト負担に耐えられず政府に支援を求めるのです。政府としても、中小企業が次々に倒産するのは避けたいので、いろいろな形の支援策を講じることになります。ただ、そうした中小企業支援策が本当に社会的に好ましいものであるのかは、議論の分かれるところです。
>
> 　いざとなったら政府がなんとかしてくれるかもしれないという期待が、中小企業にリスクを十分に考えない無謀な投資をさせる可能性があるからです。もし、何が起きても絶対に助けてもらえないなら、中小企業は投資にもっとずっと慎重になるでしょう。投資に慎重になれば、景気が悪くなっても倒産する企業は少なくなるはずです。その結果、政府が中小企業に支援をしなくてもすむかもしれません。
>
> 　安易に中小企業を支援するという姿勢をとりつづけるのは、結果的に中小企業の甘えを生んでしまうかもしれません。本文中で説明した金融政策の事例と同じように、何があっても支援はしないということにコミットすることが、結果的にはいちばん有効な中小企業強化策であるかもしれません。

うな金融政策を固持する）にコミットすることで、市中銀行の慎重な融資という行動を引き出すことができます。市中銀行は、自分が過剰融資をしてもいざとなれば日本銀行が助けてくれるという期待が持てないので、仕方なく慎重な融資をしようとします。これは日本銀行にとっては好ましい結果になります。

　念のために注意しておきますが、図8-8は単純な例ですので、現実のマクロ経済政策の運営に関して、マネタリストのほうがケインジアンよりつねに正しいといっているわけではありません。ただ、この例は経済政策の考え方について重要な示唆を与えています。

　裁量主義の立場によると、現実の動きに応じて経済をより望ましい方向にもっていこうというのが経済政策の主要な機能であることになります。マクロ経済政策の例でいえば、景気などに対して手を打っていくことがその主要な課題となるわけです。

　これに対してルール主義の立場によれば、政府がどのようなスタンスで政策を運営するかということそのものが、民間経済主体の行動のあり方に大きな影響を及ぼすことになります。したがって、経済政策のもっとも重要な課題は、民間の行動パターンをより望ましい方向にもっていくように政策ルールを策定するということになるわけです。

　ここの例でいえば、マネーストックを調整することで景気や金融を安定化させようとするのが裁量主義の立場であり、なにがなんでもマネーストックを安定化することが k ％ルールの立場ということになります。それによって、市中銀行としても過剰な融資に走りにくくなるだろうと考えるわけです。

V　参入阻止行動：から脅しとコミットメント

から脅しは通用しない

　以上で説明したゲームの樹による戦略的行動は、寡占的産業における戦略的行動としてしばしば問題になる参入阻止行動の分析にも応用できます。図8-7の名称と利得だけを置き換えた図8-9を利用して参入阻止行動について考えてみましょう。

　図8-7と図8-9を比べるとわかるように、先の例で「市中銀行」とあったのが「イオン」にかわり、先の例で「日銀」とあったのが「ヨーカ堂」となっています。それぞれの行動についても、新しい図では修正がなされています。

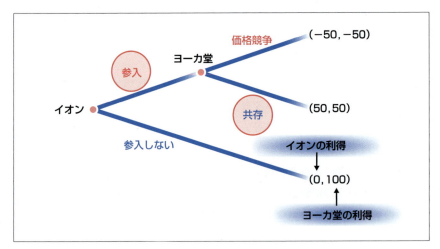

図 8-9　イオンは参入するか
図 8-7 との類似性に注目してほしい。イオンが参入すれば、ヨーカ堂は共存せざるを得ないと見切るので、イオンは参入してくる。

　図 8-9 はつぎのような状況を表わしていると考えてください。いま、ある街にヨーカ堂が出店しているとします。その街には他に大きなスーパーがないので、独占的な利益をあげており、この利益をここでは 100 という利得で表わすとします（この 100 の利得を図の上でどのように読み取るのかということについてはすぐ後で説明します）。

　この街に、新たにイオンが出店を考えているとします。イオンにとっての戦略は、「出店する」か「出店しない」かのどちらかを選択することです。これは図の左端のイオンと記した点に表記されています。かりにイオンが出店してこなければ、ヨーカ堂にとってはこれまでと状況は変わりません。その状況を示したのが図のいちばん右下にある両企業の利得です。参入してこなかったイオンのこの街からの利得は 0、そして独占的地位を維持することができたヨーカ堂の利得は 100 となっています。

　もしイオンがこの街に出店してきたらどうなるでしょうか。その場合には、ヨーカ堂にとって二つの対応があると、この例では想定しています。これは図の上ではヨーカ堂と記した点に記されています。一つは、ヨーカ堂がイオンに対して価格競争をしかけるケースで、この場合には両者の利得は非常に少なくなります。ここではイオンもヨーカ堂も −50 の利得になると想定しています。

ヨーカ堂のとりうるもう一つの対応は、価格競争を避けてイオンとの共存を図ることです。この場合には二つの店で市場を分け合うことになります。その場合の両者の利得はそれぞれ50になると想定しています。

さて、以上のような状況でイオンはこの街に新しい店をつくって参入してくるでしょうか。もちろん、ヨーカ堂としてはイオンに出店してほしくないので、「もしイオンが参入してくるようなら徹底して価格競争をしかける」と脅しをかけるかもしれません。しかし、合理的な判断にもとづいて行動すると想定するゲーム理論の世界では、このような脅しは「から脅し」で効果はありません。

イオンは新規出店するかどうかを決めるため、ヨーカ堂の反応を読もうとします。もしイオンが実際に出店したとき、ヨーカ堂は価格競争をしかけてくるでしょうか。答えは明らかにノーです。イオンが出店してしまったら、ヨーカ堂にとって価格競争をしかけることは合理的ではありません。価格競争になればみずからの利得は−50になってしまいますが、共存を図れば50の利得を確保できるからです。このようにヨーカ堂の反応を読み切ったイオンは、確信を持ってこの街に新しい店を出すことになるのです。──*

*──確認：イオンは何を読んでいるのか
> 図8-9のポイントは、イオンがヨーカ堂の行動パターンについて何を読んでいるのかという点です。自分が参入したとき、ヨーカ堂にとっては共存を図ったほうが有利であるので、ヨーカ堂はあえて価格競争をしかけてこない。それが合理的な行動である、とイオンは読んでいるのです。だから、イオンは安心して参入することになります。

英語の表現に「相手の靴を履いてみる」（in one's shoes）という表現があります。この場合、イオンはヨーカ堂の靴を履いてみる、つまりヨーカ堂の立場に立って考えてみるのです。もしイオンが参入してきたとき、合理的に考えればヨーカ堂は価格競争をしかけてこないだろう。それがイオンの参入の決め手になります。

参入阻止行動

では、ヨーカ堂は、イオンの新規出店を防ぐことはできないのでしょうか。現実の世界では、ライバル企業の参入を防ぐため、既存企業はさまざまな方策をとろうとします。ここであげた小売業の事例では、競合店が出てくる前に、

既存店が店舗拡張を行なって競合店が参入する余地を小さくすればよいのです。この点をゲーム理論の枠組みで説明しようとしたのが、図8-10です。これは図8-8と似た性格を持っていることが、以下の説明からわかると思いま

> **column**
>
> ### 後追い戦略を考える
>
> 　本文中では、コミットメントについて、他に先駆けて行動を起こすことが戦略的に有利になる事例を説明しました。しかし、状況によっては相手に先に行動を起こさせて、後から行動を起こす方が有利なことも少なくありません。
>
> 　ゲーム理論をビジネスに応用した優れた書籍に、A. デキシット・B. ネイルバフ著『戦略的思考とは何か』（TBSブリタニカ）があります。この本はイェール大学のビジネススクールの講義をもとにした本です。そのなかにつぎのような事例が紹介されています。
>
> 　あるヨットレースの最終局面で、先行チームは有利なインのコースをとっていました。後を追うチームは一か八かにかけてアウトのコースをとった。そのとき、奇跡的に風向きが変わって、アウトのコースをとったチームが先行チームを抜いて優勝したのです。負けた先行チームは、自分たちの戦略のどこが間違っていたのか反省会を開きました。その結論はこうでした。「自分たちは前にいたのだから、後からくるチームがアウトのコースをとった時点で、同じようにアウトのコースをとるべきだった。そうすれば、風向きがどのように変わっても、後のチームと同じ条件だから抜かれることはなかったのだ」と。
>
> 　このケースはビジネスで重要な意味を持っています。トヨタ自動車やパナソニックは、他の企業に比べて生産技術や販売力において、非常に強い力を持っています。これらの企業の有利な点は、他の企業が出した商品と類似の商品を出して後から追い抜くことができることです。自動車や家電製品では、何が当たるかわかりません。そこで、ライバル他社が出している商品の中から当たりそうな製品を見つけたら、同種の製品に全力で取り組むのです。トヨタやパナソニックは、もともと他社よりも強力な生産力や販売力を持っているので、あとから追いかけていっても市場で有利な位置につけることができるかもしれません。
>
> 　ビジネスの世界では、つねに他社に先駆けて新しいことを行なうことだけが有利であるとはかぎらないのです。そうした先進性も重要ですが、同時に、後から追いかけていって一気に追い抜くことも重要なのです。

す。

　イオンが参入してくる前に、ヨーカ堂にはあらかじめ手を打っておく余地があると考えます。それは店舗を拡張するという行動です。図8-10は図8-9を膨らませたものですが、新たにいちばん左側にヨーカ堂の行動が加えられています。イオンが参入してくる前に、ヨーカ堂は店舗拡張をするか否かの選択があると考えます。

　もしヨーカ堂が店舗拡張をせず現状の店舗規模のままでいるとすれば、状況は先の図8-9で考察したのと同じになります。読者のみなさんは図8-10の右上の部分が図8-9と同じであることを確認できると思います。この場合には、イオンは新規出店をしてきます。そしてヨーカ堂は価格競争をしかけることができず、イオンとヨーカ堂で50ずつの利益を分け合うことになります。

　これに対してもし、ヨーカ堂が店舗拡張をしたらどうなるでしょうか。この場合には、イオンが出店してきても、ヨーカ堂のほうが競争上有利になります。この図の事例では、もしヨーカ堂が価格競争をしかければ、上のケースと同じようにイオンもヨーカ堂もマイナスの利得しか得られません（イオンは－60、ヨーカ堂は－70となっています。イオンの損失が大きいのは前の事例に比べてヨーカ堂の店舗が大きいからであり、ヨーカ堂の損失が大きいのは店舗拡張コストがかかっているからです）。また、かりにヨーカ堂が価格競争をしかけてこなくても、イオンは利益をあげられません（イオンの利得は－10）。店舗拡張によってヨーカ堂のこの街での競争力が強くなっているからです。

　もしイオンが参入してこなければどうでしょう。この場合にはヨーカ堂はこの街で独占的な地位を維持できます。そこで70の利得を確保できるとしてあります（イオンは参入してきませんから利得は0です）。店舗拡張のための費用がかかっているので、独占的な地位を維持したとしても利得は店舗拡張する以前より少なくなると想定しています。

　さて、この場合、ヨーカ堂は店舗拡張をするべきでしょうか。答えはイエスです。店舗拡張をすれば、イオンは参入してきません。参入をしてもイオンは利益をあげられないからです。そしてヨーカ堂は70の利得を確保できることになります。これは店舗拡張をせず、イオンの参入を許すことで得られる50の利得よりも大きくなっています。

　結局この事例からわかったことは、無駄な費用をかけてでも、店舗を拡張す

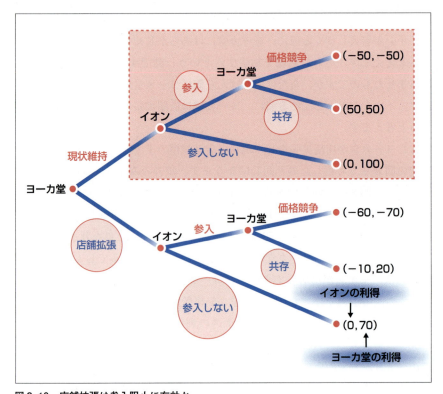

図 8-10　店舗拡張は参入阻止に有効か
　店舗拡張しないと、イオンが参入したとき、ヨーカ堂にとっては共存が最適な選択だ。それを見切ってイオンは参入してしまう。もしヨーカ堂が店舗拡張していれば、イオンは参入しても利益があげられない。イオンもそれがわかっているので参入してこない。

ることで、新規参入を防ぐことができるということです。店舗拡張というコミットメントをすることで、ヨーカ堂はイオンの出店誘因を変えることができたのです。
　現実の企業社会ではこのような行為は至る所に見られます。地方にいくと街の規模に比べて大きすぎる店舗の百貨店を目にすることがあります。これは、この大きな規模が利益を最大化する適正規模であるというよりは、全国系列の大型店が新たに出店することを未然に防ぐための店舗規模なのです。
　こうした参入阻止行動は、小売業だけに見られるものではありません。製造業の世界でも、ライバルの参入を阻止するため、設備を必要以上に大きくした

り、ブランドや研究開発に過大な投資をするということはよく見られる現象です。相手がしかけるまえに相手の出鼻をくじくためにあらかじめ行動を起こす。これがコミットメントと呼ばれる戦略的行動の姿なのです。

コミットメントという現象は、寡占市場に限らず経済や社会の至る所で見られる現象です。あらかじめ自分が行動を起こすことで、自分や相手の利害関係を変えてしまい、それで結果を自分に有利にもっていこうとすること、それがコミットメントなのです。

column 小さな町には大きな店を、大きな町には小さな店を

　これは、日本のある有名な小売店のトップの発言です。戦略的出店の本質を言い表わしています。本文中で説明したように、すでにそこにある店が十分に規模が大きいと、後から参入することは容易ではありません。小さな町では消費者の数がそれほど大きくありませんので、大きな店が二つ生き残ることはまず不可能です。全米最大の小売業チェーンであるウォルマートは、田舎の小さい町に巨大な店を次々につくり、成長をつづけてきました。田舎の町に大きな店をつくれば、別の新しい店の参入に脅かされることがないからです。

　一方、首都圏や京阪神のような大きな商圏では、どんなに大きな店をつくっても、となりにもっとすばらしい店をつくられたらそれでおしまいです。大きな町ではいくつもの店が共存する可能性があるので、下手に大きなコストをかけて巨大な店をつくると、そのための投資が回収できない可能性さえあるのです。大きな町にはいろいろな需要があるので、コンビニエンス・ストアのような小さな店をつくっていったほうが確実に稼げるということでもあります。

　この経営者はこの有名な発言をさらにわかりやすく、「小さな町にはウォルマート、大きな町にはセブン-イレブン」と言い換えています。つまり、地方の小さな町ではウォルマートのようなビジネスが有利で、大都市ではセブン-イレブンみたいなビジネスが有利だというのです。

演習問題

1. 以下の点について答えなさい。
   (1) 囚人のディレンマとはどのような現象か。具体的な例をあげながら説明しなさい。
   (2) 寡占的な産業では、企業が競争によってお互いの利益を下げることのないようにさまざまな手段によってカルテルを維持しようとすることがある。具体的にはどのような方法でカルテルの維持をはかろうとしているのか。ゲーム理論的な考え方を用いて説明しなさい。
   (3) マクロ経済政策における裁量主義的な政策とは、どのようなものであるのか。またそのような政策運営のあり方にはどのような問題があると考えられるのか。
   (4) 現実の世界の現象で、ゲーム理論を用いて分析できると考えられるものにどのようなものがあるか。いくつか例をあげなさい。

2. つぎのようなゲームについて考えてみなさい。いま A と B の二人のプレイヤーがいて、A は a と b という戦略、B は c と d という戦略がとれるものとする。そのときの利得は表に示したようであるとする。ただし、各欄の左側の数値が A の利得であり、右側の数値が B の利得である。このようなゲームにおいて、A はどのような戦略をとるであろうか。またその理由についても説明しなさい。B はどのような戦略をとるであろうか。その結果、ゲームの均衡はどのような状態になるだろうか。これについても簡単に説明しなさい。

A \ B	c	d
a	1, 1	100, 0
b	0, 100	5, 5

3. 高速道路の混雑現象は、本文で説明した囚人のディレンマと似た性格を持っている。この点について簡単に説明しなさい。

Part 2

マクロ経済学

Part 2

マクロ経済学

9: 経済をマクロからとらえる

　この章からいよいよマクロ経済学の勉強ですね。マクロ経済学とはそもそもどのような分野なのでしょうか。

　経済全体を一括して見ることは重要です。よく、物事をよく見るためには、「鳥の目と虫の目」が重要であるといわれます。鳥の目は遠くから見た全体像、つまりマクロの見方、虫の目は近くから見た詳細の図、つまりミクロの見方です。経済においても、鳥の目と虫の目の両方が重要となりますが、マクロ経済学は鳥の目を扱います。

　マクロ経済学にとって何がもっとも重要な概念なのでしょうか。

　経済の大きさをとらえる概念として、GDP（国内総生産）についてくわしく学んでもらうことになります。日本のGDPは現在約500兆円ですが、これは日本国内で1年間に生み出された価値の総額、つまり所得の総額を表わしています。

　GDPについて理解することがマクロ経済学の基本と考えればよいのですね。

　そうです。たとえば、世の中ではよく景気が良くなったとか、悪くなっているとかいいますが、その景気を見るもっとも簡便な方法は、GDPが増えているのか、減っているのかを見ればよいのです。GDPが増えている

ときは、経済が順調に拡大していると考えることができます。逆に、GDPが下がっているときは、経済の規模が縮小しています。

テレビで今年の日本の経済成長率は−0.5%になってしまったと報道していましたが、この経済成長率とはGDPの変化率のことでしょうか。

そのとおりです。GDPの変化率である成長率がマイナスになっているような状況では、企業の業績、株価、失業率なども悪い数字になっているはずです。人間の体調を見るときに、体温や体重などをチェックするところからはじまりますが、経済全体の体調もGDPの変化をチェックするところからはじまります。

GDPはどのような要因で変化するのでしょうか。

これは、これ以降の章でくわしく説明する要素がすべて含まれます。GDPは経済全体の姿ですので、いろいろな要因によって変化します。企業の投資意欲、技術革新、政府による財政政策、日銀による金融政策、海外の景気動向、石油や食料など一次産品の価格動向など、いろいろな要因がGDPに影響を及ぼします。この本の後半で扱うマクロ経済学では、こうした経済のいろいろな側面を一つひとつ明らかにしていきます。

この章をさっと見たら、教科書の前半のミクロ経済学で学んだ需要と供給の概念が出てくるようですが。

いいところに目を付けましたね。経済の動きに影響を及ぼす要因は多数ありますが、それを需要要因と供給要因に分けることができます。そうした分類をすることで見方が整理されます。ミクロ経済学で学ぶ需要曲線・供給曲線とは少し違いますが、需要・供給という視点からマクロ経済の動きを理解することは、とても大切なことなのです。

I　マクロ経済学と GDP

マクロ経済学の見方

　経済全体をマクロでとらえることは、新聞やテレビなどのマスコミの現場ではほぼ日常的に行なわれています。読者のみなさんは、つぎのような議論をテレビなどで聞くことが多いでしょう。

　「景気の後退は深刻な状況である。雇用悪化などによる消費の減退、企業の投資の抑制などが、財やサービスに対する需要を冷やしている。この状態を放置すれば、企業の業績悪化、雇用不安、消費不振、株価下落などがますます深刻化する可能性が強い。そこで政府は、大幅な所得減税を断行し、消費を刺激する方向に動いた。また、日本銀行も政策金利を下げて金融を緩和することで、株価の低落を抑えるとともに、企業の設備投資や住宅投資などを刺激しようとしている。ただ、あまりに過度な景気刺激策をとることは、インフレを引き起こす可能性があることも否定できない」。

　ここに引用した話のなかには、マクロ経済学で頻繁に用いる用語がたくさん出てきます。景気、雇用、消費、投資、減税、政策金利などです。

　医者が人間の身体の状態を見るときには、まず観察からはじめます。身長、体重、胸囲、座高などの基本的データは初歩の初歩です。もう少しくわしく見るため、視力、聴力、血圧、体温、心拍などを見ます。さらにくわしく見るためには、レントゲン、エコー、胃カメラなどを用いて、身体のなかの状態を覗きます。

　マクロ経済（日本経済と言い換えてもよいかもしれません）についても、同様に、観察するためのデータが必要です。マクロ経済を見るための基本的指標を表 9-1 のような形でまとめてみました。日本経済の全体の大きさを測るための指標である GDP（国内総生産）、物価の動きを見るための物価指数や物価上昇率、雇用状況を見るための失業率、金融市場の重要な指標である利子率、通貨の交換比率である為替レート、海外との経済取引の結果を集計した貿易収支や経常収支などの指標は、マクロ経済をとらえるための重要な指標です。

　マクロ経済学では、つぎに、こうした指標がどのような動きをするのか、また、相互にどのような関係を持つのかを明らかにします。先の仮想的な話にも

表 9-1　マクロ経済の基本的な経済指標

GDP（国内総生産）	経済の生産規模や所得規模を示す指標
物価指数・物価上昇率	物価の水準やその上昇率を示す
成長率	経済の規模の拡大の程度を示す
消費	家計による消費のための総支出額
民間設備投資	企業部門による投資支出額
政府支出	政府の支出規模（政府消費と公共投資が含まれる）
輸出	日本から海外への財の輸出
輸入	海外から日本への財の輸入
貿易収支・経常収支	海外との財やサービスのやりとりの収支
利子率（金利）	金融資産の収益や貸し借りの金利を表わす指標
失業率	雇用の状況を示す指標
マネーストック（通貨量）	経済に出回っている通貨の総量
為替レート	自国通貨と外国通貨の交換比率
政府財政収支	政府の収入と支出の関係を表わす指標

この表に載せられた経済指標についてはすべて、その意味を理解しておいてほしい。

あるように、さまざまな経済活動は相互に密接な関係にあり、現実の経済の動きはこうした相互作用の過程のなかで動いていきます。そうした過程で景気が良くなったり悪くなったりするわけです。そうしたプロセスはしばしば自己拡大的であり、景気悪化や景気過熱が加速することがあります。こうした変動を景気変動と呼びますが、このメカニズムを明らかにすることもマクロ経済学の重要な課題です。

　また、政府・中央銀行が行なう政策、すなわち税制や公共投資などの財政政策と、金利操作や資金供給にかかわる金融政策は、マクロ経済学の重要な分析対象です。上の仮想的な話のなかにも触れているように、財政・金融政策は政府・中央銀行のもっとも重要な政策であり、それは国民生活に直接影響を及ぼします。

ケインズ経済学と新古典派経済学

　現代のマクロ経済学の出発点となったのは、イギリスのジョン・メイナー

ド・ケインズ（John Maynard Keynes）の『一般理論』（正式名称は、『雇用・利子および貨幣の一般理論』）であるといってよいでしょう。ケインズによると、現代の資本主義経済はつねに失業の問題をかかえており、財政政策の助けなしには十分な雇用や生産水準を維持することはむずかしいとされています。ケインズ自身の議論は難解で、その解釈も人によって異なりますが、ケインズの考え方はケインジアンと呼ばれる学派の人々に受け継がれ、ケインズ経済学として発展してきました。そこでは、価格や賃金の硬直性などの理由で失業が生じるメカニズムが示され、そのような失業を解消するためには、どのような政策がとられる必要があるかが論じられました。

ケインズ経済学で議論の対象となった主要な政策は、財政政策と金融政策です。財政政策とは、減税や増税など税制の変更と、国債発行や税によってまかなう政府支出（公共投資など）の額の増減などです。金融政策とは、中央銀行による貨幣量のコントロールや金利の調整を指します。経済が不況にあるときには、これらの政策を拡張的な方向にもっていき、景気が過熱しているときには引き締め的な政策運営をし、景気の安定化を図るという、ファイン・チューニング（微調整）がケインズ経済学の基本的な考え方です。

1950～60年代には、このようなケインズ経済学が、アメリカをはじめとした主要工業国のマクロ政策運営に反映されていました。この時期は世界経済が比較的順調に発展した時期でしたが、そのような経済的安定はケインズ経済学にもとづく政策運営のおかげであるとする見方もありました。

column ジョン・メイナード・ケインズ（1883-1946）

20世紀を代表するイギリスの経済学者。不況の経済学を分析した『雇用・利子および貨幣の一般理論』は経済学の古典的な存在で、マクロ経済学の基礎を築いた書とされます。その他にも、貨幣論、国際経済、確率論などに関する多くの著作を残しています。ケンブリッジ大学を拠点とする経済学者としてだけでなく、新聞などに頻繁に寄稿する名文家としても知られています。また、第二次世界大戦後の通貨制度を構築するブレトンウッズでの会合などでイギリスを代表して参加し、戦後の世界経済の制度構築にも大きな貢献をしました。

比較的順調に見えた世界経済も、1970年代に入って世界的なインフレや経済の停滞に悩まされ、必ずしも順調な歩みを示さなくなってきました。マネタリストないし新古典派の勢力拡大は、このような世界的なマクロ経済の動きを反映したものといえるかもしれません。

新古典派のマクロ経済政策に対する考え方は、ファイン・チューニングといったケインズ的マクロ政策は意味がないというものです。財政政策は小さな政府でできるだけ財政収支均衡を維持し、金融政策は貨幣供給量の安定化に意をそそぐべきであり、政策の効果に過度な期待を抱いてはいけないと主張します。これは、マクロ政策を積極的に使っていこうというケインジアンの考え方とは正反対であるといえます。

ケインジアンと新古典派の考え方は対照的であり、近い将来、両者の間に決着がつくとは思えません。しかし、どちらの議論にも耳を傾けるべきところがあります。

マクロ経済学の問題の代表例：金利の変化のマクロ経済的波及

マクロ経済学がどのようなものであるかということをつかむために、マクロ経済学の問題の代表的な例をひとつ取り上げてみましょう。ここでは、金利（利子率）が低下したとき、経済全体にどのような影響が及ぶかという点について考えてみます。

図9-1は、金利が引き下げられたときに起こる、マクロ経済のさまざまな動きを図で例示したものです。金利とは、預金に対する利子、日銀が政策目標としてコントロールしている銀行間の貸借の金利（コールレート）、銀行が企業に融資するときの利子などの総称と考えればよいでしょう。これら個々の利子率はそれぞれ異なった値をとりますが、それらは概して似かよった動きをしますので、いろいろな利子率を総称した概念としての金利（利子率）を考えることは、抽象化としては十分に意味のあることです。

金利が低下する要因にはいろいろありますが、ここでは政府・日銀による金融緩和政策の結果、金利が下がったと考えればよいでしょう。図にも示されているように、金利の変化はさまざまな方面に影響を及ぼします。

(1) 貿易・為替レートなどへの影響

国内の金利が下がれば、外国の金利は相対的に高くなるので、資金の一部が

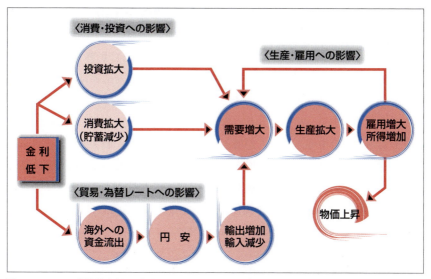

図9-1 マクロ経済的な波及効果の例：金利低下の影響
ここに示したのは、マクロ経済的な波及効果の典型的な事例である。金利が変化すると、投資、消費、海外への資金移動などが影響を受け、為替レートや物価などにも間接的に影響が及ぶ。

国内から海外へ流出するかもしれません。なぜなら、相対的に金利の高い外国で資産運用したほうが有利だからです。このような国際的な資金の動きは、為替レートを変化させ、ひいては貿易の動きなどにも影響が及ぶでしょう。

(2) 投資・消費への影響

金利が下がれば、それだけ企業の資金繰りが楽になりますので、企業の投資は刺激されます。一方、消費への影響ですが、もし金利低下によって人々の貯蓄意欲が減退するのであれば、消費は増大します。なぜならば、所得のうち消費されない部分が貯蓄ですので、貯蓄が減ることと消費が増えることは同じだからです。

(3) 生産・雇用・物価への影響

金利低下によって消費や投資が刺激されれば、それは財やサービスへの需要増加となって生産を刺激します（このようなプロセスを乗数プロセスと呼びますが、これについては第10章で説明します）。生産の増加によって雇用も増加するでしょう。消費や投資の一部は輸入財への需要となりますので、輸入も拡

大します。消費や投資が刺激されれば、物価にも影響が及ぶかもしれません。

　以上のように、金利の低下は経済のさまざまなところに影響を及ぼします。マクロ経済学では、このような諸変数間の相互依存関係を的確にとらえることがポイントとなります。読者のみなさんのなかには、「風が吹けば桶屋がもうかる」という話を思い出した方もいるかもしれません。つまり、風が吹くとほこりがたって、目をやられる人が増え、そういう人たちが娯楽のため三味線をひきだすので、三味線の需要が増える。三味線は猫の皮でつくるので猫が少なくなって、鼠がのさばり、桶を噛んでしまうので、桶屋がもうかるという話です。マクロ経済学における因果関係がここまで長くなることはありませんが、同じような思考を要求されることがあります。

マクロ経済の鳥瞰図

　経済には非常に多くの経済主体がおり、これらの経済活動を詳細に取り上げていったのでは議論の収拾がつかなくなります。マクロ経済学では、通常、家計・企業・政府という三つの経済主体に大まかに分けて分析を行ないます（後の章では、海外部門を入れます）。図9-2は、経済をこの三つの主体に分けたときのモノやカネの流れを表わしたものです。青の線は財・サービスや生産要素（労働・土地など）といったモノの動きを、赤い線はカネの動きを表わしています。

　家計は、労働や土地などを企業に提供して、その代金である賃金や地代などを用いて財・サービスを購入します（これを消費と呼びます）。家計は同時に政府に対して税金を支払い、政府からさまざまな公共サービスを受けます。

　企業は、家計から提供された労働や土地などを用いて生産を行ないます。生産された財・サービスは、家計の消費・企業の投資・政府の公共投資などにまわされます。企業はこのような形で供給した財・サービスに対する代金を受け取りますが、この一部は家計から提供された労働や土地への支払いとしての賃金や地代として支払われ、他の一部は政府に税金として納められ、残りは内部留保として自分の手元に残し、投資の資金とします。投資とは、企業が設備拡張や技術開発あるいは在庫の拡大のため、財・サービスを購入する行為をいいます。

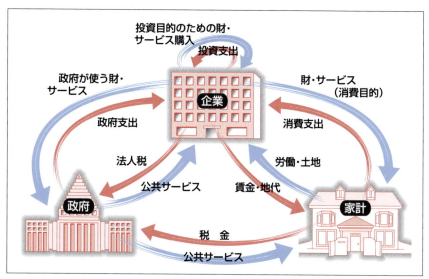

図 9-2 マクロ経済の鳥瞰図
マクロ経済学では、家計、企業、政府という三つの部門に分けた分析を行なう。図に示されているように、この三つの部門の間ではさまざまな形で取引が行なわれており、この取引を追うことでマクロ経済の動きがわかる。なお、この三つの部門に加えて、海外部門を含めて考えると海外との関係もとらえられる。

　政府は、家計と企業から税金を集め、それで企業から財・サービスを購入します。この財・サービスの購入は公共投資やその他の政府によるサービスのために使われます。政府のサービスは、企業と家計の両方に及びます。

　以上で見たようなモノやカネの流れは、たがいに密接なかかわりを持っており、この点について正確に理解することがマクロ経済を分析するうえでも重要となります。たとえば、企業の生産する財に対する需要は、家計による消費、企業による投資、政府による政府支出（公共投資など）であることが、図から読み取れます。したがって、これらの三つが、企業による生産活動の水準を決定する重要な要因であることがわかるでしょう。消費や投資が落ち込めば、それに伴って、企業の生産レベルも低下します。また、政府支出の水準を上げることで、企業の生産水準を増やすことができますが、これは財政政策の基本的なメカニズムにほかなりません。

　企業部門による労働の需要は、当然、生産水準と連動しています。もし生産水準が高ければ、それだけ労働に対する需要も増えて、雇用も拡大するはずで

す。したがって、消費・投資・政府支出の水準は、企業の生産レベルの変動を通じて、雇用にも影響を及ぼすことになります。

GDP：経済規模を測るもっとも基本的な指標

マクロ経済を見るうえでもっとも基本的な変数が、GDP（国内総生産：Gross Domestic Product）です。GDPとは、簡単にいえば「1年間に日本の国内で生産された財・サービスの総額」を表わしたものです。

もう少しくわしくいえば、GDPとはまず、「1月1日から12月31日まで、あるいは4月1日から3月31日まで」の1年間に行なわれたすべての生産活動で生産されたものを市場価格で集計したものです。日本のGDPの単位は円ということになります（もちろん為替レートで変換することでドル建てで換算することもできます）。生産活動としては、目に見える形のモノだけでなく、公共サービス、医療、通信などのサービスも含みます。あらゆる生産活動が含まれるわけです。──＊

> ＊──確認：中間財はGDPに含まれない
> 他の製品の原料となるようなもの、たとえば自動車の材料となる鉄板などを、中間財といいます。この中間財は、GDPの計算には含まれません。鉄板の生産額と自動車の生産額を両方含むと、二重計算になるからです。

GDPの計算には、日本国内で行なわれるすべての生産活動が含まれます。その活動を行なっているのが外資企業であってもそれが日本国内であれば日本のGDPに含まれます。また、日本の企業の活動でも海外で行なわれたものは日本のGDPには含まれません。

GDPに似た指標に、GNP（国民総生産：Gross National Product）があります。GNPは、日本国内の総生産ではなく、日本の居住者による総生産です。したがって、たとえば外資系企業の日本国内の生産のなかで、配当や技術料などで海外の親会社に支払われる部分は、日本のGNPには算入されません（日本国内で生産されたものという意味では、GDPに算入されます）。他方、日本の企業に対して海外から払われた技術料などは、日本のGDPには入りませんが、日本のGNPには算入されます。

GNPは、GDPに日本が海外から受けるさまざまな要素所得（賃金、技術料、配当、利子など）を加え、そこから日本が海外に支払うさまざまな要素所得を引くことで求めることができます。ちなみに、日本のように海外に多くの

資産を持っている国では、GDPよりもGNPのほうが大きくなります。

　GDPとGNPに関連して、最近使われることが増えているGNI（国民総所得：Gross National Income）についても少しだけ説明しましょう。GDPは国内で年間に生産された額であり、GNPは国民によって生み出された生産価値でした。これに対して、GNIは国民が消費や投資に使える総価値と考えてください。

　GDPに海外とのネットの要素所得のやりとりを加えたものがGNPですが、GNIはそれにさらに交易条件の部分を追加することで求められます。交易条件についてここで詳しく説明することは控えますが、要するに自国と外国の貿易の価格条件を示したものです。日本が輸出する財やサービスの価格と輸入する財やサービスの価格の比がこれに当たります。輸出の価格が輸入の価格に比べて相対的に高いほど、日本はわずかな輸出で多くの輸入財を確保できます。他方、輸入財の価格が高くなるほど、輸出によって確保できる輸入財の量は少なくなります。現実には輸出財も輸入財も多くの種類の財やサービスからなっていますので、輸出財物価指数と輸入財物価指数の比率で交易条件を測ります。

　たとえば、石油や天然ガスの国際価格が上昇すれば、日本の交易条件は悪化します。一定の輸出量で購入できる石油や天然ガスの量は減ります。別の言い方をすれば、石油や天然ガスを同じだけ輸入するため、より多くの輸出をしなくてはいけないのです。

　このように交易条件は日本国民の豊かさに深くかかわっており、GNPに交易条件の変化を加えた指標がGNIと呼ばれるものです。最近の政府の資料では、このGNIを利用することが増えています。

　表9-2は、主要国のGDPと一人当たりのGDPを比較したものです。一人当たりのGDPとは、それぞれの国のGDPをその国の人口で割ったものです（比較のため、すべてドル建てで計算されています）。すなわち、その国の一人当たりの生産額を示したものです。この表から明らかなように、GDPはそれぞれの国の規模を表わす数値として利用することができます。GDPの大きな国ほど、世界経済のなかでの存在感が大きな国といえます。

　もっとも、中国のように一人当たりのGDPが小さい国でも人口が大きいためにGDPが大きくなっている国もあります。そこでその国の豊かさを表わす

表 9-2　主要国の GDP と一人当たり GDP（2013 年）

国	GDP（10億ドル）	一人当たりGDP（ドル）
日本	4,902	38,491
アメリカ	16,800	53,101
イギリス	2,536	39,567
ドイツ	3,636	44,999
スイス	651	81,324
ブラジル	2,243	11,311
インド	1,871	1,505
中国	9,181	6,747
タイ	387	5,674
マレーシア	312	10,548
韓国	1,222	24,329
台湾	489	20,930
インドネシア	870	3,510

（出所）IMF, World Economic Outlook Database, April 2014
GDP の大きさはその国の経済の大きさ、一人当たりの GDP はその国の平均的な豊かさを示している。なお、一人当たりの GDP は、GDP を人口で割ったものである。

　ひとつの指針として、GDP を人口で割った一人当たりの GDP がしばしば利用されます。この数値が小さい国を一般的に発展途上国と呼びます。

　図 9-3 は、1970 年以降の日本の GDP の動きを示したものです。この図からわかるように、1970 年にわずか 100 兆円に満たなかった日本の GDP は、1990 年代には 500 兆円台にまで拡大しています。ただ、90 年以降はバブル崩壊によって GDP の水準も伸びていません。

GDP と物価

　先で説明した GDP の動きのなかには、生産量の拡大の部分と、物価の上昇の部分の両方が入っています。生産が増大しても、価格が上がっても GDP は増大します。しかし、どちらの理由で GDP が増大するのかで、その意味はまったく違ってきます。極端な場合には、まったく生産が増えなくても物価が上がれば、それだけで GDP が増大してしまいます。しかし、そうした形で GDP が増えてもまったく意味がありません。

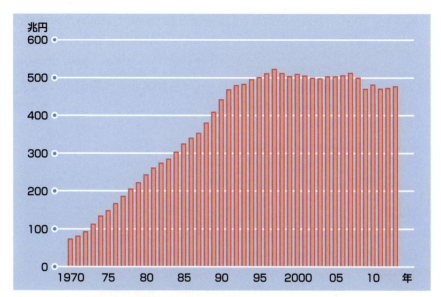

図 9-3　日本の名目 GDP の推移（1970-2013 年）
1990 年頃までは日本の GDP はかなり速いスピードで拡大している。ただ、90 年代以降は、バブル崩壊の影響などもあって、日本の GDP は拡大スピードが鈍っており、前年よりも減少している年もある。

　そこで、経済学では経済指標として、実際の生産を表わす実質 GDP と、物価の動きを表わす GDP デフレーターというものを準備しています。ちなみに、通常の GDP は実質 GDP と区別するために、名目 GDP と呼ぶこともあります。
　表 9-3 は、名目 GDP と実質 GDP の違いを説明するための単純な例です。単純化のため、この経済には衣料品と食料品と住宅サービスしか生産されていないとしてみましょう。この表には、この三つの商品の 2000 年、2005 年、2008 年の価格と生産量がとられています。
　名目 GDP は、それぞれの財の生産量に価格をかけて、それをすべての財について足し合わせることで求めることができます。表には各年の名目 GDP が計算されています。
　さて、実質 GDP ですが、これは生産量の動きだけ見るための指標ですので、価格の動きに左右されてはいけません。そこで、基準の年を決めて、その年の価格でそれ以外の年の生産量にも利用するのです。この表の例では、最初

の年である 2000 年の価格が基準として利用されています。2000 年の価格に 2005 年の各財の生産量をかけて足し合わせれば、2005 年の実質 GDP を求めることができます。つまり、2005 年の実質 GDP は、基準年（2000 年）の価格で評価した生産量なのです。同じようにして、2008 年の実質 GDP は、2000 年の価格に 2008 年の生産量をかけて求めることができます（表の計算を参照）。

名目 GDP を実質 GDP で割ったものを、GDP デフレーターといいます。

$$\text{GDPデフレーター} = \frac{\text{名目GDP}}{\text{実質GDP}} \times 100$$

GDP デフレーターによって、経済全体の物価がどのように変化するかがわかります。表 9-3 に GDP デフレーターも計算してあります。2005 年の GDP

---

column

GDP で国の豊かさを測ることの問題点

　一人当たりの GDP の大きさは、その国の豊かさを示す指標としてしばしば使われます。たとえば、パリに本部を置く OECD（経済協力開発機構）という国際機関は、ときに先進国クラブとも呼ばれ、そのメンバーになるためには一人当たりの GDP が 1 万ドルを超えることが目安になるといわれます。

　しかし、一人当たりの GDP の大きさだけで、その国の豊かさを測るのにはいろいろな問題があります。そもそも、一人当たりの GDP が低い国は、賃金も安いので、いろいろな財やサービスが安く購入できます。東南アジアのタイやマレーシアの一人当たりの GDP が日本の 10 分の 1 程度であったとしても、その豊かさも 10 分の 1 以下であるというわけではありません。日本のほうが、物価や家賃などがはるかに高いからです。

　発展途上国間の豊かさを比較する場合でも、所得以外のさまざまな要素を考慮に入れなくてはなりません。アジアで初めてノーベル経済学賞を受賞したインド人の経済学者アマルティア・センは、その著書のなかで、所得以外の要素がその国の豊かさを考えるうえで重要になると指摘しています。たとえばブラジルや南アフリカは、一人当たりの所得では中国やスリランカの数倍にもなるのに、平均寿命は 5 歳以上も短くなっています。こうした背景には、所得分配、教育の普及、社会組織の違いなど、単純な所得水準では測れないような重要な要素が隠されていることがあります。

表9-3 名目GDP、実質GDP、GDPデフレーターの数値例

	2000年価格	2000年生産量	2000年価格の生産額
衣料品	50	100	5,000
食料品	80	80	6,400
住宅サービス	60	70	4,200
合 計			15,600

	2005年価格	2005年生産量	2005年価格の生産額	2000年価格の生産額
衣料品	80	90	7,200	4,500
食料品	80	100	8,000	8,000
住宅サービス	80	80	6,400	4,800
合 計			21,600	17,300

	2008年価格	2008年生産量	2008年価格の生産額	2000年価格の生産額
衣料品	70	80	5,600	4,000
食料品	70	110	7,700	8,800
住宅サービス	90	90	8,100	5,400
合 計			21,400	18,200

	2000年	2005年	2008年
名目GDP	15,600	21,600	21,400
実質GDP	15,600	17,300	18,200
GDPデフレーター	100	124.9	117.6

GDPは各項目の生産量と価格に分解することができる。名目GDPはこれを使って年間の生産額を合計すれば求めることができる。実質GDPは、物価の変化の影響を排除するため、基準年（表では2000年）の価格を2005年と2008年の数量にかけて、2000年価格で評価した2005年と2008年の生産額を測ったものである。GDPデフレーターは、その年の名目GDPを実質GDPで割ることで求まる。

デフレーターが124.9となっていますが、これは2005年の一般物価水準が2000年（基準年）のそれに対して124.9％（1.249倍）になっていることを表わしています。――＊

＊――確認：GDPの動きを実物の動きと物価の動きに分けて考える
　　経済の活動の大きさを測るGDPですが、実物の生産や需要が拡大しても、物価が上

がっても同じように拡大します。しかし両者は明らかに違うものですから、その動きが実物の動きなのか物価の動きなのかを区別しなくてはいけません。その意味では、名目GDPと実質GDPを区別することは重要です。

物価の動きについては、GDPデフレーター以外にも、消費者物価指数、企業物価指数などの指標も利用します。物価の動きは、マクロ経済を考えるうえで重要な意味を持っており、とくに物価の激しい上昇を伴うインフレ（インフレーション）や、物価の低下をもたらすデフレ（デフレーション）は、マクロ経済政策によってそれを排除しなくてはならないものです。物価の問題については、第13章であらためて説明するつもりです。消費者物価指数や企業物価指数（生産者物価指数）などについては、そこで取り上げます。

さて、以上の説明からわかるように、名目GDPの動きは、生産の動きである実質GDPと物価の動きであるGDPデフレーターに分解できることがわかります。つぎに実質GDPについて、経済成長という観点から、もう少し述べてみたいと思います。

経済成長率

GDPの実際の動きを見るのには、図9-3のような名目GDPの実際の値ではなく、その成長率の動きを見たほうがわかりやすいでしょう。それも物価の動きまで含んでしまっている名目GDPの変化よりは、実質GDPの変化の動きのほうが意味があります。日本の実質GDP成長率の推移を示したのが図9-4です。この図にとられているのは、各年の実質GDPが前の年に比べて何パーセント増えているかを数値で示したものです。通常、経済成長率というときには、この数値を表わしています。

1950年代から70年代初めにかけてのいわゆる高度経済成長の時代には、日本の経済成長率はたいへんに高いものでした。それに比べて、1973年の石油ショック以降は、日本の経済成長率は次第に低下していることがわかります。

1980年代の後半は成長率が高くなっていますが、これはいわゆるバブル経済の時期に対応します。地価や株価の上昇に伴い投資や消費が活発になって経済規模が急速に膨れ上がっているのがわかると思います。

それに比べて1991年にバブルがはじけて以降、日本の経済成長率は急落しました。不良債権問題に端を発する景気低迷に苦しむ日本の姿が図に表わされ

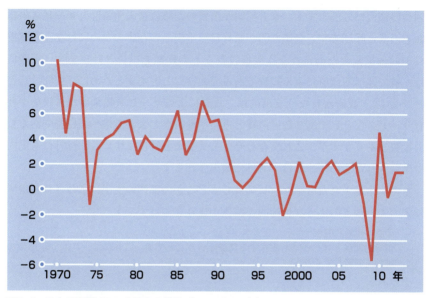

図9-4 日本の実質GDP成長率の推移（1970-2013年）
実質GDPの成長率は景気の状況を反映して大きく変動している。90年代後半からはバブル崩壊とその結果としての不良債権問題の影響で成長率が大きく落ち込んでいる。

ています。

　政府は、経済見通しを行なうとき、まず、この経済成長率の目標値を発表します。実質GDPがどの程度成長するのかということで、どの程度の税収の伸びが期待できるのか、どの程度公共投資ができるのか、雇用状況がどうなるかという点などについて予想がつくからです。もっとも、政府による経済成長の予想値はなかなか当たりません。また、経済成長率を予想するのはたいへんなことでもあるのです。

GDPの分解

　GDPとして生産されたものは、必ずどこかで消費や投資などの目的で利用されるはずです。このように生産された財やサービスの販路（支出面）からGDPを分解することができます。

　GDPを支出面から見るため、経済学では通常、家計、企業、政府、海外の

四つの部門に分解します。家計部門が消費のために購入する財・サービスの総額を消費と呼びます。企業部門が原材料や半製品の在庫のために行なう在庫投資や設備拡張のために行なう設備投資などの総額を投資と呼びます（正確には、後で述べる政府による投資である公共投資と区別するために、民間投資と呼びます）。政府が行なう支出には、政府によるサービス提供（ゴミ収集や教育サービスなど）である政府消費と道路や港湾など公共設備への投資である公共投資がありますが、これを合わせて公共支出と呼びます。これ以外にも国内で生産されたものの一部は、海外に輸出されます。

さて、生産された財やサービスは必ずどこかの部門の支出にまわされるはずですので、つぎのような恒等的な関係が成り立つはずです。——*

*——確認：恒等的関係

恒等的関係とはいつでも成立する関係ということです。これについては、第10章の補論を参照してください。

すなわち、

column 日本の命運を決する実質経済成長率

経済成長率は長期で見れば、その国の命運を決するといってよいでしょう。バブル崩壊後、日本の経済成長率は非常に低い水準で推移しています。いまのままの状態で今後も年率1％程度で成長したとしたら、30年後の日本経済はいまの約1.35倍の規模にしかなりません。これは1.01の30乗として計算できます。少子高齢化が進行するなかで、こんなに低い成長率ですと、年金や医療など、社会保障の負担も大変で厳しい将来の経済状況が予想されます。

しかし、もし今後日本経済が年率平均2.5％で成長できるとしたら、30年後の日本経済の規模はいまの約2.1倍になっています。これも、1.025の30乗として求めることができます。30年後に2.1倍にまで大きくなるようであれば、年金や医療などの社会保障の問題などもうまく乗り切ることができるでしょう。

1％成長と2.5％成長を1年や2年で比較してもそれほど大きな違いがあるようには見えませんが、長期で比べるとその差は非常に大きなものとなります。日本もせめて2.5％ぐらいの成長率で成長を続けることができればよいのですが。

　　　　GDP＋輸入＝消費＋投資＋政府支出＋輸出

という関係です。

　この関係はつぎのように理解することができます。すなわち、日本国内に財やサービスを供給するルートは、自国で生産する（GDP の部分）か海外から輸入するしかありません。これが左辺です。一方、自国で生産されたものかあるいは輸入されたものを吸収する部門は、家計、企業、政府、外国しかありませんので、右辺のように、それは消費、投資、政府支出、輸出を足したものになります。生産されたものはどこかの部門に必ず吸収されますので、左辺と右辺は必ず等しくなります。──*

*──確認：売れ残りはどうなるか
　　読者のなかには、企業が生産したもので売れ残ったものはどうなるのかという疑問を抱く人もいるかもしれません。統計上は、売れ残ったものは、その企業の在庫になるという意味で在庫投資に算入されます。したがって、売れ残りについても、統計的には在庫投資（投資の一部）として吸収されたことになります。

　GDP について支出面から見るためには、通常、上の式を変形して、

　　　　GDP＝(消費＋投資＋政府支出)＋(輸出－輸入)

という形に書き換えます。すなわち、GDP は国内の需要部分（これを内需といいます）と、海外への輸出入の差額（これを外需といいます）に分けられます。新聞などで、よく「日本の景気は外需に支えられている」とか、「内需が落ち込んできた」などというい方がされることがありますが、これは上の式の(消費＋投資＋政府支出)＝内需と(輸出－輸入)＝外需の二つの大きさを意味することが多いようです。──*

*──確認：「サービス」も輸出入にカウントされる
　　ここで輸出や輸入というときには、財だけでなく、サービスの輸出や輸入も含めます。たとえば、海外の人が日本の航空会社を用いて日本に来れば、これはサービスの輸出に入ります。なぜこのようにわざわざ断るのかというと、国際収支のなかでの輸出や輸入の場合には財（モノ）の輸出や輸入だけのことだからです。サービスの輸出入については、「サービスの輸出」あるいは「サービスの輸入」といいます。そうした意味では、上の式の「輸出」や「輸入」は、正式には「財・サービスの輸出」、「財・サービスの輸入」と書かなくてはなりません。ここでは、簡便的にそれを「輸出」や「輸入」と呼びます。

付加価値から見た GDP

　これまでは、GDP を支出面から見ましたが、GDP にはあと二つの見方があります。ひとつは、産業ごとに GDP を分解していく手法で、たとえば「鉄鋼

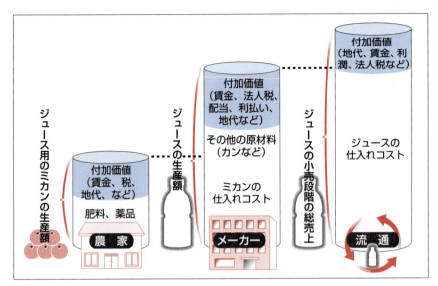

図 9-5 付加価値を説明するための事例
　図の例にあるように、付加価値とはその財（サービス）の生産額から生産のために利用した原材料の費用を引いたものである。付加価値は、その産業でどれだけの価値が新たに創出されたのかを示している。この図では、農家、メーカー、流通業者のジュースに対する付加価値を示したものだが、それぞれの主体の付加価値を足し合わせることでジュース全体の付加価値となる。

産業の GDP への貢献」、「小売業の GDP への貢献」など、産業ごとに分解できます。もうひとつは、所得内容に分解していく手法で、「賃金」、「地代」、「利潤」などの所得項目に分解できます。いずれも、付加価値という考え方にもとづいています。付加価値とは、それぞれの産業でネットに生産された価値のことで、通常は、生産額から原料や材料などの費用を引いたものとして計算されます。

　付加価値について説明するため、図 9-5 に示したような事例を用いてみましょう。この図はジュースの生産・流通のステップを三つの段階に単純化して示したものです。

　農家は、肥料やその他の原材料を用いて、ミカンを生産しています。農家の付加価値とは、農家が生産に貢献した部分で、この場合には、ミカンの売上から肥料などの原材料費を引いたものとなります。この付加価値は農家の所得や農家の活動に参加している人の所得になります。もし借りた土地があれば、付

加価値の一部は地代となり、土地の持ち主の所得になります。

　ジュースを生産しているメーカーの付加価値は、ジュースの総生産額から、原料としてのミカンやその他の原材料を引いたものです。この付加価値は、メーカーに勤めている労働者の賃金や、株主の配当などになります。

　流通段階の付加価値は、最終的なジュースの売上からジュースの仕入れコストを引いたもので、これは流通にたずさわる人の所得になります。

　以上3段階という単純な例で説明しましたが、このようにしてそれぞれの産業は生産や流通などの活動を通じて付加価値を生み出します。そして、すべての産業の付加価値を足し合わせれば、一国全体のGDPが出てきます。GDPと

---

column

フローとストック

　経済学のいろいろな変数を考えるとき、フローとストックという二つの概念を区別しなくてはなりません。簡単な例を用いて、この二つの概念について考えましょう。

　水の量を計るとしても、つぎの二つは明らかに違うものです。①現時点における琵琶湖の湖水の量、②去年1年間に海に出ていった利根川の水量。琵琶湖の水量のほうはストックであり、利根川の水量のほうはフローです。ストックとは、ある時点において存在する量であり、フローとは一定期間の間に生じる量のことです。

　1年間を通じて行なわれる生産の量であるGDPはフローです。同じような意味で、消費、投資、政府支出、輸出などもフローです。これに対して、貨幣量（現時点で経済に流通している貨幣の量）、資本ストック、在庫量などはストックです。以下にフローとストックの代表的な変数をまとめてありますので、参照してください。

GDP、消費支出、投資、政府支出、政府財政赤字、経常収支、資本収支、総支出

マネーストック（貨幣供給量）、政府債務額、対外資産残高、資本総量、資産総額

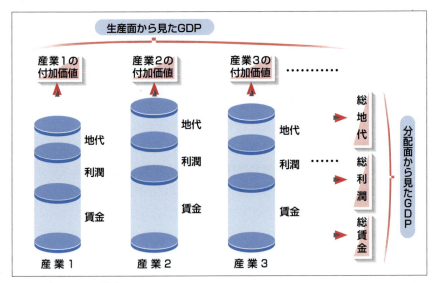

図 9-6　GDP の三面等価
　各産業の付加価値は、それぞれの産業が生み出す賃金・利潤・地代などの所得となる。したがって、経済全体で生み出される賃金・利潤・地代などの所得を合計したもの（分配面から見た GDP）は、各産業の付加価値を足し合わせたもの（生産面から見た GDP）に等しくなっている。

は実は、国全体で生み出される付加価値のことで、これが生産面から見た GDP です。

GDP の三面等価

　上で説明したように、付加価値は、それぞれの産業で生産にかかわる人々の所得として、地代・利潤・賃金などの形で分配されます。つまり、各部門の賃金・地代・利潤などをそれぞれ足し合わせていけば、経済全体としての賃金・地代・利潤となります。そして、このようにして求めた経済全体としての賃金・地代・利潤などの所得を足し合わせれば、一国の GDP となるはずです。

　図 9-6 はこの点を図で例示したものです。それぞれの産業の付加価値が、それぞれの産業の生み出すさまざまな形の所得の和となっているということ、そしてすべての産業の付加価値の和が一国の GDP となることから、いろいろな形の所得をすべて足し合わせたものが一国の GDP になることは自明だと思います。このように、賃金・地代・利潤などの所得の形態（分配形態）から見る

ことを、分配面から見た GDP といいます。

　以上の議論からわかるように、GDP には三つの異なった表記の仕方があります。消費、投資、政府支出などの支出面から表記した支出面から見た GDP、産業ごとの付加価値に分解して表わした生産面から見た GDP、そして分配の形態に分けた分配面から見た GDP です。これらの三つが等しくなることはいうまでもありません。──*

*──確認：GDP の三面等価
> 本文中で説明したように、次の三つは等しくなっているはずです。確認してください。
> ①消費、投資、政府支出、ネットの輸出（輸出－輸入）を足したもの（支出面から見た GDP）
> ②賃金、利潤、地代、税収など、さまざまな所得を足し合わせたもの（分配面から見た GDP）
> ③各産業の付加価値を足し合わせたもの（生産面から見た GDP）

II　マクロ経済における需要と供給

GDP をどちらから見るのか

　GDP がどのようにして決まるか、もう少し深く考えてみましょう。ここでは、経済学のもっとも基本的な概念である需要と供給の考え方を使います。以下で説明することを図 9-7 に簡単な図解にしてみましたので、それを参考にしてください。

　一国の総生産額である GDP は、国内で行なわれるさまざまな生産活動を集計したものです。生産がどれだけ行なわれるかということを考えれば、GDP がどのような水準にあるのかを知るよりどころとなるはずです。これは、GDP を供給サイドから見るということです。

　生産が行なわれるためには、まず生産をするための手段がそろっていなくてはなりません。労働、資本、土地などが、生産を行なうための基本的な資源です。労働、資本、土地などを生産要素と呼びます。経済に存在する生産要素の量から、その経済の生産の可能性は決まってきます。人口数十万人の国と、数億人の国では、おのずから GDP の大きさは違ってくるはずです。同じ程度の人口であれば、資本や土地の多い国のほうが多く生産ができると考えられます。もちろん、その国の技術水準も重要な意味を持っています。先進工業国が

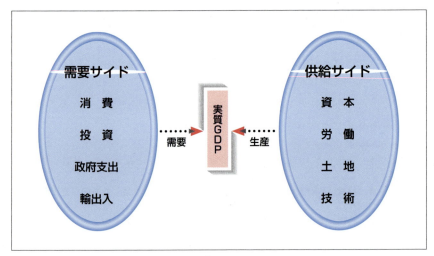

図9-7　マクロ経済における需要サイドと供給サイド
経済全体の規模（実質 GDP）は、どのような形で需要が生まれるのかという需要サイドと、どのような形で生産（供給）に裏付けられているのかという供給サイドの両方から決まってくる。マクロ経済を見るためには、需要サイドと供給サイドの両方を見ることが重要である。

発展途上国よりも人口が少なくても大きな GDP をあげるのは、高い技術を持っているからにほかなりません。

　GDP は供給サイドからのみ決まるわけではありません。生産要素や技術力からは生産する余地があっても、需要がなければ生産は行なわれないはずです。景気が悪いときには、生産しても売れ残りが生じるだけだというので、生産を抑える傾向があります。せっかく供給能力があっても、それが実際の GDP として実現しないのです。このような状況では、どの程度の需要があるのかが GDP の決定要因として重要になります。

　需要サイドの動きを見るためには、需要の個別の項目である、消費、投資、政府支出、輸出などがどのような動きをするかを見なくてはなりません。マクロ経済学では、これらの項目がどのように動くのかをくわしく検討します。たとえば、消費の動きは、所得の大きさや雇用の状況に大きな影響を受けるでしょう。投資については、企業の将来の見通しや、資金を借りるときに課される金利（利子率）の水準が関係してくるはずです。政府支出は政府が政策的に決定するものです。輸出については、海外の景気動向や為替レートが重要な影響

を及ぼすはずです。

　これらの個々の項目については後でくわしく見るとして、一般的にわかることは、これらの需要を足し合わせたもの（これを総需要と呼びます）が大きいほど、GDPも大きくなるということです。新聞紙上を見ても、消費が拡大したことや輸出が伸びたことが日本の景気の拡大の原因のように書かれています。要するに、どの項目がリードしてもよいから需要が拡大すればGDPも拡大するのです。

　現実のGDPがどのように動くのかは、需要と供給の相互作用のなかから決まります。その動き方については、学派によって、考え方に顕著な違いが見られます。ケインジアン（ケインズ学派）と新古典派の間に大きな論争が行なわれてきました。GDPが需要と供給によってどのように決まるかについて、考え方に大きな違いが見られます。もちろんその結果、マクロ経済政策に関する考え方も異なってきます。

成長方程式：供給サイドから見たGDP

　「日本経済の潜在成長力は2％である」といったような議論をよく耳にするはずです。これは、日本経済はどの程度のGDPの成長（経済成長）をする実力があるかということを述べています。こうした潜在成長力はどのようにして計算するのでしょうか。これは、先に説明した供給サイドの関係から求めることができるのです。

　日本経済が何パーセントぐらいで成長するかを見るためには、生産要素である労働や資本が何パーセントぐらいで成長するかを見ればよいはずです。労働や資本の増え方が大きいほど、日本の成長率も高くなる可能性が大きいからです。

　くわしい説明は省きますが、成長方程式と呼ばれる考え方があります。それによると、

　　　　経済成長率＝労働分配率×労働の増加率＋資本分配率×資本の増加率

という関係が成立します（第15章で技術進歩を考慮に入れた、より一般的な成長方程式を考えます）。ここでは説明を簡単にするために、生産要素として資本と労働しか考えない単純な想定をしています。現実に成長方程式を利用するときには、もう少し生産要素をくわしく分類して計算する必要があるでしょ

う。

　ここで労働と資本の増加率とは、生産要素である労働と資本が何パーセントで成長するかということです。労働の分配率とは、日本の全所得のうち労働所得（つまり賃金など）が何パーセントぐらいの割合を占めているかを示したもので、資本の分配率とは日本の全所得のうち資本所得に何パーセントぐらい行くかを示したものです。

　労働や資本の増え方を予測することは、GDPの成長率を予測することよりは簡単です。労働については、これから若者が労働者として仕事に参加し、高齢者が引退していくので、人口構成を見れば労働人口の変化をある程度正確に予測できます。日本のように少子化・高齢化が進んでいる国では、労働の増加率は非常に低くなっていますし、近い将来はマイナスになることも予想されます。資本の増加率については、企業がどの程度投資を行なっているかを見ればよいわけです。投資が活発であれば資本の増加率も高くなりますし、投資が落ち込んでいれば資本の増加率も低くなります。

　つぎに労働と資本の分配率ですが、これはすでに説明したGDPやGNPを要素所得に分解した分配国民所得の概念に対応します。

　雇用者所得は、国全体の所得の約70%を占めています。先の成長方程式で労働分配率というのは、これを表わしていると考えることができます。労働分配率とは、要するにGDPとして日本が1年間に稼ぎ出した所得（生産）のうち、何パーセントが労働者の所得になるかを表わしています。

　労働者の所得以外に、さまざまな財産所得（利子、配当、地代など）があります。ここでは話をごく単純にとらえるため、それらをまとめて資本の分配率とすると、それは残りの30%ということになります。

　分配率は、労働や資本などの生産要素が、その経済の生産にどの程度貢献しているかを表わしたものと解釈することができます。労働分配率が70%であるということは、日本の所得を生み出す生産のうち、70%は労働が生み出したものだということです。こうした考え方の背後には、それぞれの生産要素は生産の貢献度に応じて所得をもらうという考え方があります。

　さて、労働と資本の分配率をそれぞれ70%と30%として、日本経済の潜在成長率は何パーセントとなるでしょうか。後は、労働と資本の増加率を使えばよいことになります。ここでは、たとえば労働の成長率が1%、資本の成長率

が4％であるとしてみましょう。すると日本経済の潜在成長率は、

$$0.7 \times 0.01 + 0.3 \times 0.04 = 0.019$$

となります。すなわち、日本経済の潜在成長率は1.9％ということになります。

このように、分配率と生産要素の増加率がわかれば、その経済の潜在成長率を求めることができます。もちろん、これはあくまでも潜在的な成長率、つまり実現することが可能な成長率であり、実際の成長率であるとは限りません。後で議論するように、十分な需要がなければ、資本や労働をすべて活かして潜在成長率をフルに実現できるとは限らないからです。

---

column 変化率という表わし方

経済の数字は、しばしば変化率で表わされます。「日本の今年の経済成長率は2％であった」、「円ドルレートは年初から15％も円安になっている」というとき、これらの数字は変化率であり、パーセントで表記されます。変化率とは、どの程度の割合で増減したのかを示すものです。たとえば、あなたの体重が60キロから66キロに増えれば、体重は10％増えたといいます。これは体重の増加量である6キロをもとの体重である60キロで割って求めることができるのです。

多くの経済指標の変化を変化率で表わすのには理由があります。それによって、その経済変数を測る単位にしばられないからです。石油の価格が上がったとき、何円上がったのか、何ドル上がったのか、というように、通貨単位によって違うのでは不便なだけでなく、不正確です。しかし、石油の価格が何パーセント上がったと表わせば、単位のとり方とは独立になるのです。

経済分析においては、しばしば異なった状況の変化を比べることがあります。日本における電話料金とアメリカにおける電話料金の低下の影響の比較、あるいは昭和の初めの為替レートの変化と現在の為替レートの変化のマクロ経済への影響の比較など、いずれもパーセント表示の変化率で見ることで比較可能になるのです。新聞などでも経済指標の多くは変化率で表わされています。経済成長率、消費の伸び率、為替レートの変化率、物価上昇率、地価下落率、人口増加率などは、いずれも変化率で表わした指標です。これらの表記に慣れることが、経済問題についての理解を深めるうえで必要となります。

経済成長と寄与度：需要サイドから見た GDP

つぎに、需要サイドから GDP や GNP を見てみましょう。すでに述べたように、実際に需要が生じない限り、生産は起こりません。そこで、需要の個別項目である消費、投資、政府支出、輸出などがどのような動きを示すのかが、マクロ経済を見るうえで重要な意味を持っています。

図 9-8 は、最近の日本の GDP の動きをその需要項目別の構成比で表わしたものです。この図からもそれぞれの項目が全体の需要のなかでどの程度の割合を占めているのか、そしてそれぞれの時期にどの項目が需要を牽引してきたかなどが読みとれます。たとえば、設備投資の項目を見ると、1974 年以降石油ショックの影響が出てくると落ち込んでいるが、1987 年のバブル期にまた大きく膨らんでいることがわかります。これに対して、政府支出はこうした景気拡大期にはあまり大きくないことも読みとれます。

需要の動きを見るために、しばしば寄与度という概念が使われます。この考え方の基礎にあるのは、つぎのような関係です。

経済成長率＝消費シェア×消費の増加率
　　　　　＋投資シェア×投資の増加率
　　　　　＋政府支出のシェア×政府支出の増加率
　　　　　＋純輸出シェア×純輸出の増加率

ここで、それぞれの項目のシェアとは、その需要項目が全体の GDP のどの程度の割合かを示したものです。たとえば、消費シェアとは GDP のなかに占める消費の割合のことで、図 9-8 では 2012 年の数値がおおよそ 60% となってい

---

column

景気予測

新聞やテレビの経済報道を追っていると、政府や日銀などの公的機関や、民間のシンクタンクなどが、定期的に経済見通しを発表していることがわかります。そのような見通しのなかでもっとも注目されるものが、今後予想される成長率（つまり実質 GDP の成長率）です。これらの調査機関はどこも、需要の個々の項目である消費、投資、政府支出、輸出入などが将来どのような動きをするのか予測し、それを積み上げることで GDP の動きを予想しているはずです。

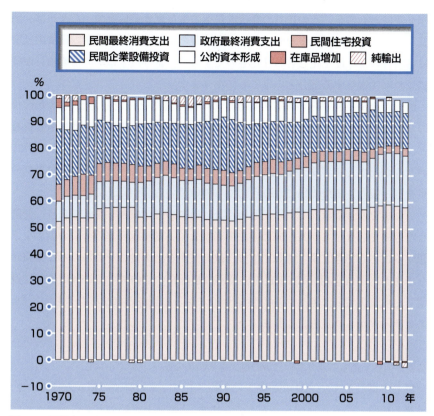

図9-8 需要項目別名目GDPの推移（1970-2012年）
マクロ経済全体の需要のなかで消費や投資などがどのようなシェアであるのか読みとることは重要である。

ます。

この式の右辺には四つの項目のシェアがありますが、これらを合わせるとちょうど1になります。そこで、経済成長率は、需要の各項目の増加率の加重平均になっていることがわかります。平均のウェイトは、それぞれの項目のシェアということになります。

この式の意味は直感的にとらえられると思います。GDPが需要の各項目を足し合わせたものですので、その増加率である成長率は、需要の各項目の増加率の平均となるのです。

この式の右辺のそれぞれの項、すなわち個々の需要項目のシェアにその増加

率をかけたものを、その項目の経済成長への寄与度といいます。たとえば、消費シェアに消費の増加率をかけたものを消費の寄与度と呼びます。経済成長率は各項目の寄与度を足し合わせたものですので、寄与度とはその需要項目が経済成長率に寄与する部分ということになります。

最近の経済成長率と各項目の寄与度の関係を見ると、たとえば1988年前後のバブル景気（このときには経済成長率も高い）には消費や民間設備投資など、いわゆる内需の寄与度が非常に大きいことがわかります。それに対して、バブルが崩壊して景気が低迷している90年代初めには、消費や投資が景気の足を引っ張り、政府支出でかろうじてしのいでいる姿が見えてきます。

これまでの議論は、どちらかというと、過去の経済成長率を需要項目に分解したものでした。しかし、同じ手法を利用して、経済成長率の今後の動きを予想することもできます。消費、投資、政府支出などの動きをいろいろな情報から予想し、それを用いてGDPの成長率の推計をするのです。これはすでに説明した成長方程式にもとづいた供給サイドからの見方とはまったくちがった、需要サイドからの見方になります。

需要と供給：どちらがマクロ経済の動きを決めるのか

以上で見たように、GDPの動きに集約されるマクロ経済の動きの背後には、需要と供給という二面がかかわっています。「需要と供給のどちらがマクロ経済の動きを決めるのか」という設問をたてることに意味があるでしょうか。それは手を打ったとき「どちらの手が鳴ったか」とたずねるようなものだと思われる読者も多いと思います。たしかに、そういった見方には正しい面もあります。需要面あるいは供給面のどちらか一方だけでマクロ経済を見ることは、経済の全体像を見誤ることになりかねません。ただ、需要サイドと供給サイドに大きなちがいがあることも認識する必要があります。

供給サイドについては、短時間でその状況が大きく変化することはまれであるといってよいと思います。労働者の数や一人ひとりの労働者の能力などによって決まる労働量、経済全体で見た資本設備の規模、その経済の技術レベルなど、供給サイドの基本的な要因は、時間とともに徐々に変化していくものであり、短時間に急速には変化しません。地震・戦争などの天災・人災、石油ショックのような海外から来る突然の資源価格や数量のショックなど、ごく特別な

場合のみ、短期的に供給条件が変化します。

したがって、通常は、供給サイドがマクロ経済学で表に出てくるのは、経済成長や経済発展など、マクロ経済の長期的な動きを見る分野です。これらの分野では、資本や労働など供給要因の動きが経済の動きを見るうえで重要な意味を持つからです。

これに対して、需要サイドの要因は、もう少し短時間で大きく動きます。消費や投資への需要は、いろいろな原因で、短期的に大きな変動をしたり、一定期間で波を打ったりします。輸出入も為替レートの動きによって大きく動いたりします。

このように、供給サイドの要因と、需要サイドの要因ではその動き方の時間的なスケールがちがうため、マクロ経済の動きを見るさいにも、需要と供給の関係をどのように考えるのかが決定的に重要な意味を持ってきます。実は、マクロ経済学において対立的である二つの考え方、ケインジアン（ケインズ学派）と新古典派のちがいの重要な点がここにあるのです。

この二つの学派の考え方の違いは、学問的な次元だけでなく、現場のマクロ経済政策の運営の違いとしても、重大な意味を持っています。マクロ経済の動きの背後にあるメカニズムに対する見方に決定的な違いがあるのですから、政策運営の考え方が異なるのは当然なのかもしれません。本書のなかでも、この二つの学派の考え方のちがいについては、いろいろな局面で説明することになります。

演習問題

1. 以下の文章の下線部に用語を入れなさい。
   (1) _____ は、一国内におけるすべての産業の付加価値を足し合わせたものであり、それはまた、_____ の和に等しいとともに、消費、投資、_____、純輸出の和にも等しくなっている。もしこの経済の、海外との要素所得のやりとりがネットでプラス（海外からの要素所得の受け取りが支払いを上まわっている場合）であれば、_____ はそれよりさらに大きくなっている。
   (2) 各国の経済の豊かさを測るためのもっとも単純な方法は、その国の _____ をとることである。ただ、この数値で国の豊かさを測ることには注意が必要で

ある。それは途上国ほど＿＿＿＿が低いからである。

(3) マクロ経済を支出サイドから見るとき、通常は、＿＿＿＿、＿＿＿＿、＿＿＿＿＿、＿＿＿＿の四つの部門を考える。

(4) ＿＿＿＿、資本、土地など、マクロ経済の供給サイドを考えるときに重要なものを＿＿＿＿と呼ぶ。これらの成長率にその所得シェアをかけたものを足し合わせることによって、その国の＿＿＿＿を求めることができる。この式を＿＿＿＿と呼ぶ。

(5) GDP や GNP の成長は、その支出項目である＿＿＿＿、投資、政府支出、＿＿＿＿＿などの成長率の加重平均をとることである程度予測できる。このとき、たとえば、投資の伸び率に投資のシェアをかけたものを、投資の＿＿＿＿と呼ぶ。

2. 海外との貿易がない簡単なマクロ経済を考えなさい。この経済の生産には三つの生産要素、すなわち資本、労働、土地が利用されているものとする。この経済における消費は 300 兆円、投資は 100 兆円、政府支出は 100 兆円であるとする。また資本へ分配される所得（税引き前）は 100 兆円、土地へ分配される所得（税引き前）は 100 兆円である。また、政府の財政収支はバランスしているものとする。政府の補助金や固定資本減耗は考えない。以下の金額を答えなさい。

(1) この国の GDP
(2) 労働へ分配される所得（税引き前）
(3) 政府の税収

3. 衣料、食料、住宅サービスの三つの部門しかない簡単な経済を考える。これらの部門についてつぎのようなデータが与えられるものとする。

部門	衣料	食料	住宅サービス
2010 年の価格	50	40	100
2010 年の数量	100	200	20
2015 年の価格	40	60	120
2015 年の数量	120	250	20

この表を用いて以下の計算結果を求めなさい。

(1) この経済の 2010 年と 2015 年の名目生産額（名目 GDP に相当）を求めなさい。
(2) 2010 年を基準年として、2015 年の実質 GDP を求めなさい。
(3) 2010 年を基準年としたときの、2015 年の GDP デフレーターを求めなさい。

4. 以下の設問に簡単に答えなさい。
   (1) さまざまな要素所得を足し合わせて計算したGDPと、いろいろな産業の付加価値を足し合わせて計算したGDPが等しくなるのはなぜか。
   (2) つぎの変数のなかでストック変数はどれか、フロー変数はどれか。
   GDP、貨幣残高、政府財政収支、消費、資本量
   (3) 「アメリカの一人当たりのGDPは日本のそれより低いが、アメリカのほうが日本よりも実質的な所得は高い」という記述についてコメントしなさい。

5. 以下の記述は正しいのか、誤っているのか、それともどちらともいえないのか、答えなさい。
   (1) 生産がまったく拡大しなくても物価が上がれば名目GDPは増大する。
   (2) いろいろな産業の付加価値の和であるGDPは、いろいろな産業の生産額を足し合わせたものよりも大きくなっているはずである。
   (3) 日本のように経常収支の黒字をつづけており、海外への資産投資も行なっている国のGDPはGNPよりも高くなっている。
   (4) GDPの水準が、内需(消費＋投資＋政府支出)の額よりも大きい国では、財・サービスの輸出は輸入よりも大きくなっている。

6. 以下の設問に数値で答えなさい。
   (1) GDPが5兆ドルの経済がある。この経済は海外との間にさまざまな要素所得のやりとりがあるが、その合計はネット(海外からの要素所得の受け取りが支払いを上まわっている場合)でプラス500億ドルであった。この国のGNPはどのくらいか。
   (2) 資本と労働と土地を利用して生産を行なっている経済を考えよう。いま、資本は2％、労働は3％、土地(生産に利用できる有効な土地)は1％(それぞれ年率)で増えているとする。また、GDPに占める資本、労働、土地の要素所得シェアは、それぞれ30％、60％、10％であるとする。もし、この経済に技術進歩がないとしたら、そのときの経済成長率(潜在成長率)は何パーセントになるか。また、かりにこの経済の成長率が4％であったとしたら、そのとき、この経済の全要素生産性(技術進歩の変化率)は何パーセントであるか。
   (3) この国のマクロ経済の需要項目の動きは、消費が2％、投資が3％、政府支出がマイナス2％、純輸出が1％で増えている。また、GDPに占めるそれぞれの項目のシェアは、消費が60％、投資が20％、政府支出が15％、そして純輸出が5％である。この場合、この国の経済成長率は何パーセントになると考えられるか。また、そのときの消費と投資の寄与度はそれぞれ何パーセントか。

10: 有効需要と乗数メカニズム

この章では何を学ぶのでしょうか。

この章の表題にある乗数メカニズムを理解することがこの章の中心的な課題となります。

乗数とは難しそうな用語ですね。

乗数メカニズムのくわしい中身は本文を読んでもらうとして、そのおおよその内容は意外と簡単です。一つ質問をしますが、政府が景気対策で公共投資（たとえば道路整備）をしたら、景気にどのような影響が及ぶと思いますか。

道路を整備するなら、その工事を請け負う業者の売り上げが増え、そこで働く人の雇用機会が増えますね。

それだけでしょうか。

工事作業をする人が得た所得で何かを買えば、それを売った店やその商品を作った企業の売り上げ増加につながります。それだけではありません。その店の売り上げは店の経営者の所得につながりますので、店の経営者も消費を増やすかもしれません。

そのとおりです。景気対策として創られた需要は、次々と新たな需要を生み出していくのです。いま話してくれたように連鎖的に需要が拡大していくプロセスを乗数プロセスといいます。このような連鎖的な需要の増加を考慮に入れると、当初に景気対策として行なった公共投資の何倍もの需要が生み出されることがわかります。この章では、何倍くらいの効果が出るのかその計算方法も検討します。

有効需要とは何のことですか。

いま説明してもらった乗数プロセスで重要な役割を果たしているのは、前章での分類では、需要サイドにあたります。消費、投資、政府支出などで生まれた需要が乗数プロセスでどのように膨れあがっていくのかを検討するわけですが、有効需要とは、このようにマクロで見た需要のことです。

マクロで見た需要といわれても、いまひとつ、わかりにくいのですが。

マクロで見た需要は、ミクロ経済学で学んだ需要とは少し異なった性格を持っています。それは、需要が需要を呼ぶという乗数プロセスの存在によります。この章で学んでほしいのは、消費、投資、政府支出といった需要項目が、乗数プロセスを通じて追加的な需要を生み出し、そうした追加的な需要も含めた総計としてのマクロ的な需要の動きを見る必要があるのです。

有効需要や乗数プロセスがわかると、経済現象のどのようなことがわかってくるのでしょうか。

たとえば、政府が景気対策を行なうときに、どれだけの規模の対策を行なえば、間接的な影響も含めてどれだけの効果があるのか、といった経済政策上の判断をするうえで乗数プロセスは重要です。また、現実の経済の動きを見ると、景気が良いとき悪いときの経済の振れがありますが、こうした振れの大きさは乗数効果と深いかかわりがあります。いったん拡大を始めた景気は乗数効果によって追加的な需要の増大を生みますし、逆にいったん景気が後退を始めれば、それは需要の減少を通じて経済をさらに冷やす可能性があります。このように、乗数効果の存在のために経済には景気の振れが発生します。これを景気循環と呼びます。

I　マクロで見た需要

需要不足がもたらす不況

　第9章で説明したように、マクロ経済の動きは需要サイドと供給サイドの相互作用のなかで決まります。需要が発生してはじめて生産活動に結びつくという面と、供給能力が存在するから需要に応じることができるという面があります。需要サイドと供給サイドは両方とも大切です。

　ただ、景気の問題を考えるときには、需要サイドのほうが重要な意味を持ちます。消費や投資などの需要がどのように動くのかが鍵を握っているからです。「消費や投資はどのようなメカニズムで決まるのか」「政府による減税や公共投資は景気全般にどのような影響を持っているのか」「金融政策によって金利を調整することで、経済全体はどのような影響を受けるのか」。こうした問題は、すべて、マクロ経済全体として需要がどのように決定されるかという点に関連しています。

　過去の日本経済の不況時にも、それぞれの時点で、需要不振が経済困難の大きな原因であると考えられてきました。雇用状況の悪化（失業率の上昇など）、将来に対する不安などから、消費は低迷します。企業は、販売の不振などから、生産力に見合っただけの販売を達成することができず、過剰設備を抱えていると考えます。したがって、新たに設備を拡張するような投資需要もなかなか出てきません。

　このような消費や投資という需要の不足が、企業の販売の低迷をもたらします。企業の売上げや利益は大幅に減少します。企業の業績不振は倒産やリストラを通じて、失業を増やす大きな原因となります。また、失業に至らない労働者でも、賃金カット、残業代カットなどのきびしい現実に直面します。こうしたことが、人々の消費需要をさらに冷やし、企業の設備投資意欲もくじきます。マイナス方向への需要低迷の悪循環が起こっているのです。

　このように、マクロ経済全体の需要は、景気動向に大きく依存するということがわかります。景気が悪くなれば所得も減るし設備も過剰になるので、消費や投資などの需要は落ち込みます。これが景気をさらに悪化させるというように、悪循環のメカニズムが働いています。

これとは逆に景気が拡大基調にあるときには、景気回復が需要を拡大させ、それがさらに景気回復を後押しするという好循環のメカニズムが働きます。このように、マクロ経済全体の景気動向と需要の動きの間には密接な関係が存在します。この点について解明するのが、この章の目的なのです。

景気の波及メカニズム

景気の波及プロセスにおける需要の重要性を単純な形で見るため、まず簡単な事例を用いて説明しましょう。

景気が悪くて失業者が大量に発生するのは、企業が労働者を雇わないからです。なぜ企業が労働者を雇わないのかといえば、それは景気が悪くて製品が売れないからです。このように考えてみると、そこには

[景気が悪くてモノが売れない]→[企業が生産を縮小し雇用を減らす]→
[人々の所得が減少してますます景気が悪くなる]

というような景気の悪循環のメカニズムがあります。

景気がよくなるときには、この逆のプロセスが働きます。すなわち、

[景気がよくなってモノが売れる]→[企業は生産を拡大し雇用も増やす]→
[人々の所得が増大してますます景気がよくなる]

というプロセスになります。

夏の暑さは、景気の動きに大きな影響を及ぼします。エアコン、夏物衣料、清涼飲料水、ビールなどの売れ行きに大きな影響を及ぼすからです。そして、こうした商品が売れることは、これらの商品を生産している業界が潤うだけでなく、他の業界にも波及していくのです。

たとえば、ある夏が非常に暑くて、平年よりも100億円余分にエアコンが売れたとしてみましょう。家電メーカーは100億円分余分にエアコンを生産・販売します。この売上げの増加分100億円は、家電メーカーやその下請けの部品メーカー、そして家電小売店などの利潤や労働者の賃金増加として、（経済全体として）100億円の所得増加をもたらします。しかし、経済全体の所得や生産の増加はこれだけにとどまりません。

所得が増大した家電メーカーの従業員は、その一部を衣服・レジャーなどの商品の購入にまわすでしょう。その結果、これらの商品やサービスを扱っている企業の売上げが増加し、生産活動も拡大するでしょう。そこで働く人々の所

得も増えます。すると、今度はこの人々がいろいろな商品の購入を増やすはずですから、そのような需要の増大が見られた商品の生産をしている企業の生産も増大します。

このような二次的・三次的な需要の波及の大きさは、所得の増加分のうちどれだけが消費にまわされるかによって影響をうけます。所得が増えても人々が消費を増やさないなら、需要の波及はほとんどありません。これに対して、所得の増加分の相当な部分が消費の増加にまわるなら、需要の波及効果は大きくなります。

以下でもう少しくわしく説明しますが、ここで重要な意味を持つのが、限界消費性向と呼ばれる概念です。限界消費性向とは、所得の増加のうちどの程度の割合が消費の増加にまわるのかを表わした指標です。みなさんの収入が来月から1万円増えたとしたら、みなさんはそのうちどれだけを消費にまわし、どれだけを貯蓄に残しますか。かりに8000円は消費にまわすと答えるなら、その人の限界消費性向は0.8ということになります。経済全体でも、同じようにして限界消費性向というものがあり、この大きさが需要の波及効果の大きさを決定するのです。

図10-1は、限界消費性向を0.8としたときの、エアコンの需要増大の波及プロセスを例示したものです。エアコンの売上げが100億円増えて、業界の所得も100億円増えたときの、需要の波及プロセスを表わしています。もし経済全体の限界消費性向が0.8であるなら、所得増加分100億円の8割、すなわち80億円が新たな需要の増大となって現われるはずです。その中身は、衣服、レジャー、飲食など、さまざまな分野に広がっているはずです。

図にも示したように、このように経済全体に二次的需要で波及した需要は、さらに三次、四次と、つぎつぎに派生需要をもたらしていきます。このような需要の派生プロセスが終了するまでには、相当の時間がかかるでしょう。しかし、ここでは単純化のためにそうした時間的経過を無視して派生需要をすべて足し合わせてみます。くわしい計算の方法は後で説明しますが、当初の100億円の分も含めて派生需要をすべて足し合わせると500億円になることがわかります。すなわち、当初の100億円のエアコンへの需要は、最終的には500億円にまで膨れ上がるのです。しかも、そのうちの400億円分は、その大半がエアコン以外の財・サービスに対する需要となっています。

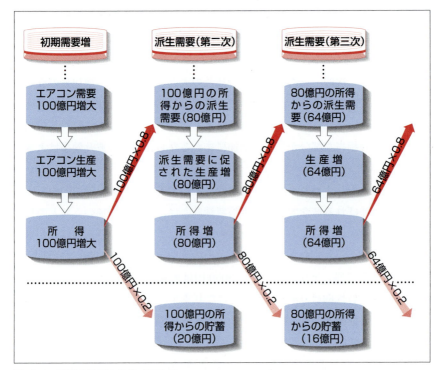

図10-1 需要の波及と乗数プロセス
100億円のエアコン需要の増大が経済の他の分野にどのように需要を波及させていくか図示してみた。この図で乗数プロセスをイメージしてほしい。

このように、需要増大が生産増大と所得増大を生み出し、これがつぎつぎに派生需要を生み出し、その結果、経済全体の需要・生産・所得が雪だるま式に増えていくプロセスを乗数プロセスと呼びます。

乗数プロセスは、マイナス方向にも働きます。景気が悪いときには、これが大きな問題になります。たとえば冷夏で例年よりもエアコンの需要が落ち込めば、それは家電メーカーなどの業績に影響を及ぼし、残業カット、ボーナスカット、パート労働削減などを通じて、関係する労働者や企業の所得を減らします。その所得の減少はこれらの人々の需要を低下させますので、他の財・サービスの需要減少という形で他の産業へ波及していきます。このようなマイナスの波及プロセスも上で説明したプロセスと同じように二次、三次、四次と広がっていくのです。——*

*──確認:限界消費性向が高いほど波及効果は大きい
　限界消費性向が大きいほど、追加的な所得増加が生み出す消費の増加も大きくなります。つまり、乗数プロセスによる景気の波及効果も大きくなります。

限界消費性向と乗数

　以上で例を用いて説明した乗数プロセスについて、もう少しくわしく説明します。この項は多少テクニカルですので、とばして読んでもかまいません。いま、当初の需要の増加額を A（上の例では100億円）、限界消費性向が c（上の例では0.8）であるとします。繰り返しになりますが、限界消費性向とは、所得の増加のうち、どれだけの割合が消費の増加となるかを示したものです。

　さて、一次需要の増加が A であれば、それによって A だけの所得増加ともなるので、二次の派生需要は cA、三次の派生需要はそれにさらに c をかけて c^2A、四次は c^3A となります。このような派生需要をすべて足し合わせると、

$$A + cA + c^2A + c^3A + c^4A + \cdots = A(1 + c + c^2 + c^3 + c^4 + \cdots)$$

となります。

　これは初項 A、公比 c の無限等比級数となっています。したがって、この和は $A/(1-c)$ となります。無限等比級数は、初項÷(1-公比) になるということを、高校の数学で学んだと思います。

　さて、この和のなかの $1/(1-c)$ の部分を、乗数（値）と呼びます。当初の需要に対して、派生需要も含めたすべての最終的な需要が何倍にまで拡大するかを示しています。たとえば、$c = 0.8$ であった上の例では、乗数値は5になります。ですから、100億円の当初のエアコンの需要増に対して、最終的な需要はその5倍の500億円となります。

　限界消費性向が1に近いとき、すなわち、人々が所得増のほとんどを消費にまわすときには、乗数値も大きくなります。それだけ二次、三次の派生需要が大きくなるからです。乗数の考え方は、マクロ経済の需要メカニズムについて考えるうえで、重要な意味を持っています。

　第一に強調しておかなければならないことは、乗数メカニズムの存在のために、経済のどこかで起こった需要の増大や減少の動きが、乗数プロセスを通じて経済全体に拡大して波及するということです。そのため、需要が大幅に不足した景気低迷や、需要が拡大しすぎた景気過熱の状態がしばしば生み出される

のです。経済の景気をほどよい状態にしておくために、需要の管理という視点が必要となってきます。

　第二に、こうした乗数プロセスを利用して、経済に需要を起こしたり、あるいは経済の需要を抑えたりすることも可能となります。そのための手法が財政政策や金融政策です。たとえば、政府が公共工事を増やせば、そこで生み出された需要増が乗数プロセスを通じて経済全体に拡大して広がります。逆に、過熱した景気を冷やしたいときには、増税を行なえば消費が抑えられ、それがまたマイナスの乗数プロセスを通じて需要を減少させていくのです。

column　穴掘り政策と戦争

　ここで説明した乗数メカニズムにもとづけば、まったく役に立たないような公共事業でも、景気拡大政策としては意味があるということになります。そうした例としてよくあげられるのが、公共政策として穴を掘っては埋めるという作業を繰り返して行なうことです。こうした作業はまったく意味がないように思われますが、その作業に雇われた人などによって追加的需要が出てくれば、それが乗数メカニズムによって経済全体へ需要拡大をもたらすということになります。

　こうした話は経済学の世界の仮想的なものだけでもなさそうです。日本の現状を見ても、あちこちの道路を掘っては埋めるようなことばかり繰り返しています。そうした工事を行なっている事業者や自治体などによれば、地下の電線やガス管などの整備や維持のためには必要ということになるのかもしれませんが、そうした工事によって迷惑している住民としては納得できない部分もあります。

　意味のない活動、あるいは社会に有害である活動が経済の需要を拡大する典型的な例が戦争です。大量の破壊と殺人を行なう戦争は、これ以上悪い公的活動はないというものですが、それでも需要拡大効果だけは持っているようです。1930年代に世界を襲った大不況のもとでの需要不足がほんとうの意味で解消したのは、第二次世界大戦に突入してからだという議論がありますが、第二次世界大戦に限らず、戦争や軍事拡大（縮小）はマクロ経済の需要に大きな影響を及ぼすものであることは確かです。

II 需要の決定とマクロ経済の均衡

所得・需要・生産の相互メカニズム

　以上で説明した考え方をさらに進めれば、経済全体の需要がどのように決まるのかがわかります。以下でこれを説明していくわけですが、話をもっとも簡単なところからはじめるため、まず、経済の需要はすべて家計（消費者）による消費という形をとると考えてみましょう。企業による投資、政府による政府支出、海外との貿易などについては、後で順次導入していきます。

　図10-2は、マクロ経済全体における、需要、生産、所得の関係を示したものです。この図から、総所得・総需要・総生産が、ひとつのサイクルの上で同時に決定されることが読みとれると思います。すなわち、総需要が総生産を決め、総生産が総所得を決め、そして総所得が総需要を決めるのです。以下、この三つのチャネルを説明しましょう。

　まず、総需要から総生産への関係ですが、これは、総需要がそれに等しい総生産をもたらすという単純なものです。需要の裏付けがない限り生産が行なわれません。たとえば景気が悪い状況では、企業は十分な生産余力を残しながら、需要に見合った分だけしか生産しません。

　つぎに総生産から総所得への関係ですが、これについては、すでにGDPやGNPの三面等価として第9章で説明しました。生産として生み出された国民所得は、国民への所得としてすべて分配されます。所得の形態は、賃金、地代、配当、利子などさまざまな形態をとりますが、これらは結局のところ生産活動によって生み出された所得を分配したものなのです。そもそも、生産によって生み出された以上のものを所得として支払うことは無から有を生じることになりますし、逆に、生産によって生み出されたものの一部がだれの所得にもならないということもありえません。

　最後に、総所得が総需要を生み出すメカニズムについて説明しましょう。ここでは、とりあえず需要として消費しか考えていません。したがって、総需要とは消費のことです。所得と消費の関係を表わしたものが消費関数と呼ばれるものです。これについては後でくわしく説明しますが、要するに所得が大きいほど消費も大きくなるという関係を示したのが消費関数です。

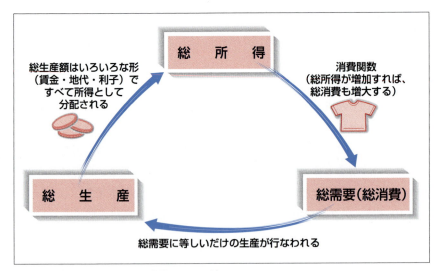

図10-2 需要・生産・所得の連鎖のイメージ
　　　　需要が増えれば、それに対応して生産が増え、それが新たな所得を生み出す。新たな所得は新たな需要を生みだし、それが生産につながっていく。

　さて、以上の三つの関係を一巡することで、所得、生産、需要が決定されます。以下に示すように、これを式の形で示すと、きわめて簡単な形になります。

消費関数と生産・所得・需要の決定

　図10-2で示した生産・所得・需要の同時決定を、明示的な形で解くためには、消費関数を導入する必要があります。消費関数とは、図10-3に描いたような所得と消費の間に成立すると考えられる関係を表わしたものです。
　この図には、横軸には所得、縦軸には消費がとられています。図には右上がりのグラフが描かれていますが、これは所得が高くなるほど消費も大きくなることを表わしています。消費関数は通常は右上がりになっていますが、これは消費が所得の増加とともに拡大すると考えられるからです。消費関数についてはさまざまな角度からの研究がありますが、ここではとりあえず図10-3に描かれたような単純な消費関数を考えることにします。
　図10-3のグラフにも書き込まれているように、消費関数は
　　　$C = C(Y)$

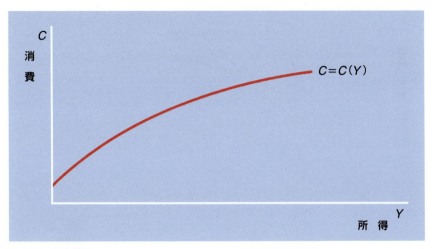

図 10-3　消費関数
横軸に所得、縦軸に消費がとってある。所得が増えるほど消費も増えるが、所得の増え方に比べて消費の増え方のほうが少ないと想定すれば、消費関数は図に描いたような曲線となる。

という関数形で表わすことができます。この関数を用いて、生産・所得・需要の関係を表わすと、

$$Y = C = C(Y)$$

という単純な関係になります。

　この式の最初の式は左辺の生産（Y）が右辺の需要（C）に等しくなることを示しています。二つ目の式は消費関数そのものですが、消費が所得の関数として表わされることを示しています。この式をまとめると、

$$Y = C(Y)$$

となりますが、この式で生産・所得・需要の三つが等しくなる所得（生産、需要）の水準が求まります。

　これをグラフで表わしたのが、図 10-4 です。この図には、二つの線が描かれています。ひとつは、図 10-3 と同じ消費関数です。これは横軸の所得に対して縦軸の消費がどのように対応するかを示しています。もうひとつは、45 度線ですが、これは横軸に取られた所得と縦軸に取られた生産が等しくなるということを示しています。

　さて、図 10-4 のグラフの上では、マクロ経済の所得・生産・需要を等しく

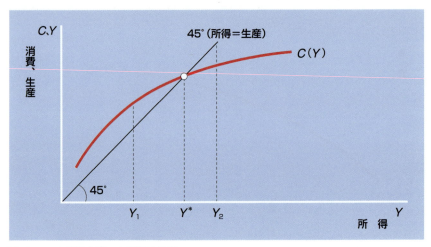

図10-4 　45度線を用いた所得の決定
　　　　消費関数によって、横軸の所得と縦軸の消費の関係が読み取れる。経済の需要には消費しかない単純なケースを想定しているので、この消費は所得（生産額）に等しくなっていなくてはいけない。これは消費関数の上で所得と消費が等しくなる45度線との交点となる。

するのは、二つの線の交点で表わされる所得水準のところです（この点をマクロ経済の均衡点と呼ぶことにします）。これは図の上では、横軸にとられた Y^* という所得水準となります。この所得のときには、そこから生じる消費もちょうど Y^* に等しくなり、所得・生産・需要（消費）がちょうど等しくなっています。

　マクロ経済の均衡点の内容について理解するためには、所得水準が Y^* よりも高くなったり低くなったりしたとき、どのようなことが起こっているのか確認する必要があります。

　たとえば、図10-4の横軸に取られた Y_1 のように、均衡の所得水準 Y^* よりも低い所得のところではどのようなことが起こっているでしょうか。この場合には、消費関数の位置からも明らかなように、消費（需要）の水準は所得や生産よりも高い水準にあります（消費関数の位置が45度線よりも上にあります）。つまり需要が供給を超過しているのです。もし経済に十分な供給能力があればこの場合には生産が拡大し、所得も拡大していくでしょう。したがって、所得は Y^* の方向に向かって拡大していくものと考えられます。

これに対して、もし所得水準が Y_2 のように Y^* よりも高いと、今度は消費（需要）は生産や所得よりも小さくなります（消費関数が45度線よりも下にあります）。この結果、超過供給の状態が発生し、生産が縮小して、所得も縮小します。この結果、生産や所得は Y^* の方向に向かって縮小するはずです。──*

*──確認：所得の調整プロセス
> 所得水準が低いと、消費（需要）が生産よりも大きくなります（超過需要）。これは生産や所得を拡大する力となります。一方、所得水準が高すぎると、消費（需要）が生産よりも小さくなります（超過供給）。これは生産を縮小させる力となります。最終的には、図10-4の消費関数と45度線の交点のところが均衡となります。

結局、所得水準が Y^* の場合にのみ、所得・生産・需要の一致が見られることがわかります。それ以外の所得水準では所得・生産・需要は一致せず、所得や生産の調整が起こります。その結果、所得は Y^* の方向に動いていきます。

需要不足の経済

図10-4で示したマクロ経済の均衡は単純なものですが、マクロ経済の見方に関して重要なメッセージを提示しています。それは、経済全体の所得や生産の水準が需要の規模によって大きな影響を受けるということです。とりわけ重要なケースとして、需要が大幅に不足しているときには、所得が大きく減退し、失業や遊休設備が生じるということです。

この点を図10-5を用いて説明してみましょう。図10-5は図10-4と同じ図ですが、消費関数が二つ描いてあります。C_1 と C_2 という二つの曲線です。消費は縦軸にとられていますので、C_1 の曲線の場合のほうが、C_2 の曲線の場合よりも消費規模が大きいことがわかると思います。要するに C_1 の場合のほうが消費意欲が旺盛なのです。

さて、もし当初の消費が C_1 のような状態にあったら、マクロ経済の均衡は図の E_1 となり、そのときの所得水準は Y_1 となります。ここで、もし需要が C_2 まで低下したらどうなるでしょうか。図からわかるように、マクロ経済の均衡は E_2 に変わります。そしてそのとき、所得は Y_2 にまで減少してしまいます。

二つの均衡を比べるとわかるように、需要が少なければそれに応じて生産も低下します。生産の低下は所得を減少させ、さらに需要の減少を招きます。そうしたプロセスを通じて、所得は Y_1 から Y_2 にまで減少するのです。

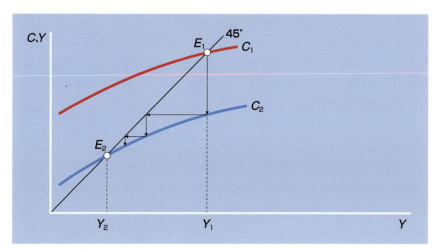

図10-5　需要不足がもたらす影響
青の線で描いた消費のように非常に低い消費だと、(赤の線の場合と比べて) 均衡の所得水準は非常に小さくなる。需要が小さいとそれに応じて所得も小さくなる。

　このプロセスは、先に説明した乗数プロセスにほかなりません。これを説明するために、図には矢印でこのプロセスが描かれています。当初、消費が C_1 で表わされるようなものであったとして、突然 C_2 のところまで消費の減退が起こったとしてみます。E_1 から下へ向かって矢印が描かれていますが、これが需要の減退を表わしており、そこでは明らかに生産のほうが需要よりも多くなってしまいます。そこで生産が減少しそれが所得も低下させます。これがつぎの左向きの矢印で表わされる動きです。しかし、もしそこまで所得が下がれば、需要はさらに減少します。これは消費関数 C_2 が右上がり (左下がり) になっているので、所得が下がれば消費 (需要) も下がっていくことに対応します。この所得の低下に伴う需要の減少は、図ではつぎの下方向の矢印で表わされています。

　このように、需要減少→生産低下→所得減少というプロセスがつづいて、最終的には所得が Y_2 のところまできて、経済は新しい均衡にたどり着くのです。新しい均衡は、元の均衡に比べて、はるかに低い所得、生産、需要となっています。

　ケインズ経済学のもっとも重要な貢献は、このような需要不足の均衡の存在を明らかにしたことにあります。需要が不足すれば、生産や所得もそれに合わ

せて減少し、経済が最終的に落ち着くところでは、大量の失業が発生し、企業が多くの遊休設備を抱えることになるのです。

投資と政府支出

これまでは、需要の項目として消費しか考えませんでした。説明をできるだけ単純化するためです。しかし、財・サービスを需要するのは、消費目的で財・サービスを購入する家計だけではありません。企業、政府、そして海外の国々も財・サービスの重要な購入主体です。ここで、投資と政府支出についてごく簡単に触れておきたいと思います。

すでに第9章で説明したように、マクロ経済全体の生産を支出項目に分けると、

$$Y = C + I + G$$

となります。ここで、Y は GDP、C は消費、I は投資、G は政府支出を表わしています。説明が繰り返しになりますが、投資（I）とは、企業が設備投資や研究開発投資などの目的で行なう財やサービスの購入を表わしています。また、政府支出（G）とは、政府による財・サービスの購入のことで、これはゴミ処理や教育活動などの政府消費と、ダムや道路の工事などの公共投資からなっています。

投資や政府支出がどのような水準に決まるかということは、マクロ経済を考えるうえで重要な問題です。企業の投資活動は利子率などの金融動向に大きな影響を受けるでしょうし、政府支出の水準は財政政策の重要な手段となるからです。こうした問題については後でくわしく議論する予定ですが、ここでは投資も政府支出もその水準がどのように決まるかということにはあえて踏み込みません。外生的に与えられていると考えます。

さて、投資と政府支出が導入されると、図10-4で示したマクロ経済の均衡はどのように修正されるでしょうか。それを図で表わしたのが図10-6です。図10-6には消費関数も描かれていますので、図10-4と比較することでその違いがわかると思います。

投資や政府支出も消費と同じように需要を構成しますので、総需要は消費、投資、政府支出を足したものとなります。ここでは投資や政府支出の水準が外生的に与えられたものと考えていますので、総需要は消費関数に投資と政府支

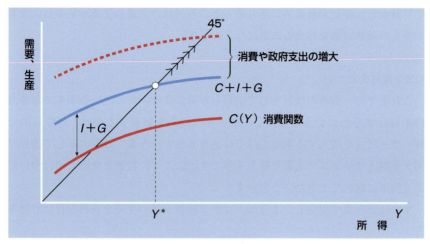

図10-6　45度線のグラフへの投資と政府支出の追加
これまでは消費だけのケースを考えていたが、ここでは投資と政府支出も需要の項目として考慮に入れる。ここでは投資も政府支出もそれぞれ一定の額であることを想定しているので、需要は消費関数の上に投資と政府支出の額を積み上げたものとなる。

出分を付け加えたものとなっています。グラフの上では、総需要は消費関数を投資と政府支出分だけ上方にシフトさせたものになっています。

このように投資と政府支出を加えたマクロ経済の均衡は、これらを加えた新たな総需要の曲線（図の $C+I+G$）が45度線と交わる点で表わされます。この点において、

$$Y = C(Y) + I + G$$

というマクロ経済の均衡が成立します。図の横軸上の Y^* がそのときの均衡所得を表わしていますが、この所得のもとでは需要（消費、投資、政府支出を足したもの）が生産や所得に等しくなっています。Y^* よりも低い所得では需要のほうが供給を上まわっており、Y^* よりも高い所得では供給のほうが需要を上回っているのも、図10-4で示した単純なケースと同じです。

さて、図10-6から明らかなように、消費水準と同じように、投資や政府支出の水準もマクロ経済全体の生産や所得水準の決定に重要な意味を持っていることがわかります。投資や政府支出の規模が拡大すれば経済全体の生産や所得の水準はその乗数倍拡大します。

これは図の上で、投資や政府支出が増えたときに総需要の曲線がどのように動くか確認すればわかると思います。もし投資か政府支出が増大すると、総需要の曲線は図の点線で表わしたような位置にシフトします。それによって経済全体の生産・所得・需要の水準は、45度線に沿ってずっと上のほうに移動していくのです。

ここでも乗数メカニズムが働いています。たとえば投資が拡大すれば、それは財・サービスの需要の増加を通じて経済の生産水準を拡大させます。その生産の拡大は所得の増大をもたらしますが、所得の増加によって二次の派生需要が生じます。それでさらに生産と所得が増加し、三次の派生需要が生じます。このようにつぎつぎに派生需要が起こるのは前の説明と同じで、これを累積したものが乗数プロセスとなります。

経済全体の投資がどれだけ行なわれるのかは、企業の投資意欲によって大きく変化します。企業が経済の将来の先行きを悲観的に見ているときには、投資も落ち込みます。逆に景気に対して楽観的であるときには、投資も拡大しま

---

column

需要が牽引した日本の高度経済成長

　1960年代から70年代の初めにかけて、日本は毎年10%を超えるような高い成長率を続けました。いわゆる、高度経済成長の時代です。この時代、家計の消費、企業の設備投資、そして公共投資が非常に速いスピードで拡大していきました。家計の消費と言えば、テレビ・冷蔵庫・洗濯機のいわゆる三種の神器が飛ぶように売れた時代です。

　企業の設備投資についても、太平洋ベルト地帯と呼ばれる、東京から大阪、そして瀬戸内海から福岡に通じる一連の工業地帯に、鉄鋼・造船・機械・石油化学などの大型工場がつぎつぎに建設されました。そして、公共投資についても、東京オリンピックに間に合わせるために急ピッチで進められた新幹線や高速道路の建設、オリンピック後も道路網や鉄道網への投資がつづけられました。

　こうした国内需要は、人々の所得を拡大させ、その所得拡大がさらに新たな需要を創出していったのです。まさに内需が日本の経済成長を支える原動力であり、そこでは本文中で説明したような乗数プロセスが働いていたのです。

す。投資はこのような企業による見通しによって大きく変動しますが、それは乗数効果を通じて経済全体の生産や所得をより大きく動かすのです。このように景気が大きく振れながら動いていくことを景気循環といいますが、投資の変動は景気循環の大きな原因であるといわれます。

　一方の政府支出ですが、これは政策によってその大きさが決定されます。一般的に景気が悪いときには、景気を刺激するため政府支出も大きくなります。逆に、景気が過熱しているときには、政府支出は抑制されます。このように景気に応じて政府支出を調整するような政策を財政政策と呼びます。

　政府支出についても乗数メカニズムが働きます。ですから、たとえば景気が悪いときに政府支出を拡大すれば、乗数プロセスを通じてその何倍もの需要が経済に生まれることが期待されるのです。

所得水準決定の数値例

　上で説明した所得決定のメカニズムを、簡単な数値例を使って説明してみましょう。経済全体の消費関数は

$$C = 50 \text{ 兆円} + 0.8Y$$

とします。ただし、C は消費、Y は GDP です。すなわち、所得がゼロのとき消費が50兆円であり、所得が1兆円増加するごとに消費が8000億円増えるような消費関数を考えます。このとき、限界消費性向は0.8になっています。

　投資と政府支出は外生的に与えられているとして、それぞれ20兆円ずつであるとします。このとき、

$$Y = C + I + G$$

の関係式を使って、

$$Y = 50 \text{ 兆円} + 0.8Y + 20 \text{ 兆円} + 20 \text{ 兆円}$$

となり、これを Y について解くと、

$$Y = 450 \text{ 兆円}$$

が求められます。

　ちなみに、ここで投資が20兆円から30兆円に、10兆円だけ増えたとしてみましょう。このような増加によって、

$$Y = 50 \text{ 兆円} + 0.8Y + 30 \text{ 兆円} + 20 \text{ 兆円}$$

となり、

$$Y = 500 \text{ 兆円}$$

となることが確認できます。この場合、限界消費性向は 0.8 ですので、乗数は

$$1 \div (1 - 0.8) = 5$$

となっています。たしかに、投資の 10 兆円の増加によって、GDP はその乗数倍（5倍）の 50 兆円増えています。同様に、政府支出が 10 兆円増えることによって GDP が 50 兆円増えることも、確認してください。

補論：恒等式と方程式

本章で、マクロ経済学の基本的な関係として、

$$Y = C + I + G$$

という関係式を説明しました（ただし、この関係は海外との貿易がない場合です。貿易がなされる場合には、これにさらに財・サービスの輸出入が入ります。ここでは簡単化のため、海外との貿易は考えません）。

そこでは、この関係はつねに成立していると説明しました。生産された財・サービス（Y）は、必ず消費（C）、投資（I）、政府支出（G）のどこかで使われているからです。かりに売れ残った財があっても、それを供給している企業の在庫投資に算入されますので、投資となります。

このように、つねに成立する関係式を恒等式といいます。恒等式とは、ある意味で当たり前に成立する関係のことであり、経済学ではこうした恒等式がしばしば出てきます。いくつか例をあげれば、経常収支の黒字は日本の海外に対する債権の純増になること、政府の財政赤字はあらたな国債発行に等しいことなどです。

これに対して、今度は、上記の式を方程式と考えてみましょう。図 10-6 の議論からも明らかなように、この関係はつねに成立するのではなく、均衡の所得 Y^* のところでのみ成立します。別のいい方をすれば、こうした関係が成立するように生産・所得・需要が Y^* になるという議論を展開したのです。

これまで説明してきたマクロ経済の均衡の方程式は、私たちのマクロ経済に対する見方を定式化したものです。この式が成立するようにマクロ経済が動いていると想定しているわけです。それに対して、恒等式はそうしたプロセスの結果として成り立っている関係式のことであり、それ自体はマクロ経済の調整メカニズムについて何ら示唆を与えるものではありません。

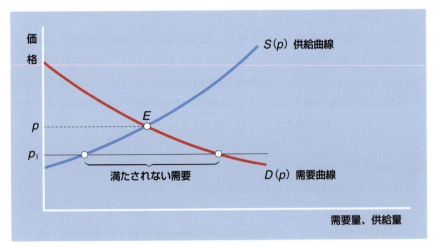

図 10-7 価格が固定されているときの需要と供給の均衡
価格が図のように低い水準に固定されていると、供給の方が潜在的な需要よりも小さくなる。その場合には、満たされない需要が生じるが、配給や早いもの順などの形で需要が供給に調整させられる。

　方程式と恒等式のちがいは、通常の需要と供給の関係でも見ることができます。図 10-7 は、どこでも見かける需要曲線と供給曲線を描いたものです。縦軸に価格が、横軸に需要量や供給量が取られています。私たちは、通常、この二つの曲線の交点（図の E 点）を均衡と考えます。これは式の形で書けば、

$$D(p) = S(p)$$

と表わされます。ここで、p は価格、$D(\cdot)$ は需要を表わす需要関数、$S(\cdot)$ は供給を表わす供給関数です。この式の意味するところは、需要と供給が等しくなるように価格が決まるということです。こうした調整を通じて、結果的には需要と供給は恒等的に等しくなります。

　しかし、恒等的に需要と供給が等しくなるとしても、違った方程式のモデルを考えることができます。図 10-7 に価格 p_1 が描いてあります。この価格は、上の均衡モデルに比べて安く設定されています。したがって、この価格のもとでは、潜在的に需要のほうが供給よりも大きくなるはずです（グラフで確認してください）。しかし、かりにこの財の価格が政府の政策で固定されており、p_1 の水準から動かないとしてみます。

　このようなモデルでも、結果的に、需要と供給は等しくなりますが、そのプ

ロセスとたどりつく均衡の状況は通常のケースとは大きく異なります。この場合、たとえば財の配給が行なわれたり、あるいは不足する財を手に入れるため店の前に行列ができたりします。それでも、最終的には供給されたものしか需要されないのです。要するに、恒等式として需要と供給が等しいということが成立していても、その過程をどのように想定するのか、すなわちどのような方程式を前提に経済の議論をするのかで、その意味するところは大きく異なるのです。

演習問題

1. 以下の文章の下線部に用語を入れなさい。
   (1) ＿＿＿＿が大きな経済では、所得の増加に対する消費の伸びが大きくなるので、＿＿＿＿が大きくなる。
   (2) 公共投資が行なわれると、それは需要の増大を通じて、＿＿＿＿を拡大させる。そしてそれによって生み出された＿＿＿＿は国民に分配され、追加的な＿＿＿＿の増加を生み出す。これが＿＿＿＿のメカニズムなのである。
   (3) 消費を所得の関数として表わしたものを＿＿＿＿と呼ぶ。これをグラフに描いたときの曲線の傾きは＿＿＿＿になっている。いま投資と政府支出がなく、また海外部門を考えないとすると、この曲線と45度線の交点がマクロ経済の均衡となっている。この点では、生産、所得、そして＿＿＿＿が一致している。
   (4) GDPはつねに消費、投資、政府支出、そして＿＿＿＿を足したものに等しくなっている。このようにつねに成立する関係を式に表わしたものを＿＿＿＿という。これに対して、乗数理論の背後にある考え方は、この式を＿＿＿＿と読み替えて、均衡が成立するようなGDPの水準を求める形になっている。
2. つぎのような簡単なマクロモデルを考えなさい。

   消費関数 $C = 0.8Y + 100$
   投資 $I = 300$

   ただし、Cは消費額、Iは投資額、YはGDPを表わしているとする。
   (1) 単純化のため、この経済には政府も海外部門もないとする。以上のような消費関数と投資のもとで、マクロ経済を均衡させるようなGDPの水準はどのように決まるのか。マクロの均衡条件式を立てて計算しなさい。
   (2) 上で求めたマクロ経済の均衡を、グラフに表示しなさい。
   (3) ここで、投資が300から400に100だけ増加したとする。その場合、マクロ均

衡をもたらすGDPの水準はどこまで上昇するだろうか。計算結果を求めると同時に、それを乗数の考え方を利用して説明しなさい。

3. 政府も外国部門もない単純なマクロ経済を考える。この経済で消費関数は $C = 0.9Y + 100$ であり、消費を C、投資を I、貯蓄を S、GDPを Y で表わすことにする。

(1) このモデルで貯蓄関数はどのような形になるか、式を導出しなさい。

(2) 上の式で限界貯蓄性向はどのようになるのか。

(3) マクロ経済の均衡を貯蓄と投資を用いて表わし、均衡のGDPの水準を投資 I の関数として表わしなさい。

(4) このモデルの乗数はいくつになるのか。また、それは限界貯蓄性向とどのような関係にあるのか、簡単に説明しなさい。

4. 消費と投資しかない簡単なマクロ経済モデルを考えなさい（つまり政府部門と海外との貿易は考えなくてよい）。この経済の限界消費性向は 0.8 であるとしよう。

(1) まず、投資は外生的に決まっているものとしよう。ここで、何らかの外生的理由によって投資が1兆円増えたとしてみよう。この投資の増加は直接的な需要としてGDPを1兆円増加させるが、同時に二次的波及効果として消費をある水準まで引き上げる。それはどのくらいの規模か。

(2) 上で述べた消費の二次的な増加はGDPの増加を通じて、消費をさらに三次的にある規模だけ拡大させる。それはどのくらいの規模か。

(3) このように、当初の投資の増加、二次、三次、四次の増加と、つぎつぎに波及する需要の増加をすべて足し合わせると、最終的なGDPの増加額はいくらになるか計算しなさい。

(4) 上の問題で限界消費性向を一般的に c と置いたとき、(1)から(3)までのプロセスを踏めば、乗数が求まる。乗数の値を、c を使って表わしなさい。

5. 以下の記述は正しいのか、誤っているのか、それともどちらともいえないのか、答えなさい。

(1) 限界消費性向が高いほど、乗数の値は大きくなる。

(2) 限界貯蓄性向が低いほど、乗数の値は大きくなる。

(3) 限界消費性向が一定でも、平均消費性向が大きければ、乗数はやはり大きくなる。

(4) 限界消費性向が非常にゼロに近いと、投資が1兆円増えても、GDPは1兆円以下しか増えないことがある。

(5) 実際の乗数プロセスには時間がかかるので、限界消費性向が0.8であっても、1

年目の乗数、つまり外生的な需要の増加に伴う1年目のGDP全体の増え方は、5よりははるかに小さくなる。

11:
貨幣の機能

突然ですが、「貨幣」とはどういうものか知ってますか。

急にいわれると……。100円、500円、1000円といった硬貨やお札のことではないですか。

いま、あなたが言ったのは現金のことです。たしかに現金は貨幣の一部ですが、現金だけが貨幣ではありません。現金以外の貨幣がもっと重要な役割を果たすのです。

現金以外の貨幣って、クレジットカードや電子マネーのことですか。

クレジットカードの引き落としは、最終的には預金口座を通じての取引になり、本来の意味での貨幣とは少し違います。私が言いたかった本当に重要な貨幣とは、預金のことです。企業の大口取引や個人の支払いなども、その多くの決済は預金からの引き落としで行なわれます。ですから、経済学の世界では、現金と預金を合わせたものを貨幣と呼びます。新聞の経済面で、マネーストック（貨幣供給量）の伸び率が高くなった、などという表現を目にすることがあるでしょう。政策判断をするときに重要な意味を持つのが、このマネーストックです。これは、経済に存在する現金と預金の総量と考えてください。預金のなかにも流動性の高い普通預金から貯蓄性の高い預金まであります

ので、どの分類の預金まで入れるのかでいろいろなマネーストックの定義があります。

🙍 なぜマネーストックが政策的に重要なのでしょうか。

👨 マネーストックは経済のさまざまなところに影響を及ぼします。貨幣量が多すぎると物価が上がってしまう傾向がありますし、逆に少なくなると、金利が上昇して景気に悪影響が出ることがあります。日銀（中央銀行）にとって、貨幣量を適切な水準に調整することはきわめて重要な政策目標です。

🙍 マネーストックのコントロールはむずかしいことなのでしょうか。

👨 この章で学ぶ重要なことですが、預金量は経済のさまざまな条件によって膨れたり、縮小したりします。本文中で信用乗数のメカニズムとして説明されるものです。そうした預金量の変化を見ながら、全体としてのマネーストックをコントロールするのはなかなか容易なことではありません。しかも中央銀行にとって、マネーストックをコントロールすることは目的ではなく手段にすぎません。物価を安定させ、かつ経済を失速させないために、金利やマネーストックをうまく調整する必要があるのです。

🙍 第9章でケインジアンとマネタリスト（新古典派）の政策観の違いについて少し学びましたが、それは金融政策にもかかわることなのでしょうか。

👨 よい点に気づきましたね。そのとおりです。大問題なのです。景気や物価の動向を見ながらマネーストックや金利を調整していくというのがケインジアン的な姿勢であるとすれば、そのような微調整をしないでマネーストックを安定的に維持することが金融政策のもっとも重要な課題であるというのがマネタリストの主張です。次の第12章でもこの二つの学派の考え方の違いなどを説明したいと思います。

🙍 日本でもインフレーション・ターゲッティングを導入すべきかどうか大きな論争があったと聞きますが、これもこの学派の論争にかかわりがあるのでしょうか。

👨 多少関係があります。インフレーション・ターゲッティングの議論は重要ですので、本文中でもコラムで説明したいと思います。

I　貨幣の定義と機能

貨幣とは何か

　貨幣とは、そもそも、何のことでしょうか。

　すぐ思い浮かぶのは、日常の買い物に利用する紙幣や硬貨です。こうした「現金」が貨幣であることはだれも否定しないでしょう。しかし、現金だけが貨幣であるわけではありません。多くの経済取引が現金を使わないで行なわれるからです。

　私たち個人も、そして企業も、預金を活用してさまざまな支払いを行ないます。個人の場合でいえば、クレジットカードの引き落としや公共料金の振り込みなどが、預金口座を通じて行なわれます。企業も、小切手や手形で支払いをすることが多いのですが、そうした代金の決済は最終的には預金からの引き落としで行なわれます。

　このような点から、預金も貨幣に含めて考えるべきであるということになります。クレジットカードや小切手なども貨幣ではないかと考える読者もいるかもしれませんが、これらはあくまで補助的なものであり、最終的には預金口座を通じて取引が行なわれると考えます。

　マクロ経済において貨幣と呼ばれるものは、通常、現金と預金の金額を合わせたもののことです。もちろん、預金とはいっても、いろいろな形態のものがあります。当座預金は普通預金よりも貨幣としての性質を強く持っています。定期預金になると普通預金よりも貨幣としての性質はさらに弱くなります。ただ、金融技術の革新によって預金の持つ貨幣的機能は強化されています。クレジットカードの利用が拡大すれば普通預金は現金とほとんど変わらない機能を持つことになりますし、定期預金でもその預金額に応じた金額を自動的に借りることができるという総合口座サービスが普及していますので、普通預金とほぼ同じように利用できるとも考えられます。

　いずれにしろ、マクロ経済を分析する際に用いられる貨幣量の指標としては、現金と預金の一部を足し合わせたものが使われます。現金残高と当座預金や普通預金等の要求払い預金の残高を足し合わせたものを M1 と呼びます。定期性預金等も含めたより広範囲の貨幣を M2 と呼びます。以下の議論ではこう

した細かい分類の問題はとりあえずは重要ではないので、無視して結構です。

ところで、経済学的には現金や預金だけが貨幣というわけではありません。取引の媒体として使われるものはすべて貨幣ということになります。

歴史的に見ると、さまざまなモノが貨幣として使われていることがわかります。古い時代には、貝殻や貴金属などが貨幣として使われてきました。金や銀は世界の多くの地域で貨幣として使われてきました。金や銀で製造された金貨・銀貨が貨幣として使われることはもちろん、金や銀を両替商などに預けたときに渡される預り証が貨幣として通用することもありました。これは現在の紙幣の原型といってもよいかもしれません。

第二次世界大戦時のドイツ軍の捕虜収容所のなかでは、タバコが貨幣の機能を果たしたといわれます。タバコを吸う人はたくさんいますし、軽量で長持ちします。そこで、タバコを吸わない人もとりあえずタバコに換えておくことで、ほしい商品が出たときそのタバコをその商品に交換するチャンスも大きいと考えます。だから、自分の持っている商品をタバコに換えておくのです。このような形でタバコが収容所のなかで貨幣的機能を持つようになるにしたがって、ますます多くの人がタバコを貨幣として受け入れるようになったのです。

このように貨幣としての機能を果たしているものはたくさんありますが、マクロ経済の議論をするときにはとりあえず、M1やM2などの貨幣指標で考えておけば十分です。ただ、最近は情報技術の革新によって、電子マネーやプリペイドカードなど新しいタイプの支払い手段が出てきました。こうした新しいタイプの貨幣がどのようにマクロ経済に影響を及ぼすのか、そしてそれによって貨幣の指標をどう変更すべきかということは今後重要な問題として浮上する可能性がありますが、ここではこの問題には立ち入らないことにします。

貨幣の交換媒介機能

さて、マクロ経済のなかでの貨幣の役割について議論を進める前に、ここで貨幣の交換媒介機能について簡単な例を用いて説明してみたいと思います。

図11-1に示したような三国間の貿易の例を用いて、貨幣の機能について考えてみましょう。いま、世界には、日本、アメリカ、アラブ諸国しかなく、それぞれが図に示したような需要供給パターンとなっているとします。この図から容易に読みとれるように、青線だけでは三国間の貿易は成立しません。たと

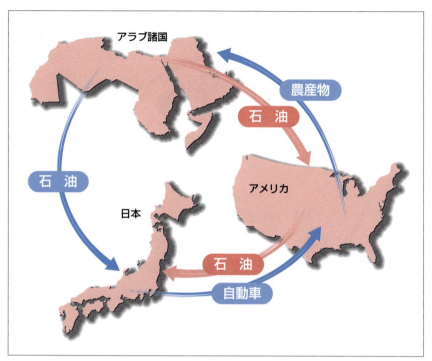

図 11-1　石油が貨幣として利用される取引
　赤線で示した石油を媒体として三国の間の取引が成立していることを確認してほしい。

えば、日本の輸出の相手国はアメリカであり、輸入する相手はアラブ諸国ですから、このままでは取引は成立しないのです。

　この三国間の取引を成立させるもっともてっとり早い方法は、三つの財のうちの一つを貨幣として使うことです。図の赤線は石油が貨幣として利用される場合を示しています。赤い線で示したのは、石油を貨幣として用いたときの石油の動きです。アメリカはアラブ諸国に農産物を輸出し、その代金を石油で支払ってもらいます。これは、アメリカが石油を国内で利用するためではなく、その石油を日本に輸出しそれと交換で日本から自動車を輸入するためです。

　この場合、アメリカにとって石油は財としてではなく、アラブ諸国に農産物を売ってそれで日本から自動車を買うための交換手段としての意味しか持っていません。しかし、石油のこのような交換の媒介機能のおかげで、三国間の貿易はスムーズに行なわれることになります。もちろん、石油の代わりに農産物

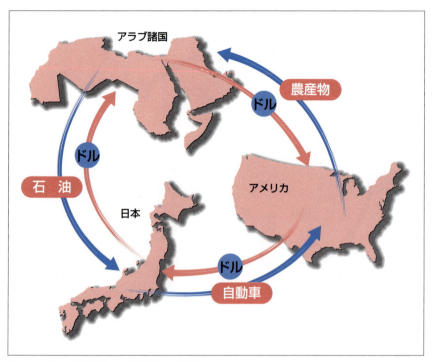

図 11-2　ドルが貨幣として利用される取引
　　図 11-1 で石油が果たしていた役割を、この図ではドルという通貨が果たしている。二つの図を比べてほしい。

や自動車を貨幣として用いることも可能です。

　現実の国際貿易においては、石油のような商品が貨幣として使われることはまれです。一般的には、ドルなどの通貨が貨幣として使われます。図 11-2 は、ドルが国際貿易の交換媒体として使われる場合を図示したものです。日本は自動車の輸出代金をドルで受け取り、それをアラブ諸国に支払うことで石油を輸入しています。アラブ諸国は石油を日本に輸出してドルを受け取り、それを使ってアメリカから農産物を輸入しています。図 11-1 と図 11-2 を比べるとわかりますが、図 11-1 で石油が果たしている役割と、図 11-2 でドルが果たしている役割はまったく同じものなのです。

　現代社会において、貨幣なしには取引を円滑に行なうことはできません。現実の経済では非常に多くの人や企業が経済活動を行なっています。また、非常

に多くの財やサービスを売ったり買ったりしたいというニーズがあります。その意味では、現実経済は、図11-1や図11-2を非常に複雑にしたような状況です。そのような社会で、貨幣なしの物々交換で成立する取引は非常にわずかしかないでしょう。

　たとえばリンゴを売って自動車を買いたい人と、ミカンを売ってリンゴを買いたい人との間では取引は成立しません。物々交換が実現するためには、取引相手同士で売りたいものと買いたいものの両方が一致しなくてはいけません。こうしたことを、「欲求の二重の一致」といいます。そのような売りと買いの欲求が両方とも一致した相手と巡り会うということは奇跡に近いことでしょう。しかし、リンゴを売って自動車を買いたい人が、リンゴを買いたい人と、自動車を売りたい人の二人を探すことははるかに容易なことです。そしてそのような取引は、貨幣の介在によって可能になります。すべての人が財やサービ

---

column

基軸通貨

　世界には多くの通貨があります。しかし、貿易や投資などの国際経済取引では、ドルの利用が圧倒的です。このように国際取引で使われる主たる通貨のことを基軸通貨と呼びます。ドルは石油や食料などの国際商品の価格付けや決済に使われるだけでなく、ドル建ての債券が大量に発行されており、国際投資の主要な対象となっているだけでなく、資金調達の手段ともなっています。また、各国政府が保有する外貨準備でも、ドルの割合がかなりの比重を占めています。

　このようにドルが基軸通貨として使われるのは、米国経済の影響力が強いこと、ドル建ての金融取引の市場が整備されていることなどがその理由としてありますが、同時に他の人がドルを使うので自分もドルを使わざるをえないというようなドルに収斂していくメカニズムが働いているという面もあります。多くの人が英語を使うので英語を話せるようになれば便利だということで、英語が国際語になっていったのと同じような現象です。

　もっとも、最近は、そのドルに対抗する第二の基軸通貨としてユーロの存在感が増しています。ユーロ危機でユーロの信頼が揺らいだこともありましたが、米国に次ぐ第2の経済である欧州の共通通貨ユーロの存在感は大きくなっています。

スを売るときは、まず貨幣に換える。また、人々が財やサービスを買うときにも、貨幣で購入する。このような取引が一般的になれば、欲求の二重の一致がなくても、取引は成立するのです。

II　マネーストックと信用乗数

金融システムの概観とマネーストックのメカニズム

　さて、現実のマクロ経済に戻って、現金と預金の和として定義される貨幣がどのように供給されるか考えてみたいと思います。以下では貨幣量、貨幣供給量、マネーストックなどの用語をほぼ同義のものとして使います。要するに、経済に流通している現金と預金の合計を指しています。

　マネーストックのメカニズムについて理解するためには、銀行と中央銀行（日本では日本銀行）の間の関係について押さえておかなければなりません。現金通貨については、それを発行するのは日本銀行です（ただし紙幣は日銀券と呼びますが、補助貨幣である硬貨は財務省が発行しています）。しかし、預金を供給するのは民間の銀行です。ただ、以下で説明するように、民間金融機関の供給する預金量についても、中央銀行の行動が大きな影響を及ぼすことになります。

　現在の金融システムのもとでは、銀行は中央銀行なしに活動を維持することはできません。銀行間の資金のやりとりを行なうときには、個々の銀行が日本銀行に預けた預金を通じて決済を行ないます。たとえば、銀行の顧客である企業によって、A銀行からB銀行に対して大きな額の振り込みが行なわれたとしてみましょう。A銀行の顧客の企業が、B銀行の顧客の企業から不動産などの大きな買い物をし、その代金が振り込まれたというような例です。この場合、A銀行もB銀行も日本銀行に口座を持っていますので、この日銀の口座のA銀行の預金残高が減少し、B銀行の預金残高が増加することで決済が行なわれるのです。

　銀行が中央銀行に預ける資金のことを、中央銀行預け金（リザーブ）と呼びます。こうした準備を用いて銀行間の資金のやりとりができるわけです。こうしたことから、日銀は「銀行の銀行」（銀行にとっての銀行）と呼ばれることがあります。

銀行は、本来、預金の引き出しに備えておかなければなりません。そのためにみずからが適当と判断する額の準備を持ちますが、それは通常、手元に置いておく現金か中央銀行預け金という形をとります（この二つを合わせて支払い準備と呼びます）。預金が多ければそれに応じて、支払い準備が多くなるでしょう。

　ただ、現実には、こうした銀行の支払い準備は銀行の自由裁量によって決まるものではありません。銀行はみずからが預かる一般預金者の預金の一定割合を中央銀行に中央銀行預け金として預けなくてはなりません。これを法定預金準備と呼びます。銀行が預かる預金のどれだけの割合を準備として預けなければならないかを示した割合を法定預金準備率と呼びます。

　では、現金はどのように供給されるのでしょうか。これは、銀行が中央銀行に預けた中央銀行預け金からおろす形で現金化できます。一般の顧客が銀行の預金から現金をおろすのと同じように、銀行も準備から現金をおろすことができます。

---

column

中央銀行の独立性

　中央銀行の政策には、つねにさまざまな政治的な介入が入ります。政府にとっては、みずからの発行した国債を中央銀行に買い取ってもらえれば、それによって債務がなくなるからです。発展途上国などで、税収などの財政収入基盤が脆弱な政府は、支出をまかなうために貨幣発行を促すことが少なくありません。先進工業国でも、中央銀行の活動にはつねに政治的な圧力がかかりやすいものです。日本においても、日本銀行の金融政策のあり方について、政治家や役人が発言し、介入しようとすることが少なくありません。

　金融政策に対するこのような政治的な介入は、好ましいものでないことが少なくありません。安易な金融政策を通じた過度な貨幣供給によって物価上昇が起こるからです。そこで、中央銀行に外から圧力がかからないような制度的工夫が必要となります。これが中央銀行の独立性の問題です。日本においてもこうした問題の重要性から、近年、日本銀行の独立性を高めるべく、日銀法が改正されました。ただ、現実的に日本銀行の独立性が確保されているかどうかについては議論のあるところです。

このように考えると、経済にどれだけの貨幣（現金と預金）が流通するかは、中央銀行が大きな影響力を持っていることがわかります。このプロセスを説明したのが、信用乗数プロセスです。ただ、その説明に入る前に、もう少し中央銀行と民間銀行との関係を見ておく必要があります。

ハイパワード・マネー

マネーストックについて考えるための重要な指標に、ハイパワード・マネーという概念があります。

ハイパワード・マネーとは、中央銀行が民間経済主体に対して負っている負債の総額のことを表わしています。これはベース・マネーとも、マネタリー・ベースともいいます。中央銀行の負債は通常は、二つの形で出てきます。ひとつは市中に流通している現金通貨で、そしてもうひとつは銀行が中央銀行に預ける中央銀行預け金です。

ハイパワード・マネーは、経済全体の貨幣の中核として、貨幣量（マネーストック）決定において重要な役割を演じます。直観的に考えても、中央銀行が発行した現金の量や、銀行が中央銀行に預ける中央銀行預け金の金額が拡大すれば、それに応じて、市中に流れる現金や預金の額が拡大することはわかると思います。そこでハイパワード・マネーがどのようなメカニズムによって増減するかを知ることが重要になります。

図 11-3 は、ハイパワード・マネーの増減のメカニズムが、基本的には三つのチャネルからなっていることを示しています。中央銀行の債務であるハイパワード・マネーが増加するためには、基本的にそれだけの金額の資産を中央銀行が獲得しなくてはなりません。第一のチャネルは中央銀行による市中の金融機関への貸し出し、第二のチャネルは公開市場操作などによる市中との債券の売買、そして第三のチャネルは外国為替市場における中央銀行による介入です。以下、それぞれについて簡単に説明しましょう。

市中銀行は資金不足が生じた場合、手持ちの債券を後で買い戻すという条件で中央銀行から資金を借りることができます。これによってその銀行の中央銀行預け金に資金が振り込まれますので、それをそのまま準備として残したり、あるいは現金に換えて預金者の預金引き出しに備えることもできます。なお、このときの中央銀行の貸し出し金利は政策的に決まっていますが、これを基準

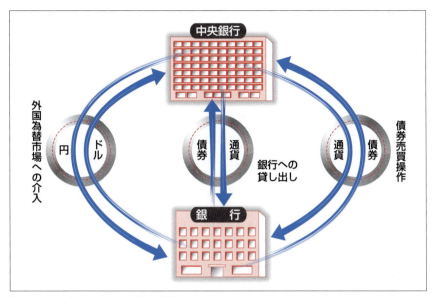

図 11-3 ハイパワード・マネー増減のチャネル
中央銀行に手形・外貨・債券などが入れば、それと同額のハイパワード・マネー（現金や銀行の準備）が生まれる。ハイパワード・マネーとは中央銀行の負債のことでもある。

貸付利率（従来の公定歩合）と呼びます。基準貸付利率は政策目的によってしばしば変更されます。近年は銀行間の資金の貸し借りを行なうコール市場が拡充されてきたため、中央銀行の金利政策はこのコールレートを目標に行なわれています。すなわち景気が悪いときにはコールレートの誘導目標を引き下げ、景気が良くなるとコールレートは引き上げられます。

　つぎに、中央銀行が市中の債券を売買してもハイパワード・マネーは変化しますが、これを債券売買操作といいます。中央銀行が債券を買うことを買いオペ（買いオペレーション）、売ることを売りオペ（売りオペレーション）と呼びます。──＊　売りオペが行なわれれば、同額の債券が中央銀行から市中に出ていき、同額だけハイパワード・マネーの縮小（現金の回収あるいは中央銀行預け金の縮小）が起こります。買いオペはこれとちょうど逆の操作で、それによってハイパワード・マネーが増加します。

＊──確認：公開市場操作と相対取引
　たとえば、売りオペで中央銀行が手持ちの債券を売ろうとするとき、公開の場でオー

クション方式で売ることもできますし（公開市場操作）、個別の金融機関と相対で取引することもできます。

　第三のチャネルの外国為替市場における介入もハイパワード・マネーの増減を引き起こします（外国為替市場については、第16章でくわしく述べます）。外国為替市場とは、さまざまな通貨が取引されている市場です。たとえば、円とドルという二つの通貨だけに話を限定してみると、外国為替市場にはドルを円に換えようとする（ドル売りあるいは円買い）経済主体と、円をドルに換えようとする（ドル買いあるいは円売り）経済主体がいます。この二つの通貨の交換比率が為替レートと呼ばれるものです（1ドルが何円に相当するかで為替レートは表わされます）。

　政府・中央銀行は、巨額の外貨（その多くはドル）を保有しています。これを外貨準備といいます。これを用いて為替レートに影響を及ぼそうとする行為を為替介入といいます。手持ちのドルを売って円を買おうとする介入（ドル売り）は、為替レートを円高（ドル安）にすると期待されます。逆に市中からドルを購入して円を放出するドル買い介入は、為替レートを円安（ドル高）にすると期待されます。

　さて、たとえばドル売り介入が行なわれれば、政府・中央銀行によって売られたドルと同額のハイパワード・マネーが中央銀行に吸収されることになります。──*　ドル売り介入とは、政府・中央銀行が市中において、ドルとハイパワード・マネーの交換をしていることにほかなりません（図11-3を参照）。

*──確認：日本銀行のバランスシートから見たハイパワード・マネー
　　民間に流通している現金、市中銀行が中央銀行（日銀）に預けてあるリザーブは、いずれも中央銀行の負債にほかなりません。ハイパワード・マネーとは、中央銀行の負債総額のことでもあります。中央銀行のバランスシートを見ると、その資産側には、中央銀行が保有する債券（国債など）、外貨、金などがあります。バランスシート上は資産と負債は一致しています。したがって、ハイパワード・マネーは中央銀行の保有する資産の額にも等しくなっているのです。

信用乗数

　貨幣量（マネーストック）は、経済に流通する現金と預金の総和で定義されます。このマネーストックがどのような動きを示すのかを簡単な形で示したのが、信用乗数という考え方です。以下でこの考え方について簡単に説明しましょう。簡単な数式が出てきますが、むずかしくはないと思います。それでもあ

えてこの項をとばして読んでもさしつかえありません。

　信用乗数の基本式は、数学的には、ごく単純な四つの式から導くことができます。最初の二つの式は、マネーストックとハイパワード・マネーの定義式です。マネーストックを M、ハイパワード・マネーを H で表わすとすると、それぞれ

$$M = C + D \tag{11-1}$$

$$H = C + R \tag{11-2}$$

という形で表わされます。

　ここで C は市中に流通している現金の総額を、D は銀行に預けられる預金の総額を、R は銀行が中央銀行に預けている預金準備の額を表わしています。マネーストックは現金と預金の和ですので、(11-1)式が成立します。ハイパワード・マネーは現金と預金準備（日銀預け金）の和ですので、(11-2)式が成立します。

　あとの二つの式は、現金および預金準備と預金額の間の関係を示した式です。すなわち、

$$C = \alpha D \tag{11-3}$$

$$R = \lambda D \tag{11-4}$$

という式です。(11-3)式の右辺の α は現金預金比率（現金性向）と呼ばれるもので、経済全体で現金と預金の比率がどの程度の割合であるかを示した数値です。(11-4)式の右辺の λ は預金準備率と呼ばれるもので、銀行が預かった預金のどのくらいの割合を預金準備として保持しているかを表わした数値です。すでに説明したように、銀行は預金の一定割合を預金準備として中央銀行に預けることを義務付けられています。銀行がぎりぎりの預金準備しか持たないときには、λ（預金準備率）はこの法定預金準備率になりますが、それ以上の余分な準備を持つ場合には、λ は法定預金準備率よりは大きくなります。

　さて、(11-3)式と(11-4)式を(11-1)式と(11-2)式に代入すると、それぞれ、

$$M = \alpha D + D \tag{11-1}'$$

$$H = \alpha D + \lambda D \tag{11-2}'$$

となります。したがって、(11-1)′を(11-2)′で割ることで、

$$\frac{M}{H} = \frac{1 + \alpha}{\alpha + \lambda}$$

あるいはこれを書き換えた

$$M = \frac{1+\alpha}{\alpha+\lambda}H \tag{11-5}$$

という式が求まります。つまり、マネーストックは、ハイパワード・マネーの一定倍になっているという関係が求まったのです。この倍率 $(1+\alpha)/(\alpha+\lambda)$ のことを信用乗数と呼びます。

この信用乗数の式は、あくまでハイパワード・マネーとマネーストックの関係を示したものにすぎません。実際のマネーストックがどのように決まるかという点については、金融政策がどのように運営されるのか、人々の現金保有性向がどのようなものなのか、銀行の準備の持ち方がどうなっているのかなどによって変わってきます。

信用乗数とマネーストックの変化

信用乗数の理論によれば、マネーストックの量 M は、

$$M = \frac{1+\alpha}{\alpha+\lambda}H$$

という形で表わされます。すなわち、ハイパワード・マネーの量(H)、預金準備率(λ)、現金預金比率(α)に影響を受けるのです。これらが変化すれば、当然、マネーストックも変化します。

たとえば、ハイパワード・マネーが増加すれば、通常はマネーストックも増加します。預金準備率や現金預金比率が一定であれば、ハイパワード・マネーの増加に対して、その乗数倍の規模でマネーストックが増加します。公開市場操作などで中央銀行が市中の債券を購入（買いオペ）すれば、その分だけハイパワード・マネーが増えます。これはマネーストックを拡大させることを通じて、景気刺激効果を持ちます。

つぎに、ハイパワード・マネーが一定であっても、預金準備率(λ)が低下すればマネーストックが増加します。すでに説明したように、預金準備率は法定預金準備率によって大きな影響を受けますので、たとえば法定預金準備率を低下させるような政策はマネーストックを増加させ、景気刺激効果を持ちます。逆に法定預金準備率が引き上げられれば、マネーストックは減少します。

つぎに、現金預金比率（現金性向）について説明しましょう。人々の現金性

向が高くなると、預金が現金として引き出されますので、預金の自己増殖作用が弱まります。したがって、ハイパワード・マネーが一定のもとでは、現金性向の高まりはマネーストックを低下させることにつながります。

　年末や正月など、人々の消費活動が活発になって現金性向が高くなっているときには、ハイパワード・マネーを一定にしておくとマネーストックは急速に収縮してしまいます。そこで、中央銀行は、現金の需要が高まるような時期には、積極的にハイパワード・マネーを拡大して、マネーストックの減少を防いでいます。

マネーストックと大恐慌の教訓

　ここで、以上で説明した信用乗数のメカニズムを理解する格好の事例を一つ取り上げましょう。それは1930年代のアメリカの大恐慌の事例です。

　1929年のウォール街の株の大暴落に端を発したアメリカの大恐慌は、金融市場に大きな影響を及ぼしました。簡単にいってしまえば、人々は銀行の破綻のリスクを強く感じて現金性向が高くなりました。これは、一般の消費者が現金を手元に置いておく傾向が強くなっただけでなく、企業もいざというときに備えて手元流動性を高めることを意味します。

　もう一つの大きな動きは、銀行の行動です。銀行経営への不安の高まりのなかで、銀行は預金の引き出しに備えて大量の準備を持つ必要に迫られました。そこで、貸し出しを抑えて、法定準備を超えた余分の準備を積むようになったのです。

　図11-4は、この時期のアメリカにおける現金預金比率と余剰準備（預金に対する余剰準備の比率）の動きと、同時期のハイパワード・マネーとマネーストック（M1）の動きをとったものです。図から明らかなように、銀行危機の高まりのなかで、現金性向と余剰準備は急速に高まっています。ハイパワード・マネーは多少は増えているにもかかわらず、マネーストックは大幅に低下しているのです。

　信用乗数の式でいえば、現金性向の高まりはαが上昇することを意味します。また、銀行が多くの余剰準備を持つことは、λの上昇で表わされます。そこで、ハイパワード・マネーが一定のもとでは、こうした過程によってマネーストックは急速に低下していくことになります。図に示した状況はこうしたこ

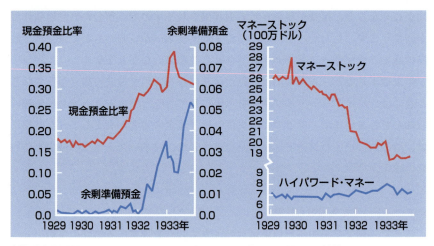

出所：F.S. Mishkin, *The Economics of Money, Banking, and Financial Markets*, 1992.

図 11-4　大恐慌時のアメリカの預金準備率と現金性向

大恐慌によってアメリカの預金準備率と現金性向が急速に上昇している。その結果、ハイパワード・マネーは増えているのに、マネーストックは急速に縮小している。

とが起きていることを表わしています。

　M．フリードマンと A.J. シュワルツは、その著書のなかで、こうしたデータからアメリカの恐慌が悪化した原因を金融政策の失敗に求めています。図11-4 にもあるように、ハイパワード・マネーがほぼ一定の水準であったので、現金性向や過剰準備の高まりは、マネーストックを大幅に減少させる結果になり、それが景気の回復を妨げたというのです。彼らが指摘するのは、もし積極的にハイパワード・マネーを増やすような政策がとられれば、マネーストックの低下を防ぐことができ、あれほどの景気悪化は避けられたはずだというものです。

　フリードマンとシュワルツの議論がどの程度正しいのかは、その後いろいろな議論が出ていますので、ここではこれ以上深入りしません。ただ、バブル崩壊で信用不安に陥った日本のマクロ経済においても同様のことが起こったことは注目に値します。

　一連の銀行倒産や金融不安のなかで見られたことは、人々の現金性向が高まったということです。国民は預金をおろして現金を持とうとしました。銀行の

預金は不振ですが、銀行の貸し金庫は大盛況であるという笑えない冗談がささやかれたりしました。この時期、家庭用の金庫もずいぶん売れたようです。

　企業のほうも、万一の場合に備えて、流動性を確保することに奔走しました。借りられるだけのお金は借りて、それを現金などの形で蓄えておくので

> **column**
>
> ## サブプライムローン問題
>
> 　順調に拡大していた世界経済でしたが、2007年から表面化したサブプライムローン問題で厳しい状況に追い込まれました。アメリカの不動産価格の高騰を背景に、返済能力のない人たちにも、サブプライムローンと呼ばれる住宅ローンが大量に貸し出されていたのです。不動産価格が上昇をつづける間はサブプライムローンで問題は起きなかったのですが、不動産価格が下がりはじめたとたんに、サブプライムローンで大量の焦げ付きが生じ始めたのです。
>
> 　問題は、住宅ローンというローカルな金融手段でありながら、それが証券化され、世界中の投資家にばらまかれていたことです。証券化とは、サブプライムローンも含む住宅ローンを証券の形にして、投資家に購入してもらうことです。ヘッジファンドなどの投資家は、市場から大量の資金を調達して、リスクの高いサブプライムローンを含んだ証券に投資を行っていたのです。
>
> 　サブプライムローンが焦げ付き始めると、こうした証券の価格も暴落を始め、ヘッジファンドの経営がおかしくなってきました。ヘッジファンドだけでなく、大手銀行や証券会社にも大量の損失が表面化したのです。サブプライムローン問題に端を発して、世界的な金融危機が起きてしまったのです。
>
> 　この金融危機をサブプライムローン問題と呼んでいますが、問題の本質は、背景にある不動産バブルとその崩壊です。日本でも90年代にバブル崩壊で金融市場がたいへんな状況になりましたが、形こそちがうものの、米国でも不動産バブルの崩壊で金融市場が危機的状況に陥りました。
>
> 　もっとも、マネーのグローバル化が進み、巨額の資金が投資先を求めて動くようになると、こうした金融危機はたびたび起こるようになるのです。2007年のサブプライム危機の前には、2000年のITバブルの崩壊、1998年のロシアの財政危機、1997年のアジア通貨危機など、世界の金融市場を揺るがす危機がしばしば起きているのです。

す。取引相手が倒産した場合、あるいは銀行からの追加融資が得られなくなったときなど、不測の事態に備えたのです。

一方銀行のほうですが、これも預金引き出しなどに備えて余剰準備をつむ傾向が強くなったようです。金利が非常に低かったことも、銀行が余剰準備を持つことを促進したのかもしれません。

III 貨幣供給と物価

貨幣量と物価の間には密接な関係があります。図11-5は、主要国における1980年代の貨幣供給の伸び率と物価上昇率の関係をとったものです。一般的に、貨幣量が増えている国では物価も上昇しており、貨幣量が増えていない国では物価も安定しています。

貨幣数量式

ここで、物価という用語を曖昧な形で使っていますが、物価の厳密な定義については第13章まで待ってください。ただ、私たちは日常会話でも物価という言葉を使います。「日本の物価は高い」あるいは「最近は物価があまり上がらない」などという会話を交わします。ここで私たちが物価ということで頭に描いているのは、いろいろな財・サービスの価格の平均的な動きのことだと思います。以下の議論も、とりあえずそのような理解で進めていくことにします。

物価には、モノやサービスの価格の平均的な姿という面とは別のもう一面があります。それは、「貨幣の購買力」という面です。

貨幣1単位(たとえば1円)でどれだけのモノが買えるでしょうか。物価が高ければ少ししか買えないし、物価が低ければたくさん買えます。だから、物価が高いほど、貨幣の購買力は低くなります。物価は貨幣の価値と考えることもできます。

経済におけるすべての取引が貨幣を使って行なわれるとしてみましょう。現実にも、物々交換はあまりないでしょうから、そう考えてもおかしくありません。その場合には、つぎのような関係式が成り立っていると考えられます。

$$MV = PT \tag{11-6}$$

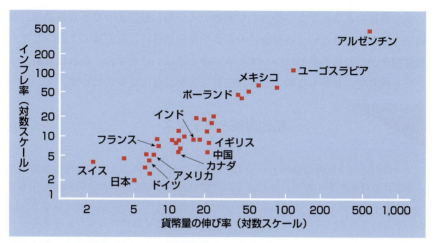

出所：N. Gregory Mankiw, *Macroeconomics*, 1992.

図 11-5　1980 年代の主要国の貨幣量の伸びと物価上昇率
　　　　一般的に貨幣量の伸びが高い国ほど、インフレ率も高くなっている。両者の間の因果関係については明らかではないが。

　ここで、M は貨幣量、V は貨幣の流通速度、P は物価、T は取引量を表わしています。この式を貨幣数量式（フィッシャーの交換方程式）と呼びます。これについて簡単に説明しておきましょう。

　M についてはすでに説明しました。経済に流通している貨幣総量で、具体的には経済に流通している現金と預金の和と考えればよいでしょう。つぎに、貨幣の流通速度ですが、これは一定期間内（ここでは 1 年と考えればよいでしょう）に貨幣が平均して何回使われるのかを表わしています。貨幣量に流通速度をかけた MV は、1 年間に貨幣が全部で何円分使われたかを表わしています。

　貨幣の流通速度を理解するためには、つぎのような例を考えるのがわかりやすいかもしれません。いま、ある週刊誌の発行部数が 50 万部であったとしてみましょう。このとき、この週刊誌の読者も 50 万人であると考えてよいのでしょうか。答えはもちろん否です。雑誌は回し読みが可能だからです。何人かで共同購入することもできますし、図書館・古本屋・喫茶店、あるいは電車の網棚の週刊誌を読むこともできます。もし 1 冊の週刊誌が平均 3 人に読まれているのであれば、実際の読者数は 150 万人ということになります。

本や雑誌のようにひとつのものを複数の人が楽しむことのできる商品は、市場で売買される量というみせかけの需要や供給以外に、販売量に1冊当たりの読者数をかけた真の需要についても考えなくてはいけません。これは貨幣についても同じで、しかもこのことが決定的に重要になってくるのです。

column 私的貨幣と電子マネー

　オーストリアの経済学者ハイエクは、民間経済主体によって貨幣が供給される可能性を示唆し、それによって貨幣のあり方に関する深い洞察を与えました。政府によって行なわれている活動を民間企業にまかせてはどうかという民営化についてはいろいろな分野でその可能性が論議され、実際に実行に移されている分野も少なくありません。しかし、貨幣の発行も民間企業にまかせたらどうかという大胆な発想で議論をしたのはハイエクがはじめてかもしれません。

　ハイエクは、貨幣供給を国家の独占にまかせておくことは、結果的にインフレにつながると主張します。政府が貨幣をそのように利用しようとする誘引を持つからです。それよりは民間企業に貨幣発行をまかせて競争にさらせば、インフレを起こさないような好ましい貨幣が人々によって選択されるようになるだろうというのです。貨幣の発行にまで競争原理を持ち込もうというのです。

　ハイエクの話は仮想の世界の話だと考えられていたのですが、最近の技術革新のなかで貨幣の民営化が現実味を帯びてきました。ICカードやコンピュータのネット上での信号を、貨幣の代わりに利用しようというのが電子マネーです。たとえば、人々は現金を使う代わりに、自分の預金からICカードの上に電子信号としての現金を引き落とし、それを紙幣や硬貨のように使うことができます。すでに、JR東日本のSuica、流通系のnanacoやWAON、Edyなど、多様な電子マネーが出ています。

　このような電子マネーのビジネスに多くの企業が参入する可能性があります。銀行などの既存の金融業者だけでなく、店舗を構える小売業者やインターネット関連企業なども、参入に意欲を示しています。このような電子マネーが広がったからといって、現在利用している紙幣や硬貨のような公的な貨幣がなくなるわけではないでしょう。ただ、私的な貨幣が使われる余地が拡大し、また異なった私的貨幣の間で競争が起きることも考えられます。その結果がハイエクの主張するような好ましい結果になるのかは、いまの段階ではわかりません。

日本には2013年に月平均で約1160兆円の貨幣（現金＋預金通貨より範囲が広いM3）が流通していました。しかし、これは実際に取引に使われた貨幣量ではありません。もし貨幣が1年に1度しか、一人の経済主体から別の経済主体に動かないのであれば、取引に使われた貨幣量は1160兆円ということになります。しかし、ひとつの貨幣、たとえば1万円札が、同じ人のところに1年間も留まっているということはむしろまれなことのように思われます。貨幣はより頻繁に人々の間を流通するはずです。たとえば、貨幣が1年間に平均4回異なった人の間を移動するのであれば、1年間に取引に使われた貨幣の総額は1160兆円の4倍である4640兆円になります。

　つぎに右辺のPTを説明しましょう。まず、Pは物価を表わしていると考えてください。すでに述べたように、現実の物価は指数の形でしか表わせませんが、ここではあくまで抽象的に物価を考えます。また、Tですが、これは経済のなかで一定期間（1年間）の間に何回の取引が行なわれたかを表わすものです。現実には1回ごとの取引で取引の大きさは異なりますが、ここでは平均的な取引を考え、その回数としてTを考えるわけです。1回の取引でP（物価）の額だけ取引が行なわれるので、1年間の総取引額はPTとなります。

　ようするに、貨幣数量式とは、1年間に行なわれる取引総額（取引量に物価をかけたもの）は、使われた貨幣総額（貨幣量に貨幣の流通速度をかけたもの）に等しくなるという関係を表わしたものです。それぞれの変数は非常に抽象的なものであり、現実にそのままの形でとらえることができるわけではありませんが、この式は以下のような重要な見方を提示します。

　いま、TとVはあまり変化しないとしてみましょう。すなわち、経済で行なわれる取引量（これは経済活動の水準を表わしています）と、貨幣の流通速度は一定とします。その場合は、貨幣量と物価は比例関係にあることがわかります。一定の取引量と流通速度のもとでは、貨幣量が多いほど物価も高くなっているのです。ただし、これは「貨幣量が増えるから物価が高くなる」という因果関係を意味しているとは限りません。物価が上がるから貨幣量が増えるということもありうるでしょうし、あるいは別の要因で貨幣量と物価の両方が増えるということもありえます。

　ところで、(11-6)式のような貨幣数量式は、しばしば別の形で表現されたものが使われます。右辺の取引回数Tを実質GDP（yで表わす）に置き換える

のです。一般的に、取引回数 T は実質 GDP の増加とともに増えていくと考えられますので、ここでは単純に両者の間に

$$T = ay$$

というような比例関係が成立していると考えます。これを(11-6)式に代入し変形すれば、

$$M = P\frac{a}{V}y = kPy \tag{11-7}$$

という式が求まります。ここで $k(=a/V)$ は定数ですが、この k のことをマーシャルの k と呼びます。マーシャルの k は貨幣量 M と名目 GDP である Py の比率ですので、実際のデータから容易に求めることができます。(11-7)式のような関係をケンブリッジ方程式と呼びます（マーシャルはケンブリッジ大学の教授でした）。

ケンブリッジ方程式でも、もしマーシャルの k が一定であれば、名目 GDP と貨幣量の間に比例的な関係が成立しています。さらに実質 GDP が一定であれば、物価と貨幣量の間に比例的な関係が成立することになります。

金利と貨幣需要

現実の世界では、マーシャルの k は一定ではありません。それは、人々の貨幣保有が経済の状況の変化によって影響を受けるからです。

人々は、さまざまな理由によって貨幣を保有しようとします。一般的には、つぎの三つの貨幣保有動機が重要であるといわれます。第一は取引動機と呼ばれるものです。実際に財やサービスを購入するためには貨幣が必要となります。そのために、つねにある程度の貨幣を手元においておく必要があります。

第二は予備的動機と呼ばれるもので、突然支払いが必要となることに対処するため、いざというときのためのいくばくかの貨幣を手元に置いておくというものです。第三は資産保有動機と呼ばれるもので、貨幣を資産として持とうとする動機です。一般的には、株や債券で保有したほうが利子や配当を多く稼げるのですが、株や債券は価格が変動しますのでリスクがあります。そこで安全資産としての貨幣が、資産の一部として持たれるのです。

このように貨幣はさまざまな動機で持たれますが、こうした貨幣の保有動機に大きな影響を及ぼすのが利子率（金利）です。利子率には、預金の利子、借

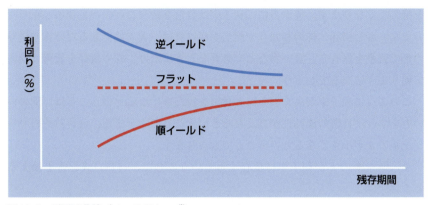

図 11-6　利回り曲線（イールドカーブ）
短期金利と長期金利の関係を示したものがイールドカーブである。長期金利のほうが短期金利よりも高い状況を順イールド、短期金利のほうが高い場合を逆イールドと呼ぶ。

入の利子、債券の利回りなど、さまざまなものが含まれます。マクロ経済学では、こうした多様な利子を総称して利子率あるいは金利と呼びます。

　現実には利子率は単一ではありません。銀行間で超短期で貸し借りする市場での金利から、10年で償還されるような長期の国債の利回りまで、多様な利子率があります。そして、短期と長期の利子率には通常は乖離があります。

　図 11-6 に描いたグラフのように、期間によって利子率がどのように変わっていくかを示した曲線をイールドカーブといいます。金融市場の状況によっては、このイールドカーブが急傾斜になる場合、すなわち短期金利に比べて長期金利が非常に高くなる場合も、逆にイールドカーブの傾斜が緩やかになったり逆傾斜になる場合、すなわち短期金利に比べて長期金利があまり高くなかったり、かえって低くなる場合も、起こりえます。金融の問題を考えるときには、こうした短期金利と長期金利の違いを認識する必要がありますが、ここではそこまで立ち入らないで、利子率ということですべての金利を総称するものと考えます。

　さて、利子率は貨幣保有動機にどのような影響を及ぼすのでしょうか。一般的に利子率が高くなるほど、人々は貨幣保有を少な目にすると考えられます。貨幣の多くは現金や当座預金・普通預金など、利子が付かないか、付いても低いものばかりです。貨幣をより多く持てば、それだけ高い利子を生む債券など

を持てなくなります。要するに、利子率は貨幣を持つことの機会費用となっています。もし債券・株の利回りや配当が高ければ、人々はできるだけ株や債券の形で資産を保有し、買い物などで必要なときにだけ、株や債券を貨幣に換えて使うようになるでしょう。

このように利子率が高くなるほど貨幣を持たなくなるということは、別のいい方をすれば貨幣の流動性が高くなるということです。また、(11-7)式のマーシャルの k が小さくなるということでもあります。

マーシャルの k が利子率に依存するということで、(11-7)式を書き換えると、

$$\frac{M}{P} = k(r)y \tag{11-8}$$

となります。ただし、$k(r)$ は、マーシャルの k が利子率 (r) の関数であることを表わしています。また、(11-8)式の左辺の M/P、すなわち貨幣量を物価で割ったものを実質貨幣残高と呼びます。P は物価であると同時に貨幣の購買力を表わしています。P が大きいほど、すなわち物価が高いほど、貨幣の購買力は小さくなります。したがって、貨幣量を物価で割った実質貨幣残高は、総貨幣量の実質価値を表わしていると考えることができます。

(11-8)式をより一般的に表わすと、つぎのような実質貨幣需要関数となります。

$$\frac{M}{P} = L(r, y) \tag{11-9}$$

要するに、人々が保有しようとする実質貨幣は利子率 r の減少関数、そして所得 y の増加関数として表わすことができます。

貨幣量と物価

さて、この節の冒頭に示した貨幣量と物価の関係について考えてみましょう。以下の議論を単純にするため、利子率の変化は無視することにします。私たちが関心を持っているのは、中長期的な関係ですので、利子率の変化にこだわる必要はないでしょう。

この場合にはマーシャルの k は一定ですので、(11-7)式のようなケンブリッジ方程式が成立します。これを変化率の関係で示すと、つぎのようになりま

す。

$$\frac{\Delta M}{M} - \frac{\Delta P}{P} = \frac{\Delta y}{y} \tag{11-10}$$

この式の導出についてくわしい説明は省きますが、とりあえずつぎのように考えてください。まず $\Delta M/M$ ですが、これは貨幣量の増加率を表わしています。ΔM は貨幣量が一定期間（たとえば1年間）にどれだけ変化したかを表わしています。つまり貨幣の変化量です。これを貨幣量そのもので割ることで、貨幣量の変化率となります（変化率については、第9章のコラムを参照してください）。つぎに $\Delta P/P$ は物価上昇率を表わしています。(11-10)式の左辺は実質貨幣残高 M/P の変化率をとったもので、実質貨幣残高の変化率は、貨幣量の変化率から物価上昇率の変化率を引いたものになります（この数学的な説明を省きますが、その意味については何となくわかると思います）。

つぎに右辺ですが、マーシャルの k は変化しませんので、実質 GDP の変化率 $\Delta y/y$ だけが残ります。第9章で見たように、実質 GDP の変化率とは、経済成長率のことです。

さて、(11-10)式を物価上昇率についての式に書き換えると、

$$\frac{\Delta P}{P} = \frac{\Delta M}{M} - \frac{\Delta y}{y} \tag{11-11}$$

となります。

この式の意味するところは、物価上昇率は貨幣の増加率と経済成長率の差となるということです。たとえば経済成長率が2％の国で、貨幣量が5％で増えていけば、物価は3％上昇するということになります。あるいは、経済成長をしていない国（成長率がゼロということ）では、物価上昇率は貨幣の増加率と等しくなります。これからわかることは、一定の経済成長率のもとでは、貨幣の増加率が高いほど、物価上昇率も高くなるということです。

演習問題

1. 以下の文章の下線部に用語を入れなさい。

    (1)マクロ経済分析において貨幣量（マネーストック）とは、_____ と _____ を足し合わせたものである。これは、理論的に、_____ の信用乗数倍の大きさになることが知られている。

(2)ハイパワード・マネーあるいはベース・マネーと呼ばれるものは、＿＿＿＿と＿＿＿＿を足し合わせたものになる。この増減はマネーストックの大きさに変化を及ぼすが、たとえば中央銀行が市中から国債を購入する＿＿＿＿が行なわれれば、ハイパワード・マネーも増加する。同様に、外国為替市場でドルを＿＿＿＿と、ハイパワード・マネーは増加する。

(3)金利には短期から長期までさまざまなものがあるが、これらのいろいろな期間の金利の関係を示したものが＿＿＿＿である。人々が、今後金利が下がっていくと予想しているときには、この曲線は＿＿＿＿になることもある。

2. 簡単な信用乗数モデルを考える。この経済には、預金と現金という2種類の貨幣が流通している。国民は、預金と現金を9対1の割合で持とうとしている。一方、銀行は預かった預金のうちの5％を預金準備として中央銀行に預けるよう決められており、この水準ぎりぎりの預金準備を保有している（つまりフリーリザーブはない）。

(1)中央銀行が1兆円のハイパワード・マネーを市場に供給していたとして、その場合のマネーストック（貨幣量）と信用乗数の大きさを計算しなさい。

(2)上のケースで、中央銀行が新たに1000億円規模の国債の買いオペを行なったとしたら、マネーストックはどのように変化するのか。

(3)ドル安に対抗するため、政府が外国為替市場で500億円規模のドル買い介入を行なったとしたら、マネーストックはどのくらい変化するだろうか。

(4)上のケースで、マネーストックを一定に保つように中央銀行が行動を起こすとしたら、どのようなことを行なえばよいのか。またそのような対応を何というのか。

3. 以下の設問に数値で答えなさい。

(1)貨幣量が100、物価が3、取引量が200のとき、貨幣の流通速度はいくつになるだろうか。貨幣数量式を用いて求めなさい。

(2)貨幣量が500兆円、名目GDPが500兆円のとき、マーシャルのkはいくつになるだろうか。ケンブリッジ方程式を用いて求めなさい。

(3)上の設問で、マーシャルのkはつねに一定の値をとるとしたとき、生産量が変化しないまま貨幣量が30％増加したら、物価はどの程度変化すると考えられるか。

(4)現金がまったく使われない経済で、中央銀行が1兆円ハイパワード・マネーを増やすと、銀行貸し出しと預金は信用乗数プロセスを通じて最終的にどれだけ増えると考えられるか。ただし預金準備率は5％として計算しなさい。

4. 以下の設問に答えなさい。
   (1) 中央銀行がマネーストックに影響を及ぼす主要な政策手段をあげなさい。
   (2) 貨幣を介さないで物々交換をすることを「バーター交換」という。こうした交換では十分な取引ができないといわれるのはなぜか。「欲求の二重の一致」という概念を使って説明しなさい。
   (3) 貨幣保有の三つの動機をあげて、それらを簡単に説明しなさい。
5. 以下の記述は正しいのか、誤っているのか、それともどちらともいえないのか、答えなさい。
   (1) 外国為替市場でドル買い介入が行なわれれば、日本のマネーストックは減少する。
   (2) 法定預金準備率を高く設定すれば、それだけ信用乗数は高くなる。
   (3) M3のほうがM1より一般的に小さい値となる。
   (4) 人々が現金を持とうとする傾向が強くなるほど、信用乗数の値は大きくなる。

12: マクロ経済政策

　この章では政府が行なう財政政策や中央銀行（日本銀行）が行なう金融政策について学びます。

　財政政策とは税金を変更したり、公共事業を増やしたりすることでしょうか。

　そのとおりです。政府は所得税や消費税などで税収を確保し、それを使って公共投資、教育、防衛、医療・年金などの社会保障など、さまざまな活動を行なっています。こうした活動は継続的に行なわれるものですが、景気の状況を見ながら減税したり、支出を増やしたりして景気対策を行なうことがあります。

　減税としては具体的にどのようなことをするのでしょうか。

　たとえば、個人の所得税を一時的に軽減して、消費を刺激するというのは多くの国でよく行なわれます。また、企業の投資活動を刺激するために、投資を行なった企業には法人税の減免を行なうような投資減税もあります。

　でも、今の日本政府は大きな借金を抱えているのですから、そうした減税をする余裕はないのではないでしょうか。

　そのとおりです。残念ですが、今の日本政府に財政政策を積極的に行なう力はあまり残っていません。ただ、それでも本当に景気が悪くなれば

財政政策を行なわざるをえませんし、また海外の国での財政政策を理解するためにも、財政政策の仕組みを知っておく必要があります。

金融政策についても説明してください。

前の章で金融の説明をしたとき、金利やマネーストックが変化することで景気や物価の動きに影響が出ることを説明しました。日本銀行は金利（利子率）やマネーストックを調整することで、安定的な物価を実現しようとしています。また、景気にも配慮しています。この金融政策の影響を見るうえで金利が重要な意味を持つので、本文で金利の変化が経済に及ぼす影響を理解するようにしてください。

金利を下げれば景気を刺激し、金利を上げれば景気が冷やされると考えればよいのですね。

基本はそのとおりです。ただ、現実にはいろいろ難しい問題があります。たとえば、景気は良いほど好ましいというものでもありません。あまり低金利をつづけて景気を刺激し続けますと、物価が上がって経済にかえって悪影響が出ることがあります。また、一般物価が上がらなくても、地価や株価でバブルが発生しても困ります。

そういえば、少し前に日本が深刻なデフレに陥ったとき、金融政策が効かなくなったというような話を聞いたことがありましたが。

物価が下がりつづけるデフレの状態では、金利をこれ以上下げられないところ（ゼロ金利）まで下げても、まだ景気が回復しないことがあります。ケインズはこれを流動性の罠と呼びました。日本は一時、そのような状況に追い込まれてしまったのです。

そのようなことは二度と起きないといいですね。ところで、財政政策と金融政策はどのように使い分けるのでしょうか。

簡単に言えば、金融政策は日本銀行（中央銀行）が行ない、財政政策は政府が行ないます。日本銀行の行動は政府から独立の地位を保証されており、その意味では財政政策と金融政策は独立に行なわれています。ただ、物価、為替レート、雇用、財政赤字問題など、多くの問題に対処するためには、財政政策と金融政策の両方をうまく活用していかなくてはいけません。

I　財政政策と金融政策

政策目標と政策手段

　マクロ経済政策の運営においては、さまざまな経済指標がその評価や判断に利用されます。表12-1は、そのような経済指標のなかの代表的なものを整理してまとめたものです。この表の項目は、二つの目標（ターゲット）に分類されています。最終目標と中間目標です。

　最終目標とは、マクロ経済政策運営が最終的に目標とするような指標です。雇用の確保、物価の安定、適切な経済成長の確保などは、それ自身が経済政策の目標として考えられるものです。

　これに対して中間目標とは、それ自身がマクロ経済政策運営の直接的な目的ではないものの、最終的な目標と重要な関連を持っており、政策の効果を判断したり、政策の方向を考えるうえで重要な意味を持つ指標です。中間目標の代表的な例として為替レートや金利水準をあげることができます。為替レートの水準そのものは直接的に国民の経済厚生にかかわるものではありませんが、貿易や国際投資、あるいは国内物価などに大きな影響を及ぼすものとして政策運営において注目されます。これは金利水準も同じです。金利の場合には、それだけでなく、金融政策の直接的なコントロールの対象ともなっています。

　いうまでもないことですが、中間目標と最終目標の分類はあくまでも便宜的なものです。どちらに分類してもおかしくない指標もあります。また、政策の最終目標として何を掲げるかは、その国の政策運営の姿勢にもかかわってきます。たとえば、物価の安定を最重要の最終目標に掲げる政府もありますし、物価そのものにはあまり深い関心を持たず雇用や成長に主たる目標を置く政府もあるでしょう。

　つぎに政策手段としてどのようなものがあるか整理してみましょう。表12-2に、主たる政策手段を整理してみました。マクロ経済政策は、財政政策と金融政策に大きく分けることができます。財政政策とは、政府の支出額や税を調整することでマクロ経済に影響を及ぼそうとするものです。金融政策とは、金融市場や外国為替市場に働きかけて金利や為替レートを通じてマクロ経済に影響を及ぼそうとする政策です。乱暴にいえば、財政政策は財務省をはじめとす

表12-1 政策目標となるマクロ経済指標の例

最　終　目　標	中　間　目　標
物価の安定	為替レート
適切な経済成長	金　利
雇用の確保	財政収支
	国際収支

る政府が行なうものであり、金融政策は中央銀行が行なうものです。

　財政政策は、大別して、政府の支出の調整を通じた政策と、税の調整による政策があります。政府は、公共投資や政府消費などさまざまな財・サービスへの支出を行なっていますが、こうした政府の活動は日常的な公共サービスの一環として行なわれるだけではありません。景気の好不況に応じて、政府支出の水準を調整するのです。たとえば景気の悪いときには、公共投資などを増やしますし、景気が過熱しているときには公共投資を減らすのです。そのような公共的支出の財源は、税で徴収することもできますし、政府の借金である国債（国）や地方債（地方自治体）などの公債を発行してまかなうこともできます。どのような資金調達方法で公共支出を増やすかによって財政政策の効果の大きさがちがってきます。

　財政政策のもう一つの手法は、税の調整によるものです。一般的に景気が悪いときには減税をし、景気が過熱しているときには増税を行ないます。例として減税を考えてみると、個人所得税への減税、企業に対する投資減税、不動産取引税の軽減など、いろいろなタイプの減税が考えられます。個人所得税の減税は消費を刺激する効果が期待できますし、投資減税は投資を促進することが期待できます。このような税の調整を通じて消費や投資を刺激するのです。

　つぎに金融政策についてみましょう。金融市場の基本的な構造については、すでに第11章で説明しましたが、中央銀行は公開市場操作などの形で金融市場に資金を供給したり、市場から資金を引き揚げたりすることができます。このような政策によって市場の金利も影響を受けます。この場合の金利とは、企業が金融機関から資金を借りるときの金利である融資金利、預金者が受け取る預金金利など、さまざまなものを含んでいます。一般的に金利が高くなるほど、景気に対しては引き締め気味に働きます。金利が高ければ企業は投資をあ

る程度控えようとするからです。逆に金利が低くなれば、投資などが刺激されて景気を刺激する効果があります。このような効果をねらって金融政策が行なわれるのです。

表12-2には、金融政策の一つとして外国為替市場への介入も入れてあります。外国為替市場やそこでの為替レートの決定などについては第16章でくわしく説明しますが、外国為替市場への介入とは簡単にいえばつぎのようなことを指します。外国為替市場とは、円、ドル、ユーロなどの通貨間の取引が行なわれているところで、その通貨間の交換比率が為替レートです。たとえば円ドルレートが105円であるというときには、1ドルが105円と交換されるということを意味します。

為替レートは、マクロ経済の動きに大きな影響を及ぼします。円高になれば輸出が困難になり、場合によっては景気を悪化させるような影響を及ぼすこともあります。逆に極端な円安になれば、海外から輸入される商品（たとえば石油）が高くなり、国内の物価上昇の原因ともなりかねません。そこで、政府・中央銀行としては、外国為替市場での売買に介入することで為替レートをコントロールしようとします（ここで「政府・中央銀行」と書いたのは、外国為替

---

column

遅れる経済統計の整備

　正しい経済政策を行うためには、経済の実態を正しく判断しなくてはいけません。そのためには、GDP、物価、雇用など、経済の実態を示す統計指標をスピーディーに、かつ正確に入手する必要があります。

　残念ながら、専門家の意見を聞いていると、日本の統計整備にはいろいろな問題があるようです。統計整備には膨大な人力が必要でそのための制度があるわけですが、かなり前に整備した統計収集方法を変えることができず、時代遅れの統計整備となっているようです。最近の情報処理技術の急速な進歩、統計手法の革新、そして実際の経済が大きく変化していることを考えれば、統計の整備も時代に合わせたものに変えていかなければなりません。

　残念ながら、政府のなかで統計を集める部門は日の当たらない所が多いようです。また、各省ばらばらに統計を整備する縦割り型になっており、せっかく統計を集めても政策判断などに使いにくくなっています。

表 12-2　代表的なマクロ経済政策の手段

財政政策	税の調整
	政府支出の調整
金融政策	金利調整
	マネーストックの調整
	外国為替市場への介入

市場への介入の主導権を持っているのが、国によっては政府であったり、中央銀行であったりするからです。日本の場合には、財務省が主導権をもって日銀に委託して介入を行なっています）。

　円高を阻止するためには、政府・中央銀行は手持ちの円を売却してドルを買えばよいことになります（これを円売り介入、あるいはドル買い介入といいます）。もっとも、外国為替市場で日々取引されている通貨の金額は膨大なものであり、政府がわずかな額だけ介入してもほとんど効果がないといわれることもあります。

　なお、表 12-2 に記したもの以外にも、さまざまなマクロ経済政策の手段があります。たとえば、景気が低迷しているときには失業率なども高くなりますが、失業者に失業保険を支払ったり、あるいは企業が雇用を維持するように補助金を出したりするのも、景気変動の影響を小さくするという意味で、マクロ政策のひとつと考えることができます。

　また、景気が低迷しているとき、中小企業などを資金繰りなどの面で補助するという、融資を通じた支援が行なわれますが、これも景気対策という意味でマクロ経済政策のひとつといえなくもありません。

資産市場と財市場の接点：利子率と GDP

　以下で金融政策や財政政策の効果について説明しますが、そこで重要な意味を持つのが利子率──＊　と GDP です。政策の効果について学ぶ前に、この二つの変数を通じた資産市場と財市場の関係を明らかにする必要があります。

*──確認：利子率とは

マクロ経済学では利子率や金利という概念がしばしば出てきます。本書でもすでにコメントしたように、現実の世界には利子率と呼ばれるものが多数あります。たとえば銀行にお金を預けるときの預金金利があります。その金利でも、普通預金の金利は低いのですが、一定期間預ける貯蓄性預金の金利は高くなっています。それも、預ける期間が長い預金、つまり長期の預金の金利のほうがさらに高くなっています。銀行から融資を受ける企業にとっては、融資の金利がもっとも重要になるでしょう。国債のような債券でも、表面金利として利子がつくこともありますし、利子がつかなくても、国債を購入するときには安く購入でき償還してもらうときには少し高く買い戻してもらえば、その差が金利と同じような意味を持ちます。このように経済にはさまざまな金利がありますが、それらは連動しており、教科書ではこれらを一括して「金利」あるいは「利子率」と呼んでいます。

資産市場と財市場はさまざまな経済変数で結ばれていますが、そのなかでもとりわけ重要であると思われるのが、利子率とGDPです（このほかに、為替レートなども両市場を結ぶ重要な役割を演じます）。この二つの変数が資産市場で演じる役割については、第11章で説明した貨幣需要関数を思い起こしてもらえば十分でしょう。

利子率が高くなれば、人々は貨幣保有量をできるだけ減らして、ほかの資産に切り換えようとします。また、GDPの水準が高くなれば、それに応じて経済内の取引も活発になりますので、貨幣に対する需要は増大します。したがって、この二つの変数が変化すれば、それによって人々の資産需要パターンは変化するでしょう。逆に、資産の供給が変化すれば、利子率やGDPは大きな影響を受けることになります。

では、利子率とGDPは、財市場ではどのような役割を演ずるのでしょうか。まず、GDPですが、これについては新たに説明を加える必要はないでしょう。GDP自身が財市場の活動水準を示す重要な指標ですし、消費や輸入などはGDPの水準と強い相関関係を持っています。すなわち、GDPが増加すれば、消費や輸入も刺激されます。

利子率が財市場において演ずる役割については、多少説明する必要があるでしょう。第10章で乗数プロセスについて説明したときには、経済全体の投資額がどのようなメカニズムで決定されているかという点については説明しませんでしたが、実は利子率の水準は投資額の重要な決定要因であると考えられます。なぜなら、利子率は資金を借りる立場の経済主体にとっては資金を調達するためのコストとなるからです。

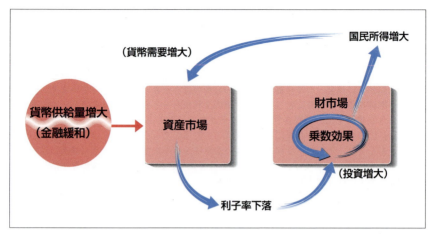

図 12-1　金融緩和のメカニズム
金融緩和が行なわれると利子率が下がり、それが投資や不動産投資を拡大して、景気が刺激される。投資や不動産投資の拡大は乗数効果をもたらす。

　企業は投資を行なうための資金の多くを、銀行からの借り入れ、債券や株式の発行という形でまかなっています。利子率が上昇すれば、それに伴ってこれらの資金調達の利子コストも増大し、企業の投資意欲はそがれることになります。ある企業は、利子率が低くなるまで投資計画の一部を延期するかもしれませんし、別の企業は投資計画を断念するかもしれません。このような理由により、利子率が高くなるほど投資水準は低くなると考えられます。

　投資水準は、乗数プロセスの引き金を引くことで、経済全体の生産水準・所得水準に重大な影響を及ぼします。したがって、利子率も、投資の変化を通じて、財市場の活動水準、とりわけ GDP に大きな影響を与えます。他の事情が一定であるならば、利子率が低くなるほど、投資が刺激されて、GDP の水準も高くなります。

　図 12-1 と図 12-2 は、財市場と資産市場の関連を例示したものです。図 12-1 は、金融政策当局が金融を緩和したときの政策効果の波及ルートを示したものです。また、図 12-2 は、財政支出が増大したときの波及ルートを示したものです。どちらの場合にも、利子率と GDP が二つの市場の間を連結する役割を演じていることがわかります。この二つの政策の効果については、以下でくわしく議論します。

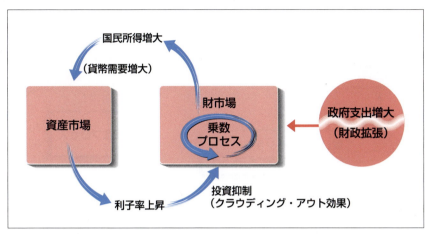

図 12-2　財政支出とクラウディング・アウト効果
　減税や財政支出拡大が行なわれると、乗数効果を通じて経済全体の需要が拡大する。ただ、そうした需要拡大が利子率を引き上げるので、それによって投資などにマイナスの影響（クラウディング・アウト効果）が出る。

金融政策と有効需要

　図 12-1 に示したように、貨幣量の増減は、利子率の変化とそれが投資に及ぼす影響を通じて、有効需要や GDP 水準に大きな影響を及ぼします。景気が悪化しているときに、金融政策当局が金融を緩和して景気の拡大を図ろうとするのは、このメカニズムを利用することにほかなりません。ここでの金融政策の本質は、利子率を「てこ」として、投資を刺激したり抑制したりすることにあります。以下では金融緩和のケースを中心として、金融政策のメカニズムについて検討します（金融引き締めについても同じように分析することができます）。

　図 12-3 は、図 12-1 を多少書き換えたもので、金融緩和の波及プロセスを示しています。この政策の波及ルートは、図における A、B、C、D の四つのステップからなっています。すなわち、買いオペや法定預金準備率の引き下げは、市中に流通している貨幣量（マネーストック）を増大させ（ステップ A）、それによって利子率は低下します（ステップ B）。利子率が低下したことにより、投資は刺激され（ステップ C）、それによって起こった乗数メカニズムが経済全体の生産や所得を増加させる（ステップ D）、という波及ルートです。以下、このルートの各ステップについて、もう少しくわしく検討しましょ

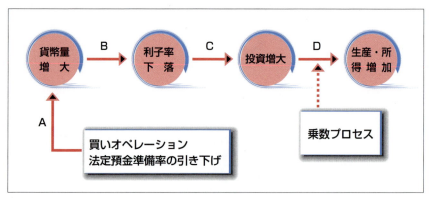

図12-3　金融緩和の波及経路
貨幣量の増大が利子率を引き下げ、それが投資を刺激し、乗数効果で生産や所得が増加する。

う。

　ステップAについては、第11章で説明しました。買いオペレーションや法定準備率の引き下げなどの政策は、市中に流通する貨幣量を増大させます。ステップDは、第10章の中心課題でした。投資が増大すれば、それによって乗数的需要拡大プロセスが引き起こされ、投資の増大の乗数倍の大きさの所得・生産・支出が生み出される、というのがそこでの議論のエッセンスでした。AとDのステップについては、これ以上触れずに、以下ではBとCのステップに議論を集中します。

　ステップBとCから、つぎのようなことがわかると思います。すなわち、①貨幣量の増加が利子率を大幅に引き下げるほど（ステップBの問題）、そして②投資が利子率低下に敏感に反応するほど（ステップCの問題）、金融政策の効果は大きくなります。したがって、現実の金融政策が働くかどうかは、この二つの条件がどの程度みたされているかということに大きく依存します。

　では、どのような状況のとき、利子率は、貨幣の増大に対して敏感に反応して低下するのでしょうか。ステップBのほうの問題は、第11章の貨幣需要関数についての議論を思い出していただければ、容易に解答を見つけることができます。ステップCのほうの問題は、後で考えます。

　図12-4の二つのグラフにおいて、右下がりの曲線 M_d は、貨幣需要曲線と呼ばれるもので、縦軸上にとられた利子率 r が下がるほど、横軸上にとられた

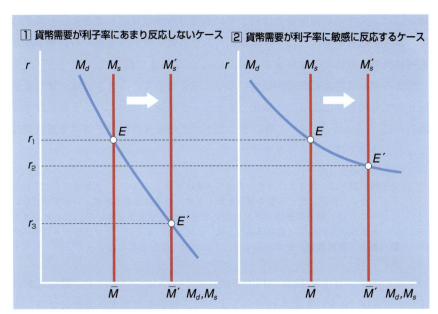

図 12-4　貨幣供給の増加と利子率
　貨幣需要の利子弾力性が小さいほど、すなわち貨幣需要の利子率の変化への反応が鈍いほど、貨幣供給量の増大による利子率の下落幅は大きくなる。すなわち、金融政策の効果は大きくなる。

貨幣需要 M_d が増加することを表わしています。M_s と M_s' は貨幣供給を表わしており、貨幣（供給）量が、横軸上にとられた $\bar{M}$ から $\bar{M}'$ の水準に増加すると、それに伴って貨幣供給曲線は M_s から M_s' へとシフトします。E 点は貨幣供給量が $\bar{M}$ のときの均衡点、E' は $\bar{M}'$ のときの均衡点です。

　二つの図を比べると、貨幣需要曲線の傾きが水平に近い ② のケースのほうが、貨幣供給量の増加が利子率を引き下げる力が弱いことがわかります。貨幣需要量 M_d が水平に近いということは、わずかの利子率低下に対して、人々の貨幣需要量が大幅に増大するということを意味します。このような場合には、貨幣供給量が増大したとしても、わずかに利子率が低下するだけで貨幣需要が大幅に増大し、増加した貨幣供給量を吸収してしまいます。利子率があまり下がらないのですから、金融政策の効果も弱いものとなります。

　これに対して、① のケースのように、貨幣の需要曲線の傾きが急であるときには、わずかな貨幣供給量の増大によって、利子率は大幅に低下します。この

場合には、人々の貨幣需要量は利子率にあまり敏感に反応しません。したがって、貨幣供給量が増大したときには、それを需要に吸収させるために利子率が大幅に低下することになります（図では r_1 から r_3 まで低下）。

ところで、貨幣需要曲線が極端に水平に近くなっているときには、貨幣量が変化しても利子率はまったく変化しません。ケインズは、このような状況を流動性の罠（liquidity trap）と呼びましたが、このような状況下では金融政策はまったく効果を持たなくなります。——＊

＊──確認：流動性の罠
> 流動性の罠とは、あるところまで市場利子率が下がっていくと、人々はそれ以下には下がらないと強固に信じられる状況を示します。利子率がある水準よりも下がらないということは、債券の価格がそれに対応する水準より上がらないということですので、わずかな金利低下（債券価格の上昇）に対して、多くの人々が債券から貨幣への乗り換え（貨幣需要）をするのです。この結果、貨幣需要曲線は水平に近くなります。

つぎにステップ C の投資の利子率に対する反応について、少し触れておきましょう。図 12-4 にも示されているように、利子率が下がったとしても、そ

> **column**
>
> ## 日本経済が経験した流動性の罠
>
> 　私は若い頃、ケインズの『一般理論』などを読んで流動性の罠について学びましたが、私の人生の中で本当にデフレを経験するとは思いませんでした。1990 年代の末頃から、日本は戦後始めてのデフレを経験しました。不良債権問題が深刻で、それがデフレの原因となったのです。日本銀行はこうしたデフレを解消すべく、政策金利を下げていったのですが、日本経済は回復するどころか、ますます深刻な不況になっていきました。とうとう、これ以上金利を下げられないという、政策金利がゼロまで下がってしまったのです（いわゆるゼロ金利政策）。
> 　これは、ケインズが言った「流動性の罠」にほかなりません。流動性の罠のもとでは金利を下げて景気を刺激することが不可能になってしまうのです。ケインズは、流動性の罠のもとでは財政政策を積極的に活用して景気を刺激することを推奨しているのですが、すでに膨大な政府債務を抱える日本政府にとって、積極的な財政政策を行なうことは非常にむずかしかったのです。結局、有効な手を打てないまま、日本はデフレに苦しむことになりました。

れによって投資が刺激されなければ、金融政策の効果は失われます。すでに説明したように、一般的には、利子率が低くなれば資金を借り入れる利子コストが低下しますので、投資は増大するはずです。しかし、いくら利子率が低くても、企業に投資意欲がなければ、投資は増大しません。不況が深刻化して、多くの企業が保守的になり投資を控えようとしたら、利子率が低下したからといって投資は増大しないかもしれません。このような場合には、金融政策の効果は非常に弱いものとなります。

財政政策とクラウディング・アウト効果

　財政政策は、金融政策とともに、有効需要を刺激あるいは抑制するためのマクロ政策の重要な柱です。金融政策の場合と同じように、その効果を正しく把握するためには、資産市場と財市場の関連を考慮に入れる必要があります。第10章の乗数分析では、政府による財政支出の増大は、その乗数倍の生産や所得の増大を生み出すと説明しました。しかし、これは財市場だけに限定した議論にもとづいて導かれた結論であり、資産市場と財市場の連関を考慮に入れると、この結果はかなり修正されることになります。

　図12-2をもう一度見てください。第10章で議論したのは財市場だけの世界ですので、図12-2では右側の財市場の活動（すなわち政策支出増大からGDP増大のところまで）の部分のみがこれに対応します。しかし、実際には資産市場を通じての利子率上昇の効果が伴います。これは、資産市場も考慮の対象に含めてはじめて分析可能となります。

　財政支出増大に伴う利子率上昇は、以下で説明するクラウディング・アウト効果を引き起こします。これは財政政策の効果について論ずるさいに重要になります。図12-5は、図12-2を書き換えたもので、財政支出増大の波及プロセスを、いくつかのステップに分けて表示したものです。なお、以下では財政支出（政府による財・サービスの購入）の増大は、すべて公債の発行でまかなわれていると仮定します。

　すなわち、財政支出の増大は、乗数プロセスを通じGDPを増加させます（ステップA）が、同時に貨幣需要も増大させます（ステップB）。貨幣需要はGDPの増加関数ですので、GDPが増大すれば貨幣需要も増大するわけです。ところが、財政支出の増大は貨幣供給には影響を与えないので、貨幣需要の増

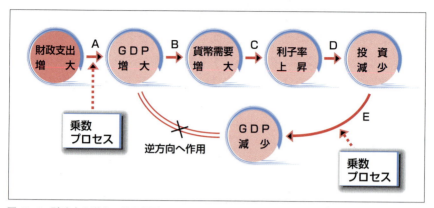

図 12-5　財政支出増大の波及経路
財政拡大は乗数プロセスを通じて所得や生産を拡大させるが、同時に利子率を引き上げる副次効果があり、これは投資を抑えて所得や生産にマイナスの影響を持つ（クラウディング・アウト効果）。

大によって利子率は上昇します（ステップ C）。その結果、投資が抑制され（ステップ D）、それが乗数プロセスを通じて GDP を減少させる方向にもっていきます（ステップ E）。以下で、各ステップについてもう少しくわしく検討してみましょう。

　ステップ A は、すでに第 10 章で説明した乗数のメカニズムにほかなりません。政府支出の増大は、その乗数倍の所得と生産の増大を生み出します。これに対して、ステップ B から E までのルートは、GDP を減少させる方向に働きます。利子率の上昇によって投資は抑制され、これが乗数プロセスを通じて GDP の水準を引き下げるのです。この効果は、クラウディング・アウト効果と呼ばれます。このように呼ぶのは、政府支出の増大が利子率を引き上げることを通じて民間投資の一部を「押しのける（crowd out）」結果になっているからです。

　クラウディング・アウト効果が強く働くときにはそれが財政政策本来の景気刺激効果を打ち消してしまうので、財政政策の効果は非常に小さなものとなってしまいます。しかも、クラウディング・アウト効果は、政府活動の拡大が民間活動を阻害することですので、財政政策の是非を論ずるさいには重要な論点になります。したがって、この効果が強く起こるのはどのような場合であるかを検討することは、財政政策を論ずるさいの重要なポイントとなります。

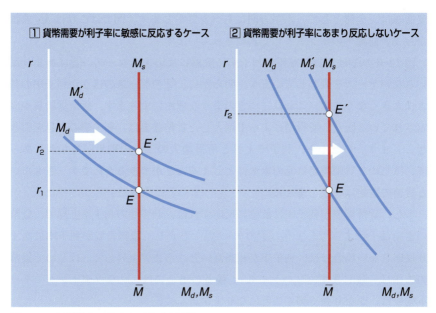

図 12-6　所得増大が利子率に及ぼす影響
貨幣需要の利子率に対する弾力性が小さいほど、すなわち貨幣需要の利子率の変化に対する反応が鈍いほど、所得が増えたときの利子率の上昇幅は大きくなる。すなわちクラウディング・アウト効果も大きくなる。

　図 12-5 からも明らかなように、①所得増が貨幣需要に及ぼす影響（ステップ B）が大きいほど、②貨幣需要増大が利子率を引き上げる効果（ステップ C）が強いほど、そして③利子率の変化に対して投資が敏感であるほど（ステップ D）、クラウディング・アウト効果は強く働きます。このうち、①と③の条件は、このままの形でその意味は明らかであると思いますので、以下では②について検討してみたいと思います。

　貨幣需要の増大によって利子率がどの程度上昇するかという点について、図 12-6 を用いて説明しましょう。財政拡張によって GDP が増加すると、貨幣需要も増大します。これは図の上では、貨幣需要曲線が M_d から M_d' へと右方にシフトすることによって表わされます。貨幣需要曲線 M_d は、縦軸上にとられた利子率 r の各水準のもとでの貨幣需要量を横軸座標の上に表わしたものです（たとえば M_d のもとで、利子率が r_1 であれば、貨幣需要は $\overline{M}$ です）。もし、GDP が増大したら、どの利子率のもとでも貨幣需要は増加するので、貨幣需

要曲線は、全体として、水平方向に右へシフトします。図ではこれは M_d 曲線から M_d' 曲線へのシフトとして表わされています。

　図12-6の1は、貨幣需要が利子率に敏感に反応するケース、2はあまり反応しないケースを表わしています。明らかに、2のケースのほうが利子率の動きは大きくなります。これは、つぎのような理由によります。貨幣供給量が固定されている限り、所得増によって増大した貨幣需要は、利子率の上昇を引き起こします。なぜなら、利子率上昇と所得増大の二つの効果が打ち消しあって、はじめて貨幣需要は元の水準にとどまることができるからです。さもないと貨幣の需給は一致しません。

　もし、貨幣需要が利子率に敏感に反応すれば、わずかの利子率上昇で、貨幣の需給は一致するでしょう（1のケース）。しかし、貨幣需要が利子率にあまり反応しない場合には、利子率が相当高いところまで上昇して、はじめて貨幣の需給は一致します（2のケース）。後者の場合には、クラウディング・アウト効果は、かなり強く働くことになります。

　「積極的な財政政策が行なわれると、市中の利子率も高くなる」とよくいわれますが、これは以上のことを指しています。1980年代前半のアメリカでは、巨額の財政赤字が高い利子率と共存する状態にありました。財政赤字が高利子率の最大の原因であるといわれています。

　ところで、クラウディング・アウト効果を避けるためには、どのような政策を行なえばよいのでしょうか。財政支出の増大とともに金融も緩和する、というのがこれに対する一つの解答ですが、この点についての検討は演習問題として読者のみなさんに残しておきます。

　最後に、財政政策と金融政策の効果の大きさを比べてみると、つぎのような逆の結果が得られていることに気づくと思います。すなわち、金融政策が強く働くのは、貨幣需要が利子率にあまり反応せず、投資が利子率に敏感に反応する場合ですが、このような場合には財政政策の効果は非常に弱くなります。この点は、つぎのように理解することができるでしょう。金融政策が有効であるためには、利子率が動いて投資が刺激されなくてはなりませんが、財政政策においては、利子率や投資の変化は政策の阻害要因でしかありません。──＊

＊──確認：金利の変化と財政・金融政策
　ここで説明したことをまとめると、金利が大きく動く場合には金融政策は有効に働く

が、財政政策はクラウディング・アウト効果の弊害が大きくなりやすいということです。金利の変化は、貨幣需要の利子弾力性に影響を受け、利子弾力性が小さいほど、貨幣量や財政政策の変化による利子率の変化幅は大きくなります。

II　マクロ経済政策をめぐる論争

政策手段と政策目標の対応

　以上で説明したように、マクロ経済政策は複数の政策手段を用いて、複数の政策目標を実現しようとします。その結果、政策手段の間の調整や、政策目標間の矛盾という問題が出てきます。

　容易に想像できると思いますが、政策手段の数と政策目標の数の大小関係は非常に重要な意味を持ちます。もし政策手段の数よりも政策目標のほうが多ければ、すべての政策目標を完全に達成することはできません。この点を具体的な例で見るため、たとえば政策手段が金利の調整という手段一つに限られ、政策目標が景気回復と貿易黒字解消の二つである場合を考えてみましょう。

　景気を回復させるためには、金利を下げていかなくてはなりません。しかし、金利を下げると、為替レートは円安方向に動くと考えられます。円安になれば、輸出は拡大し、輸入は減少するので、貿易収支の黒字は拡大してしまいます。

　この場合、金利を下げれば景気は刺激されますが、為替レートは円安方向に動きますので、貿易収支の黒字は拡大します。一方、貿易黒字を減らすためには円高になるように金利を上げればよいのですが、それでは景気刺激効果は弱まってしまいます。要するに、景気刺激と貿易黒字解消という二つの政策目標の間にはトレードオフの関係が成立しています。図 12-7 はこの関係をイメージ図で描いたものです。

　上の例はあくまでもひとつの簡単なケースですが、より一般的にいえることは、政策目標の数のほうが政策手段の数よりも多いときには、すべての政策目標を完全に達成することはできないということです。──＊　どれかの政策目標を重視すれば他の政策目標が犠牲になります。そこで、政策運営においてどの目標をどの程度重視するか判断することが必要になってきます。

＊──確認：一つの石で二羽の鳥は落とせない
　政策目標が二つあって、政策手段が一つしかなければ、両方の目標とも完全に達成す

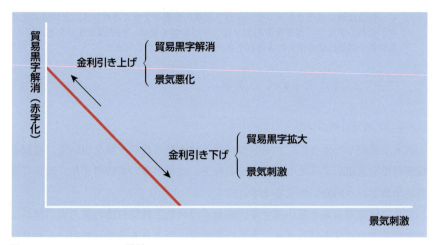

図12-7　トレードオフの関係
　　景気の刺激策としての金利引き下げと貿易黒字の解消はトレードオフの関係にある。

ることはできません。そこで、本文中に説明があるように、二つの政策目標の間でのトレードオフの問題が生じるのです。もっとも、石が二つあれば、二羽の鳥を落とすことも可能です。政策目標が多ければ、それに応じてより多くの政策手段を持つことが必要となります。

　もちろん、政策手段の数が十分にあれば、すべての政策目標を実現することが可能になります。たとえば上のケースで、金利のコントロールという政策以外に、減税という財政政策も利用することができるとします。金利を下げるような金融政策は、景気は刺激しますが、貿易収支の黒字を拡大する効果を持ちます。一方の減税政策は、景気を刺激するとともに、貿易収支を減少させる効果を持ちます。

　この場合、一見、減税政策だけで、景気刺激と貿易収支の黒字削減という二つの目標を同時に達成できるように思われます。ただ、減税政策だけで両方の目的をちょうどよい具合に実現することは困難です。そこで金融政策と減税政策をうまく組み合わせて使う必要が生じます。

　金利政策と減税政策は、景気と貿易収支に及ぼす影響の方向が異なるので、両者を組み合わせることによって、景気刺激と貿易黒字縮小という二つの目標を同時に実現することができます。どのような組み合わせが必要かということは、二つの政策の効果の大きさに依存して決まりますので、ここでは一般的な

ことはいえません。ただ、政策手段の数が増えていけば、政策目標の達成もより容易になるということは直観的にわかると思います。

フィリップス曲線の議論

さて、財政政策や金融政策を用いてマクロ経済の状況を望ましい水準に持っていくとして、それをどのような判断基準で行なったらよいのでしょうか。ある時期までは、こうした問題を考えるときの重要なよりどころとなったのが、イギリスの経済学者フィリップスが発見した、フィリップス曲線と呼ばれる関係でした。

フィリップス曲線は図 12-8 に描かれたような、失業率とインフレ率の間に見られる関係です。横軸にとられた失業率とは、労働者のうち何パーセントが失業しているかを表わした数値です。これが高いほど、失業が深刻であることを示しています。縦軸にとられたインフレ率（物価上昇率）は物価が何パーセントで上昇しているかを表わした数値です。

フィリップスは、失業率とインフレ率の間に、図 12-8 のような右下がりの関係が存在することを確認しました。すなわち、失業率が高いときほどインフレ率は低く、失業率が低くなるときにはインフレ率は高くなるという関係です。これはつぎのようなことを意味しています。景気が悪いときには、失業率が高くなるとともに、インフレ率が低くなるが、景気が過熱しているとインフレ率は高くなるものの、失業率は低くなるのです。

経済にとっては、極端に高いインフレも、極端に高い失業率も望ましくありません。そこで、たとえば図の A 点のような失業率とインフレ率がもっとも望ましいとすれば、そこに経済をもってくるようにすればよいわけです。もし現状が B 点のようなところ、すなわち望ましい A 点に比べて失業率が高くインフレ率が低くなっていれば、金融政策や財政政策を駆使して景気を刺激します。逆に C 点のようなところにあり、望ましい A 点に比べてインフレ率が高く失業率が低ければ、財政政策や金融政策を引き締め気味にして景気を冷やそうとするでしょう。

こうした政策の基本は、経済の景気の状況を見ながら、それを望ましい方向に修正するように政策を用いるというものです。このような政策の手法を、ファイン・チューニング（微調整）といういい方をすることがあります。また、

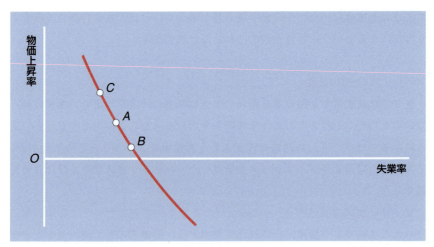

図 12-8　フィリップス曲線
失業率が高いときほどインフレ率が低く、失業率が低くなるときにはインフレ率が高くなる関係。この関係を見出した A.W. フィリップスにちなんでフィリップス曲線と呼んでいる。

状況に応じて対応するということで、裁量的政策ともいいます。

フリードマンによる批判

　上で説明したような失業とインフレの間のトレードオフの関係は、1970 年代以降、次第に希薄になってきました。インフレ率が高くなると、当初は失業率が下がる傾向がありましたが、インフレ率が高いままの状態にあると、失業率は次第に高くなり元に戻ってしまいます。一方、インフレ率が下がると一時的に失業率は高くなりますが、これもインフレ率が低いままでいると、失業率は元の方向に下がっていきます。

　この関係を見ていると、あたかも失業率は長期的には安定的な水準が決まっており、一時的なインフレは失業率を一時的に下げますが、時間がたてば失業率は元にもどってしまい、逆に一時的なインフレ率の低下は失業率を一時的に引き上げますが、これも時間がたてば失業率は元に戻る傾向が見られます。

　このような関係から、フリードマンは図 12-9 のような関係が成立すると考えました。要するに、長期的には図に描かれた垂直線のような関係が成立しており、いかなるインフレ率であっても失業率はある一定の値をとるというもの

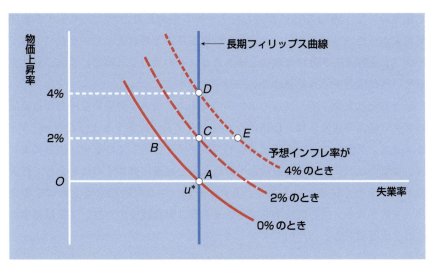

図12-9 フリードマンのフィリップス曲線と自然失業率
物価上昇率の高低にかかわらず、長期の失業率は一定である。

です。このような失業率を自然失業率といいます。一時的なインフレ率の上昇は一時的に失業率を自然失業率よりも低くさせますが、人々がその高いインフレ率に慣れてしまうと、失業率はまた元の自然失業率に戻ってしまいます（図12-9のA→B→Cの動き）。逆に一時的にインフレ率が下がると失業率は上がりますが、人々がその低いインフレ率に慣れると失業率も元に戻ります（図のD→E→Cの動き）。

もしこのように、長期的に失業率が自然失業率の水準で安定しているのであるなら、一時的に失業率を下げるために景気刺激策をとるのは好ましくないことになります。なぜなら、景気を刺激してインフレ率を高めて一時的に失業率を下げても、いずれは失業率は元に戻ってしまうからです。それだけでなく、インフレ率まで以前より高くなってしまうのです。

もちろん、マクロ経済政策によってインフレ率を下げることはできます。景気を引き締めるような財政・金融政策を行なえばよいのです。しかし、フリードマンのフィリップス曲線の議論によれば、インフレ率を下げるためには、一時的に失業率が上昇するという苦しみを受けることになります。そうした調整を通じてインフレ率を下げることができるのです。

現実的には、1970年代に蔓延したインフレを抑えるため、アメリカでは70年代末からたいへんきびしい金融引き締め政策がとられました。それによってインフレを抑えることには成功しましたが、その過程で一時的に景気が悪化するという代償を支払う結果になったのです。

　こうした点を受けて、フリードマンの考え方に大きな影響を受けた新古典派のマクロ経済学者たちは、伝統的なケインジアンが提案するようなファイン・チューニング型のマクロ経済政策の効果に疑問を提示しています。彼らによれば、景気の状況によって金融政策や財政政策を頻繁に動かすのはかえって経済の不安定を招く結果になります。それよりは、マクロ経済が安定的になるよう、マネーストックの成長率を安定させたり、財政収支のバランスを維持することが重要であるというのです。

裁量かルールか

　第9章でも触れたように、マクロ経済政策の運営のあり方に関するケインジアンと新古典派の論争は、マクロ経済学の展開のなかで重要な位置を占めています。大胆なまとめ方をするなら、ケインジアンの政策観と新古典派の政策観はつぎのように整理できるのかもしれません。

---

column　インフレの芽

　世界的に石油価格や食料価格が高騰してくると、各国ではインフレの芽が経済のなかに少しずつ植え付けられていきます。いろいろな商品の価格が上昇していけば、自分の商品の価格もあげる必要があると考える企業が増えてきます。また、物価が上がってくると予想されれば、労働者もより高い賃金を求めようとするでしょう。このようなインフレの芽（インフレ予想）が経済のなかに定着することは、実際にインフレを引き起こす大きな要因となります。政策的には、インフレの芽が経済のなかに定着しないような対応をする必要があります。そうしたインフレの芽を摘むうえで金融政策の果たす役割は重要です。金融政策の役割は、現在起きている実際の物価上昇に対応することだけでなく、将来インフレにつながるかもしれないインフレの芽（インフレ予想）に対応することも含まれるのです。

12 マクロ経済政策

■ケインジアン

マクロ経済は政策的な介入がないままでは、大きな変動を起こす可能性が大きい。それが失業やインフレなどの問題につながる。そこで、政府や中央銀行は、経済の状況を観察しながら、景気を平準化するような財政政策や金融政策を適切なタイミングで行なう必要がある。

■新古典派

政府が財政・金融政策で頻繁に介入するのはマクロ経済の安定性をかえって損ねる。マクロ経済政策の最大の課題は、マネーストックなどの金融政策の中間指標を安定的に維持することで、経済に安定感を与えることである。財政政策についても、安易な減税は効果がないので、それよりは財政収支バランスを維持する努力が必要である。

こうした政策観の違いの背後には、経済の動きに関する政府の影響力の評価についての、二つの学派の違いがあります。ケインジアンは、政府の政策によって経済変動を小さくできるという見方に立っていますし、新古典派は、政府による政策的介入はかえって経済変動を大きくする可能性が大きいという見方に立っています。

もともと、ケインズ自身の議論以来、ケインジアンの考え方には「官僚聡明論」的色彩が強く、賢明(聡明)な官僚・政府によって経済のコントロールは可能であるという考え方が出ています。一方、新古典派は、「市場万能」的な色彩が強く、政府が市場をコントロールしようとしても、結局は市場を混乱させるだけであるという考え方となっています。

ケインジアン的な姿勢を貫くとすれば、マクロ経済政策は裁量的になります。要するに、マクロ経済政策は経済の状況に応じてそれを改善するよう、裁量的に行なわれるべきであるという考え方です。これに対して、新古典派的な姿勢を貫くなら、マクロ経済政策はルールの固持ということになります。マクロ経済政策の目的は、マネーストックの成長率を一定に維持するとか、財政収支のバランスを図るというような政策のルールを守ることに重点を置くべきで、それによってマクロ経済を安定的にできるという考え方です。——*

*──確認：裁量とルールとゲーム理論
　　ここで裁量政策とルールの問題として説明したことは、第8章「ゲームの理論入門」で詳しく説明しました。

　現実の政策運営においては、両派の議論のどちらかに極端に傾くというよりは、その中間的なところを狙う場合が多いようです。あまり単純なルールの固持でもなく、しかしルールなき裁量政策でもないような、現実的なマクロ経済政策運営が求められるということでしょう。

演習問題

1. 以下の文章の下線部に用語を入れなさい。
   (1) 政策目標の数が政策手段よりも多い場合には、政策目標の間に＿＿＿＿＿＿の関係が生じる。
   (2) 金利を下げるような金融政策を行なうと、一般的には、＿＿＿＿＿＿が刺激されて乗数効果が働くとともに、為替レートは＿＿＿＿＿＿になって、輸出が＿＿＿＿＿＿することが期待される。
   (3) 減税を行なうと、乗数効果を通じて有効需要は拡大するだろうが、同時に金利が上昇することで＿＿＿＿＿＿が起こり有効需要の増加が少し抑制される。さらに、為替レートは＿＿＿＿＿＿方向に変化することが予想され、これは有効需要を＿＿＿＿＿＿する効果を持っている。
   (4) インフレ率と失業率の間に見られるトレードオフの関係のことを、＿＿＿＿＿＿という。
   (5) 減税政策を行なうと、一般的に金利は＿＿＿＿＿＿する。その結果、投資が抑制されるが、こうした現象を＿＿＿＿＿＿という。
   (6) 貨幣需要の利子弾力性が非常に＿＿＿＿＿＿場合、金融政策の効果がほとんどきかなくなる。こうした状況を＿＿＿＿＿＿と呼ぶ。
   (7) ケインジアンは、マクロ経済の動向に対応して財政・金融政策を微妙に調整するような政策を想定している。こうした政策を＿＿＿＿＿＿あるいは＿＿＿＿＿＿という。これに対して新古典派はそうした政策手法をあまり好ましいものと考えない。彼らは、政策に＿＿＿＿＿＿を持ち込むということを強調している。
2. 以下の設問に答えなさい。
   (1) フリードマンは長期的にはインフレと失業の間にトレードオフの関係は成立しないといった。これはどういうことか。

(2) フリードマンは上記の見方にもとづいて、どのような政策姿勢を提言しているのか。

(3) 上のフリードマンの立場にたったら、ケインジアン的な裁量政策にはどのような問題があるのだろうか。

3. 以下の記述は正しいのか、誤っているのか、それともどちらともいえないのか、答えなさい。

(1) 新古典派では基本的に完全雇用が成立していると想定している。したがって、失業はまったく存在しない。

(2) 景気が悪化すると、失業率は自然失業率よりも低くなる。

(3) 金融政策は中央銀行、財政政策は政府が行なうため、この二つの政策が相矛盾した効果を持つこともある。

4. 以下の設問に答えなさい。

(1) 貨幣需要の利子弾力性が大きいほど、金融政策の効果は小さくなることを説明しなさい。

(2) クラウディング・アウト効果が大きく出るのは、どのような場合か。

5. 以下の記述は正しいのか、誤っているのか、それともどちらともいえないのか、答えなさい。

(1) 財政政策で景気を刺激しようとすると、金利は必ず下落する。

(2) 投資の利子弾力性が大きいほど、金融政策の効果は大きくなる。

(3) 貨幣需要の利子弾力性が大きいほど、財政政策の効果は小さくなる。

13：
インフレ・デフレと失業

👧 日本は長いデフレの状態にあったといわれますが。

👨 物価や賃金が持続的に下がる状況をデフレといいます。第二次世界大戦後にデフレを経験した国はあまりありませんが、日本は2000年頃から10年以上デフレの状況にありました。

👧 デフレはそんなに悪いものなのでしょうか。

👨 物価の下落が賃金や企業の売上げを減少させます。それがさらに物価を下げるという悪循環を起こします。これをデフレスパイラルといいます。このデフレスパイラルに入ると、経済にはさまざまな問題が起きることになります。

👧 日本はデフレから脱出することができましたが、どのような政策が効いたのでしょうか。

👨 インフレーション・ターゲッティングという大胆な金融緩和策が有効であったようです。この点については本文中で説明します。

👧 この章ではインフレについても学ぶようですが、日本が激しいインフレになる可能性はあるのでしょうか。

将来のことはわかりませんが、日本は過去に何度か激しいインフレを経験しています。今後もインフレに襲われる可能性がないとはいえません。

インフレになったらいろいろ困ることが起こるでしょうね。

インフレがなぜ問題なのか学んでもらうことが、この章の重要な目的の一つです。インフレの弊害はいろいろありますが、とくに年金生活をしている高齢者の方などは大変かもしれません。年金そのものは物価スライドで物価が上がれば給付も増えるようになっていますが、これまで蓄えてきた預貯金がインフレで大きく目減りする可能性がありますから。

インフレはどのような原因で起こるのでしょうか。

いろいろな原因で起きます。たとえば、政府の借金が増えるとインフレになることは少なくありません。日本やドイツなどは、第二次世界大戦の後、激しいインフレを経験しました。ハイパーインフレーションと呼ばれるものです。戦争のために政府が負った膨大な借金があったからです。乱暴な言い方をすれば、お札を刷って借金を返したようなもので、物価が上がってしまったのです。

そのほかにインフレになる原因はありますか。

経済は生き物ですので、景気が過熱すればインフレになる恐れがあります。景気が過熱すれば、モノ不足、人手不足で、物価や賃金が上がるでしょう。その状態を放置しておけば、全体の物価が持続的に上昇するインフレになってしまいます。

ところで、この章のタイトルは「インフレ・デフレと失業」となっていますが、インフレと失業は関係あるのでしょうか。

インフレは経済が過熱状態のときに起きがちですが、失業は経済が冷え込んだときに深刻になります。第12章でフィリップス曲線について学びました。一般的にインフレ率が高いときは失業率が低く、失業率が高いときにはインフレ率が低いという傾向があります。

でも、物価も上がり、失業率も高い、スタグフレーションという現象があると聞きましたが。

よく勉強していますね。物価も失業率も高いという深刻な状況に陥る可能性もあります。

この章では失業ということで、何を学ぶのでしょうか。

失業もいろいろな原因で起きるということをまず学んでほしいと思います。若者の失業と中高年の失業は違いますし、景気が悪くなったときの失業と衰退している産業で生じる失業は異なります。あるいは、正規雇用の人の失業と派遣社員の失業とでは性格が異なります。失業にもいろいろなパターンがあり、経済政策としてどのような対応が必要であるのかを考えてほしいと思います。

I　インフレーション

インフレか、失業か

　第12章で説明したように、マクロ経済政策の議論は、長いことフィリップス曲線の考え方に大きな影響を受けてきました。その考え方によると、景気が過熱しているときには失業率は低下するがインフレ率が高くなり、景気が悪くなるとインフレ率は低くなるが失業率が高くなります。インフレも失業も好ましいことではありません。インフレ率を下げるか、それとも失業率を下げるかという、政策的なトレードオフの関係がそこには存在すると考えられていました。

　しかし、これも第12章で説明したように、現実の経済は単純なフィリップス曲線が示すようなインフレと失業のトレードオフの関係にはありません。長期的には自然失業率という安定的な失業率があり、それよりも低い失業率を維持しつづけることは困難です。そのような無節操な景気刺激政策をとりつづければインフレは過熱します。また、いったん経済にそのような高いインフレ期待を植え付けると、それを解消してインフレ率を下げることは容易ではありません。いったん高まったインフレの熱を冷ますためには、一時的には失業率が高くなるという社会的コストを負わなくてはならないのです。

　このようにインフレと失業との関係は、フィリップス曲線が示すような簡単なものではありませんが、マクロ経済政策運営において、インフレや失業の問題が政策当局者にとっては大きな関心事であることには違いがありません。そこでこの章では、第12章の議論を受けて、インフレと失業という現象について、もう少し深く掘り下げてみたいと思います。

多くの国を悩ませてきたインフレ

　戦後多くの国は、インフレーション（以下「インフレ」と略します）の問題に悩まされてきました。インフレとは、物価が持続的に上昇していく現象です。

　第一次石油ショックが起きた翌年の1974年には、日本のインフレ率は20%を超える値になりました（これは消費者物価指数で計ったものですが、物価指

数については後で説明します)。

このようなインフレがなぜ起きたのか、その原因の追求はさておき、インフレによって国民の多くが大きなダメージを受けることはまちがいありません。インフレによってもっともきびしい影響を受けたのは、高齢者世帯です。高齢者の多くは、老後のために、銀行預金や郵便貯金などで貯蓄してきました。ところが、インフレによってこうした預貯金の価値が大幅に目減りしたのです。

私は、ある雑誌につぎのような内容のエッセイを書いたことがあります。

「老人の家に夜中に忍び込んでタンスのなかの生活資金を盗んでいく泥棒があるとすれば、多くの国民はその理不尽さに憤慨するでしょう。しかし、インフレはすべての高齢者の家庭に公然と押し入り、老後の生活費のために貯めておいた預貯金の5分の1以上をもっていってしまったのです。かりに20歳から60歳まで40年間こつこつ貯めたお金であれば、その5分の1ですから、8年分の蓄えをもっていってしまうという計算になります」。

ここで書きたかったことは、インフレの持っている反社会性です。以下で述べるように、インフレには、こうした問題以外に多くの好ましくない面があります。だからこそ、多くの国はインフレ退治、インフレ回避を、マクロ経済政策の重要な目標にしてきたわけです。そして、実際にインフレを退治することは容易なことではありません。乱暴に急激にインフレを抑えようとすると、その経済はきびしい景気低迷と失業率の上昇という対価を支払わされることになるのです。

---

column

冷蔵庫が多かったブラジル

だいぶ前の話になりますが、ブラジルである大学の先生のお宅に招かれたら、家にいくつも冷蔵庫があることが気になりました。ブラジルは1970年代に激しいインフレを経験し、夕方になると肉や野菜の値段が朝の何倍にもなっていました。多くの国民は給与が支払われると一刻も早く商品を買いにいかないと、分刻みで値段が上がってしまうのです。多くの国民は肉などを早めに買って貯蔵しておく必要があるため、どこの家にも冷蔵庫がたくさんあるというのが、私がそのとき受けた説明でした。

物価は何で測るのか

　私たちが物価という言葉を日常的に用いるときには、いろいろな商品の価格の平均的な動きを指しています。「物価が上がって生活がたいへんだ」「このところ物価が落ち着いている」というような会話がなされるとき、消費者の頭のなかにあるイメージはいろいろな商品の価格の動きの平均的な姿だと思います。

　現実にそうした物価をなんらかの数字で表わそうとすると、指数という数値の助けを借りなくてはなりません。指数とは、いろいろな商品の価格の上昇の程度を平均した数値です。たとえば、95年を基準とした99年の物価指数が115であるというときは、この間に物価がおおよそ1.15倍になった、あるいは物価が15%上昇したということを意味します。

　物価の動きを表わす指標はいろいろあります。消費者物価指数（CPI）、企業物価指数（CGPI）、GDPデフレーターなどです。どのような物価指数を用いるかは、目的によって違ってきます。消費者物価指数とは、消費者が日常的に購入している商品の価格から計算される指数ですし、企業物価指数は企業間で取引される財の価格から計算される指数です。GDPデフレーターについては、すでに第9章で説明しました。

　それぞれの物価指数にはくせがあります。企業物価指数は企業が購入する商品だけが項目に入っているので、算入されている商品が限定されています。たとえば、消費者が購入するようなサービスはいっさい入っていません。消費者物価指数は、消費者が購入する商品やサービスが幅広く入っていますが、季節の野菜の価格などの変動に影響を受けやすくなります。そこでそうした変動が大きな商品を除いた形で指数を出すこともあります。

　このように多様な物価指数があって、それぞれ性格が違うわけですので、目的に応じてこれらを使いわければよいのですが、そのなかでもっとも利用される頻度が多いのが消費者物価指数でしょう。消費者物価指数を見ることで、消費者が直面している物価の動きがどのようになっているかを知ることができますし、後で説明するように、経済の契約を物価にスライドさせるときにはこの消費者物価指数を用いるのがもっとも適切であるからです。

　消費者物価指数は、消費者が購入するいろいろな消費財の価格変化の加重平均として表わされます。計算上はこれは

$$\frac{\sum p_i^* Q_i}{\sum p_i Q_i}$$

と表わすことができます。ただし、p_i^* は i 財の比較年における価格を、p_i は i 財の基準年における価格を、そして Q_i は i 財の基準年における消費量を表わしています。要するに、消費者物価指数とは、基準となるある年のそれぞれの消費財の消費量 Q_i に、基準の年と比較の年のその財の価格をかけて、それぞれをすべての財について足し合わせた数値の比をとったものとなっています。

こうして求めた数値は、じつは比較の年と比べて基準の年にそれぞれの財が何倍になっているかを求めて、それにその財の消費量のウェイトをかけて平均したものとなっています。

インフレの社会的コスト

冒頭に述べたように、インフレは国民にとってけっして歓迎すべきものではありません。インフレは社会に対してさまざまな悪影響を及ぼすからです。以下でインフレの社会的コストについて考えてみましょう。

インフレの社会的コストを考えるさい、まず念頭におかなくてはならないのは、そのインフレがある程度予期されたものであるのか、それとも予想もされなかったような突然のインフレかで、その影響の大きさも相当違ってくるということです。

もし人々がインフレをある程度予期するのであれば、人々はそれに対応できるはずです。たとえばすべての物価が2％で安定的に上昇している場合と、物価が安定している場合とでは、それほど大きな違いはありません。

そのような予期できるようなインフレでもいくつかの大きな問題があります。まず第一に、商品やサービスによっては、価格が伸縮的に動けるものと、そうでないものがありますので、物価が上昇していく過程で相対価格に歪みが出る可能性があります。たとえば、野菜や衣料品の価格はインフレの程度に応じてスムーズに動くでしょうが、電気料金などの公共料金は頻繁に動かすことはできません。そこで、そうした価格の間で不自然な調整が起こることになります。

第二に、メニュー・コストといわれる問題があります。商品には値札などがついていますが、インフレのもとではそうした値札を頻繁に取り替えなくては

いけません。そうしたコストは、経済全体で見れば馬鹿になりません。

　第三に、物価が上がるときには、すでに説明したように、人々はできるだけ貨幣保有を節約しようとします。それは、人々が貨幣を持つことで得られる便益（いつでも商品が買えるという流動性の便益）を減らすということにつながります。インフレによって貨幣が目減りすることに備えて貨幣をできるだけ少なく持っていようとすることが、貨幣の利用価値を下げてしまうのです。

　第四に、インフレは税制の歪みをもたらします。たとえば、投資に対する減価償却の制度は、ある時点で購入した機械などを毎年一定割合で減価償却として課税所得からの控除を認めています。しかし、その間物価が上昇していくと、過去の価格（低いときの価格）で計算した控除額は実質的には過小評価されることになります。それだけ、企業は投資の誘因をそがれる結果になります。

　多くの税はインフレを前提にしていないので、インフレによって税制の歪みはいろいろなところに現われます。たとえば、株の売買によって得られたキャピタル・ゲインは課税の対象となります。昨年購入した株が今年物価上昇分だけ値上がりしたとします。この場合には株の実質価値はなんら変化していない

---

column

インフレと資産運用

　1970年代中頃、日本は激しいインフレを経験しました。年率のインフレ率が23.2%という年もありました。その時期に老後の生活資金の大半を銀行の預金などで持っていた人はたいへんな被害にあったわけです。預貯金の価値が23.2%も減価したからです。このときの教訓は今でも生きています。もし将来激しいインフレが起きるようなら、資産の大半を預貯金で持っているのは非常に危険です。ちなみに、現時点では、日本の国民の金融資産のなかに占める預貯金の割合は、世界的に見ても非常に高いものとなっています。

　物価が安定している限りは、預貯金は非常に安全な資産運用の対象です。日本もここ20年ほど物価は非常に安定していたか、場合によってはデフレのような状況にあったので、預貯金で資産運用していた人は結果的に自分の資産を守ったことになります。ただ、将来にわたってインフレにならないという保証はありません。

ので、本来であればキャピタル・ゲイン税を支払う必要はないと考えられますが、制度上は株価の値上がり（たとえそれが一般物価の上昇によってもたらされたものであっても）に対して税金が課されるのです。

　以上は、予期されたインフレの社会的コストですが、インフレが大きな社会的コストを持つのは、予期せぬインフレが起きたときです。先に述べたように、突然のインフレは、高齢者に大きな負担を強います。老後のために蓄えた預貯金の価値が非常に短い間に下落してしまうからです。もしあらかじめインフレをある程度予想できるのであれば、物価上昇にスライドするような資産（金、土地、株など）で保有することでインフレの影響を最小化することができますが、高齢者がそうした予想をすることはむずかしいと考えられます。

　もちろん、予期せぬインフレによって得をする人もいます。借金を多く抱えている企業や、住宅ローンを借りている家計などは、予期せぬインフレが起きれば借金の実質価値が減少しますので、インフレによって利益を得ることになります。

インフレ税

　政府はインフレを起こしたくて起こすわけではありません。しかし、結果的に見れば、インフレを起こしている政府はそれだけ国民から税金を徴収しているのと同じことをしています。こういった現象を経済学では インフレ税 と呼びます。要するに、政府が貨幣を発行するからインフレが起きるとすれば、インフレが起きたことによって民間の人々が保有している貨幣の実質的な価値が減少しますので、この価値の減少という形で政府は税金を取っていることになります。

　インフレによって政府がどの程度の税金を取れるかは、簡単な形で計算することができます。いま、政府が新たに ΔM だけの貨幣を発行したとしてみましょう。この貨幣発行の具体的イメージは、政府が輪転機で紙幣を印刷し、それを使ったと考えればいいでしょう。ΔM だけの貨幣発行によって政府が得られる実質的な収入は、貨幣価値を実質価値に置き換えて、

$$\frac{\Delta M}{P}$$

となることがわかります。ここで、この式の分母、分子に M をかけて、

$$\frac{\Delta M}{M} \cdot \frac{M}{P}$$

が政府の実質的な収入になることがわかります。

　さて、このようにして求めた政府の収入はどのような規模になるのか見るために、第11章で説明した貨幣供給と物価上昇率の関係式で、経済成長率 g がゼロという特殊な場合を考えてみます。その場合には、貨幣供給量の成長率とインフレ率が等しくなりますので、

$$\frac{\Delta M}{M} = \frac{\Delta P}{P}$$

が成り立ちます。要するに、物価は貨幣供給の増加率と同じスピードで上昇していくのです。

　政府の税収は

$$\frac{\Delta P}{P} \cdot \frac{M}{P} \tag{13-1}$$

となります。すなわち、インフレ率に実質貨幣残高をかけたものが政府の収入になります。より一般的には、政府の収入は、

$$\left(\frac{\Delta P}{P} + g\right) \cdot \frac{M}{P} \tag{13-2}$$

という形で表わすことができます。

　このように、政府は貨幣発行権を行使して、国民から購買力を吸い上げることができます。国民の側は税金を支払っているという意識はありませんが、みずからが持っている貨幣の価値が物価上昇によって低下することで、間接的に税を取られることになります。このように貨幣発行がインフレを起こすことで政府が民間から税を徴収することになることをインフレ税と呼びます。また、貨幣発行権のことをシニョレッジと呼びます。

　なお、インフレ率が高いほど、政府のインフレ税の収入も高くなるわけではありません。インフレ率と政府税収の関係について一言説明しておきましょう。その鍵となるのは、図13-1に描いたようなインフレ率と実質貨幣残高との関係です。第11章では、実質貨幣残高に対する需要は、金利と実質所得の関数であると説明しましたが、じつは実質貨幣残高に対する需要はインフレ率にも大きく依存します。

　インフレ率が高いときには、貨幣の実質価値はどんどん目減りしていきま

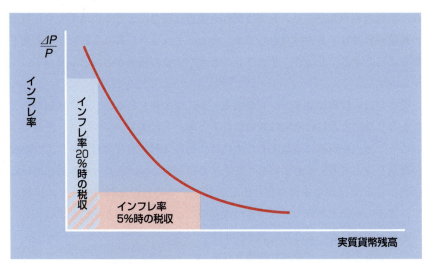

図 13-1　インフレ率と貨幣需要関数
インフレ率が高いほど、実質貨幣残高に対する需要は減少する。インフレ税の収入は図に長方形で示してあるが、インフレ率が高いほど税収も多くなるというものではない。

す。そのようなときには、人々はなるべく貨幣を持たず、物価上昇によって価値の目減りしないような資産（金、不動産、株など）で持とうとするでしょう。したがって、図 13-1 に描いたように、インフレ率が高くなるほど、実質貨幣に対する需要も減るはずです。

インフレ税の収入はインフレ率（と経済成長率の和）に実質貨幣残高をかけたものですので、インフレ率があまり高くなると実質貨幣残高が低くなってかえってインフレ税の税収は減ってしまいます。もちろん、インフレ率が低ければインフレ税の収入が低くなることは説明するまでもありません。ほどほどのインフレ率のところで、(13-1) や (13-2) 式で表わしたインフレ税の額がいちばん大きくなるところがあるはずです。

インフレと金利

インフレは金利に大きな影響を及ぼすはずです。かつてのブラジルのように年率で 100% を超えるようなインフレを経験した国は、預金や貸し出しの金利も非常に高くなっているはずです。かりにインフレ率が 100% を超えていると

き、預金金利が数パーセントではだれも銀行に預金などしないはずです。預金の価値が目減りするだけだからです。また、それならだれでも銀行からお金を借りようとするでしょう。インフレのもとで借金の価値がどんどん減っていくからです。

そこで、一般的にはインフレがあるときには金利も高めに、逆に物価があまり上昇しないときには金利は低めになると考えられます。

こうした点を明確に議論するためには、名目金利と実質金利という二つの金利概念を分けて考える必要があります。名目金利とは、私たちが普通に用いる金利のことで、預金金利や貸し出し金利はすべて名目金利です。これに対して、物価の変動を加味して調整した金利のことを実質金利と呼びます。

実質金利はつぎのように定義されます。

　　　実質金利＝名目金利－物価上昇率

人々が資金を借りたときに負担する金利や資金を運用したときに得る収益としての金利は、物価上昇による目減り分を差し引いたものでなくてはなりません。実質金利とは、このような物価変動のもとでの実際の資金調達のコストや運用の利益を測る手段のことです。名目金利が5％であり、物価が2％で上昇しているとき、預金者が現実に受け取る収益率は3％ですし、借り手が負担するコストも3％となります。

上で述べたように、一般的には、インフレ率が高くなれば、それに応じて名目金利も上昇するはずです。もちろん、インフレ率と名目金利が完全に同じ大きさだけ動くわけではありませんが、もしかりにインフレ率分だけ名目金利が動けば、結果的には実質金利は物価上昇率などからは独立になります。

現実の世界では、実質金利自身が経済の資金需給や景気によって変動しますので、一定の値をとるということはありませんが、インフレ率が高くなるほど、名目金利とインフレ率の動きはより緊密に連動します。たとえば、インフレ率が0％から2％に高まったからといって名目金利が2％高くなるとは限りませんが、インフレ率が100％にまで上がれば名目金利も100％近く上がるはずです。名目金利が物価と同じような動きをする現象をフィッシャー効果と呼びます。

Ⅱ　デフレーション

日本の経験

　私が学生のころも大学の教科書でデフレ（デフレーション）について学びましたが、現実の世界でデフレが起きるとはとても思えませんでした。戦後の日本の物価上昇率はいつもプラスで、物価は上がりつづけるものと考えていたのです。1930年代の世界大恐慌の時代には多くの国がデフレに陥りましたが、第二次世界大戦後はデフレになった国はありませんでした。

　ところが2000年頃から日本はデフレに陥ることになります。インフレのちょうど逆の状態がデフレです。物価や賃金が持続的に下落していく状態をデフレと呼びます。図13-2に1990年以降の物価上昇率の動きがとってありますが、たしかに2000年以降は物価上昇率がマイナスになる年が多くありました。

　デフレの原因となったのは、1990年代はじめのバブル崩壊、そして90年代後半に起きた深刻な金融危機などで、日本の景気が長期的に低迷したことが大きいと思われます。景気低迷のなかで需要が減り、これが価格や賃金の下落の原因となったのです。

　物価が下がるのはよいことではないか、という意見を持つ人もいるようですが、物価が下がれば賃金も下がり、雇用状況は悪化し、企業収益も低迷し、そして政府の税収も減少してしまいます。デフレは好ましいものではありません。

　また、デフレがやっかいなのは、そこから抜け出すことが容易ではないということです。前の章で流動性の罠について触れましたが、デフレは流動性の罠を引き起こします。すなわち金利が非常に低い水準になりますが、ゼロ以下には下がりません。物価が下落しているので、名目金利から物価上昇率を引いた実質金利は決して低くありません。実質金利が高いので、投資や消費も振るわないのです。流動性の罠から抜け出すことは容易なことではないのです。

　デフレは政府の財政運営にも大きな影響を及ぼします。物価や賃金が下がりつづけるなかで、税収も大きく落ち込むことになります。日本政府は巨額の債務を抱えていますが、物価が下がっていくほど、この債務の実質額は大きくなってしまいます。デフレで税収は下がるのに債務は変化しない。これでは財政

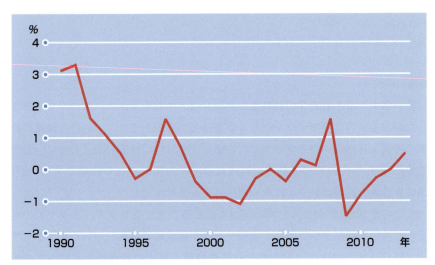

図13-2　日本の物価上昇率（1990-2013年）
　　　　2000年以降は、物価上昇率がマイナスになる年が多くあった。

運営はますます厳しくなります。

　デフレという現象は、人々の予想とも深い関係にあります。デフレがつづけば、消費者や企業の多くは今後も物価や賃金は下落していくと予想します。そうした予想の結果、消費者は消費をできるだけ控えようとしますし、企業も積極的に投資をすることをしません。これがますます景気を悪くし、デフレを定着させます。人々のデフレ予想もますます強固になります。

インフレーション・ターゲッティング

　2013年に日本銀行総裁に就任した黒田東彦氏は、10年以上つづいた日本のデフレを終わらすべく、デフレ脱却のための非常に大胆な金融緩和策を打ち出しました。とくに注目すべきは、日本銀行がはじめて本格的なインフレーション・ターゲッティングの採用に踏み切ったことです。インフレーション・ターゲッティングとは、中央銀行がインフレの目標値を設定し、それを実現するような金融政策運営を行なうことにコミットすることです。

　具体的には、日本銀行は2年ほどで物価上昇率（インフレ率）を2％程度まで引き上げることを表明し、それを実現すべく大胆な金融緩和に踏み切りました。重要なことは、このような日本銀行の姿勢が、市場の見方（市場のインフ

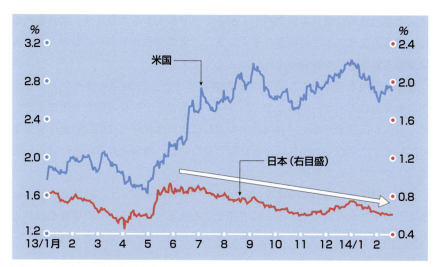

図13-3 日米の長期金利の推移
日本銀行がインフレーション・ターゲッティング政策を打ち出した後、長期金利は着実に低下した。

レ予想）に大きな変化をもたらしたことです。

　デフレでもインフレでも、人々の持つ予想が重要な意味を持っています。デフレが継続するのは、物価や賃金が下落をつづけるというデフレ予想が人々に定着しているからです。デフレマインドが定着したままで、経済をデフレから脱却させることは難しいことです。

　デフレを終わらせるためには、人々からデフレマインドを払拭させなくてはいけません。中央銀行によるインフレーション・ターゲッティングとは、「物価上昇率が目標値に到達するまで金融緩和を止めない」という確固たる姿勢をとることですので、人々の予想を変えるうえでは有効だと考えられます。

　結果的には、日本銀行が打ち出した金融緩和策は成功したといってよいと思います。図13-3は、日本銀行がインフレーション・ターゲッティングを打ち出した後の長期金利（10年物国債の利回り）の動きを示したものです。長期金利が着実に低下している様子が示されています。この時期に物価上昇率の方は上昇していますので、名目金利から物価上昇率を引いた値である実質金利はさらに大きく低下していることになります。

　実質金利が大幅に下がれば、経済にいろいろなルートで刺激が与えられま

す。企業の設備投資は実質金利が下がることで拡大するでしょう。家計部門の住宅取得も金利低下で刺激されます。また、実質金利が下がることで、資産市場では不動産価格や株価が上昇傾向となります。

　日本に特有と思われていたデフレの問題ですが、2008年のリーマンショックで世界的に不況が広がるなかで、米国や欧州でもデフレの懸念が出てきました。景気が低迷するなかで各国の中央銀行は政策金利をゼロに近い水準まで下げています。それでも景気は十分に回復しないで、物価上昇率がゼロに近い所まで下がってくるのです。

　日本の経験からもわかるように、一度デフレに陥りマイナスの物価上昇率になると、そこから抜け出すことは容易ではありません。そうした事態を避けるため、欧州も米国もかつてない大胆な金融緩和策を遂行してきました。

デフレ時代の金融政策

　日本における長引くデフレ、欧米におけるリーマンショック後の厳しい経済状況とデフレ陥落への危機などで、主要先進国ではかつてない大胆な金融緩和策が導入されてきました。政策金利はゼロに近いところまで下げられています（ゼロ金利政策）。そして中央銀行は市中から国債などの資産を大量に購入することで、ハイパワード・マネーを大量に供給してきました。

　こうした政策の甲斐もあって、日本はデフレから脱却を果たしています。欧州や米国も、リーマンショックからの世界的経済危機から立ち直りつつあります。主要国のマクロ経済政策における金融政策の重要性はますます大きくなっています。

　ただ、いつまでも極端な金融緩和策をつづけることは、経済にインフレの芽を育てることになります。また、不動産や株価が必要以上に高騰するバブルが起きる可能性も出てきます。どこかの段階で、金融政策を平常モードに戻さなくてはいけません。ゼロ金利政策を止めて政策金利を引き上げ、そして国債を買いつづける量的緩和を止めて、ハイパワード・マネーの量が過度に増えつづけないようにしなくてはいけません。

　ただ、過度な金融緩和策の反動として、こうした緩和策を停止するのは簡単なことではありません。あまりに急いで緩和措置を止めてしまうと、市場は過剰反応して金利は急騰し、株価などが急落するリスクもあるのです。どのよう

な形で超緩和の状態を修正していくのか。これは、専門家の間では出口戦略と呼ばれています。金融の超緩和からの出口を探るというような意味です。

　日本のようにデフレから脱却すること、あるいは欧米のようにデフレに陥ることを防ぐうえで、金融政策が非常に有効であることがわかりました。しかし、そうした大胆な金融緩和策を行なうほど、金融政策をその後の平常モードに戻すのも難しくなります。

Ⅲ　失業

社会問題化する失業

　さてつぎに、失業のほうに話を移しましょう。

　景気が悪くなると、失業問題が深刻になります。図13-4 は、1970年以降の日本の失業率の推移を表わしたものです。この図からも、70年代のはじめには1％前後と非常に低かった失業率が、近年になって急速に上昇していることがわかります。

　高度経済成長期からバブル経済期にかけて、戦後の日本経済は失業問題とはほとんど無縁であったといってもよいと思います。もちろん、失業問題がまったくなかったというわけではありません。石炭から石油へのエネルギー転換によって衰退した炭坑地域など、深刻な失業問題が地域的に発生した事例もあります。ただ、マクロ経済全体として失業問題が深刻化し、マクロ経済政策の問題として失業が取り上げられたことがなかったということなのです。

　90年代はじめのバブル崩壊以降は、こうした常識は崩れつつあります。いまや、マクロ経済政策のもっとも重要な問題が失業問題であり、それに対する有効な政策手段が打てないまま事態がどんどん悪化しているのが現在の状況なのです。

　失業は、生身の人間の生活を直撃する深刻な問題です。一家の稼ぎ手の父親が失業すれば家族の生活が打撃を受けます。経済的な面だけでなく、会社を首になり新しい仕事がなかなか見つからないことは、人間としての尊厳を傷つけられる気持ちにつながることもあります。景気の低迷のなかで中高年の自殺者が増加しているのも、失業率の増加という現象とけっして無関係ではありません。現在失業していない人にとっても、周りで失業が増加するなかで、失業の

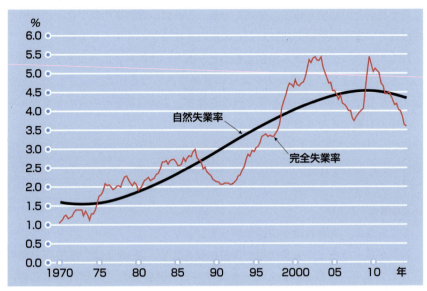

図 13-4　日本の失業率の推移（1970-2014 年 6 月）
日本の失業率は 1990 年代に急激に上昇した。図に自然失業率として描いてあるのは、現実の失業率のトレンドラインをとったものである。

危機に怯えることになります。

　失業はさまざまな要因で起こります。もっとも重要なのは、景気の低迷によって企業の雇用意欲が低下することで生じる失業です。しかし、マクロ経済全体の景気が悪くなくても失業は起こりえます。たとえば産業構造が大きく変化しているときには、衰退していく産業と新たに規模を拡大している産業が共存します。衰退していく産業は多くの雇用を吐き出しますが、そこで働いていた人の持っている技能は新たに起こる産業ですぐに使えるとは限りません。そこで、このような産業の転換のなかで失業が生じます。

　もう一つの例としては、地域的な失業の問題があります。経済的に停滞している地域とそうでない地域があるとき、本来であれば前者から後者へ労働者が移ることで労働の需給は調整されうるのですが、現実には多くの人はいま住んでいるところを離れたがらないものです。そうした状況でも、地域的な失業は生じます。北海道や沖縄などの地域は比較的失業率が高いことで知られています。

また、失業問題のきびしさは世代によっても違ってきます。戦後の終身雇用制度のもとで一つの企業に勤めつづけた40代後半から50代の人が企業のリストラに遭ったとき、そう簡単につぎの勤め先を見つけることができるものではありません。

先進国の共通した問題である雇用

　失業問題は、多くの先進工業国に共通した問題です。ヨーロッパやアメリカにおいては、日本よりも早い段階で失業問題が深刻化したといってもよいかもしれません。

　図13-5は、近年のヨーロッパ主要国における失業率（主要国の平均）の動きをグラフにとったものです。ヨーロッパ主要国の失業率は、1970年代の前半には2％台という低い水準にありました。しかし、その後失業率は急速に上昇し、現在では10％を超える高い水準になっています。国によっては20％を超えるような高い失業率の国もあります。

　アメリカでは、ヨーロッパのような形で失業率が構造的に上昇していくというような状況にはありません。ただ、アメリカにおいても労働問題は重要なマクロ経済上の問題であり、それは賃金格差という形で現われています。アメリカ全体の所得が上昇していくなかで所得格差は拡大しており、さらに低賃金労働者の所得はむしろ低下しているような状況なのです。

　一方のヨーロッパでは失業率が拡大しているのに、アメリカでは賃金格差が増大しているのは、労働市場の構造の違いがあるからと考えられます。ヨーロッパでは労働組合などの影響力が強く、賃金に強い硬直性が見られます。また、失業保険の制度が失業率を高くする結果になっているともいわれます。

　賃金が自由に調整できるのであれば大きな失業は発生しにくいはずです。雇う側としては賃金が十分に低くなればいくらでも雇用する意欲はあるはずだからです。したがって、ヨーロッパで高い失業率が持続しているのは、多くの失業者が存在するにもかかわらず賃金が下がらないことにその重要な原因があります。すでに雇用され、労働組合などに守られている人々をインサイダー、これから仕事を探そうとする若い人々、失業している人、会社の労働組合に参加していないような人々（たとえば移民労働者、派遣労働者など）をアウトサイダーと呼びます。インサイダーの雇用と賃金はある程度確保されていて、たと

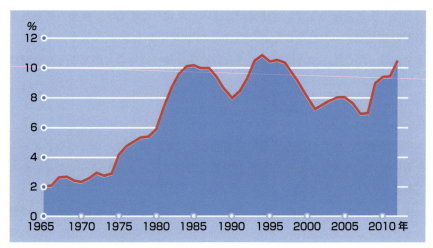

図13-5 ヨーロッパ主要国の失業率
　　　ヨーロッパの失業率は日本に比べてはるかに高くなっている。ヨーロッパでも1980年以降、失業率が大幅に高くなってきている。

え失業率が高くてもインサイダーの雇用をカットして、賃金の安いアウトサイダーに代えようという動きにはなりにくいのです。そのため、高賃金と失業が共存することになります。

　失業保険をはじめとする社会保険制度も、失業率を高くする結果になっています。失業していても失業保険などで生活が維持できるのであれば、安い賃金の職種で安易に妥協しようとはしない人が多いと考えられるからです。

　アメリカの労働市場は、ヨーロッパとはだいぶ状況が違います。ただ、すでに述べたように、アメリカでは労働市場の問題が失業という形ではなく、所得格差の拡大という形で出ています。特殊な技能を持たない単純労働者の賃金は低くなる傾向にあり、これが将来的には大きな不安定要因になるだろうと指摘する人は少なくありません。

雇用指標としての完全失業率と有効求人倍率

　これまでくわしい定義をすることなく、失業率あるいは完全失業率という用語を使ってきましたが、この概念について簡単に説明しておきます。

　潜在的に就業者たりうる人は、実際には三つのタイプに分かれます。第一の

タイプは、実際に働いている人（就業者）、第二のタイプは働く意思は持っているが、仕事がなく失業している人、そして第三のタイプは、働く意思がなく仕事に就いていない人です。ただ、ここで働く意思がないというのは正確には所得を稼ぐような意味での仕事に就く意思がないという意味で、たとえば専業主婦は実際には働いているわけですが、統計上は第三のタイプに入れられます。

　仕事をして所得を稼ぐ意思がある人たち、すなわち第一と第二のタイプの人を合わせて、労働者と呼びます。失業率はこの労働者のうち失業している人の割合を表わしています。もちろん、就業している人と失業している人の数をすべて数え上げることができるわけではありませんので、サンプルを抽出して推計して求めることになります。

　景気に関連して用いられるもう一つの雇用指標に、有効求人倍率があります。これは職業紹介所（ハローワーク）に寄せられている求人数と求職者数の比率をとったものです。図 13-6 に 1970 年以降の有効求人倍率の動きをとったグラフが描かれています。

---

column

インサイダー・アウトサイダー問題

　欧州では、労働組合などの力が強くて、すでに雇用されている人（インサイダー）の権利がしっかり保証されているので、新たに仕事を探そうとする若者など（アウトサイダー）の雇用がきびしいと本文中で説明しました。日本でも、形は違いますが、同じようなインサイダー・アウトサイダー問題が生じています。

　企業に常用雇用されている人は、よほどのことがない限り定年までその企業で勤めることができます。企業は常用雇用者を雇うときには、一生その人の面倒を見ることになるので採用には慎重になります。そのぶん、気軽に雇ったり契約を打ち切ったりすることのできるパートや派遣の労働者を気軽に利用することになります。

　常用雇用で雇われる人の数は限られているので、景気が悪くなればパートや派遣の労働者の条件は常用雇用の人よりも大きく劣ることになります。インサイダーとしての常用雇用者により有利な権利があるほど、アウトサイダーとしてのパート・派遣の労働者の相対的な条件は悪くなります。

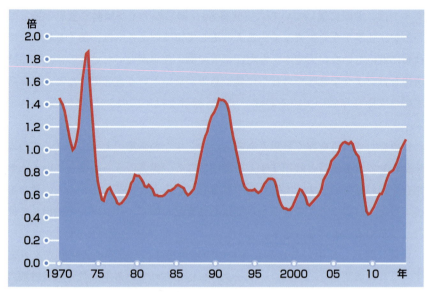

図13-6　有効求人倍率の推移（1970-2014年6月）
　　　　1を基準として、景気がよくなると数値が上がるように変化している。

　有効求人倍率は1という水準を基準として考えます。これが1であるときは、求人数と求職者数が同じであるということで、労働市場の需給がバランスしていると考えられます。労働市場の需要が強くなっているときには有効求人倍率は1を超えて大きくなり、逆に雇用状況が悪く供給のほうが大きいときには有効求人倍率は1を割って大きく落ち込みます。図13-6を見ると、第一次石油ショックの少し前の1970年代初め、あるいはバブル景気の80年代末は有効求人倍率が非常に高くなっており、逆に最近の長引く不況のなかで90年代後半は非常に低くなっていることがわかります。

　失業率と有効求人倍率は景気に対して非常に似かよった動きをします。ただ、有効求人倍率のほうが景気の動きにほぼ一致して動くことから一致指標、失業率のほうが景気の動きに遅れて動くことから遅行指標であるといういい方をする人もいます。いずれにしても、こうした複数の指標を見ながら、雇用情勢や景気についての判断をしていくわけです。

自然失業率

　失業率はけっしてゼロになることはありません。一方で仕事を探している失業者が存在すると同時に、他方で求人をしている企業が存在するというのが普通だからです。失業者はこれまで働いていた仕事を離職することで生じます。解雇される場合、会社が倒産した場合、そして自己都合で会社を辞める場合など、離職にはさまざまな理由が考えられます。このような離職は毎日のように生じます。同時に、毎日のように新規の求人も出てきます。

　経済の構造はつねに変化しており、失業者と求人が共存していたからといって、すぐに労働の需給がマッチするわけではありません。失業者の持っている技能が求人をしている企業の求めている技能と同じであるとは限りません。また、失業者の住んでいる地域と求人が発生する地域が隣接しているとも限らないからです。つまり、労働の需給のミスマッチが生じているのです。

　労働市場での動きを簡単な図に示せば、図13-7のようになります。この図には三つのタイプの人が示されています。一つは実際に仕事をしている人（就業者）、二つ目は失業者、そして三つ目は仕事をする意思を持っていない非労働者です。

　この三つのプールの間で、毎日のように人が動きます。非労働者や失業者が仕事に就けば就業者に変わります。たとえば学校に行っている若者は非労働者ですが、就職活動の結果仕事に就けば、就業者に変わります。就業者が仕事を失った場合には、二つのケースが起こりえます。一つは新たな仕事を探す場合で、これは失業者になったことを意味します。もう一つは引退するか就業することをあきらめる場合で、この場合には非労働者に換算されます。失業者でも、なかなか仕事が見つからずに働くことをあきらめれば、非労働者になります。

　このように、景気のよしあしにかかわらず、経済にはつねにこのような三つのプールの間で人の動きがあります。したがって、つねにある程度の構造的な失業が存在することになるはずです。このような構造的な失業を失業率で表わしたのが自然失業率です。

　現実の失業率はこの自然失業率に等しくなるわけではありません。景気が良いときには、現実の失業率は自然失業率よりも低くなるでしょうし、景気が悪くなれば自然失業率よりも高くなるはずです。

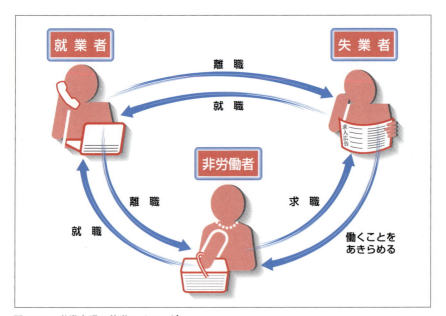

図 13-7　労働市場の移動のイメージ
人々は、就業者・失業者・非労働者という三つの状態の間を、いろいろな事情で動くことになる。

　自然失業率と現実の失業率との関係を理解してもらうため、図 13-4 に自然失業率を描いて見ました。自然失業率については正確な定義があるわけではありませんが、それが構造的な失業の部分であるとすれば、図 13-4 に描いたように、失業率のトレンドラインで自然失業率が表わされると考えても差し支えないでしょう。このトレンドラインは私が勝手に書き入れたものです。

　1970 年代以降、日本の自然失業率は傾向的に上昇してきて、現実の失業率は自然失業率の周囲を変動しています。景気の良いときには失業率は自然失業率を下回り、景気が悪いときには自然失業率を上回ります。

　日本の自然失業率が傾向的に高くなっているのには、さまざまな要因が考えられます。第一には、産業構造が大きく変化するなかで、離職者が新たな職を探すのがより困難になっているという要因が考えられます。第二には、技術革新のなかで、単純労働に対する需要が低下して、技能を持たない人の就職が困難になっており、それが結果的に失業者数を増やしているという要因が考えられます。第三には、人口が高齢化するなかで、新たな就職機会を見つけるのが

より困難な中高年の失業者の割合が増えていることも考えられます。第四には、失業保険やその他の社会保障が整備されるなかで、失業していてもある期間は生活が保障されるので、それが失業期間を長引かせているということも考えられます。

　現実の失業率を、自然失業率とそれ以外の部分に分けて考えることは、政策的には重要なことです。失業率が上昇しているとき、それが自然失業率を超えた景気低迷にもとづくものであるなら、景気対策をきちっと行なわなければ失業率を下げることはできません。しかし、自然失業率が上昇しているときに景

---

column

三つの働き方：レイバー・ワーク・プレイ

　ある評論家が書いていましたが、働き方には三つあります。一つは肉体労働を想定した「レイバー」、二つ目はオフィスワークなどの「ワーク」、そして三つ目は「プレイ」です。産業革命を通して、それまで人間がやってきた「レイバー」の仕事は、機械がかわりにやってくれるようになりました。人間が馬や牛のような仕事をする必要はなくなったのです。それでも当時は機械が仕事を奪うというので、労働者が機械を壊そうとしたものです。「レイバー」から解放された労働者の仕事の多くは、「ワーク」になりました。オフィスワークなどがその象徴です。労働者たちは、工場でもオフィスでも、機械をつかいこなしながら「ワーク」をこなしてきたのです。

　技術革新は、人々からその「ワーク」の仕事さえも奪おうとしています。情報技術の進展などで、オフィスなどでの仕事の多くは変化しているのです。そこで第三の働き方としての「プレイ」への移行が求められているのです。音楽家やスポーツ選手のことをプレイヤーと呼びますが、彼らは別に遊んでいるわけではありません。ただ、「レイバー」や「ワーク」の仕事をしているわけでもありません。

　技術革新は、賃金格差を広げています。単純労働（ワーク）にかかわっている人の賃金は相対的に下がる一方で、技能労働や知識労働を行なう人の賃金は相対的に上がっています。乱暴な言い方をすれば、ワーカーの価値が下がり、プレイヤーの価値が上がっているのです。こうした構造変化はワーカーにとってたいへんきびしいものです。長期的にはより多くの人がプレイヤーになる必要があります。

気対策によって失業率を下げようとすることは、結果として景気過熱をもたらし、一時的に失業率を下げることはあっても、早晩、自然失業率にもどるようなリバウンドが働くことになるでしょう。

自然失業率を下げるためには、構造的な政策が必要になってきます。後で触れる雇用調整の援助などはそうしたことをねらった政策であるといえます。

自然失業率の決定

自然失業率の水準はどのような要因によって決定されるのでしょうか。

図13-7を見ればある程度の想像はつくと思いますが、就業者が仕事を離れていく離職率、そして失業者や非労働者が就職していく就職率の大きさに依存するものと考えられます。離職率が高いほど、そして就職率が低いほど、失業率は高くなるはずです。そしてそうしたことが構造的に起きていれば、自然失業率も高くなります。

こうしたことを、具体的な数値で見るため、図13-7を単純化した図13-8を用いて、自然失業率の値を計算してみましょう。図13-8では、図13-7には含まれている非労働者の部分を無視してあります。したがって、仕事をやめて退職する人や、学校を卒業して新たに労働市場に入ってくる人のことは無視しています。労働者は、単純に、就業者のプールと失業者のプールの間を移動します。

ここで、就業者の人数を E、失業者の人数を U とし、両方を合わせた労働者の数を L としてみます。もちろん、

$$L = E + U$$

が成り立っています。また失業率は、

$$失業率 = \frac{U}{L}$$

となります。すなわち、失業率とは働く意思のある人のなかで仕事に就けない人の割合です。

さて、ここで二つのパラメーターを導入します。一つは離職率（q で表わします）で、これは労働者のうち、毎期何パーセントの人が離職するかを表わした数値です。もう一つは就職率（f で表わします）で、これは失業者のうち、何パーセントが就職できるかを表わした数値です。

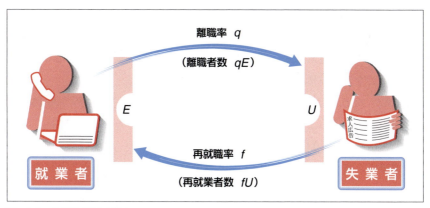

図 13-8　自然失業率の導出
就業者 E のうち q の割合が失業者になり、失業者 U のうち f の割合が就業者になるような変化の場合は、自然失業率は $q/(q+f)$ となる。

　さて、景気が大きく変動するなかでは、離職者と再就職者の数は一致するとは限りません。景気が悪化しているときには離職者のほうが再就職者よりも大きく、失業者数、失業率とも上昇しているでしょう。景気が好転しているときには逆のことが起こります。ただ、自然失業率を考えるためには、構造的に安定的なところでの失業率を考えるわけですから、ちょうど離職者と再就職者の数がバランスするところでの失業率を考えればよいわけです。

　上で導入した記号を用いれば、離職者の総数は、就業者に離職率をかければよいので、qE となります。一方、再就職者の総数は、失業者数に就職率をかければよいので、fU となります。この二つがバランスする状況を考えればよいので、

$$qE = fU$$

が成立するはずです。この式を変形すれば、

$$\frac{q}{f} = \frac{U}{E}$$

となります。したがって、失業率は、

$$失業率 = \frac{U}{E+U} = \frac{\frac{q}{f}}{1+\frac{q}{f}} = \frac{q}{q+f}$$

となります。

　ここで考えている簡単なケースでは、自然失業率は離職率と再就職率の簡単な関数として表わされます。離職率が高くなれば自然失業率は高くなり、再就職率が高くなれば自然失業率は低くなります。

　ここで、たとえば毎月、就業者のうち1％が離職し、失業者のうち15％が仕事に就くとしてみましょう。これを上の公式に代入すると、

$$0.01 \div (0.01 + 0.15) = 0.0625$$

となります。すなわち、このときの自然失業率は6.25％ということになります。

　このモデルは非常に簡単な関係を表わしていますが、同時に重要な指摘をしています。それは、離職率を低くすること、あるいは再就職率を高くすることによって、失業率を下げることができるということです。

賃金の下方硬直性

　失業率に大きな影響を及ぼすものとして、賃金の下方硬直性の問題があります。かりに失業者が多くいても、賃金が十分に下がれば、企業の雇用意欲も高まるはずです。そうならないのは、賃金が十分に下がらないからです。賃金が下方硬直的であれば失業が解消しにくいということは、図13-9を用いて説明することができます。

　この図には労働需要と労働供給が描かれています。縦軸には賃金が、そして横軸には労働需要量と労働供給量がとられています。ここでの重要なポイントは労働需要曲線が右下がりになっていることで、要するに、賃金が低くなれば企業はより多くの労働者を雇おうとしていることを表わしています（供給曲線については、以下の議論に大きな影響はないので、とりあえず通常の右上がりの曲線を描いてあります）。

　さて、失業が生じるのは、労働の需要と供給を等しくさせるような点よりも賃金が高い水準にあるときです。図ではそのような状況が描いてあります。このような高い賃金水準では、労働供給に比べて需要が小さくなりますので、満たされない供給の部分が失業となるわけです。もし賃金が十分に下がれば、このような需要と供給のギャップは解消し、失業もなくなるはずです。しかし、現実の経済には失業が生じても賃金が下がりにくいようなさまざまなメカニズ

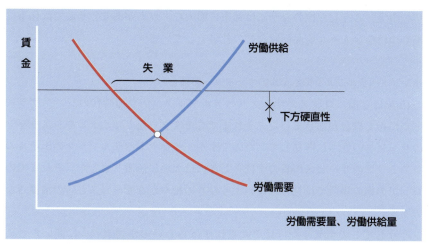

図 13-9 賃金の下方硬直性と失業
図のように均衡点（需給の交点）よりも賃金が高いと、超過供給分だけ失業が発生する。賃金が下がらなければ、この失業が解消することはない。

ムが存在します。

　賃金の下方硬直性をもたらす要因としてはいくつかのものが考えられます。その一つは、すでにヨーロッパの事例で触れた労働組合の存在です。労働組合はすでに雇用されている労働者の雇用条件を守るため、賃金の引き下げに抵抗します。そのためには、ストライキなどの強行手段に出ることもあるでしょう。このため、企業としては多くの失業者がいるような状況でも低い賃金でそうした人たちを雇うことができず、比較的高い賃金と失業が共存することになります。

　第二には、単純労働者については、最低賃金制度が賃金の下方硬直性として効いてくることがあります。多くの国では労働者に最低限の所得を確保させようとする目的で、最低賃金制度を設けています。このような制度はすでに雇われている人にとっては有利に働くかもしれませんが、もっと安い賃金でも働きたいと考えている失業者にとっては不利に働きます。発展途上国などをまわると、多くの工場では最低賃金に近い賃金で多くの人が働いています。それでも働きたい人はたくさんいるということですから、そのような最低賃金の存在によって働く機会が得られず失業している労働者もたくさんいると考えられま

す。事実、こうした国のなかには都市に膨大なスラムがあり、そこでは仕事にありつけない人々が廃品回収などの仕事をしています。

サンクトペテルブルクのホテルのウェイターの賃金

15年ほど前、ロシアのサンクトペテルブルク（旧ソ連時代のレニングラード）に行く機会がありました。それまでもモスクワなどでホテルやレストランのサービスの悪さに辟易していたのですが、サンクトペテルブルクのホテルのレストランのサービスの質のすばらしさには大いに感激しました。それまでのロシアの他の場所では見られないようなきめ細やかなサービスと店の清潔さなのです。

どうしてこのホテルだけはこんなにすばらしいのか通訳の人に聞いたところ、非常に明快な答えが返ってきました。このホテルには北欧の資本が入っているそうですが、従業員の給与はサンクトペテルブルクの他の職場で働く場合にくらべて数倍であり、しかも外貨で給与を支払ってくれるそうです。当時のロシアの人にとって外貨は貴重で、有利なレートでルーブルに換金もできるし、外貨ショップでしか買えない商品を購入することもできました。

このような恵まれた条件で働く人にとっては、もしミスをして解雇されたら、高い給与も外貨獲得の機会も、一気に失うことになります。だから、マネージャーに解雇されないように、懸命になって働き、顧客へのサービスには細心の注意を払うのです。要するに恵まれた労働条件が、従業員の勤労意欲を高める結果につながっているのです。このように、「高賃金が労働の効率性をもたらしている」場合を、効率性賃金と呼びます。

効率性賃金仮説

効率性賃金として、経済学で議論されている事例にはいろいろなケースがあります。いずれの場合にも、失業が存在しているにもかかわらず賃金が高止まりしているのです。つまり、賃金の下方硬直性が働いているのです。

効率性賃金の事例は、大きく分けて四つに分けることができます。

第一は、文字どおり、賃金の高さが労働者の働き具合に効いてくるケースです。これは発展途上国のケースに当てはまる場合です。発展途上国では労働者の栄養状況が悪いために、働き具合が悪いことがよくあります。この場合に

は、労働者が十分な栄養を摂取できるように高い賃金を支払ったほうが結果的には企業にとって高い生産性を確保できて有利ということがあります。かつて私がまわったアジアの日系企業の工場のなかには、企業が昼食を準備するケースが多かったように思いますが、そこで工場長に聞いてみると、賃金で支払うと昼御飯を食べない人もたくさん出てくるので、賃金の一部として昼食を現物支給にしているということでした。

第二は、先進工業国でも当てはまるケースですが、賃金を高くするほど、離職者が減ることから、企業は賃金を高めに設定します。企業としてはあまり労働者の離職が多いと新規の補充をしなくてはならないので、離職を抑えるために高い賃金を出すところがあります。この場合には、失業率がある程度高くて外から低い賃金で人を雇うことができても、賃金はあまり下がりません。

第三は、賃金と労働者の質の問題です。一般的に、質の高い労働者ほど高い賃金を志向します。もし企業が賃金を下げると、質の高い労働者は他の企業に移ってしまい、質の悪い労働者だけが残ることになります。したがって、質の高い労働者を確保するために、ある程度賃金を高く設定しておく必要があります。この現象は、逆選択、あるいはレモン市場の問題として、経済のさまざまな分野に見られる現象の一つとして知られています（たとえば自動車の中古市場、保険市場、金融市場における信用割当の現象など）。この現象については、第7章で説明しました。

第四のケースは、サンクトペテルブルクのホテルの事例にかかわるケースです。要するに、高い賃金を出すことによって、労働者の仕事に対する誘因を高めることができるのです。こうした現象をモラルハザードと呼びます。これについても、第7章で説明しました。

補論1：物価指数の考え方

表13-1は、消費者物価指数を説明するための簡単な例です。この表には、3種類の商品しかありません。食料品、衣料品、家賃の三つです。それぞれの財の価格と消費量が表に記してあります。ただし、価格は2000年のものと2008年のものがありますが、消費量は2000年のものしかとってありません。2000年が基準年、2008年が比較年となります。

この表によれば、食料品の価格は10から12へ、衣料品の価格は20から18

表13-1 消費者物価指数の事例

	食料品	衣料品	家賃	
2000年の価格	10	20	100	
2000年の消費量	100	25	5	
2000年の消費額（価格×数量）	1000	500	500	合計 2000
2000年の消費シェア	0.5	0.25	0.25	
2008年の価格	12	18	110	
2008年の価格で評価した2000年の消費額	1200	450	550	合計 2200

$$指数 = \frac{2200}{2000} \times 100 = 110$$

基準年（2000年）の消費量に、それぞれ比較年（2008年）と基準年（2000年）の価格をかけて、比較したものが消費者物価指数となる。

に、そして家賃は100から110へ変化しています。それぞれの消費量は、基準年には100、25、5となっています。したがって、2000年の総消費額は2000ということになります。

消費者物価指数を出すためには、基準年の数量と比較年の価格をかけておかなければなりませんが、表にある「2008年の価格で評価した2000年の消費額」という項目がこれで、総計2200になります。消費者物価指数はこの二つの比率ですので、2200を2000で割ったものに、（指数ですから100をかけて）110となります。つまり、表13-1の簡単な事例では、2000年から2008年にかけて消費者物価は約110%（1.1倍）になっているということです。

さて、こうして求めた消費者物価指数はもう一つの方法で求めることが可能です。表13-1で食料品の価格は10から12に120%となっています。同じく、衣料品は20から18に90%、そして家賃は100から110へ110%です。そして、それぞれの財の2000年時点における消費シェアは0.5、0.25、0.25となっています。したがって、このシェアをかけて上の変化率の加重平均をとると、

$$0.5 \times 120 + 0.25 \times 90 + 0.25 \times 110 = 110$$

が求まります。この方法で計算しても、消費者物価指数110が求まります。

補論2：崩れる終身雇用制と失業問題

　日本の失業には、現在崩れつつあるといわれる終身雇用制が深くかかわっています。

　戦後の日本の労働市場には、終身雇用や年功賃金という慣行が顕著に見られました。もちろん、すべての業種や労働者が終身雇用のもとにあったというのではありませんが、国民の多くがサラリーマンになったこと、そしてそのなかでもとくに大企業のホワイトカラーが終身雇用で守られていたこと、そしてその賃金体系が年功賃金制になっていたことは、戦後の日本の労働市場の重要な特徴でした。

　なぜ、日本でこれだけ終身雇用・年功賃金が普及したのかということについてはいろいろな学説がありますが、その一つの有力な説明は、戦後の日本経済が先進工業国へのキャッチアップのプロセスにあり、急速な経済成長を遂げていたことにその理由を求めます。

　高度経済成長期の日本では、若い世代の割合が多く、しかも経済は急速に成長していました。そうした状況下では、若い人の賃金を少し低めに抑えることで、40代、50代の労働者の賃金を相当高くすることができます。年配の労働者の比率が少ないからです。それだけでなく、退職するときに支給される退職金についても、世界的に例を見ないほど高い金額を出すことができました。

　若い人の年齢が上昇してくるときには、つぎの若い世代がまた支えてくれます。つぎつぎに若い世代が出てきて、経済が成長している限りは、このような世代間の順繰りの移転がうまくいったのです。ちょうど日本の年金制度が、若い人から同じ時代の高齢者への移転という形をとったのと似通ったメカニズムです。

　図13-10は、年功賃金制の特徴を非常に単純化したものです。この図の横軸には年齢が、そして縦軸には賃金と労働者の企業への貢献度（労働者の生み出す価値）が記されています。まず賃金ですが、これは年功賃金制ですので、年齢とともに上昇していき、最後のところで大きな退職金をもらいます。もう一方の貢献のほうについてはいろいろな見方があると思いますが、おそらく図に描いたような形になっているのではないでしょうか。すなわち、若いうちは貢献ほどは賃金をもらえないが、年齢が高くなると貢献以上に賃金をもらうという構造になっているのです。

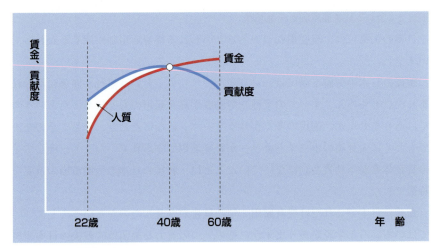

図 13-10　年功賃金の概念
　　　　　若いときは、貢献度のほうが賃金よりも高くなっている（その差が「人質」）が、
　　　　　生涯を通してみれば、この人質分を退職するまでに返してもらっている。

　図では 40 歳のところで二つの線は交差しています。この図で白ぬきの部分として人質と記してありますが、40 歳までは、貢献分だけの賃金はもらえません。しかしそれは人質として会社があずかるだけで、40 歳を越えて働けば貢献以上の賃金として返してもらえるのです。かりに賃金構造がこのような形をとっているとき、労働者はこの企業に長くいようとする誘因を持ちます（最初の 2、3 年では転職が多いかもしれませんが、それは現実にも観察されることです）。したがって、企業のほうも、労働者は中途退職しないだろうことを当てにできるのです。

　この点は、キャッチアップ過程にあった戦後の日本の企業にとっては重要なことでした。海外の技術や経営手法を学んで、それを現場で日本向きに改良する。これが日本の多くの企業の技術改良でした。そこで、現場での OJT（オン・ザ・ジョブ・トレーニング、つまり現場での技能修得）が重要となり、そうした形で技能を身につけてくれた労働者が企業に残ることが重要であったのです。外からどんどん新しい血を入れるのではなく、新卒で入れた労働者が企業とともに技術を蓄積し、それを後継者に伝えていく仕組みが構築されたのです。

　このような日本型の仕組みは、高度経済成長とキャッチアップ型経済という

二つの前提が崩れて、変わらざるをえない状況になりました。しかも高齢化時代では、年功賃金制を維持することは非常にむずかしくなっています。年配の労働者が多いのに、年齢とともに賃金を上げていったのでは、企業の財政は破綻してしまいます。

またキャッチアップの状態を脱して世界のフロンティアで競争を余儀なくされている日本企業は、海外からの技術導入で成長をつづけていくことはできなくなっています。そこでOJTだけでなく、専門的技術や能力を持っている人を積極的に登用していく必要があります。それは、終身雇用や年功賃金の仕組みと相矛盾するものである場合も少なくありません。

このような大きな転換期にあるのが、日本の雇用システムです。こうした大きな変化のなかで、企業はみずからのなかに終身雇用制度のもとでの過剰雇用を抱えていることを深刻に受け止めているのです。リストラによる雇用カットや早期退職勧告制度などは、こうしたなかから出てきました。

しかし、労働者から見たら、時代が変わったからもういらないというのでは納得がいきません。また、これまで終身雇用の仕組みのなかで一つの企業でずっと働いていたので、外の市場で仕事を見つけられるような専門的知識や技能を持っている人も多くありません。中高年の雇用問題が深刻であるのは、こうした問題が背景にあるのです。

演習問題

1. 以下の文章の下線部に用語を入れなさい。
   (1) 物価指数にはいろいろなものがあるが、代表的なものとしては、＿＿＿＿、＿＿＿＿、＿＿＿＿などがある。これらは、いずれも＿＿＿＿の形を取る。
   (2) インフレ率ないしはその予想で修正した金利を＿＿＿＿という。投資や消費は＿＿＿＿金利ではなく、この金利によって動くと考えたほうがよいだろう。
   (3) 雇用状況を判断する代表的な指標としては、＿＿＿＿と＿＿＿＿があり、前者は景気判断の一致指標であるといわれることがある。
   (4) モラルハザードや逆選択などの理由から賃金が高止まりになることを説明する考え方を、＿＿＿＿という。
2. 以下の問題に答えなさい。

(1) 実質金利がマイナスになるのはどのような場合か。

(2) インフレ率と実質貨幣残高（への需要）との関係が

$$\frac{M}{P} = \frac{100}{\pi}$$

という形で与えられているとする。ただし、M/P は実質貨幣残高、π は物価上昇率である。この場合、インフレ率が10%のときのインフレ税による実質的な税収はいくらになると考えられるか。

(3) 離職率が上がると自然失業率も高くなることを、簡単な数値モデルを用いて例示しなさい。

3. つぎの表に関して以下の設問に答えなさい。

	食料品	衣料品	家賃
2000年の価格	20	40	80
2000年の消費量	100	100	50
2008年の価格	30	30	120
2008年の消費量	100	200	60

ここでは、食料品、衣料品、家賃だけからなる単純な経済を考えている。

(1) この経済の2000年を基準とした2008年の消費者物価指数を計算しなさい。

(2) 上で求めた消費者物価指数が、三つの商品それぞれの物価上昇割合を何らかのウェイトで加重平均したものになっていることを確認しなさい。

(3) (2)において平均を求めるための各商品のウェイトは、実は基準年の消費シェアになっている。これを確認しなさい。

4. 以下の設問に答えなさい。

(1) 予期せぬインフレが起きたとき、社会はどのような経済コストをこうむるのか。

(2) ある程度予期されたマイルドなインフレは、社会にどのようなコストをもたらすのか。

(3) 構造的な失業率（自然失業率）を下げるためにはどのような政策があるか。

(4) 戦後の日本の年功賃金制は雇用の安定性にどのような機能を果たしたと考えられるか。

5. 以下の記述は正しいのか、誤っているのか、それともどちらともいえないのか、答えなさい。

(1) 貨幣をより多く発行してインフレ率を高くするほど、政府はインフレ税からの

より高い税収をあげることができる。
(2)物価上昇率が高くなれば名目金利も実質金利も高くなる。
(3)有効求人倍率の低い経済ほど、一般的に失業率は高くなる。
(4)失業保険の給付条件をきびしくすれば、一般的には失業率は下がるはずだ。

14:
高齢社会の財政運営

🧒 日本は世界でもっとも速いスピードで高齢社会になっていると聞いていますが、医療や年金など社会保障は大丈夫なのでしょうか。

👨 そのとおりです。社会保障費は毎年1兆円近く増えています。このままのペースで増えつづければ、日本の財政は大変なことになってしまいます。社会保障問題は日本の財政改革の最大の課題といってよいでしょう。

🧒 すでに日本の政府の借金は膨大な額に膨れあがってしまっていると聞いていますが、この点はどうなのでしょうか。

👨 国と地方を合わせた政府の債務（借金）の額は、GDP比で見た数値で、主要国のなかで最悪の状況にあるといってよいでしょう。このような状態をいつまでも放置しておくことはできません。

🧒 政府の借金が多いとなぜ問題が大きいのでしょうか。

👨 国債の価格が暴落するようなことがあれば、経済は大混乱に陥ります。

🧒 国債の価格が暴落するようなことが起こるのでしょうか。そもそも、国債の価格が暴落するというのはどのようなことでしょうか。

👨 今の日本ですぐにそのようなことが起きる可能性は少ないのですが、数年前、ギリシャやスペインなど欧州で国債価格の暴落が起き大変なこと

になったことを知っていますか。国債は市場で大量に売買されていますが、将来の財政運営に不安が出ると、誰も国債を買わなくなります。そんなことが起きれば、国債の価格は暴落するのです。

👧 よくわからなかったのですが、なぜギリシャやスペインの国債の価格は暴落したのですか。

👨 これらの国の財政赤字が膨らみ、市場はこれ以上これらの国の国債を持っているのは危険だと考えたのです。その結果、これらの国の国債が大量に売りに出ました。また、新たに国債を購入するという投資家もほとんどいませんでした。そうした売りの圧力のなかで国債価格が暴落したのです。

👧 財政状況の厳しい国では金利が高くなると聞いていますが、これは国債の価格と関係があるのでしょうか。

👨 国債の価格が下がるほど、国債の利回りは高くなります。国債の利回りはいろいろな金利と連動していますので、財政危機に陥るとすべての金利が上昇して、金融市場は大混乱となります。また、国債を大量に保有している金融機関も巨額の損失を被ることになります。

👧 日本は大丈夫なのでしょうか。

👨 今すぐにそうした危機が起きるリスクは少ないと思います。ただ、今の状態を放置しておけば、巨額の債務を抱えた日本の政府の国債に対して、市場がノーを突きつけることだって起こりえます。

👧 そうならないためには何が必要なのですか。

👨 財政再建にマジックはありません。これだけ巨額になった政府の債務を減らしていくためには、何年にもわたって財政健全化の努力をつづけていかなくてはいけません。そのためには歳出をできるだけ抑えて、必要ならば増税をするということが必要となります。

👧 日本が消費税率を上げてきたというのも、そうした対応の一つであると考えてよいのでしょうか。

👨 そのとおりです。そして、同時に高齢化で膨れあがる医療介護年金などの社会保障費の増大をできるだけ抑える対応が必要となってきます。

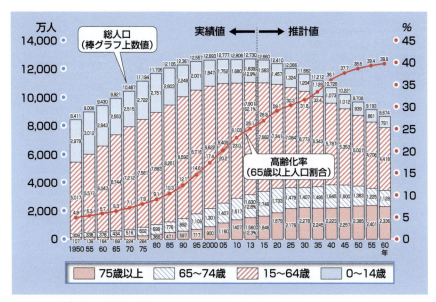

図 14-1　日本の人口構造の変化
現在 25.1% である日本の高齢化率は、2030 年には 31.6% にまで上昇することが予想されている。内閣府『平成 26 年版高齢社会白書』より。

I　高齢化のもとでの財政運営

日本の高齢化

　図 14-1 は、今後予想される日本の人口構造の変化をグラフに示したものです。日本では急速な人口の高齢化が進みます。高齢化の程度を示す指標として、65 歳以上の人の数が全国民に占める割合をとった「高齢化率」という指標をよく使います。

　いま 25.1%（2013 年数値、国立社会保障・人口問題研究所の平成 24 年 1 月推計値。2014 年は 26.1%、出所同じ）である日本の高齢化率は、2030 年には 31.6%（出所：国立社会保障・人口問題研究所「日本の将来人口推計」（平成 24 年 1 月推計））にまで上昇することが予想されています。その時点で、米国は 20.1%、ドイツでは 28.2%、中国では 16.2% という数値が予測されており、日本の高齢化が世界的に突出していることがわかります（出所：外国はいずれも、UN, World Population Prospects：The 2012 Revision より）。

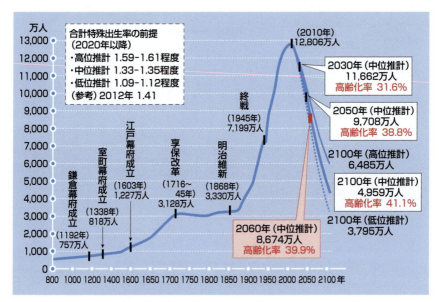

図 14-2 日本の人口の長期的な推移
当面は少しずつ減少していく日本の人口は、次第にその減少幅を増やしはじめ、2040年以降は毎年100万人という規模で人口が減少していくことが予想されている。内閣府「人口動態について：中長期、マクロ的観点からの分析③」（平成26年）の資料より。

　高齢化に伴い、日本の人口も急速に縮小することが予想されています。図14-2は日本の人口の長期的な推移を予想したものです。当面は少しずつ減少していく日本の人口は、次第にその減少幅を増やしはじめ、2040年以降は毎年100万人という規模で人口が減少していくことが予想されています。2014年現在おおよそ1億2600万人である日本の人口は、2100年には5000万人まで縮小してしまいます。これは明治の初めの日本の人口に匹敵します。

　こうした人口推移の予想は、あくまでも現状の少子化を前提にした推計です。このような極端な人口減少が起こらないためにも、少子化対策が重要な政策課題となっています。出産や育児がしやすくなるような環境をどう整えるのかということが問われているのです。

　少子高齢化は世界の多くの国が直面している問題です。フランスや北欧などの国では、少子化対策を積極的に進めてきました。その成果もあったのか、出生率は少しずつ増大しています。子供の生まれた家族に補助金を提供したり、

保育施設を充実させたり、教育費の支援をしたりと、子供を産み育てる費用を社会全体で負担する政策を進めてきたのです。日本もそうした少子化対策を進めるべきでしょう。

少子化対策の成果がどう出てくるのか不確定な面がありますが、その成否にかかわらず、当面は高齢化と人口減少がつづくことは覚悟しなくてはいけません。この少子高齢化は、財政や社会保障制度に厳しい問題を突きつけます。重要なポイントをまとめてみるとつぎのようになります。

(1) 人口の高齢化が進めば、年金・医療・介護という社会保障への財政負担や国民負担が増加していきます。現在、毎年1兆円という規模で社会保障費が増えています。この状態を放置していたのでは、いずれ社会保障制度は維持不可能になってしまいます。社会保障費の伸びをどう抑制するのかが問われています。

(2) 日本の社会保障制度の財源は、国民が負担する社会保険料で支え、足りない部分を政府の財源で補うということが原則となっています。ただ、高齢化で現役世代が減少して引退世代が増えるなかで、政府の財源への依存度が高まっています。政府の財源は基本的に税によって徴収する必要があります。安定的に社会保障の財源を確保するための税制の整備が必要となります。多くの国では消費税（付加価値税）の税率を引き上げるという対応をしていますが、日本もそうした方向で動いています。

(3) 1990年前後のバブル崩壊から20年つづいた経済的低迷のなかで、政府の財政赤字は増えつづけ、その結果、日本の政府の負債（借金）は巨額な規模となってしまいました。日本は世界でもっとも重い公的債務を抱えています。こうした状況を放置していたのでは財政不安や債務危機を起こしかねません。そうした事態になっては大変なことになります。できるだけ早く財政赤字を解消し、さらには公的債務の額を減らしていくことが必要となります。増えつづける社会保障費負担というなかで、こうした財政再建を実現することは容易なことではありません。

(4) 財政赤字を減らしていくためには、増税をして歳入を増やし、そして歳出削減をして歳出を減らすのがもっとも効果的です。しかし、増税や歳出削減は景気を失速させる可能性があります。もし過度な増税や歳出削減によって景気

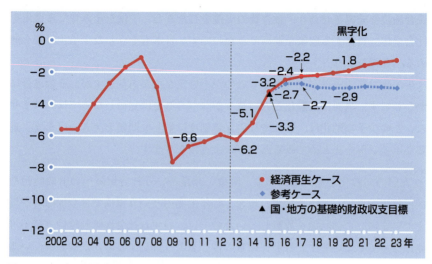

図 14-3　日本の財政状況についてのシミュレーション

2013 年の時点で、日本の財政のプライマリーバランスは対 GDP 比でおおよそ 6.2% の赤字である。政府は、2015 年度までにこのプライマリーバランスの対 GDP 比の赤字幅を半減すること、さらに、2020 年度までに黒字にすることの二つの目標を掲げている。内閣府「中長期の経済財政に関する試算」(平成 26 年 7 月) より。

が悪化してしまえば、税収なども縮小してしまい、かえって財政状況が悪化するという可能性もあります。そこで、できるだけ経済成長率を高めて税収拡大を促すことも必要となります。どこまで経済成長を促し、どこまで増税と歳出削減を進めて行くのか、というマクロ経済政策運営も大きな鍵となります。

日本の財政健全化の方向

　上で整理したような財政問題に、日本政府はどのように対応しようとしているのでしょうか。その点について少し説明します。日本の財政改革についてより具体的な姿がみえると思います。

　図 14-3 は、2014 年 7 月の時点で政府が示した財政状況についてのシミュレーションです。2013 年の時点で日本の財政のプライマリーバランス (国・地方) は対 GDP 比でおおよそ 6.2% の赤字の状態にあります。政府は二つの目標を掲げています。一つは、2015 年度までにこのプライマリーバランスの対

GDP 比の赤字幅を半減すること、そしてもう一つは、2020 年度までに黒字にすることです。

プライマリーバランスとは、国債の利払いや償還などの国債関連費を除いた歳出と、税収などの歳入との差のことを指します。このプライマリーバランスの概念は重要ですので、後でもう少し詳しく説明します。

政府の財政目標のうちの一つ、すなわち 2015 年度までにプライマリーバランスを半減させることはおおよそ達成できそうな状況です。2013 年度以前は財政赤字がなかなか縮小しなかったのに、2013 年度以降は急速に赤字が縮小したのは、日本がデフレから脱出したことと深い関係があります。

デフレのもとでは税収が減少傾向となります。デフレで景気が低迷するなかで増税を断行して景気をさらに悪化させることは、政治的にむずかしいことです。デフレのもとでは財政赤字が悪化し、それが政府の債務を増やすという悪循環がつづく結果になるのです。

2013 年に安倍内閣が発足して、デフレからの脱却のための大胆な金融政策を行ないました。デフレからの脱却が進み、物価上昇が始まり、そして景気が好転するなかで、税収も確実に増加し始めたのです。2013 年以降、日本の財政収支が回復を始めたもっとも大きな理由は、景気拡大と物価上昇による税収の拡大です。

政府はまた、2014 年に消費税率を 8％ に切り上げました。2017 年には 10% にまで切り上げることを予定しています。この消費税率の引き上げが安定的な税収増につながります。

この章のテーマとの関係でより興味深いのは、2020 年度までにプライマリーバランスでの財政収支を黒字に持っていくという政府の目標です。2014 年時点での政府のシミュレーションによれば、政府が目標とする実質 2％ 程度の経済成長率と 2％ の物価上昇率のもとでも、この目標の達成はむずかしいということです。2014 年 7 月時点の推計結果では、このような順調な成長がつづいたとしても、2020 年度時点でまだ 10 兆円以上の赤字が残ることになります。

このように足もとでの財政収支改善は順調に進んでいるものの、長期的な財政見通しは大変に厳しいものです。政府のシミュレーションの結果は、少子高齢化のもとでの財政健全化がむずかしい課題であるということを改めて示して

います。このシミュレーション結果は、つぎのような点を示唆しています。

(1) 2％以上という、かなり高い経済成長を前提としてシミュレーション結果が得られています。かりに現実の経済成長率がこれよりも低ければ、財政赤字の状況はさらに厳しいことになります。ある程度の成長率を実現することは、財政健全化の前提条件ともいえます。もし日本の経済成長率が政府の想定するものよりも低い水準で推移するようなことになれば、税収が低迷しますので、財政健全化のためにはより厳しい増税や歳出削減が必要となります。それは経済成長の足をさらに引っ張ることになり、日本経済の将来はあまり明るいものにはなりません。経済成長と財政健全化はあまり関係がないようにみえますが、規制緩和や税制改革などで日本の成長率を高めに誘導する「成長戦略」が、日本の財政健全化の前提条件となります。

(2) 今のままでは 2020 年度までに財政健全化目標を達成できない最大の理由が、日本経済の急速な高齢化にあることは明らかです。2％成長と2％の物価上昇を実現できれば、政府の税収はそれなりに増えていきますが、高齢化のために年金や医療・介護など社会保障の公的負担が急速に拡大していき、財政赤字はなくならないのです。社会保障制度を抜本的に見直し、社会保障費の伸びを抑えることが重要な政策課題となります。社会保障改革については、後でもう少し詳しく触れます。

(3) 社会保障費の伸びをある程度抑えることができたとしても、それには限度があります。そこで税収をさらに増やすための税制改革の重要性が問われます。社会保障が充実している北欧諸国の消費税（現地では付加価値税と呼ばれている）の税率は 25％ 前後です。ドイツやフランスなどほかの欧州諸国でも 20％ 近い消費税率となっています。世界でもっとも高齢化が進む日本の消費税率が 10％ 程度で済むと考えるべきではないでしょう。消費税だけが改革の対象ではありません。税体系全体を見直して、政府の税収をさらに拡大していく必要があります。

以下では、以上であげた三つの点について、さらに詳しく説明します。

なぜ成長が重要であるのか

第 9 章のコラムで述べたように、経済成長率のわずかな違いは、その国の長

期的な経済状況に大きな違いをもたらします。平均年率1％の成長だと、30年後の経済規模は1.35倍にしかなりません。もし平均2.5％で成長できれば、30年後の経済規模は2.1倍になるのです。

　この章で議論しているような長期的な日本の姿を議論するときには、成長率が非常に重要になります。少子高齢化が進む日本のような経済にとって、成長率を高めることの重要性はとくに重要になります。

　もし経済成長率が低いままで推移すれば、社会保障の費用を捻出するため、さらに厳しい増税が必要となります。あるいは増税がむずかしければ、医療や介護などへの支出をさらに削減するという厳しい措置が必要になります。こうした動きは経済全体の活力をさらに失わせる結果にもなりかねません。

　問題は、どのようにして経済成長率を高めることができるのかということです。第15章で説明するように、経済成長は成長方程式という考え方で分析することが可能です。それによれば、経済成長率は資本や労働などの生産要素の拡大による部分と、技術革新や生産性の上昇を反映した全要素生産性（TFP）に分解することができます。少子高齢化によって急速に生産年齢人口が縮小する日本では、労働力の拡大によって高い成長を維持することはできません。資本の拡大についても限界があります。TFPを拡大させることが鍵となります。

　長期的な経済成長は供給サイドの要因に強く依存します。日本がより高い技術革新を実現できるのか、労働や資本の配分が効率的に行なわれているのか、産業間の調整が進みより生産性の高い分野への資源の移動が起きるのか。これらが成長を規定する供給サイドの重要な要因となります。

　そうした供給サイドの成長要因を刺激し潜在成長率を引き上げようとするのが、日本政府が成長戦略と呼んでいる一連の政策です。成長戦略の中身をみると、つぎのような政策が並んでいます。

- 科学技術を振興し、企業の研究開発を刺激し、社会全体でイノベーションを活性化させる。
- 市場開放や経済連携協定などによって貿易や投資を活性化させ、グローバル経済の活力を日本に取り込む。
- 資本や労働がよりスムーズに衰退産業から成長産業にシフトするような政策をとる。

- 経済活動がより活発になるような税制に移行していく。

　政府が提示している成長戦略にはもっと多くの政策が盛り込まれています。ここでそれを詳細に論じることはしません。ただ全体に共通しているのは、これらのいずれも供給サイドの政策であるということです。規制緩和や市場開放などの供給サイドの政策は、多くの場合一部の利害関係者の強い抵抗を招きます。ただ、そうした改革を断行していかないかぎり、日本全体の成長力を確保することはむずかしいのです。

　供給サイドの政策の重要な特徴は、財政負荷をほとんど伴わないということです。減税や公共支出などによって経済を刺激しようとする需要サイドの政策は、財政負担が生じます。財政健全化を実現するという目的にも反することになります。また、需要刺激によって経済成長率を高めていくという手法は持続性が期待できません。大胆な規制緩和や市場開放政策が求められるのです。

---

column　GDPの成長と一人当たり所得の成長

　日本の人口は縮小していくのに、経済成長を追求するのはおかしいという議論があります。重要なのは一人当たりの所得であり、人口が減少しても一人当たりの所得が増えていけばそれで問題はないのではないか。そうした主張がしばしば出されています。

　たしかに、国民にとって重要な所得は一人当たりの所得です。人口が減少していっても、一人当たりの所得が維持できれば生活水準は下がらないことになります。現実にも、日本の1割程度しか人口のない北欧諸国やスイスの国民は、日本よりもはるかに高い所得を稼いで、豊かな生活を実現しているのです。

　一人当たりの所得が重要であることはいうまでもありません。ただ、急速な少子高齢化のもとでは、マクロ経済を健全に運営していくためには、一人当たりの所得だけでなく、マクロ経済全体のGDPがある程度の成長をつづけていくことが必要となるのです。つまり、人口の減少を補って余るTFPの成長が必要となるのです。本文中で説明したように、もし経済全体の成長率が下がるようなことになると、公的債務の縮小や社会保障の負担などが非常にむずかしい状況になります。

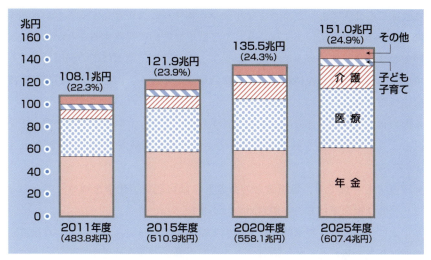

図 14-4　社会保障費の将来推計（政府予測）
　　　　2011年度時点でおおよそ108兆円である社会保障費は、2025年度には151兆円の規模にまで膨れあがると予想されている。内閣官房「社会保障に係る費用の将来推計について③」（平成23年6月）の資料より。

社会保障改革

　つぎに、第二の論点である社会保障改革について説明します。

　図14-4は、政府が予測した今後の社会保障支出の伸びを示したものです。2011年度時点でおおよそ108兆円である社会保障費が、2025年度には151兆円の規模にまで膨れあがると予想されています。この社会保障費の増加が日本の財政の最大の問題でもあります。

　政府の出した社会保障費の伸びは、あくまで現在の制度を前提とした予測結果です。現在程度の医療サービスや年金などを前提とすれば、人口が急速に高齢化していくなかで社会保障費も大幅に増えることになります。現在でも社会保障費は毎年1兆円ずつ増えています。

　社会保障改革のポイントは、現在の医療や年金制度にメスを入れ、社会保障費の伸びを抑えることにつきます。医療や介護の制度でも、年金でも、その実態は非常に複雑ですので、ここで社会保障改革について詳しい説明をすることはできません。ただ、そのおおよその改革はつぎのような姿であるべきです。

- 医療でも介護でも、さまざまな無駄や過剰サービスが存在することが専門家によって指摘されています。こうした無駄を徹底的に排除することが当面の課題となります。電子カルテや電子レセプトのように、情報技術の利用が拡大しているので、そうした情報を最大限に活用することも、医療や介護の無駄の排除につながります。
- 医療費のかなりの部分は高齢者に対するものです。高齢者の健康増進、予防医療、リハビリなどを強化することで、医療費を削減することが期待されます。
- 医療でも介護でも、負担能力のある人には自己負担比率を増やしてもらって、公的負担を下げることが求められます。
- 年金については、将来的には年金の支給開始年齢を引き上げるという措置が必要になると思われます。海外でもそうした動きがみられます。

医療・年金・介護は、国民一人ひとりの生活に深くかかわっています。あま

---

column

社会保障制度に冷淡な経済学者？

　私のような経済学者が医療や介護などの改革のシンポジウムに出ると、非常に居心地の悪い思いをすることがあります。ほかのパネリストは多くの場合、医療や介護の専門家であることが多く、「医療のここを充実したらもっと良くなる」とか、「介護サービスのここが足りないのが問題だ」などと指摘します。そうした発言によっては、会場から拍手が起こることもあります。

　そうしたなかで、私のような経済学者が「このままでは日本の財政はもたない。医療や年金の支出を徹底的に見直す必要がある」と発言すると、なんと冷たいやつだ、というような視線が聴衆から浴びせられます。

　しかし、経済学者も医療や介護の将来について本当に心配しているのです。医療や介護の専門家がいうように支出を増やしていったら、確実に財政はたち行かなくなります。財政破綻が起きた国の医療や介護がどんなに悲惨な状況であるか、想像してみればわかります。経済学者が社会保障費の抑制を声に出して叫ぶのは、日本の社会保障制度の将来を本当に心配しているからなのです。

り乱暴に制度改革をすると、国民の生活を傷つけることになります。たとえば、高齢者の医療や介護のサービスを突然カットするというようなことになれば、その人にとって死活問題にもなりかねません。年金の支給開始年齢を引き上げるという対応も、高齢者の就業機会を確保するという政策とセットで行なわなくてはいけません。

　社会保障制度の改革のむずかしさはここにあります。複雑な仕組みを乱暴にいじると、全体の秩序を乱し、国民生活が混乱することにもなりかねないからです。だからこそ、早い段階で長期的な改革の方向を国民に明らかにして、一つひとつ着実に改革を進めていくことが必要となります。

高齢社会の税制のあるべき姿

　第三の論点である、高齢社会の税制のあるべき姿についても少しだけ触れておきましょう。日本で高齢化が進めば、社会保障費の抑制を実現できたとしても相当程度の税収の増加が必要となります。そのための増税を避けることはできません。

　日本の消費税率は 2017 年までに 10% にまで引き上げられる予定です。これに比べ、欧州諸国の税率は 20% 前後であり、北欧諸国は 25% 前後という高い税率となっています。欧州諸国が高い消費税率を課しているのは、高齢化に伴う社会保障費の確保という理由があることは明らかです。

　高齢社会になれば、年金や医療・介護などへの支出が拡大していきます。日本では社会保険料によって社会保障の財源のかなりの部分が賄われています。会社に勤めている人は給料から社会保険料が天引きされ、企業が一部払ってくれる社会保険料を合わせて、医療費や将来の年金給付に利用されます。自営業の人は国民健康保険や国民年金の制度に入り、社会保険料を負担します。

　社会保険料で社会保障の費用がすべて負担できればよいのですが、現実はなかなかそうもいきません。全人口に占める現役人口の割合が減り、引退世代の人が増えれば、現役世代の社会保険料負担が重くなっていきます。ある程度の社会保険料負担の増加はやむを得ないとしても、限界はあります。

　高齢化が進むほど、社会保障費の中の公的負担の部分を増やしていかざるをえません。税金で集めた財源を利用して、医療費や年金を支えていく必要があるのです。

欧州が消費税（付加価値税）を引き上げているのは、税収を確保しつつも経済活動にできるだけ影響を及ばせないためには、税を薄く広く徴収することが望ましいと考えているからです。消費税（付加価値税）は生産から流通・消費というすべての付加価値段階で徴収する制度で、あらゆる活動に少しずつ税金を課す仕組みとなります。

　個人所得税や法人税などであまり税率を上げると、大企業や富裕な国民は、税金を逃れるためにより税率の低い海外で納税するような租税回避行動をとろうとします。市場が統合し、域内で自由に国境を越えて活動できる欧州諸国では、企業活動が海外に逃避するのを避けるため、各国とも法人税率を引き下げてきました。消費税率は 20% 前後という高い水準に引き上げてきたのに、法

---

column

小さな政府か、大きな政府か

　政府の規模を測る一つの指標として、国民負担率というものがあります。これは国民所得全体のなかで、税金や社会保障費などの形で政府が吸い上げる金額の割合を示したものです。日本の国民負担率は 41.6% という低い水準（2014 年の数値）で、先進工業国のなかでは米国と並んで低い水準となっています（米国は 2011 年で 30.8%）。つまり、日本は小さな政府を志向しているのです。一方、欧州の国はこの国民負担率が一般的に高く、イギリス 47.7%、ドイツ 51.2%、フランス 61.9%、スウェーデン 58.2%（それぞれ 2011 年の数値）と高くなっているのです。

　スウェーデンの知り合いに、「税や社会保障の負担が大変だろう」ときいたら、「いや、政府にお金をあげたわけではない。ただ預けてあるだけで、年金・医療・教育などをきちんと提供してもらえるので問題ない」という答えが返ってきました。一方の日本ですが、たしかに国民負担率は低いのですが、年金や医療などのコストが十分にまかなえません。巨額の財政赤字を出しているだけでなく、医療崩壊といわれるような社会保障サービスの低下が起きています。

　だれでも、消費税率を引き上げるのはいやでしょう。ただ、欧州をみていると、その多くが 20% 前後かそれ以上の消費税率になっています。日本にとって、いまのような小さな政府を志向して社会保障の質が劣化していくのを受け入れるのか、それとももう少し高い消費税を受け入れて社会保障の充実を図るのか、国民の選択が問われています。

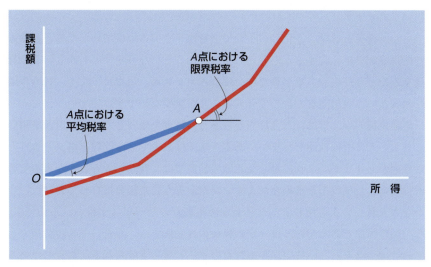

図 14-5　累進課税
この折れ線のそれぞれの部分の傾きが、その所得階層にとっての限界税率となっている。平均税率はこの限界税率よりは低くなっている。

人税率は下げてきたのです。

　スウェーデンなどの北欧諸国では、所得税についてもフラットな税制が採用されています。国税ベースでは富裕層により高い税を課す累進課税はあるものの、地方税については所得の多寡にかかわらずフラットで 30% の地方所得税を徴収しています。年収 500 万円の人も 1000 万円の人も、30% の地方所得税を徴収されます。こうして集めた安定的で潤沢な税財源があるので、社会保障や教育などで手厚いサービスが得られます。デンマークの大学では授業料が無料なだけでなく、生活費の一部も政府から大学生に支給されるといいます。

　非常に興味深いのは、税をフラット化していくことで、所得格差をどう解消していくのかという点です。フラット化の対極にあるのが、累進課税制度です。図 14-5 に日本の個人所得税の姿が描かれています。所得の高い人ほど、平均税率も限界税率も高くなっていきます（平均税率と限界税率の意味については図の上で説明されています）。

　このような累進課税制度の最大の目的は、所得の高い人にできるだけ多くの税負担をしてもらうという、応能主義の考え方があります。またこうした税制によって、課税後の所得での国民間の所得格差をできるだけ解消しようという

狙いもあります。

　もし所得税をフラット化し、そして消費税率を引き上げていったら、税のもつ所得分配を平等化するという効果が弱まることになります。しかし、北欧社会をみたとき、決して不平等な社会にはみえません。税だけでなく、社会保障や教育という歳出面まで含めて考えることが重要なのです。

　累進税制のもとでは、お金持ちから多くの税金を徴収して、その財源を用いて貧しい人に所得補助をします。ある意味ではお金で分配問題を解決しようという面があります。これに対して北欧の制度では、貧しい人も豊かな人もその所得に応じた税負担を求められます。ただ、そうした税負担をしておけば、豊かな人も貧しい人も同じような社会保障や教育のサービスが得られるのです。その国の国民であるからには一定の税負担は覚悟する。ただ、その税負担をしておけば、堂々と高い社会保障や教育のサービスを受けられる。こうした格差の解消の方向性があってもよいと思います。高齢化が進む日本がこうした方向に向かうのかどうかは、今後国民がどういう選択をしていくのかによります。

II　財政収支の長期的側面

財政収支の長期的意味

　つぎに、長期的な観点からみた財政収支の問題について考察しましょう。図14-6 は、政府の国債発行残高と対 GDP の比率の推移を表わしたものです。平成に入って日本の不況が長期化するなかで、政府の税収が落ち込み、景気対策のための財政支出が増えることで、政府の債務である国債発行残高が急速に増大していることが読み取れます。

　政府の財政政策は、つねにつぎのような予算制約のもとで行なわれています。

$$財政支出＋政府負債への利払い＝税収＋公債発行（政府財政収支赤字）$$

　政府の収入は税収であり、これで通常の政府支出と負債に対する利払いをまかないます。もし、税収だけでこれらをまかなうのに十分でなければ、残りは公債発行という形で補うしかありません。公債が発行されれば、そのぶんだけ政府の財政収支は赤字となります。政府負債とは、政府の財政赤字の累積額のことで、その時点での公債の残高に等しくなります。ちなみに、政府支出と負

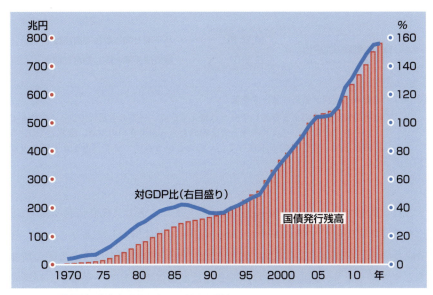

図 14-6　国債発行残高と名目 GDP に対する割合
　　　　政府が発行する国債残高は急速に膨れあがっており、対 GDP 比でみても、政府の借金の規模は世界有数の水準である。

債への利払いが税収よりも少ない場合には、政府財政収支は黒字になります。

　このような政府負債残高は今後どのような方向に動いていくと考えられるでしょうか。もし、政府支出が大幅に抑制されるか、大きな増税が行なわれるのであれば、財政収支は黒字に転じ、その黒字ぶんだけ公債を償還（政府による買い戻し）できるので、政府の債務残高は次第に減少していくでしょう。そもそも行財政改革の狙いもそこにあったと考えられます。

　では、政府の支出（ただし公債の利払いの部分は含まない）と税収がほぼバランスしていたらどうなるでしょうか。政府の債務状態を示す指標として、政府債務額の対 GDP 比（政府負債額を GDP で割った値）を用いることが多いのですが、これが拡大していくか縮小していくかは、経済成長率と金利の大小関係が重要な要素となります。

　財政支出（ただし公債への利払いは除く）と税収がほぼバランスしているときには、政府債務に対する利払いは新たな公債発行でまかなわなければなりません。これは負債の増加要因です。

政府債務のGDP比 = 債務額／GDP

- 債務額 ……… 利子率と同じ割合で自然増
- GDP ……… 経済成長率と同じ割合で増大

図 14-7　成長率と金利が債務に及ぼす影響
　政府の債務はそのままでも利子分だけ増えていく。一方の分母の GDP は成長率のスピードで増えていく。利子率と成長率のどちらが大きいのかは、債務と GDP の比率が上がっていくのか下がっていくのかという点について、大きな影響を及ぼす。

　これに対して、経済成長は GDP を引き上げることで、政府債務の対 GDP 比を下げる要因として働きます。この点は図 14-7 に例示してありますが、経済成長率のほうが金利よりも高いときには、分母の増加率のほうが分子の増加率よりも高くなり、政府債務の対 GDP 比は次第に低下していきます。経済成長率が金利に比べて高いときには、債務の金利により債務が拡大する以上のペースで GDP が増大していくので、政府の負債の対 GDP 比は次第に減少していくのです。公債金収入（公債発行による収入）を除いた政府の歳入と、利払費や債務の償還費を除いた歳出の差を**プライマリー・バランス（基礎的財政収支）**と呼びます。——*

column
成長率金利論争

　本文中で説明したように、金利と成長率のどちらが高くなっているのかということは、長期的な政府債務の健全化を考えるうえで非常に重要な意味をもっています。成長率のほうが金利よりも高ければ、債務の GDP 比を下げることは比較的容易ですが、金利のほうが経済成長率よりも高ければ、プライマリー・バランスが黒字になるほどに歳出削減あるいは増税をしなくてはいけません。

　政府のなかでも、増税に慎重な人たちは経済成長率が金利よりも高くなることを想定する傾向があり、財政再建を掲げる人たちは経済成長率より金利のほうが高くなることも十分にあると主張します。過去のデータでみる限り、成長率と金利のどちらが高くなるのかはなんともいえません。

*──確認：プライマリー・バランス
プライマリー・バランス（基礎的財政収支）は
　　プライマリー・バランス＝公債金収入を除いた歳入－(利払費および債務償還費)
　　を除いた歳出
で表わされます。つまり、プライマリー・バランスとは、過去からの借金の負担などを除いて、新たに入ってくるその年度の税収等の収入と純粋な歳出の差のことです。この基礎収支が均衡していれば、新たな借金がそこから生まれることはありません。財政再建の当面の目標はプライマリー・バランスの黒字化を目指すことです。プライマリー・バランスが均衡していれば、成長率が金利よりも高い限りは、政府債務の対GDP比は次第に縮小していきます。しかし、もし金利が経済成長率よりも高ければ、プライマリー・バランスを黒字にしない限り、債務の対GDP比率を下げていくことはできません。

　戦後の先進工業国においては、経済成長率が非常に高い状態にありましたが、それが政府の債務の問題を軽くしてくれました。政府の債務の金利よりもGDPの成長率のほうが高かったからです。このような状況下では、政府が多少赤字を出したからといって、債務の対GDP比は増えていきません。

　残念ながら、現在の日本経済は少子高齢化に直面して、それほど高い経済成長率は望めません。もし金利が成長率よりも高くなりその状態がつづけば、公債の金利負担が大きくなり、政府の負債の対GDP比も大きくなりがちです。その意味で政府債務の問題は非常に深刻であるといえます。政府支出の削減か、増税か、さもなければ景気の回復による税収の増大が見込まれないかぎり、政府債務は雪だるま式に増えていくことになります。

公債の負担の問題

　政府債務が拡大していけば、将来ある時点で増税をして公債を償還する必要が出てきます。理論的には、政府は将来にわたってずっと債務を負いつづけるということも考えられますが、成長率よりも金利のほうが高い状態では、そのような状態を維持することは不可能で、どこかの時点で増税による償還の問題が起きてきます。

　増税で公債の償還をするのは将来の世代です。では、現在の政府が財政支出を拡大して公債を発行するということは、将来世代にとって負担となるのでしょうか。一見すると、将来世代の負担となるように思われますが、この問題はそれほど単純なものではありません。

　いま、公債のほとんどが国民によって保有されているとしましょう。対外累

積債務を持った国ならいざしらず、日本のような国ではこの前提はおおむねあてはまります。そのような国が債務を償還（返却）するために増税を行なったとしたら、そのときのカネの流れは、増税を通じて国民から吸い上げられ、公債の償還を通じて国民に戻されるという形をとります。つまり、増税による政府債務の償還とはいっても、その債務は国民に対するものですので、カネは公債を持っていない人から公債を持っている人に流れることになります。

　このような政府債務返済によるカネの流れは将来世代の間で分配上の変化はもたらしますが、将来世代全体に対する負担となるかどうかは明らかではありません。たしかに、公債を保有している人は当然の権利としてそれを償還してもらっているのですし、公債を保有していない人は公債償還のための増税をされているのですから、全体としては将来世代は負担を強いられているようにみえます。しかし、そういった個々の経済主体の意識を離れて、経済全体でみればカネは経済のなかを還流しているだけですので、政府の債務の将来世代への影響は全体としてはないともいえます。

column　将来世代を犠牲にしてよいのか

　政府の借金はすべて将来世代の税負担となります。消費税率を引き上げると選挙に負ける恐れがあるのか、政治家は増税には非常に慎重です。その一方で、高齢化のもとでの社会保障費の削減はむずかしく、相変わらず巨額の赤字となっています。後期高齢者の医療制度は大きな批判を受けて見直しに入りましたが、高齢者の医療費が若者の何倍にもなる大きな額であり、高齢者の医療サービスを手厚くするほど、将来世代への負担も重くなる恐れがあります。

　将来世代とは、今の若者であり、あるいはまだ生まれていない人たちも入っているかもしれません。将来世代の人たちは、ほとんどいまの政治決定プロセスに参加していません。一方、高齢者は政治に積極的に参加しています。投票所にも足を運びますし、政治家も高齢者の意向を無視することはできません。今後、少子高齢化が進めば、政治決定のなかに占める高齢者のウェイトはさらに高くなっていきます。

　年配の人たちを尊重することは大切です。ただ、若い世代やまだ生まれていない世代は政治的な声をほとんど持ち得ないなかで、将来世代に重いつけが押しつけられることでよいのかよく考えてみる必要があります。

現在の政府の財政赤字による政府債務の累積が将来世代の負担となるかどうかは、政府負債という帳簿上の問題ではなく、そのような財政赤字が資本蓄積

> **column**
>
> ## 財政破綻とは
>
> 　日本の政府が財政破綻するとはいっても、海外からの借金を返せなくなって混乱するというようなことがすぐに起こるわけではありません。日本の国債の大半は日本国民が保有しており、当面は混乱なく国債の利払いもできるでしょうし、国債の償還もそれなりに順調に行なわれることが期待されるからです。ただ、財政破綻は静かに足もとから起きていることに注意しなくてはいけません。何が起きつつあるのか、あるいは起きる可能性があるのか整理してみましょう。
>
> 　第一に、財政赤字が慢性化し、政府の債務が膨れあがることで、財政政策を機動的に行なうことがむずかしくなっています。政府債務が大きいなかでは、景気が悪くなっても、減税や公共投資拡大などの景気対策を行なうことはむずかしいのです。
>
> 　第二に、地方レベルで財政破綻が出てくる可能性が高まっています。夕張市の財政破綻は地域に深刻な影響を及ぼしていますが、今後、こうした自治体の破綻がつづかないという保証はありません。国の財政が破綻していなくても、景気状況などによって地方の財政が破綻することは十分にありえます。
>
> 　第三に、財政状況が悪くなるなかで、少子高齢化に対応した社会保障の提供が困難になっています。高齢化が進めば医療・介護・年金などの社会保障費は増えていかざるをえないのですが、財政赤字のもとでは医療費なども削っていかざるをえない状況がつづいています。その結果、医療の現場では医療崩壊が起きつつあるともいわれています。
>
> 　第四に、これはまだ表面化していませんが、国債の利回りが上がるようなことがあると問題は深刻になります。政府は膨大な国債（負債）を抱えており、さらに赤字を埋めるために追加的な国債も発行せざるをえませんが、既存の国債の借り換えも含めて膨大な額の国債を市中がいつまでも購入してくれるとは限りません。たとえば、日本の景気が悪くなり税収が減少するなど、財政状況がさらに悪くなれば、金融機関も国債を購入することに慎重になるかもしれません。そうなると、国債の利回りは上がっていかざるをえません。利回りが上がれば、政府の国債利払いも増えていき、財政状況はさらにきびしくなります。

などにどのような影響を与えたのかをみなくてはいけません。たとえば、政府赤字が、公務員の給料や社会保障などの政府消費によるものであるとしてみましょう。第12章で述べたように、このような政府消費の増大は、金利の上昇を通じて民間の投資を抑制する効果を持ちます（クラウディング・アウト効果）。投資の抑制によって資本蓄積が抑えられれば、それだけ将来の生産能力が低下し、将来のGDPも低くなるでしょう。このような形の財政赤字は明らかに将来世代に対して負担となります。

これに対して、財政赤字の原因が公共投資目的であったとしたらどうでしょうか。道路や港湾などの公共投資は、将来世代の所得を増大させたり、生活を豊かにする効果を持っています。もちろん、公共投資の場合でもクラウディング・アウト効果は働きますので、民間の投資は抑制されるでしょう。すると重要なのは、公共投資とそれによって阻害された民間投資と、どちらが将来世代に大きく貢献するかということです。もし前者のほうが将来世代への貢献度が大きいのであれば、公共投資による財政赤字は将来世代にとって負担とはいえません。

以上の点は、つぎのような比喩を用いて説明することもできます。親が酒を飲むために借金をし債務を残せば、それは子供の負担となりますが、土地を買うために借金をし、借金の利子よりも土地の値上がり率のほうが高ければ、そのような借金は子供の負担にはなりません。

減税政策の有効性に対する疑問：リカード仮説

以上で説明してきた財政政策による景気安定化は、ケインジアンのマクロ経済政策の根幹です。このようなケインジアンの考え方に対して、マネタリストないし新古典派のグループからつぎのような批判が出されています。ケインジアンによれば、景気の悪いときには減税をすれば、消費が刺激されて乗数プロセスに乗って、生産や雇用も拡大することになります。マネタリストは、消費者が合理的である限り、そのような減税政策では消費は刺激されないと主張します。

将来を考えないような静学的なマクロ・モデルを使えば、所得減税は景気刺激効果を持つはずです。所得減税分だけ国民の可処分所得が増加しますので、国民は以前よりも多く消費しようとします。それが乗数効果を通じて、マクロ

経済を刺激するのです。

　しかし、いったん多時点の視点を持ち込むと、この議論は大きく修正される可能性があります。それは「現在の減税は将来の増税をもたらす」と考えられるからです。

　政府は普通、所得税減税の財源を国債を発行するという形の借金に求めます。こうして発行された国債は、将来どこかの時点で償還されなくてはなりません。そのための資金は、将来の増税でまかなわれます。このように考えれば、現在の減税は実は将来の増税を意味することになります。

　それでも消費者は、現在の減税によって目先の可処分所得が増えるのですから、消費を増やすのでしょうか。近視眼的な行動をとる人であれば消費を増やすかもしれません。しかし、経済学の世界では、普通は合理的な行動を基準として考えます。合理的に考えれば、現在減税してもらっても、その分将来増税されるのですから、将来の増税に備えて貯蓄しようとするはずです。

　多時点モデルの世界の消費者は、現在から将来に至る各時点の消費を調整しながら、自分の一生の効用を高めるような行動をしています。つまり、消費行動というのは目先だけみた無計画な行動の結果ではなく、自分の一生の計画にもとづいた計画的な行動ととらえるのです。貯蓄というのは、現在の消費を抑えて将来の消費を増やす手段として、多時点間の消費を調整する手段なのです。もし、政府が現在減税を行なって将来増税するということが予想されるなら、合理的な消費者は減税分を貯蓄でとっておき、将来の増税に備えるはずです。

　国民の多くが（全部とはいいませんが）このような合理的な行動をとるなら、景気刺激を狙った減税政策はほとんど効果を持たないことになります。このような考え方がリカード仮説です。リカード仮説の本質は、政府の政策は多時点間の制約下にあり、それを国民が理解していれば減税政策は効果を持たないというものです。

　リカード仮説に対する多くの初学者の反応は、人々がそれほど合理的に行動するだろうかという疑問です。たしかに、政府が減税したとき、それが将来の増税であるというのは、経済学者でなければ考えないことかもしれません。そこまで人々が考えて行動するのか、そして本当に減税に効果がないかどうかということは、結局は実証分析によって判断するしかありません。

ただ、日本の状況をみると、こうした考え方が必ずしも荒唐無稽ではないようにも考えられます。政府は90年代に景気を刺激するためにさまざまな形で減税を行ないました。しかし、そうした減税にもかかわらず、消費は十分には拡大しなかったのです。国民の意識には、政府の財政状況が今後きびしくなっていき、年金などの支払いも先細りになるのではないかという不安があります。だから、減税してもらってもそれを消費にまわすのではなく、貯蓄にまわしてしまうのです。このような状況は、リカード仮説の想定する世界とそれほど大きくは違いません。

　ところで、リカード仮説が学界でもう一度大きくとりあげられるきっかけになったのは、ロバート・バーローが、この問題を遺産動機の問題としてとりあげてからです。上で説明した形でのリカード仮説であれば、たとえば高齢者は将来の増税の時点ではすでにこの世にいない可能性も大きいので、減税に反応して消費を増やすだろうと考えられます。ようするに、かりに現在の減税が将来の増税を意味したとしても、現在の国民が将来の増税の時点で確実に税金を払うことにはなりませんので（そのとき生きていなければ税金を払わなくてもよい）、やはり減税は消費拡大効果を持つのではないかと考えられるのです。

　これに対して、バーローは、「多くの国民には子供や孫がいる。そしてそうした子孫に対して遺産を残すことは、親の世代にとっては重要なことである。そこでかりにいま減税してもらっても、それが将来自分の子供や孫への増税になるのであれば、それに備えるために貯蓄を増やして遺産として残そうという行動に出るだろう。このように遺産を通じて家計は将来につながっていくので、個々人の寿命はあっても、家計の寿命は永遠でリカード仮説は成り立つ」と考えました。

　バーローの議論の信憑性については、これまたいろいろな議論があると思います。ただ、遺産という視点を出したことは重要で、それがマクロ経済全体にどのような影響を及ぼすのかということは、いろいろな問題を議論するときに重要な論点となります。現に日本の典型的な家計を見ても、親から相続した不動産や資産が家計の資産のかなりを占めていると考えられますので、こうした遺産にかかわる行動は重要な意味を持ちます。

　また、第16章でふれますが、経常収支の動きを考えるときには、国民の貯蓄行動が重要な意味を持ちます。一般的に貯蓄が多いほど、経常収支の黒字幅

は拡大します。日本の経常収支の今後の動きを考えるとき、これからは高齢化が進展するので、貯蓄は次第に低下し、日本の黒字幅は縮小していくだろうという議論があります。しかし、もし高齢者の遺産を残す選好が強ければ、高齢化が進展しても貯蓄率はあまり低下せず、経常収支の黒字の減少幅もそれほど大きくならない可能性も考えられます。この意味で、遺産行動はマクロ経済現象に大きな意味を持つのです。

演習問題

1. 以下の文章の下線部に用語を入れなさい。
   景気対策のための所得減税はほとんど効果がないという_____の考え方では、現在行なわれる所得減税は将来の_____によって補われると考えられている。
2. 日本の個人所得税は累進構造になっているといわれる。その税構造を、横軸に課税所得（収入からさまざまな控除を除いた金額）、縦軸に税収をとったグラフで表わすと、どんな形になるだろうか。グラフを描いてみなさい（ただし具体的な税率などの数値は無視して、おおよその形だけでよい）。
3. 以下の設問に答えなさい。
   (1) 政府の債務が増えるからといってつねに将来世代の負担が大きくなるわけではないといわれるが、これはどういうことか。
   (2) 金利が高く経済成長率が低い経済ほど、政府債務の問題が深刻になりうるといわれる。これはどうしてなのか。
4. 以下の記述は正しいのか、誤っているのか、それともどちらともいえないのか、答えなさい。
   (1) 限界所得税率の高い経済ほど、景気の変動幅は大きくなる傾向がある。
   (2) 所得減税を行なってもその財源を国債でまかなえば、景気刺激効果はほとんどない。
   (3) 政府が赤字を出すほど、景気に対しては刺激効果が大きいと考えられる。

15：経済成長と経済発展

　　経済成長にはどのようなイメージを持っていますか。

　　経済が拡大を続けていけば地球環境がさらに悪化します。物質的な豊かさだけを求めることでよいのか、という疑問を持っています。

　　たしかに環境問題は重要ですね。しかし発展途上国の人たちは、そういった議論は先進国の豊かな国の人たちの身勝手な主張だといいます。自分たちだけ成長を遂げて豊かな生活をして、これ以上の成長はいらないというのは一方的な議論だというわけです。

　たしかに途上国にはまだ多くの貧しい人がいますね。

　　ところが、この20年ほどの間に中国やインドなどが急成長したので、アジアでは1日1ドル以下の生活をしている極貧層というのは非常に少なくなっているのです。かつて途上国といわれた国でも、中国やインドのように確実に成長をつづけて貧困から抜け出しつつある国と、アフリカの多くの国のように貧困と政治的暴力から抜け出せない国に分かれています。こうした途上国の経済発展については、より専門的な教科書で学ぶ必要があります。この章で説明する新古典派の成長理論のもっとも重要なメッセージは、どの国も条件さえ整えば一定の所得までたどり着くことができるということです。

もう少しくわしく説明してください。

一般的な傾向として、貧しい国ほど資本蓄積が遅れています。しかし、資本が少ないということは、資本を投下したときの生産性が高いということでもあります。資本が少ない国ほど成長率が高く、資本がすでに十分にある国ほど成長率が低くなる傾向があるのです。すでに国内に多くの工場を抱える日本と、中国のように労働人口に比べてまだ資本が足りない国とでは、どちらが成長の可能性があるか考えてみてください。

それは中国でしょう。現に、中国は近年、大変な成長を遂げてますよね。

日本も貧しかった1960年代には大変な勢いで成長しました。あの頃は、国内に資本が足りなかったので、工場設備でも道路でも、投資をすれば生産性が上がったのです。

先進国には今後あまり発展する余地はないのでしょうか。

そういうわけではありません。本文中で内生的経済成長理論を取り上げますが、多くの先進国の経済成長は資本蓄積というよりは、技術革新や生産革新から生まれているようです。最近でも、IT（情報通信技術）、バイオ、ナノテクなど、最新技術の発展には目覚ましいものがあります。こうした革新が先進国の経済成長を促進させていくのです。

ところで、環境保全と経済成長は両立するものなのでしょうか。

経済成長すれば環境が悪くなるというのは誤った考え方です。たとえば、すでに成長して豊かになった日本と、まだ成長の途上にある中国で、どちらの環境破壊が激しいか比べてみてください。日本のほうが、環境破壊が少ないのは、環境政策の違いにあります。

でも、多くの国の経済活動が活発になれば、温室効果ガスの排出は多くなるのではないでしょうか。

そうですね。第6章で地球温暖化の問題を少し取り上げました。そこで議論したように、世界の経済成長率が多少低くなっても温暖化ガスの排出を少なくするような取り組みはやはり必要でしょう。

I　経済はなぜ成長するのか

経済成長の重要性

　つぎに引用する文章は、ノーベル経済学賞を受賞したルーカス教授によるもので、しばしば引用される有名な文章です（翻訳については意訳してあります）。インドは90年代以降成長が加速しますが、この文章はそれ以前のものです。

　「一人当たりの実質所得は、ある程度の期間の間に、国によって大きな違いが出る。インド人の所得は50年で倍になるが、韓国人の所得は10年で倍になる。インド人は、平均的にみて、彼らの祖父母の2倍の豊かさであるが、韓国人については32倍である。……インド政府の活動によってインド経済をインドネシアやエジプトのように成長させることができるのだろうか。もし可能であれば、それはなんだろう。もし可能でなければ、インド経済の特性の何がそれを不可能にしているのだろうか。このような疑問にかかわる問題が人類の幸せに及ぼす影響は大変なものだ。この問題について考えはじめたら、他のことについて考えることはむずかしくなる」（ケンブリッジ大学におけるマーシャル・レクチャーから）。

　この文章からもわかるように、経済成長はすべての国にとって、そして国民にとって、重要な問題です。かつてのインドは経済成長が実現できなかったゆえに、貧困、飢餓などの問題に悩まされてきました。これに対して、戦後の高い経済成長のおかげで、私たち日本人は豊かな生活をおくることができるようになりました。

　これまでの議論のなかでも、何度も、経済成長率についてふれてきました。その国の実質GDPの伸び率が経済成長率です。各国ともこの数値を使って景気を判断します。現在の日本では、経済成長率が連続してマイナス値を付けることもあり、どのようにしてこの成長率を安定的なものに転じさせるかが政権にとっての大きな課題なのです。

　経済成長は、また、きわめて現代的な問題です。長い人類の歴史のなかでは、経済が成長するということは例外的なことであり、大半の時期は経済成長など起こらなかったのです。歴史をたどってそれぞれの時期の世界のリーダー

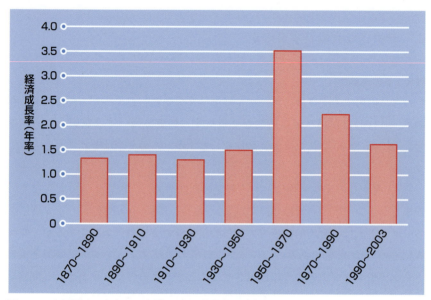

図 15-1　主要国の一人当たり実質 GDP の成長率の時代別推移
1950 年から 70 年、世界の一人当たり所得は急速に成長している。石油ショック後の 80 年代はこの成長率が下がったが、2000 年以降は、IT 技術の革新などで成長率は高くなった。

国の経済成長率（年率で見た一人当たりの所得（GDP）の成長率）を見ると、1580〜1820 年のオランダでは 0.2%、1820〜90 年のイギリスで 1.2%、そして 1890〜1989 年のアメリカで 2.2% となっています（Debraj Ray, *Development Economics* による）。つまり、近年になるほど、経済成長率は高くなっているのです。

図 15-1 は、主要国の経済成長率を時代ごとに、その推移をとったものです。この図からも、経済成長率はきわめて現代的な現象であることが確認できると思います。

動学的現象としての経済成長

第 9 章では、マクロ経済学の基本的な考え方を説明しました。需要サイドと供給サイドの両面から、GDP がどのような水準に決まるか、そのメカニズムについて導入的な議論をしました。

そこでの私たちの主たる関心は、GDPの水準でした。特定の時点で切って、そこでGDPがどのように決まるのか。こうした視点から行なう分析を、経済学では静学的分析といいます。現実の経済は日々変化していますが、そうした変化にかかわらないで、あたかも時間が止まったように考えて、そこでさまざまな経済指標がどのように決まるか分析するという視点です。静学分析は、動きのあるものの一瞬をとらえたスナップ写真のようなものです。多くの経済問題は、静学分析という単純化された見方で分析が行なわれます。

しかし経済成長について考える場合には、このような静学的な分析では意味がありません。経済成長の問題で関心があるのは、GDPのような経済指標が、時間の経過とともにどのように変化していくのかという点にあるからです。したがって、時間に伴う変化を正面から分析する動学的分析手法が用いられます。動学的分析とは写真をつぎつぎに見せることによって動きを表わす映画のようなものです。

以下で経済成長を扱うときに、もう一つ特徴的なことは、需要サイドよりも供給サイドが重視されるということです。もちろん、現実的な話をすれば、経済成長を考えるうえでは需要も供給も重要です。ただ、すでに触れたように、短期のマクロ経済変動を分析するときには需要の変動が大きな影響を及ぼしますが、長期的な成長のトレンド（趨勢）を見るときには、供給サイドのほうが重要になると考えられます。もちろん、経済成長における需要要因の重要性を強調した研究もありますので、安易に需要サイドを捨象することには慎重でなければいけません。ただ、初歩的な解説であるここでは供給サイドの議論に集中したいと考えます。

経済成長メカニズムの概略図

くわしい話に入る前に、経済成長の概略図を提示したいと思います。

議論の出発点は、第9章で説明した成長方程式です。ここで成長方程式をもう一度再現すると、

経済成長率＝技術進歩率＋資本分配率×資本の増加率
　　　　　＋労働分配率×労働の増加率

となります。要するに、この式では経済成長の要因は三つあり、それは技術進歩、資本の増加、そして労働の増加です。それぞれの要因についてさらに突っ

込んでみていくことで、経済成長のメカニズムがさらによくわかるはずです。

まず、技術進歩ですが、これがいちばんむずかしい要因です。経済学では技術革新について実に多くの研究成果がありますが、これについては、後で説明します。

> **column**
>
> ## 戦後日本の経済成長と 21 世紀の日本経済
>
> 　戦後日本の経済成長は東洋の奇跡と呼ばれました。第二次大戦が終わってから 10 年たった 1955 年の時点でも、日本の GDP は世界のわずか 2% にすぎませんでした。しかし、円高がピークに達した 1995 年には、日本の GDP は世界の 20% 前後の水準に達しました。もちろん、円で表わした GDP に変化がなくても、円高になれば日本の相対規模が拡大していきます。日本経済が世界に占める割合は、為替レートによって大きく変動します。その数値をそれほど厳密に見ることには意味がありません。
>
> 　しかし、それにしても戦後の日本の経済成長が大変なスピードであったことには違いありません。約 40 年の間に、世界に占めるシェアが 10 倍になった計算になります。この間の世界経済全体の成長まで考慮に入れるなら、日本の経済は 15 倍くらいになったのでしょうか。
>
> 　日本の経済成長の原動力となった要因にはいろいろなものが考えられます。高い貯蓄率、勤勉な国民、高い教育水準、良好な国際貿易環境などです。一つの要因で日本の成長を説明することはできません。ただ特筆すべきことは、戦後の日本経済は欧米の先進国に対してキャッチアップの状態にあったということです。先端の技術やビジネスの手法を欧米諸国から学び、それを日本流に改良していったのです。
>
> 　しかし、こうした「奇跡の成長」は、いつまでもつづくものでもありません。すでに先進国として世界のフロンティアに出た日本は、キャッチアップという有利な位置にありません。他の先進国との競争で、新たな技術やビジネスの手法を開発していかなくてはなりません。政府の予測によると、当面の日本の潜在成長率（趨勢的な成長率）はたかだか 2% です。この成長率が 35 年間つづくと、日本の経済規模は 2 倍になる計算です。40 年間で 15 倍前後になった戦後の右肩上がりの時代とは大きな違いです。少子高齢化のなかでの低成長を前提とすると、年金、政府財政、年功賃金など、右肩上がりの経済を前提にしてきたさまざまな制度は大きな改革を迫られているといえます。

つぎに労働の増加ですが、労働人口が増えれば生産量が増えるということは説明するまでもありません。ただ、現実の経済の成長を分析するときには、この労働量をどのように計測するかが大きな問題になります。物理的に労働者の数を数えるのでは、あまり意味がありません。同じ労働者でも肉体労働しかできないのか、それとも教育や訓練によっていろいろな技能を身につけているのかで、生産性がまったく違うからです。

　こうした点を考慮に入れて、経済学では、自然単位で測った労働と、効率単位で測った労働を区別します。実際の生産量を決めるのは、人間の頭数で測った自然単位の労働量ではなく、労働者の技能や生産性まで考慮した効率単位の労働量のはずです。もちろん、現実問題として効率単位の労働量をどう測るかということはたいへんむずかしい問題です。そこで、教育水準などの変数を用いて効率単位の労働量を推計することになります。ここではそうしたむずかしい問題には入り込みませんが、経済成長に影響を及ぼす労働量の増加とは、労働人口の増加と、一人ひとりの労働者の教育レベルの向上の、両方を考慮にいれたものであることは明らかです。労働の増加については、後でまた取り上げます。

II　資本蓄積と経済成長

　以下ではもっぱら、資本蓄積について説明します。経済成長の理論でいちばんスポットが当てられるのは、資本蓄積の部分です。

貯蓄、投資、資本蓄積

　資本蓄積によって経済成長がどのようなプロセスをたどるかという点については後でくわしく述べるとして、とりあえず、図15-2のような概念図を用いて、資本蓄積と経済成長の関係について説明してみましょう。

　この図で青い線で囲まれているものは、それぞれの時点での経済活動を表わしています（スナップ写真です）。その時点で経済に存在する資本と労働という生産要素が使われ、生産が行なわれます。そうして生み出されたGDP（国内総生産）は所得として分配され、消費にまわされます。所得のうち、消費にまわらなかった部分を貯蓄といいます。

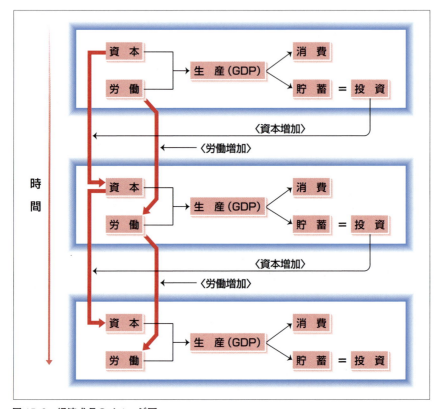

図 15-2　経済成長のイメージ図
それぞれの時点で、所与の資本や労働などの生産要素から生産が行なわれ、所得に分配される。そのなかで貯蓄に回った部分は投資の原資となり、この投資が資本を増加させる。そうして増えた資本と、人口増加などで増えた労働が次の時点の生産を行なっていく。

　貯蓄は最終的には投資にまわされます。個々の家計は貯蓄を銀行預金や証券購入などの形で行ないます。そうした資金は企業部門に貸し出され、企業はその資金を用いて投資活動を行なうわけです。マクロ経済学的には、すでに説明したつぎのような関係式を用いて、貯蓄と投資が等しくなることが説明できます。
　まず一方で、生産されたものは消費か投資にまわすしかありません。

　　　総生産＝消費＋投資

前に説明したときには、政府支出や輸出入がこれに加わりましたが、ここで

は政府の活動や貿易はないものとして単純化しています。

　もう一方で、所得は消費と貯蓄に分けられます。所得のうち消費しない部分を貯蓄というからです。すなわち、

　　　総所得＝消費＋貯蓄

となります。

　ここで、総生産と総所得は等しくなっています（生産されたものは所得として分配されます）。したがって、

　　　消費＋貯蓄＝消費＋投資

すなわち、

　　　貯蓄＝投資

という関係が出てきます。簡単にいってしまえば、生産されたもののうち、消費にまわらないものは最終的にすべて投資になります。

　つぎに、投資とは、企業によって行なわれる設備投資や在庫投資活動のことです。設備や在庫を合わせて資本と呼ぶなら、投資は資本の増加に等しくなります。そこで、

　　　貯蓄＝投資＝資本の増加

という関係が得られます。

　さて、図15-2で青い線で囲まれている部分に示されているように、各時点ではその時点に存在する資本や労働を用いて生産が行なわれ、それが所得として分配されます。そして、その所得は消費と貯蓄という形で使われますが、貯蓄にまわった部分は最終的には投資となります。そして、投資はつぎの時期に向かっての資本の増加分となります。ここまでが一時点の経済の動きです。

　時間が経過するなかで、投資の結果、資本（資本ストック）は増加していきます。労働も、労働人口の増加や教育の向上などによって増えてきます。その結果、つぎの時点になれば、資本や労働が増加していますので、そこで生み出されたGDPも拡大しているはずです。これが経済成長です。つぎの時点で生み出されたGDPがまた、消費と投資に分けられ、それがさらにつぎの時点につながるということになります。図には、このような時間の経過とともに動く、資本、労働、GDPなどの流れが示してあります。

　ここでは、説明の便宜のため、各時点でのGDP、消費、投資などの決定と、それを受けてのつぎの時点への資本や労働の増加という流れで説明しました。

いうまでもないことですが、現実には、生産活動や消費活動は日々刻々行なわれていて、資本蓄積も継続的に行なわれています。ここで描いた図は、あくまでもそうした動きを単純化したものです。

こうした単純化は、スナップ写真と映画の違いとして理解すればよいと思います。スナップ写真は、ある一瞬の姿をとらえたものです。経済学では、これは静学的な分析に対応します。それに対して、映画は、写真をつなげていってそれを連続的に見せていきます。それによって動きが出されるわけですが、経済成長の分析のような動学分析はこの映画に対応します。

ハロッド＝ドーマーの成長モデル

さて、以上で説明したことを、非常に単純な形の式で表わしてみましょう。以下で説明するのは、ハロッド＝ドーマー理論という、経済成長理論では古典的なものです。

ハロッド＝ドーマーの理論は、上で説明した、貯蓄＝投資、資本の増加＝投資という二つの単純な関係を基礎にしています。

これに、さらにつぎのような二つの関係式を前提として考えます。一つは、これまでも何度も利用してきた考え方ですが、経済全体の貯蓄は所得の一定割合であるという想定です。もう一つは、生産と資本ストックの間には技術的な関係が存在し、生産を行なうためにはそれに見合った一定割合の資本が必要であるという想定です。これらは、平均貯蓄性向と資本係数という二つの指標（パラメーター）によってつぎのように表わされます。

$$平均貯蓄性向 = \frac{貯蓄}{GDP}$$

$$資本係数 = \frac{資本ストック}{GDP}$$

くわしい式の展開は末尾の補足で説明しますが、これらの関係を用いると、結果的につぎのような関係を導くことができます。

$$経済成長率 = \frac{平均貯蓄性向}{資本係数}$$

これがハロッド＝ドーマーの基本式です。

この式の導出はそれなりの手順が必要ですが、この式の背景にある考え方は

それほどむずかしいことではありません。この式によると、貯蓄性向が高いほど経済成長率は高くなり、資本係数が大きいほど成長率が低くなります。

まず貯蓄性向ですが、貯蓄性向が高いということは、その経済がより多くの貯蓄をするということであり、それは投資が大きくなることを意味します。投資が大きければ資本の増大幅も大きく、それはGDPの拡大幅も大きくしていきます。つまり、経済成長率が高くなるということです。

もう一方の資本係数ですが、これが大きいと、一定の生産を行なうのに、よりたくさんの資本ストックが必要になるということになります。したがって、せっかく投資を行なって資本ストックを増やしても、生産の増加につながる程度は小さくなります。つまり、経済成長率は低くなるわけです。

後で少し触れるように、この基本式はいろいろな制約の下で成立する式ですが、経済成長の基本的構造を理解するうえでは重要な意味を持っています。平均貯蓄性向と資本係数という二つの重要なパラメーターが、経済成長率に大きな影響を持つことがわかります。

新古典派の成長理論（ソロー・モデル）

ハロッド＝ドーマー・モデルには、いくつかの限界があります。ここでとくに問題にしたいのが、労働の存在です（それ以外の問題点については、後で触れます）。上の議論のなかには労働という生産要素がまったく出てきません。これについてはどのように理解したらよいのでしょうか。一つの解釈としては、労働は豊富にあるという見方です。失業こそあれ、労働不足はありません。そこで、GDPの規模や成長に効いてくるのは資本だけであり、資本さえ増えれば（労働はいくらでも調達できるので）、それに比例して生産も増える（資本係数の考え方）と考えているのです。

前にも述べたように、現代のマクロ経済学の基礎はケインズによって打ち立てられたわけですが、ケインズは多くの失業が存在する状態を主たる分析の対象にしていました。短期の生産を規定するのは需要の多寡であるというのが、ケインジアン的な見方です。そして長期の経済成長に関しては、投資によって決まる資本量が生産を規定すると考えるわけです（ハロッドはケインズの高弟です）。

ケインジアンと新古典派の議論にもかかわることですが、こうした考え方で

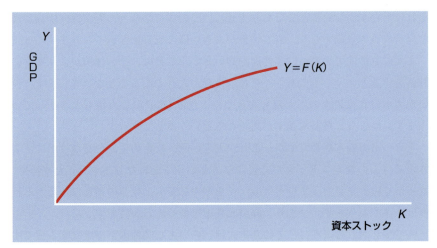

図 15-3　新古典派の生産関数
新古典派の生産関数の基本的な考え方は、労働量を一定とすれば、資本が増えるほど、生産は増えてはいくものの、その増え方は次第に小さくなるというものである（資本の限界生産性逓減）。

は、新古典派には同意できない部分があります。それは市場の調整機能の存在を信じるなら、長期にわたって失業が存続することは考えにくいということです。多くの失業が存在すれば賃金が調整して失業は解消するはずです。とくに経済成長の問題のようにある程度の長い期間（長期）を対象とする場合には、そうした市場の調整能力が働くと考えるほうが自然です。

その場合には、資本だけでなく、労働も経済成長の制約要因になります。かりに投資によって資本が増えていっても労働が増えなければ、労働が制約になって経済成長が頭打ちになるからです。

ただ、新古典派の成長理論には、もう一つ、重要な要素が入ります。それは労働が成長の制約になるとしても、資本と労働の間にはある程度の代替が働くというものです。労働が少なくなれば、確かに、生産は抑えられますが、それを資本の増加である程度補うことができるはずです。要するに労働が少なくても、資本がたくさんあればある程度の生産ができるのです。

さて、労働がまったく増えないもっとも簡単なケースで、新古典派の経済成長モデルがどのような形になるか見てみましょう。図 15-3 は、新古典派の生産関数といわれるものを描いたものです。この図の横軸には資本の量が、縦軸

にはGDPが取られています。図には凸型の右上がりの曲線が描かれていますが、これはつぎのようなことを意味しています。これが右上がりであるのは、資本ストックが増えるほど、経済全体の生産量、すなわちGDPも大きくなるということです。

つぎに、この生産関数が上に向かって凸型になっているのはなぜでしょうか。それは、資本量が増えていくと、GDPの増え方が次第に小さくなっていることを表わしています。経済学ではこうした現象を、限界生産性逓減と呼びます。労働量が一定であるのに、資本ストックだけ増えても、生産量の増え方は次第に小さくなるというものです。この考え方は大変重要なもので、いろいろな経済問題において鍵を握っています。

いま、GDPを$Y(t)$、資本ストックを$K(t)$とし、生産関数を$F(\cdot)$という関数で表わすとすれば、グラフに描いた生産関数は、

$$Y(t) = F(K(t))$$

という形で表わされます。ただし、ここで$Y(t)$、$K(t)$というように、それぞれの変数のなかにtを入れてあるのは、tが時間を表わしており、YやKは時間とともに変化することを表わしているからです。

さて、ハロッド＝ドーマーのケースと同じく、経済全体の貯蓄はGDPの一定割合（GDPに平均貯蓄性向をかけたもの）であるとし、その貯蓄に等しいだけの投資が行なわれるとしてみましょう。貯蓄を$S(t)$、平均貯蓄性向をs、投資を$I(t)$で表わすと、

$$S(t) = sY(t) = I(t) = K(t+1) - K(t)$$

となります。また、これもハロッド＝ドーマーのケースと同じく、貯蓄は投資に等しくなり、それは資本の増加になります。

図15-4は、以上のようなもっとも単純な新古典派の成長モデルをグラフに描いたものです。この図の一番上に位置する曲線は生産関数を表わしており、それぞれの時点での資本ストック$K(t)$に関してどのようなGDP（$Y(t)$）が決まってくるのかを示しています。ここでは労働量は一定と考えていますので、収穫逓減が働いています。

つぎに$(1-s)Y$と記した曲線ですが、これは各時点の消費を表わしています。sYが貯蓄になりますので、残りの$(1-s)Y$が消費になるわけです。要するに、この経済ではGDPの一定割合（平均消費性向分）だけが消費となりま

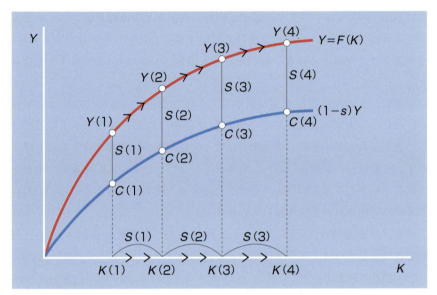

図15-4 経済成長のプロセス
生産されたもの（図の $F(K)$）の一部（$sF(K)$）が貯蓄となり、これが新たな資本蓄積の原資となる。資本蓄積の分だけ次期の資本ストックが増え、生産も拡大する。ただ、このプロセスは次第に減退していき、最終的には均衡の資本ストックに収斂していく。

す。そして平均消費性向は $1-s$ となるわけです。この図は生産関数をちょうど $1-s$ 分だけ縮めた形になっています。

図の横軸に $K(1)$ がとられていますが、かりにこれが最初（第1期と呼びます）の資本ストックの量であるとします。すると、そのときのGDPは $Y(1)$ となります。そして、そのときの消費 $C(1)$ と貯蓄 $S(1)$ は図に示したようになります。

つぎに、$S(1)$ 分だけの貯蓄はそのまま投資になり、それは資本の増加分になります。図の上では、横軸上に、この動きがとってあり、第2期の資本ストック $K(2)$ は $K(1)+S(1)$ となります。第2期にはこの資本ストックがGDPの $Y(2)$ を生み出し、貯蓄と消費も決まります。後は同じようなプロセスをたどっていきます。

さて、このようなプロセスをたどっていくと、経済は図15-4のグラフ上をどんどん右のほうに動いていきます。つまり、GDPも資本ストックも増えつ

づけていきます。

　ただ注意してほしいのは、労働量が一定であるため、資本が増えていっても、GDP の増え方は次第に低下していくということです。経済成長率は GDP の増加率によって定義されますので、ここでの記号を使えば、経済成長率 g は

$$g = \frac{Y(t+1) - Y(t)}{Y(t)}$$

> **column**
>
> ## 成長率は収斂するのか？
>
> 　新古典派の成長理論のメッセージは、次のようにまとめることができます。「資本蓄積が少ない国は非常に速いスピードで成長することができる。資本が稀少で資本の生産性が高いからだ。しかし、資本の蓄積が進むと、資本の生産性が次第に低下していき、成長率も鈍化していく。その結果、先に成長を遂げた国も後から追っていく国も同じような所得に近づいていく」と。
>
> 　この議論は、もちろん、非常に単純化した議論ではありますが、現実経済で起きていることの本質を突いています。一般的に、後から追いかけていく新興工業国のほうが高い率で成長することができます。たとえば、1960 年代の日本は年率 10% を超えるスピードで成長していました。しかし、日本が豊かになり資本蓄積が進むと、成長率も鈍化してきました。現在、急激に成長している中国も、今後、次第にその成長率が鈍化していくと予想することができます。
>
> 　どんな国でも一定の条件が整えば、急速なスピードで先進国にキャッチアップすることができます。20 世紀後半、世界の多くの国が途上国としてなかなか成長できなかったのは、貿易制限とか資本制限というような保護主義的な政策をとっていて世界の成長のダイナミズムに参加できなかったか、あるいは社会主義や独裁政権などの政治的な問題で経済が抑圧されたからです。
>
> 　現在の世界経済を見ると、大きく 3 つのタイプの国に分類されているようです。すでに成長を成し遂げて緩やかな成長を続けている日米欧のような先進工業国、急速な勢いで成長をつづけている中国・インド・東南アジア諸国のような新興工業国、そして依然として非常に貧しい状態がつづいているサハラ砂漠以南のアフリカ諸国などです。
>
> 　アフリカ諸国が新興工業国の仲間入りができない理由はいろいろあります。この点についてはこの章の column（貧困の罠）でふれます。

という形で定義されます。明らかに、この成長率は、時間とともに、ゼロの方向に低下していきます。ここでは、収穫逓減の法則が重要な意味を持っているわけです。

補論で説明しますが、このような新古典派の成長理論は、資本の減耗や労働の増加を考えると、その構造が少しだけ修正されます（資本の減耗についても後で説明しますが、要するに既存の資本ストックが古くなって使えなくなったり、生産性が落ちたりすることです）。しかし、そうした修正を施しても、上に示した単純なケースで表われている新古典派の成長モデルの基本的な特性に変わりはありません。

新古典派の成長理論のメッセージはつぎのようなものです。「経済成長は無限につづくのではなく、労働の制約によって制限される」——*。もっとも、このメッセージから、新古典派の成長理論は持続する経済成長を説明できない、というように理解するのはまちがっています。大切なことは、持続的な成長を説明するためには、ここで捨象された要素を明示的に考える必要があります。それは、いうまでもなく、技術進歩のことです。

*——確認：経済成長率は労働成長率に等しくなっていく
　　ここでは人口（労働人口）の成長を考えない簡単なケースで説明しました。ただ、現実の経済では労働力は一定の率で成長していくでしょう。労働人口が増えることもあれば、一人ひとりの労働者の能力が上がっていくということもあります。そうしたケースでは、資本ストックはどこかで成長が止まるのではなく、最終的には労働と同じスピードで拡大していくことになります。

技術進歩のプロセスを明示的に考えることではじめて、本格的な成長プロセスが説明できます。そうした観点から経済成長について考えるのが、近年研究発展のいちじるしい内生的成長モデルです。これについては後で説明します。

研究開発投資と経済発展：内生的経済成長モデル

技術開発や製品開発が経済活動のなかに占める位置はますます重要になっています。多くの企業は新製品や新技術の開発に自社の命運をかけています。技術のパテントなどをめぐって、深刻な国際紛争が起こることもまれではありません。

マクロ経済学的にも、技術開発や研究開発が持っている意味は軽視できません。技術・研究開発が活発な国は経済成長率が高くなり、そうした活動が停滞

している国の経済成長率は低くなるはずです。こうした観点から、研究開発や技術開発の活動に分析の焦点をあてて、そこから経済成長について考えることができるはずです。最近多くの研究成果が出されている内生的成長理論では、研究・技術開発や技術蓄積が経済成長に及ぼす影響に注目しています。後でふれるように、こうした視点から経済成長にアプローチすることで、国際貿易が経済成長や経済発展に及ぼす影響など、伝統的な経済成長理論が分析できなかった問題についても重要な示唆を与えます。

急速に高齢化の道を歩んでいる日本経済にとっては、研究・技術開発が重要な鍵を握っています。まさにこれこそが、日本経済の今後の経済成長の大きな拠り所だからです。

技術革新は、さまざまな形で生産の増加や経済成長に影響を及ぼします。そうした現象をとらえるためにさまざまなモデルが提示されています。こうしたモデルについて入門書で理論的に突っ込むことはむずかしいので、以下ではごく簡単に考え方のみ解説したいと思います。

いま、経済全体の生産を決める生産関数が、つぎのような形をとっていると考えます。

$$Y = A \cdot F(K, L)$$

ここで、$F(K, L)$ はこれまでと同じように、資本（K）と労働（L）を投入して生産を行なう生産関数です。ただ、これまでと違うのは、その前にこの国の技術レベルを表わす変数 A がついている点です。経済全体の生産量は技術水準を表わした A と生産要素投入によって表わされる生産活動水準 $F(K, L)$ の積によって表わされるものとします。要するに、$F(K, L)$ は生産活動に資本や労働などの生産要素がどの程度投入されているかを表わしており、A はその経済が持っている技術水準を表わしています。技術水準が高いほど、そして生産活動が高いほど、生産量も多くなるわけです。

この生産関数を成長率の形で書き換えてみます。これはすでに説明してきた成長方程式そのものですので、繰り返し説明する必要はないでしょう。経済成長率 $\Delta Y/Y$ はつぎのように表わすことができます。

$$\frac{\Delta Y}{Y} = \frac{\Delta A}{A} + 資本分配率 \cdot \frac{\Delta K}{K} + 労働分配率 \cdot \frac{\Delta L}{L}$$

すなわち、経済成長率は、技術進歩率と生産活動の拡大率の和で表わされ、

後者は生産活動に投入される資本と労働の増加率の加重平均になります。

さて、内生的成長理論の特徴は、技術水準が外生的に与えられるのではなく、技術開発や研究開発などの経済活動に依存して決まるという点にあります。ここでは、モデルの詳細な中身に入っていくことはできませんが、ごく単純な想定として、経済全体の生産要素のなかで技術開発や研究開発に投入される生産要素の割合が大きいほど、技術レベルの成長率も高くなると考えてみます。

もちろん、技術開発や研究開発により多くの生産要素が投入されれば、それだけ生産活動に使われる生産要素、すなわち $F(K, L)$ のなかに投じられる資本や労働の量が少なくなります。つまり、技術開発と生産量の間にはトレードオフの関係が出てくるのです。技術開発に資源を多く投じるほど、将来の技術水準は高くなりますが、現在の生産は犠牲になるのです。この意味で、技術開発は将来の生産拡大のために現在の生産を犠牲にするある種の先行投資のようなものです。

より多くの生産要素を技術開発や研究開発に投入している経済は、当初の生産量は低い水準になりますが、経済成長率は高くなり、将来は高い生産水準を実現することができます。これに対して、大半の生産要素を生産活動に投入している経済は、生産量は高くなっても成長率は低くなります。

現実に、どれだけの生産要素が技術開発や研究開発に投じられるかは、さまざまな要因に依存して決まります。経済学の文献では、以下のような要因がよく取り上げられます。貯蓄性向、金利、産業構造、貿易パターン、パテント制度、政府による技術援助政策などの要因です。これらの要因について順に見ていきましょう。

市場経済においては、技術開発や研究開発を行なうのは民間企業です。企業が技術開発を行なうのは、それによって将来生み出される利益が当初のコストに見合うものであると考えられるときです。貯蓄性向が高い経済、あるいは金利が低い経済では、そうした技術投資をしようとする企業に対して資金が潤沢に提供されることになります。外から資金を借りてきて研究開発をしようとする企業にとって、金利が低ければ、それだけ研究開発投資が行ないやすいことになります。

産業構造や貿易構造が技術革新に大きな意味を持つのは、産業によって技術

開発の水準が違うからです。電気機械、精密機械、化学などの産業は研究費の割合が大きいのに対して、鉄鋼などはその比率が低くなっています。私たちの常識的な直感でも、半導体、バイオ、通信などの分野では急速な技術革新が起こっているのに対して、アパレル、鉄鋼などの分野ではそうした技術進歩が遅いということはわかります。

そこで、そうした技術革新や技術投資のレベルの高い産業をより多く抱える経済のほうが、そしてそうした製品を多く輸出する国のほうが、技術革新に投入される生産要素が多くなり、経済成長率も高くなる傾向があると考えられます。国際経済学のなかでは、こうした側面に注目した研究も多く出はじめ、貿易構造や産業構造と経済成長の関係について分析が行なわれています。

最後に、パテント制度や技術開発援助などの制度・政策が技術投資に及ぼす影響も無視できません。近年、アメリカなどの先進工業国は、パテント制度の強化を打ち出しています。技術開発者の利益を擁護することで、企業や研究者の研究活動の誘因を高めようとしているのです。発展途上国のなかには、こうした先進国の姿勢が、技術による経済支配につながるという不満が強くあり、技術制度は国際交渉の場で重要なテーマとなっています。

内生的経済成長理論は、マクロ経済理論だけでなく、経済発展論のような応用分野でも高い注目を浴びています。冒頭で取り上げたルーカス教授のコメントにもあるように、経済成長率を高めることは発展途上国にとってもっとも重要な政策であり、そのための政策的処方箋が得られるかもしれないからです。

ここでの議論の関係からいえば、たとえば貿易政策は発展途上国にとって大いに関心のある問題です。伝統的農業やアパレル産業などに特化を余儀なくされる状態がつづけば、発展途上国にとって技術開発の余地はほとんどないことになります。これらの産業で技術開発投資などが行なわれにくいからです。そこで、より技術開発の余地の大きな製造業への移行が発展政策に組み込まれます。そうした政策が途上国の利益にかなうかどうかは議論の余地があるところですが、内生的経済成長モデルは発展途上国による産業振興に一つの理論的支柱を与えようとしているのかもしれません。

もっとも、内生的経済成長モデルが、経済学のなかで完全に認知されたというわけではありません。伝統的な成長理論では、貯蓄性向などの変数は、経済規模や資本労働比率など経済変数の水準には影響を及ぼしても、水準の変化率

である成長率には影響を及ぼしませんでした。これに対して、内生的経済成長モデルでは、貯蓄性向などが成長率そのものに影響を及ぼすという結論となっています。経済成長率自体を高めることができるのかという、冒頭のルーカス教授の議論ともかかわって、この問題は多くの経済学者の関心を集めています。そうした点に関して実証的な研究成果も多く出されていますが、現在のところ、確定的な結論には至っていません。

column 貧困の罠

途上国の中には、中国やインドのように急速な成長をつづけて新興工業国になろうとしている国と、サハラ砂漠以南のアフリカの多くの国のように成長のきっかけをつかめないまま貧困をつづける国があります。貧困をつづける国をどのようにして成長の軌道に乗せるのかということは、経済発展論という学問分野で多くの研究者が研究している問題であり、世界銀行や国連などの国際機関もこの問題に真剣に取り組んでいます。

貧困国の分析でよく使われる表現に「貧困の罠」というものがあります。この貧困の罠から抜け出さないかぎり、なかなか成長のきっかけがつかめないというものです。具体的には、「貧しいので教育を受ける機会がない→労働者の能力が向上しない→貧しい状態がつづく」、「貧しいので子供をたくさん産む→子供が多いので生活が苦しい→人口爆発で貧しい状態がつづく」、「貧しいので貯蓄をする余裕がない→貯蓄が少ないので資本蓄積が進まない→貧しい状態がつづく」といったような悪循環がつづいているのです。

また、経済的な貧しさは政治的な問題も引き起こします。ジンバブエで長年独裁政治をしてきたムガベ政権に象徴されるように、国民を苦しめ、経済発展を妨げるような政権が生まれることが少なくないのです。

中国やインドなども、かつてはこのような貧困の罠からなかなか抜け出せませんでした。ただ、対外開放政策などのショック療法をとることで、貧困の罠から抜け出した後の成長には目覚ましいものがあります。

国際社会は、貧困国が貧困の罠から抜け出すことができるような支援をしなくてはいけません。出産コントロールの指導をする、道路や衛生施設など社会の基本的インフラの整備に協力する、技術指導や教育改善の支援をするなど、さまざまな形で貧困の罠から抜け出すことを支援することが可能です。

経済成長と国際投資：経常収支と異時点間の資源配分

　これまでの議論は、国内経済だけを念頭においいて議論してきました。一国経済が資本を蓄積するためには、みずからが貯蓄しなければならないと考えてきたわけです。しかし、現実の経済では、自国に貯蓄資金がなくても、海外からの投資が行なわれれば資本蓄積を進めることができます。現実にも、近年ますます、国際投資は活発化しています。

　こうした国際投資や貿易を考慮に入れたマクロ経済モデルについては、後にくわしく議論する予定ですが、ここでは経済成長に関連して国際投資の意味についてごく簡単にコメントしておきたいと思います。

　一般的に発展途上国や新興工業国には、十分な貯蓄資金がありません。所得水準が低いために、十分な貯蓄をすることができないのです。しかし、新興工業国の多くや発展途上国の一部には、将来性の高い投資機会が多く存在します。中国やブラジルのような大きな人口を抱えた国では、国内市場そのものが魅力になっています。タイ、メキシコ、韓国などでは、先進国よりは低い労働コストである程度の質の高い労働力を確保することができます。一方で、先進国には高い貯蓄資金がありますが、投資機会がそれに見合って潤沢にあるとは限りません。

　そこで、先進国から新興工業国や発展途上国に対して、高い投資機会を狙った国際投資が行なわれることになります。投資の形としては、先進国の企業が直接乗り込んできて工場運営をしたり現地企業を買収する直接投資という形と、先進国の投資家や金融機関が新興工業国や途上国の企業や政府に資金を融通する間接投資という形がありえます。

　このような国際投資が活発に行なわれると、新興工業国や途上国は、国内に高い貯蓄がなくても資本蓄積を行なって高い経済成長を実現することができます。そのような成長によって生み出された所得の一部を、将来、投資に対する配当や利子という形で先進国に還元するのです。

　一方の先進国側は、高い貯蓄を国内ですべて使ってしまわないで新興国や途上国に投資することで、経済成長率は低いながらも将来貯蓄のリターンを確保することができます。

　このような過程で、先進国は資金を提供するぶんだけ、経常収支は黒字になります（経常収支については後で説明しますので、ここでは事実を指摘するだ

けにとどめておきます)。要するに、海外投資したぶんの経済資源が途上国で利用されるのです。そして、そのような投資は将来、途上国からの利子や配当という形で回収されるのです。

このような国際投資や経常収支の動きによって、先進国と途上国の間で資金のやりとりが行なわれ、異時点間の資源配分が行なわれています。経済成長を考えるときには、こうした国際的な視点も重要になります。

補論：ハロッド＝ドーマーの基本式の導出

いま、消費を $C(t)$、貯蓄を $S(t)$、投資を $I(t)$、資本ストックの量を $K(t)$、生産や所得である GDP を $Y(t)$ と表わします。ここでそれぞれの変数に t が付いているのは、これらの変数が時間とともに変化するからです（動学モデル）。たとえば、$S(t)$ とは、t 時点の貯蓄の額を表わしていると考えてください。

本文中で説明したように、これらの変数の間には、

$$Y(t) = C(t) + S(t) \tag{15-1}$$

$$Y(t) = C(t) + I(t) \tag{15-2}$$

$$I(t) = S(t) \tag{15-3}$$

$$K(t+1) = K(t) + I(t) \tag{15-4}$$

という関係が成立しています。

ここで、さらにつぎのような二つの単純な関係を想定します。貯蓄は単純に、GDP（これを $Y(t)$ で表わす）の一定割合であるとして、

$$S(t) = sY(t) \tag{15-5}$$

と仮定します。s は平均貯蓄性向と呼ばれるもので、要するに経済全体でどれだけの割合が貯蓄されるかを表わしています。また、生産と資本ストックの間には、

$$K(t) = vY(t) \tag{15-6}$$

という関係が成立しています。ここで、v は資本係数と呼ばれるもので、単位生産のためにどれだけの資本が必要であるかという技術的な関係を表わしています（新古典派モデルのところでふれたように、ここでは生産を行なうためには一定の資本が必要であるという固定的な技術関係を想定しています。一般的には資本と労働の代替が可能であると考えられますので、この仮定はかなり特殊な状況を想定しています)。

さて、(15-4)式に(15-3)、(15-5)、(15-6)式を入れると、
$$vY(t+1) = vY(t) + sY(t) = (v+s)Y(t)$$
となります。すなわち、
$$Y(t+1) = \frac{v+s}{v}Y(t) \tag{15-7}$$
という関係式が求まります。

ここで経済成長率を g で表わすと、それは
$$g = \frac{Y(t+1) - Y(t)}{Y(t)}$$
ですので、これに(15-7)式を代入することで、
$$g = \frac{s}{v} \tag{15-8}$$
という関係が求まります。

演習問題

1. 以下の文章の下線部に用語を入れなさい。
   (1) ある時点の経済現象をスナップショットの写真のように分析する手法を_____といい、時間とともに変化する経済変数の動きを追う分析手法を_____という。
   (2) 海外の金融資産を金融収益目当てに購入する行為を_____といい、これと対比する形で企業経営にかかわる目的で海外に設備投資したり、海外の会社を購入するような行為を_____という。
   (3) 新古典派の成長モデルでは、一国の成長率を決める要因は資本や労働などの生産要素の増大だけでなく、_____が重要な要因である。

2. ハロッド＝ドーマー・モデルによれば、資本係数が4で、平均貯蓄性向が20%である経済の成長率は何パーセントになるのか。

3. 以下の設問に答えなさい。
   (1) どんなに貯蓄性向が高くて資本蓄積のスピードが速い経済でも、長期的には人口成長率のところまで経済成長率が下がってしまうというのが、新古典派の経済成長理論の主張である。これはどうしてなのか。
   (2) 内生的成長理論によると、利子率の高さやパテント制度などはその国の成長率に大きな影響を及ぼしうるという。これはどうしてなのか。

4. 以下の記述は正しいのか、誤っているのか、それともどちらともいえないのか、答えなさい。
   (1) 新古典派の成長理論によれば、貯蓄性向が高くなると一時的に経済成長率は高くなるが、次第に元の水準に収束してしまう。
   (2) 新古典派の成長理論によると、労働の成長率が高くなれば、経済成長率も高くなる。
   (3) 二つの経済を比べたとき、一方の国の経済成長率がもう一方の国の成長率の倍のレベルであれば、長期的には前者は後者の4倍以上の大きさになりうる。

16: 国際経済学

🧑 これまでは海外との貿易や為替レートなど、国際経済の側面はほとんど無視して経済問題を説明してきましたが、この章では、国際経済を理解するうえで基本的なことを説明しようと考えています。

👧 国際経済は重要だと思います。テレビでも、毎日、為替相場のニュースが流されていますし、各国との貿易の話題も頻繁に報道されていますね。

🧑 ええ。現代の経済現象は国際経済的な視点を抜きには何も語れないといっても過言ではありません。ただし、経済の基本を知ってもらうためには、国際経済という複雑な要因を持ち込まないほうがよいと考えたので、これまでは国際経済の問題はあえて避けてきたのです。

👧 ここでは何を学べばよいのでしょうか。

🧑 国際経済学の理論をくわしく説明するスペースはありませんので、ごく基本的なことを学んでほしいと思います。まず、もっとも重要な概念として、為替レートの説明をするつもりです。皆さんにとっては海外旅行などに行くとき、円を他国通貨に換える交換比率としてなじみぶかいと思います。ただ、為替レートは、貿易、投資、資金運用、マクロ経済政策への影響など、経済のすみずみにまで影響を及ぼします。

👧 たしかに円高になると輸出企業が大変だといいますね。

👨 為替レートが貿易や投資とどのような関係があるのか理解してもらうことがこの章の第一の目標です。それから、為替レートがマクロ経済政策と深い関係にあることを説明します。

👧 すでに第12章で財政政策や金融政策について学びましたが、為替レートもそれに関係があるのでしょうか。

👨 もちろんです。たとえば、金融政策で金利を下げれば投資などを通じた景気刺激効果があると学んだと思います。ただ、金利を下げれば、為替レートも動いてしまうのです。金利が下がったら為替レートはどう動くと思いますか。

👧 さあ、わかりません。

👨 金利が低くなれば、相対的に金利の高い海外に資金が流出しようとします。だから、円は安くなるのです。円が安くなれば、輸出なども刺激されます。

👧 それと景気とどう関係あるのでしょうか。

👨 輸出が増えれば、日本の景気は刺激されるでしょう。為替が円高か円安かは輸出企業にとっては大変関心の高いことなのです。金融政策は為替レートに影響を及ぼすものですので、当然景気にも影響を及ぼします。

👧 為替レート以外では、この章で何を学ぶのでしょうか。

👨 為替レートの延長線上として、貿易や投資を考慮に入れたマクロ経済政策の効果について説明します。ここでは、金利などこれまで学んだ指標以外に、為替レートが政策効果とどうかかわっているのか学びます。そしてこの章の最後では、貿易について少しだけ勉強します。比較優位という考え方を使って、なぜ貿易を自由化することが必要であるのか学んでもらおうと思います。

I　為替レート

為替レートの決定

　為替レートとは、各国通貨の間の交換比率のことです。たとえば、円ドルレートであれば、円とドルの交換比率を指しています。1ドル100円であれば、1ドルと100円が交換できるということを意味します。

　円は海外のさまざまな通貨と交換可能です。したがって、それぞれの通貨との間に為替レートが成立するので、海外の通貨の数だけ為替レートがあることになります。そうした多通貨の下で為替レートをどのようにとらえたらよいのかという点については、後で説明します。ただ、以下の大半の議論はとりあえず円ドルレートで考えることにします。

　為替レートは、外国為替市場というところで決まります。図16-1は外国為替市場のイメージを図に表わしたものです。市場とはいってもとくにどこか決まった場所で取引が行なわれるわけではなく、銀行間で通信手段を用いて取引が行なわれます。銀行間で直接取引されることもあれば、短資会社と呼ばれるブローカー（取引仲介業者）を通じて取引されることもあります。

　銀行は市場で成立している為替レートを見ながら、そして顧客の注文を受けて、市場にドルなどの売り買いの注文を出します。市場では、そうした銀行からの注文を受けて為替レートが調整されていきます。ドルの売りが買いよりも多ければ、為替レートはドル安（円高）の方向に調整されていきます。逆にドルの買いのほうがドルの売りよりも多ければ、為替レートはドル高（円安）の方向に調整されていきます。

　このように銀行間の取引で決まる為替レートは、当然のことながら、銀行が顧客に提示する為替レートに反映されます。私たちが銀行の窓口でドルを購入しようとするとき、そこで提示される為替レートは毎日のように変化します。これは銀行が、顧客に提示する為替レートを市場の動きに合わせて調整するからです。

　現在、日本をはじめとする多くの先進工業国の為替レートは市場で自由に決まる変動レート制度を基本にしています（通貨制度については後でくわしく説明します）。しかし、政府・中央銀行は、為替レートが極端に一方向に振れる

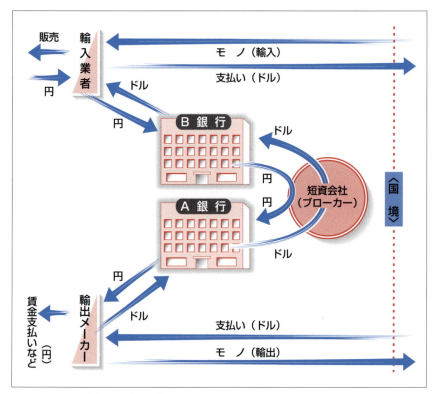

図16-1 外国為替市場のイメージ
　企業は輸出・輸入・海外投資などさまざまな事情で、外貨（ドルなど）を円に換えたり、円を外貨に換えたりするニーズを持っている。その交換の依頼を銀行に持ち込む。銀行はこうした依頼を受けて、ブローカー（短資会社）を通じてか、あるいは銀行間で直接、外貨取引を行なう。

ことのないように、ときどき、市場に介入します。市場介入とは、政府・中央銀行が手持ちの外貨を市場で売却したり、あるいは市場から外貨を購入することを指します。

　たとえばドル安（円高）が進行していれば、政府・中央銀行は市場からドルを買い上げることでドルの価格低落を抑えようとするでしょう。市場からドルを購入するためには円を市場に出さなくてはなりませんが、政府・中央銀行は介入資金を調達するための短期政府証券を発行してその資金を調達します。

　もし、ドル高（円安）になって円安進行、あるいはドル高進行を防ぐために介入する場合には、政府・中央銀行は手持ちのドルを市場に売るような介入を

します。そのため、政府・中央銀行はつねに大量の外貨を保有しています。これを外貨準備と呼びます。日本では1兆ドルを超える外貨準備があります。

多様な為替レート指標

　読者のみなさんは日常的には円ドルレートで為替レートの話をすることが多いと思います。新聞やテレビでも、たいがいは円ドルレートで議論します。しかし、これはあくまでも円とドルという二つの通貨の間の交換比率で、マクロ経済を考えるためには、他の為替レートの指標も念頭に置かなくてはなりません。

　「円は安いか、高いか」。為替レートの議論をするとき、こうした疑問が必ず出てきます。この場合の円とは、円という通貨とその他すべての通貨との間の為替レートの平均的なものを想定していることは明らかです。円ドルや円マル

---

column

共通通貨ユーロの苦難

　1999年、欧州諸国は共通通貨ユーロの導入に踏み切りました。戦後長い期間をかけて少しずつ域内の経済統合を進めてきた欧州諸国にとって、共通通貨の導入はその重要なステップであったのです。ユーロを採用していない英国や北欧諸国など一部の国を除いては、欧州のどこでもユーロという共通通貨が利用できることは欧州経済の統合に大きな意味を持っていました。また、米国と同等の規模である欧州の通貨として、ユーロは世界の基軸通貨としても重要な役割を期待されるようになりました。

　2008年のギリシャ危機に端を発したユーロ危機は、そうした順調とも見えたユーロの動向に水を差すものでした。ギリシャ危機はスペインやイタリアにも広がりました。異なった主権を持つ国が共通通貨を持つことの矛盾が出てきたのです。ユーロを導入した国は金融政策の自主権を失いました。欧州中央銀行が行なう金融政策は、ユーロを安定させるものとはならなかったのです。

　ユーロ危機をきっかけに、欧州諸国はさらに経済統合を進める動きを模索しています。共通通貨を運営するためにも、財政運営やマクロ経済政策、金融安定化政策で域内の統合が必要であると考えたからです。欧州の金融改革はまだその途上にありますが、二度とユーロ危機を起こさないような改革が実現するか注目されるところです。

クなど、特定の通貨との為替レートを意味するわけではありません。

このように他の通貨全般に対する円の為替レートの平均的な姿を表わす指標が、実効為替レートと呼ばれるものです。実効為替レートとは、円と他の個々の通貨との為替レートの動きを、その通貨のウェイトで平均したものです。実効為替レートは、生の数字で出てくる為替レートではなく、円高に振れているのか円安に振れているのかという指数の形で出てきます。

くわしい計算方法にまでは立ち入りませんが、その考え方はおおよそつぎのようなものです。まず基準の年をとり、その年と現時点の間の為替レートの動きを個々の通貨ごとにとります。円ドル、円マルク、円フランなどの為替レートがこの間に何倍になったのかを指数でとるわけです。つぎに、そのような各通貨との為替レートの指数に、それぞれの国のウェイトをかけて平均するわけです。一般的なウェイトとしては、日本とその国との貿易が日本のすべての貿易の何パーセントぐらいかという数字が使われます。つまり国際取引におけるその国の日本にとっての重要性がウェイトとなります。

このようなウェイトをかけて平均して求めた実効為替レートは、海外全体に対して円という通貨がどのような動きを示したかをとらえる指標となります。現実の経済を分析するにあたっては、円ドルレートなど特定通貨に対する為替レートではなく、実効為替レートで見るほうが望ましいことはいうまでもありません。

さて、為替レートについてもう一つ注意しなくてはならないのは、名目為替レートと実質為替レートの区別です。円ドルレートのように、名目的な貨幣価値である円とドルの間の交換比率を示したものを名目為替レートと呼びます。市場で決まる為替レートはすべて名目為替レートです。

これに対して、マクロ経済を分析するときには、見せかけの名目為替レートだけでなく、その背後にある物価の動きも考慮に入れなくてはいけません。たとえば、円ドルレートが円高に動いていくとしてみましょう。その場合、日本やアメリカの物価が変化しないなかで円高へ動いた場合と、アメリカの物価が上がったために円高に動いた場合では、その意味がまったく違います。

物価が変化しないなかでの円高への動きは、日本からの輸出を抑制し、日本の海外からの輸入を拡大するでしょう。なぜなら、円高は日本の商品の海外での価格を高くし、日本国内での海外製品の価格を安くするからです。しかし、

図 16-2　円ドル名目為替レートと実質実効為替レート（1980-2014 年 6 月）
円の外貨との真の交換レートは実質実効為替レートでみるべき。これはドルという特定の通貨との関係ではなく、いろいろな通貨との為替レートの平均であり、かつ日本と相手国の物価の動きの調整も行なわれている。日本銀行ホームページ「時系列統計データ検索サイト」より。

アメリカの物価が上がっているなかでの円高は、両国の財・サービスの価格差を変化させるものではありませんから、貿易に大きな影響を及ぼすとは考えられません。

　このように考えたら、市場で決まる為替レートである名目為替レートよりは、それに物価を加味した実質的な数値で考えることが望ましいことがわかると思います。このような考え方を基礎にした指標が実質為替レートです。概念的にいえば、実質為替レートは、たとえば円ドルレートでいえば、

$$\text{名目為替レート} \times \frac{\text{アメリカの物価}}{\text{日本の物価}}$$

を指します。物価というのは抽象概念ですので、それは指数で表わすしかありません。実質為替レートは実効為替レートと同じように、基準の年を設けて、それをベースに指数の形で表わします。すなわち実質為替レートとは、

$$\frac{\text{現在の為替レート}}{\text{基準年の為替レート}} \times \frac{\text{アメリカの物価指数}}{\text{日本の物価指数}}$$

という形で求めることができます（指数で表わすなら上記のものに100をかけます）。

さて、上で示した実質為替レートは円ドルレートを想定して説明しましたが、同じような形で、実効為替レートについても実質値を求めることができます。各通貨と円の間の為替レートについて実質為替レートを求め、それに貿易量などのウェイトをかけて平均的な為替レートを指数値で求めたのが、実質実効為替レートです。マクロ経済分析や国際経済学では、この実質実効為替レートを用いることがしばしばあります。

図16-2は、円ドルレートだけで為替レートを見ることの危険性を戒めるため、最近の円ドルレートの動きと、実質実効為替レートの動きを比べてみたものです。両者の間に大きな違いがあることがわかると思います。円ドルレートはニュースでも毎日取り上げられわかりやすい指標ではありますが、厳密な経済分析をするときには実質実効為替レートを使わなくてはいけません。

資産と為替レート

いま、世界中で1日に行なわれる外国為替市場での取引、つまり通貨間の交換は、おおよそ3兆ドル以上であるといわれます。週休2日で1年間に約250日として、年間800兆ドルの外国為替市場での取引が行なわれていることになります。これは膨大な額ですが、とくに注目すべき点は、世界全体の1年間の貿易額は6兆ドル強に過ぎないということです。つまり、貿易額の100倍以上の金額の外国為替取引が行なわれていることになります。

私たちは外国為替取引、たとえば円とドルの交換というと、貿易などからの必要で行なわれると考えがちです。しかし、実態は外国為替取引の大半はそうした貿易などの実需とは関係ないところにあるようです。さまざまな企業、国家などが、為替変動によって大きな損失をこうむることがないように行なうヘッジ取引、あるいは為替変動によって大きな為替差益を得ようとする投機・投資などが、外国為替取引の大半と考えるべきなのです。

現実にも、為替レートの変動は、大きな利益や損失を生み出します。たとえば、3カ月間だけ資金を運用するとしてみましょう。現在のような低金利の時

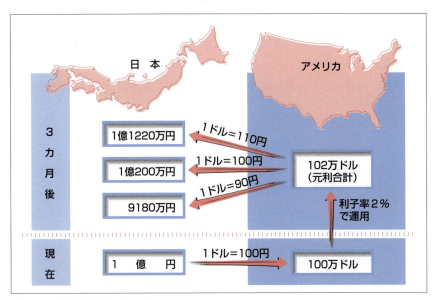

図 16-3 投資収益と為替レート
海外に投資しても、円高（ドル安）になると為替差損が生じて、収益率は低くなる。

代には、国内に投資すれば、1％の金利にもならないでしょう。一方、アメリカの債券を購入したら2％の金利がつくとしてみましょう。では、アメリカに投資したほうが得でしょうか。それは為替レートによります。これを、図16-3を用いて説明してみましょう。

現在の円ドルレートが1ドル＝100円であるとしてみます。この為替レートで日本の投資家が手持ちの円をドルに換えてドル資産に投資して、3カ月間ドル資産で運用して、3カ月後に円に戻したとしてみましょう。それによってどれだけの利益を得られるかは、3カ月後の為替レートの水準によってちがってくることは容易にわかると思います。

かりに3カ月後の為替レートが1ドル＝90円という円高・ドル安になっていたとしてみましょう。そのときには、ドル資産で2％の金利を稼いでも、為替で10％の差損が生じてしまいます。現在は1ドルの価値が100円であっても、3カ月後には90円の価値になってしまうからです。逆に1ドル＝110円という円安方向への動きであれば、利子率2％に加えて、10％の為替差益が

出て大もうけです。

　このようにドルなど海外通貨建ての資産に投資を行なう場合には、為替レートの変化によって大きな利益や損失が生じる可能性があります。——＊　そこで、投資家は、為替レートの動向に非常に神経質になります。また、そうした投資

---

column

為替投機は悪か

　本論で説明したように、外国為替市場には1日3兆ドルともいわれる資金が動いています。そのなかには、通貨を安いところで買って高く売ることで利益をあげようとする投機資金も多く動いています。

　一般的に、投機にはよいイメージがありません。「投機資金が動くから為替レートは大きな変動をするし、通貨危機も発生する」「何も生産的な活動をしていないのに大きな利益をあげる投機行動は問題だ」といった見方が一般的なのでしょうか。

　確かに、投機によって為替レートが大きく乱高下したり、通貨危機の引き金になったりすることは少なくありません。国際的に投機活動を監視することは必要でしょう。しかし皮肉なことに、投機資金が市場を安定化させることも少なくありません。そもそも、投機活動が行なわれない市場は非常に不安定になってしまうのです。

　投機で利益をあげるためには、安いときに買って高いときに売る必要があります。しかし、もし多くの投機家が市場の動向について正しい見通しを持って安いときに買ったら、そこでの為替レートを引き上げることになるでしょう。そして高いときに売ろうとしたら、そこでの価格を引き下げるはずです。つまり安く買って高く売ろうとする投機家の行動は、為替レートの動きの振幅を小さくするのです。

　もし投機が存在しなければ為替レートは乱高下するといわれます。くわしく理論を紹介するスペースはありませんが、輸出入という実需だけが外国為替市場での需給として出てくる場合には、季節や貿易の変動によって外貨への需要と供給のバランスが崩れやすく、為替レートは大きく変動してしまいます。しかし、投機資金が存在すれば、そうした変動を修正してくれるのです。季節要因などで円ドルレートが大きく動くとします。円安になっているときには、投機資金はいずれ円高になるだろうと考え、円を購入するでしょう。これが円安を修正します。円高のときにはこれと逆のことが起こります。つまり、投機資金によって為替の乱高下が修正されるのです。

家の予想や思惑によって為替レートは大きく変動することになります。

＊──確認：円高になるほど過去に行なった外貨への投資の収益は下がる
　ドル建ての資産へ投資したとしましょう。円高が進めば、それだけ相対的にドルが安くなるので、ドル建ての資産への投資の価値は下がります。

　ケインズは、外国為替市場のこのような状況を美人投票というゲームにたとえました。美人投票はつぎのようなゲームです。壇上に立って名札をつけている女性が何人かいます。ゲーム参加者はそのなかのだれかに記名投票します。それを集計してもっとも多くの票を集めた人に投票した人が賞金をもらうゲームです。

　このようなゲームに勝つためには、自分が美人と思う人に投票するのではだめかもしれません。周りの人が投票しそうな人に投票する必要があります。あるいは、少し深読みをするなら、周りの人が他人の投票行動についてどのように考えているかを予想しなくてはなりません。このように参加者の行動を考慮しながら投票するのです。

　外国為替市場では、多くの市場参加者が巨額の資金を用いてこのようなゲームを行なっています。皆がドル高になると思えばドルが買われますので、本当にドル高になります。皆が経常黒字が為替に影響を及ぼすと考えれば、本当に為替レートは経常黒字に影響を受けるのです。巨額の資金が思惑で大きく動く市場ですので、為替レートはときとして、理屈では説明できないような大きな動きをします。

　また人々の予想に大きな影響を及ぼしそうな出来事、たとえば主要国のマクロ経済政策の変更、あるいは経済の大きな構造変化などは、為替レートの重要な決定要因となります。こうした複雑な為替レートの動きを、簡単なマクロモデルで表現することは容易ではありません。したがって、標準的なマクロ経済モデルでは、こうした為替レートの不安定性を認識しつつも、そうした要素を除いた簡単なモデルで分析することが多くなります。

為替レートと貿易

　為替レートの変化は、輸出や輸入に影響を及ぼしますし、逆に、貿易構造の変化は、外為市場でのドルの需給の変化を通じて、為替レートに影響を及ぼします。この点について、図16-4の例を用いて考えてみましょう。アメリカで

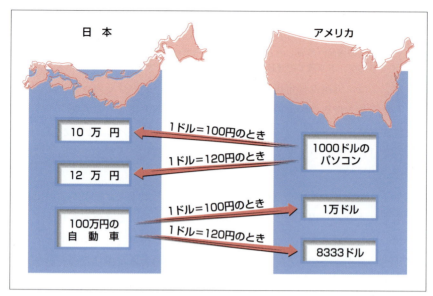

図16-4 為替レートと貿易財の価格
同じ100万円の自動車を輸出しても、円安であるほど現地では安く売れる。同じ1000ドルのパソコンを輸入しても、円安であるほど、日本国内での価格は高くなる。

1000ドルで売られているパソコンを例にとります。もし、為替レートが1ドル120円であるなら、このパソコンは12万円で日本に売られます（ただし、単純化のため、輸送費や貿易のマージンは無視します）。これに対して、もし為替レートが1ドル100円であるなら、同じ製品が10万円で輸入されることになります。他の条件が一定であるなら、明らかに、後者のケースのほうが、日本への輸入は大きくなるはずです。

つぎに輸出品のケースですが、日本で100万円で売られている自動車を考えてみましょう。もし為替レートが1ドル120円であれば、これはアメリカで8333ドルで売られますが、為替レートが1ドル100円であれば、1万ドルになります。明らかに円高になるほど、日本の商品はアメリカで高く売られ、その結果輸出は減少します。──＊

＊──確認：円高になるほど、輸出は減り、輸入は増える傾向がある
　　　円高になると、日本の商品の海外での価格が高くなりますので、輸出は減少する傾向にあります。一方、円高になるほど海外の製品の日本国内での価格は安くなりますの

で、輸入は拡大する傾向にあります。

このように、為替レートが変化すると、外国での輸出品の価格や、国内での輸入品の価格が影響を受け、輸出量や輸入量が影響を受けます。一般に、円高になるほど、1円と交換されるドルの金額が増えるので、ドルで値段がついているアメリカなどからの輸入品は安くなります。逆に、日本の商品の価格は海外で高くなり、輸出は減少します。

輸出は国内にドルをもたらしますので、外国為替市場にドルの供給要因として働きます。したがって、ドル高（円安）になるほど、輸出が増加し、ドルの供給量も増加するはずです。

他方、輸入するためには、国内の輸入業者はドルを調達しなくてはなりませんので、輸入の増大はドル需要の増大要因となります。ドル安（円高）になるほど輸入は増大しますので、ドル安であるほどドルの需要は増大します。

以上で説明したのは、為替レートの変化による輸出入の変化でしたが、輸出や輸入は為替レート以外の要因によっても増減します。そして、為替レート以外の要因によって起こった輸出入の変化は、為替レートに影響を及ぼします。

一つの例として、アメリカ政府が景気拡大的政策をとったとしてみましょう。景気拡大によるアメリカの支出の増大は、その一部がアメリカの輸入の増大となります。日本とアメリカはたがいに緊密な貿易パートナーですので、アメリカの輸入の増大は日本の輸出の増大をもたらします。このような輸出増は、為替レートを円高の方向へと動かします。

変動為替レート制の隔離効果とその限界

これまで説明したような為替レートの変化や貿易の動きなどによって、各国の経済は密接な相互依存関係にあります。いまや、このような各国間の相互依存関係を無視してマクロ経済政策について語ることはほとんど不可能になりました。以下では、いままで説明してきたマクロ経済政策の問題に各国間の相互依存関係を持ち込んだ、いわゆる国際マクロ経済学（あるいは開放マクロ経済学）について説明します。

変動為替レート制の特徴の一つは、海外で起こったマクロ変動をある程度遮断することにあります。これを、変動為替レート制の（インフレ）隔離効果と呼びます。この点を、簡単な例を用いて説明しましょう。

いま、アメリカで、なんらかの原因でインフレが起こったとしてみましょう。この結果、アメリカの賃金や物価も上昇します。インフレ率を10%とすると、賃金や物価も10%上昇します。もし為替レートに変化がなければ、インフレによりアメリカの商品は割高になり、日本からアメリカへの輸出は増大し、アメリカから日本への輸出は減少します。この結果、為替レートは円高の方向に向かうことになります。

　もし為替レートが、アメリカのインフレ率と同じ10%だけ円高方向に動けば、新たな均衡が達成されます。10%の円高はアメリカの10%のインフレをちょうど打ち消します。なぜなら、円高の結果、日本国内に輸入されるアメリカの財の価格は元の水準に戻りますし、日本から輸出される財のアメリカ国内での価格は10%上昇するからです（この点については各自確認してください）。この結果、アメリカの財と日本の財の競争条件は元の状態に戻ります。

　このように、アメリカで生じたインフレは、為替レートの調整によって完全に吸収され、日本には波及してきません。これを、フロート制（変動為替レート制）のインフレ隔離効果と呼びます。このようなインフレ隔離効果は、為替レートが固定されている固定為替レートのもとでは、成立しません。為替レートが固定されていれば、アメリカで生じたインフレは、アメリカから輸入する財の日本国内での価格を引き上げ、日本国内にもインフレを引き起こします。

　以上のように、フロート制は海外で生じたインフレから自国経済を隔離する働きを果たすことがあります。しかし、為替レートの調整がつねに海外からのマクロ経済的ショックを遮断するとは限りません。たとえば、海外での金利上昇により日本から海外へ資本が流出し為替レートが円安になれば、その結果日本に入ってくる海外の財の価格が上昇し、日本にインフレ圧力が生じることもあります。このように、為替レートの変化が、日本にマクロ経済的ショックを起こすこともあるのです。

変動為替レート制下の財政・金融政策：マンデル＝フレミングの理論

　変動為替レート制のもとでのマクロ経済政策の効果は、閉鎖経済（海外との経済取引を考えない経済）におけるマクロ経済政策の効果と、多少異なってきます。とくに、国際間の資本移動の活発なときには、資本移動による為替レートの変化を無視して、マクロ経済政策の効果を語ることはできません。このよ

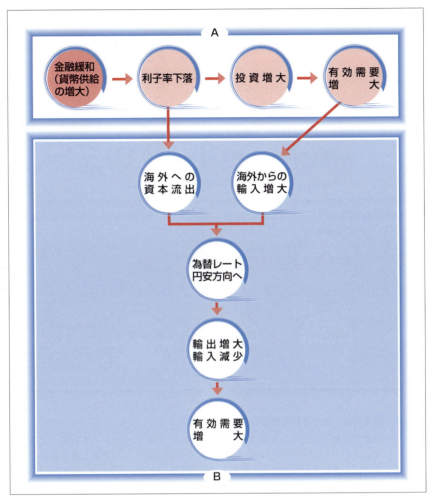

図 16-5　開放経済における金融政策の効果
　　　　　金融緩和を行うと利子率を通じて投資が拡大するだけでなく、為替レートが円安になるので、輸出拡大（輸入抑制）を通じた景気拡大効果も生まれる。

うな問題を扱ったものとしては、マンデル＝フレミングの理論がよく知られています。以下では、その概略を説明することで、開放経済（海外との取引の大きな経済）のマクロ経済政策の効果について考えてみましょう。

　まず、金融政策について考えてみましょう。図 16-5 は、開放経済における金融緩和政策の効果について図で例示したものです。この図のうちAの部分

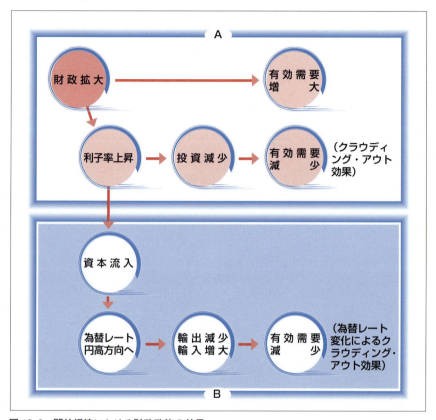

図 16-6　開放経済における財政政策の効果
　財政拡張政策を行なって景気を刺激した場合、利子率が上がって投資が減退するというクラウディング・アウト効果が出るだけでなく、利子率上昇を通じて円高傾向になるので輸出が抑えられ輸入が拡大することで、貿易にもクラウディング・アウト効果が出て財政政策の効果が小さくなる。

は、第12章で議論したもので、閉鎖経済における金融政策の波及経路を表わしています。簡単にいえば、金融緩和によって利子率が引き下げられれば、それによって投資や消費が刺激され有効需要が高まり、雇用・生産などが拡大するというものです。

　これに対して、Bの部分は開放経済に特有の金融政策の波及経路です。もし金融が緩和され利子率が下がると、日本の金利は海外の金利より相対的に低くなり、海外に資本が流出します。これは、為替レートを円安の方向にもってい

きます。さて、為替レートが円安になれば、日本の輸出は増大し、輸入は縮小します。輸出の増大と輸入の減少は日本の有効需要を刺激し、景気を拡大させます。このように、開放経済下では、為替レートの変化とそれによって影響を受ける輸出・輸入の変化が景気に大きく影響を与えることがあります。

　つぎに、財政政策について考察しましょう。いま、日本が財政政策を拡大方向にもっていったと考えましょう。減税政策でも政府支出の増大でも、どちらのケースでも同じです。図16-6は、このような政策の波及経路を示したものです。この図でも、Aの部分は閉鎖経済の波及経路を表わしています。すなわち、財政拡張により有効需要が刺激されるとともに、利子率も引き上げられます（この点については第12章を参照）。

　開放経済の場合には、Aだけでなく、Bの波及経路も加わります。すなわち、利子率の上昇によって、海外からの資本流入が促され、それが為替レートを円高の方向にもっていくのです。円高によって日本の輸出は減少し輸入は増大しますので、有効需要は抑えられる結果になります。このように、開放経済下の為替レートの動きは、財政政策の景気刺激効果を打ち消す働きをします。第12章で財政政策の投資に対するクラウディング・アウト効果について説明しましたが、ここでの為替レートの動きは、財政政策による輸出のクラウディング・アウト効果にほかなりません。

　このような為替レートによる輸出のクラウディング・アウト効果が、どの程度財政政策の景気刺激効果を弱めるかは、国際間の資本移動がどの程度利子率の変化に敏感に反応するかによります。もし国際間の資本移動が利子率の変化に非常に敏感であれば、クラウディング・アウト効果は非常に強く働き、財政政策の効果はまったく打ち消されてしまうこともあります。

II　比較優位

アインシュタインの比較優位

　日本経済の成長は、海外との貿易や投資なしには考えられません。天然資源や土地に恵まれない日本でも、そのような資源をあまり必要としない産業に特化することで、大きな利益をあげられます。また、日本が生産するのが不得意な財やサービスについては、海外から輸入することで調達できます。貿易と

は、国境を越えた市場取引にほかなりません。一国経済のなかの市場取引が資源配分のうえで好ましい影響を持つのと同じように、国境を越えた自由な貿易も大きな経済利益をもたらします。以下では、国際貿易のもっとも基本的な考え方である比較優位の概念を説明します。

本論に入る前に、つぎのような例について考えてみてください。いま、アインシュタインが彼の弟子といっしょに仕事をしていたとします。仕事は2種類の作業に分けることができ、一つは理論的な構造について考える創造的作業、もう一つは論文をタイプしたり資料を整理したりする補助的作業であるとします。この二つのどちらの作業も、研究上欠かせないものとします。

いま、アインシュタインは、どちらの作業に関しても弟子よりも有能であったとします。たとえば、能力を仕事のスピードで測れるとして、アインシュタインは創造的作業に関しては弟子の5倍、補助的作業に関しては弟子の2倍のスピードで仕事を完了することができるとしましょう。この場合、アインシュタインは、作業を全部自分でやってしまって、弟子には何もまかせないほうがよいのでしょうか。また、弟子はこんな優秀なアインシュタインといっしょに作業するのでは、アインシュタインに搾取されるばかりなので、ひとりで別に研究をしたほうがよいのでしょうか。

もちろん、答えは否です。アインシュタインも弟子も1日24時間という時間的制約に縛られています。したがって、この時間的制約のもとで最大限の成果をあげようと思ったら、両者が協力して分業したほうがよいのです。この場合、アインシュタインに創造的な仕事をさせれば、補助的な仕事の2.5倍の仕事をするのですから、アインシュタインは創造的な仕事に特化し、それを補うため弟子が補助的な仕事を行なえばよいのです。

このような状況のとき、アインシュタインは創造的仕事に比較優位があり、弟子は補助的な仕事に比較優位があるといいます。国際貿易における比較優位とは、ここでの二人の人物を国に置き換え、二つの作業を産業に置き換えることでそのままあてはまります。

比較優位と資源配分

表16-1に示されているような状況を考えてみてください。国は日本とアメリカの2国、財は機械と農産物の2種類しかなく、2財とも労働だけを用いて

表16-1 日本とアメリカの比較優位構造

	必要労働係数	
	機械	農産物
日本	2	4
アメリカ	6	6

日本はどちらの財に対しても、アメリカよりも少ない労働力で生産ができるという意味で両方の財に絶対優位を持っている。ただ、比較優位という点では、日本は機械、アメリカは農産物に比較優位を持っている。

生産されるものとします。表に書かれている数字は、両国でそれぞれの財を1単位生産するためには何単位の労働が必要かというものです。たとえば、日本で機械を1台生産するためには労働が2単位必要であると読み取ることができます。

この表に示されたような技術状況のもとで、日本とアメリカの間で貿易は成立するでしょうか。また、もし貿易が成立するのであれば、それによって両国は利益を受けるのでしょうか。この表を見る限りでは、どちらの財についてもアメリカの労働の生産性は日本より低くなっていますが、これは上の疑問への回答に影響を及ぼすのでしょうか。

まず両国の間に貿易が行なわれていないケースを想定してみてください。二つの財とも消費に必要な財であるなら、貿易が行なわれていなければどちらの国でも両方の財が生産されるでしょう。この状態から出発して、日本で機械の生産を1単位増やし、アメリカで機械の生産を1単位減らしてみてください。

日本では機械を1単位追加生産するためには、2単位の労働を農産物を生産しているところから移してこなくてはなりません。その結果、日本の農産物の生産は2分の1単位だけ減少します。アメリカでは、機械の生産を1単位減らすことで6単位の労働が節約できますので、これを農産物の生産にまわせば農産物の生産量を1単位増加させることができます。

このような生産の変更によって、両国合わせた機械の生産台数が変化しないにもかかわらず、農産物の生産量は2分の1単位増加します。したがって、もし貿易によってこの農産物を両国の間にうまく分配することができるのであれば、両国は以前よりも経済的により豊かになります。

両国の生産を上に述べたように変更したら、なぜ農産物の総生産量が増加するのでしょうか。この点について理解するためには、それぞれの国における生産を通じての2財の間の代替関係について説明する必要があります。

日本では、1単位の機械を生産する労働で2分の1単位の農産物を生産することができます。つまり、二つの産業間で労働を動かすことで、1単位の機械を2分の1単位の農産物に変える（代替あるいは変形する）ことができます。このとき、日本における機械と農産物の限界変形率（marginal rate of transformation；MRT）は2分の1であるといいます。同じようにして、アメリカにおいては1単位の機械が1単位の農産物に変換できるので、限界変形率は1となります。

二つの国の限界変形率が異なっているとき、それぞれの国で両方の財が生産されているということは明らかに非効率的なことです。上の例では、日本でより多くの機械を生産し、アメリカでより多くの農産物を生産することで、両国合計の2財の総生産量を増大させることができます。したがって、日本が機械の生産に特化し、アメリカが農産物の生産に特化することで、はじめて効率的な生産が行なわれたことになります。このとき、それぞれの国はみずから生産しないものを他国から輸入しなくてはなりませんから、そこに貿易の役割が生じます。

ここでの例のような場合、日本は機械に比較優位を持ちアメリカは農産物に比較優位を持つといいます。この場合の「比較」とは、日本とアメリカとを比べるというよりも、機械と農産物を比べるという意味です。機械の生産に関してどちらの国がより適しているかということを評価するために、「機械の生産を1単位追加するために農産物の生産をどれだけ犠牲にしなくてはならないか」という点について両国を比べているのです。表16-1では、日本では2分の1、そしてアメリカでは1ですので、日本のほうが（農産物を基準として見たときの）機械の生産について比較優位を持っています。同じようにして、アメリカが農産物に関して比較優位を持っていることが容易に確認できます。この点は各自で解いてみてください。

自由貿易の意義

さて、非常に興味深いことに、もし両国が自由貿易を行なえば、それだけで

表 16-2 相対価格と両国の生産パターン

	生産パターン		
	$\frac{1}{2}$ 以 下	$\frac{1}{2}$ 以上1以下	1 以 上
日 本	農 産 物	機 械	機 械
アメリカ	農 産 物	農 産 物	機 械

相対価格が2分の1以下だと、どちらの国も農産物に特化する。相対価格が1以上だと、どちらの国も機械に特化する。どちらもありえないので、相対価格は2分の1と1の間となり、日本が機械、アメリカが農産物と、それぞれが比較優位を持っている産業に特化する傾向がある。

　両国は自動的にそれぞれが比較優位を持つ財の生産に特化します。その結果、自由貿易のもとで実現する資源配分は最適なものとなります。この点は重要ですので、簡単に説明してみましょう。
　表16-2は、農産物の価格を1としたとき、機械の価格と両国の生産パターンの間に成立する関係を示したものです。農産物の価格を1としたのは、つぎのような理由によります。市場取引や資源配分を決定するうえで重要なのは、それぞれの財の絶対価格ではなく、二つの財の価格比率（＝相対価格）です。たとえば、機械が20円で農産物が10円の状態と、機械が2000円で農産物が1000円の状態は、この二つ以外に財がない限り同じことを意味します。ここで問題なのは、二つの財の相対価格が2（つまり機械の価格が農産物の価格の2倍）であるということであり、各財の絶対価格はそれほど重要な意味を持っていません。このような理由によって、以下では農産物の価格を基準にとり、それを1とします。
　日本で二つの財が両方とも生産されるためには、機械の価格は2分の1でなければなりません。表16-2に示されているように、機械を1単位生産するためには農産物を1単位生産するための半分の労働が必要だからです。もし機械の価格が2分の1以下であったら、すべての生産者は農産物を生産しようとするでしょう。そのほうが利益が大きいからです。逆に、もし機械の価格が2分の1以上であったら、すべての生産者は機械だけ生産しようとするでしょう。アメリカにおいては、生産のパターンは機械の価格が1のところで転換します。以上の点は表16-2から容易に読み取れるでしょう。

さて、もし日本とアメリカ以外に貿易をしている国がないとしたら、自由貿易のもとでの価格はどのような水準になるのでしょうか。（農産物の価格が1であるとすると）機械の価格が2分の1以下のときには、日本でもアメリカでも農産物しか生産されません（表16-2参照）。人々の機械に対する需要があれ

> ### column
>
> ## WTOとFTA
>
> 　戦後の世界貿易は、WTO（世界貿易機関）のもとでつづけられている貿易自由化や関税引き下げ交渉の成果で、拡大をつづけてきました。WTOは以前はGATT（関税と貿易に関する一般協定）と呼ばれたより緩やかな協定でしたが、今はWTOというより強力な組織に改組しています。
>
> 　海外との貿易なしには経済が成り立たない日本にとって、GATT＝WTOの下での自由化は大きな恩恵をもたらしてきました。ただ、一方で農業分野などでも自由化を求められ、国内の農業者などはWTOの動きを警戒しています。
>
> 　WTOは重要な機能を果たしていますが、参加国が多く、とくに日米欧などの先進工業国とブラジル・インド・中国などの新興工業国の間の利害の調整が難しく、自由化交渉は困難をきわめるようになってきました。そうしたなかで、近隣など特定の国の間だけで自由化を進めるFTA（自由貿易協定）の動きが非常に活発になってきました（日本では貿易自由化だけでなく投資協定や経済協力なども含むより広範な協定ということで、EPA（経済連携協定）と呼んでいます）。
>
> 　日本も、シンガポール、メキシコ、インドネシアなどとEPAを締結し、さらに多くの国と交渉を進めています。また、世界的にも、アメリカ・カナダ・メキシコによるNAFTA（北米自由貿易協定）、欧州によるEU（欧州連合）、あるいはASEAN（東南アジア諸国連合）によるAFTA（ASEAN自由貿易地域）など、多くのFTAあるいはそれに類するものが成立しています。さらには、TPP（環太平洋パートナーシップ）など、アジア太平洋地区の多くの国が参加する、スーパー・リージョナルなEPA/FTAなども交渉が進んでいます。
>
> 　世界経済の貿易自由化は、WTOを舞台とした多国間交渉と、FTAという特定の国や地域の間の交渉と、二つのラインで進んでいます。ただ、FTAを積極的に進めることはWTOの弱体化につながるといった意見があります。また、WTOの力が強すぎて過度にグローバル化が進むことに懸念を示す反グローバル運動などの高まりも見られます。

ば、このような状態は均衡になりえません。機械の不足（この場合には機械はなにもない）を反映して、機械の価格は上昇するでしょう。

　逆に、機械の価格が1以上になってしまうと、両国の生産者は機械だけを生産しようとするでしょう。このときは農産物が不足し、機械の農産物に対する相対価格が低下します。ここでは、農産物の価格を1に固定していますので、機械の価格が下がることになります。

　結局、機械の価格が2分の1と1の間にあるときのみ、両方の財が生産されます。日本は機械の生産に特化し、アメリカは農産物の生産に特化します。このときの両国の特化のパターンは、比較優位にもとづいた正しいものとなっており、効率的な資源配分が行なわれています。つまり、自由貿易のもとでは、自動的に最適な資源配分が成立するのです。もし関税などの貿易制限的な措置が政府によってとられるならば、それによって資源配分は歪められます。自由貿易をとることの意味は、ここにあります。

直接投資と多国籍企業

　企業が自分の商品を海外で売るためには、必ずしも輸出という手段にたよる必要はありません。海外に工場を建てたり、海外の工場や企業を買収して、そこで生産してもよいからです。また、海外で生産を行なわなくとも、販売やアフターサービスなどのために、海外に子会社を設け、そこに人を派遣することも必要になります。このように海外に工場などを建てて生産したり、販売子会社を設置したりするため、海外に投資することを、直接投資と呼びます。また、そのような直接投資の結果、世界中に生産や販売のネットワークを張った企業のことを、多国籍企業と呼びます。

　現在の国際貿易について考えるとき、直接投資や多国籍企業の活動を無視することはできません。貿易のかなりの部分は、同じ多国籍企業に属している親会社・子会社あるいは子会社どうしの間（たとえばIBMのアメリカ本社と日本IBM）で行なわれます。また、いくつかの産業では、輸出が現地生産に置き換えられていく傾向にあります。さらに、金融や通信などのサービス産業におけるいわゆるサービス貿易の拡大が見られますが、サービスは商品の貿易と異なり、直接投資などで設立した現地子会社の活動が重要な意味を持ちます。

　直接投資と通常の貿易の関係は、第4章で説明した、市場的資源配分と企業

内の組織的資源配分という考え方で理解することも可能です。貿易とは、国境をまたがった市場取引にほかなりません。これに対して、海外直接投資とは、企業の組織が国境を越えて拡大していくことであり、その結果としての多国籍企業の活動は、企業内の組織的資源配分が国境をまたがって行なわれることにほかなりません。

多国籍企業の活動が世界経済に及ぼす影響は大変に大きなものであり、また複雑であるため、その評価は困難です。多国籍企業の活動は、評価できる部分と問題点の両方を持っています。また、多国籍企業の本部がある国〔母国（home country）〕と現地子会社のある国〔現地国（host country）〕とでも、その影響はたいへんに異なります。以下で説明することは、あくまでも多国籍企業のもたらす影響についての例であって、包括的なものではありません。

多国籍企業の活動は、第一に、母国、現地国ともに、その雇用に大きな影響を及ぼします。もし現地国での生産が拡大されれば、そこでの雇用吸収効果は

---

column　TPP（環太平洋経済パートナーシップ）

　アジア太平洋の多くの国は、TPP と呼ばれる広域の経済連携協定の交渉を進めています。これによって、域内の関税を撤廃し、サービスや知的財産権など非貿易分野でも域内連係を高めていこうというのです。この TPP の交渉に参加するかどうかを巡って、日本国内では大きな論議となりました。貿易自由化によって大きな打撃を受けることを恐れる農業者などが強く反対したのです。

　ただ、広域の経済連携は世界の大きな流れともなっています。欧州では域内統合が進んでいますし、その欧州は日本や米国とも経済連携協定の交渉をつづけています。アジアでは、TPP に加えて、ASEAN（東南アジア諸国連合）に日中韓などが加わった東アジア地域包括的経済連携（RCEP）の交渉も進んでいます。日本もこうした地域連携の流れに遅れることがあってはいけないということで、TPP 交渉への参加を決めました。

　TPP でも RCEP でも、地域経済連携協定が成立すれば、日本の貿易・投資や産業活動は大きな影響を受けることになるでしょう。市場開放によって日本経済を活性化させることが期待されますが、同時に国内で被害を受ける産業の競争力を高めるような政策も求められるでしょう。

拡大しますが、他方で母国での生産が減少し雇用を減らすことになるかもしれません。

多国籍企業の活動は、国境を越えた技術やノウハウの波及も引き起こします。生産のための微妙なノウハウや技術は、本や学校などで学ぶことができません。実際に生産現場での生産経験を通じてしか学べないのです。この意味で、発展途上国において多国籍企業の生産が行なわれれば、そこでの経験を通じて労働者の能力が育成され、技術やノウハウが伝播されます。

多国籍企業の活動は、各国政府による規制や政策ともしばしば軋轢を起こします。たとえば、各国政府の税制の違いを利用して、多国籍企業は税をある程度回避することができます。国によっては、海外から企業を誘致するため、法人税を非常に低くしている国があります（このような地域をタックスヘブンと呼びます）。このような国に子会社をもうけ、その子会社に非常に安い価格で輸出し、その子会社が今度は非常に高い価格で第三国へ輸出するという形をとれば、この多国籍企業の利潤はタックスヘブンに集中し、法人税を逃れることができます。このように、多国籍企業が親会社と子会社の間、あるいは子会社の間の取引価格を操作することで税を回避する行為を、トランスファー・プライシング（transfer pricing）と呼びます。

以上であげた税の問題に限らず、多国籍企業は、さまざまな形で各国の規制や政策の網をくぐることができます。これは、多国籍企業が各国の間にまたがって活動するのに対し、各国の政策や規制は国境内に限定されるからでしょう。

以下、直接投資のいくつかのパターンについて、簡単にまとめてみましょう。

(1) 安価な生産要素を求めた生産拠点の移動

1960年代から、日本の繊維産業や電気部品産業などのアジア地域への工場移転がはじまっています。これは、アジア諸国の安い労働力を用いることが、その主たる目的であると考えられます。単純な労働作業の場合には、本社と離れた地域で作業をしても技術的には問題は少ないので、安い労働力を求めて海外生産が行なわれるのです。

輸送費用の低下などもこのような傾向に拍車をかけています。安い労賃を求めての直接投資は、現在多くの国で見られます。発展途上国のほうも、そのよ

うな先進工業国からの直接投資をテコとして経済発展をはかろうとしているので、税制などでさまざまな補助を与えています。

(2) **直接貿易ができない財・サービスの国際取引を行なうための直接投資**

金融や商社などでは、そのサービスを海外諸国で売ろうとしても、通常の商

---

column

アジアの生産ネットワーク

東アジア地域は世界でもっとも速い成長を続ける世界の成長センターとなっています。この地域の特徴は、国境を越えていろいろな部品や原材料が取引され、地域全体で国境を越えた分業が行われていることです。たとえば、日本国内で生産された液晶パネルや台湾で生産された半導体が中国に持ち込まれ、大型テレビに組み立てられ、アメリカや欧州に輸出されるといったことが日常的に起きています。

中国にはEMSと呼ばれる組み立て請負会社が多くあり、たとえば台湾資本の俗称フォックスコンと呼ばれる会社は、中国の広東省に数十万人の従業員を抱える工場を持っており、ソニー、HP、デル、アップルなどのパソコン、ソニーのテレビやゲーム機、ノキアやモトローラなどの携帯電話、そしてiPod（アイポッド）などの製品を大量に組み立てています。こうした工場にはアジア中から部品が集められ、組み立てられた製品はそれぞれのメーカーのブランドで、世界中で販売されているのです。

東アジアでこのような生産ネットワークが確立したのは、それぞれの国が貿易自由化や資本自由化を進め、海外の企業を取り込み、貿易を積極的に拡大しようとしたからです。この地域ではFTAの交渉も進んでいますので、さらにこうした貿易や投資の拡大がつづくでしょう。

東アジア地域の地図をアメリカなどとだぶらせるとわかりますが、東アジアには多くの国が狭い地域に密集しています。東アジアの端にある東京とシンガポールの距離は、アメリカの両端にあるニューヨークとロサンゼルスの距離と同じようなものです。しかも、シンガポールから東京や上海に商品を運ぶときには、コストの安い船を使うことができます。

東アジア域内には、日本・韓国・シンガポールのように所得の高い国から、ベトナム・インドネシア・中国の内陸部の様に所得の低い国まで、多様な国が混在しています。そうした国の違いを利用して、技術の高い部品は日本や韓国で、中級の製品はタイや中国沿海部で、そして人件費がかさむ労働集約的な工程はベトナムや中国内陸部で、と分業によって生産費を下げることができるのです。

品のように輸出の形で出荷することはできません。したがって、海外に現地法人を設立し、そこでの活動を通じて取引することが多くなります。日本から欧米への直接投資には、このようなサービス業による投資が大きなウェイトを占めています。

このようなサービス業による直接投資は、海外企業とのジョイント・ベンチャー（共同事業）という形をとることもあります。セブン-イレブンやケンタッキー・フライド・チキンのように日本に進出してきているフランチャイズのなかには、アメリカの親会社と日本の企業との共同事業のものが多くあります。このような場合でも、親会社がある程度の比率以上出資していれば、直接投資と考えられます。

(3) 保護貿易を避けるための直接投資

1960年代に、欧州共同体の発足に前後して、多くのアメリカ企業が欧州に直接投資をし現地会社を設立しました。これは、欧州市場の統合によって締め出しをくわないよう、あらかじめ欧州市場に進出することを目的としたものです。欧州内は関税がかからず、欧州外には関税が課されると、欧州の外から輸出するのは不利になるわけです。

このような関税の壁を乗り越えるための直接投資や現地生産は、そのほかにも多くの例があります。発展途上国のなかには、自国に先進工業国の企業を誘致するため、わざと高い関税を課す国があります。このような関税のもとでは、先進工業国の企業にとってその市場で売る唯一の方法は現地生産しかないからです。

貿易摩擦回避のための日本企業の現地生産も、保護貿易を避けるための直接投資と考えられます。この場合には、実際に保護貿易措置がとられる以前に予防的措置として直接投資が行なわれることもあります。

(4) 原材料を確保するための直接投資

メジャーと呼ばれる国際的な石油会社は、かつては海外の油田開発に巨額の投資をしていました。これは、みずからが油田開発をしその権利を得ることで、石油の供給を確保する目的で行なわれました。規模こそ異なれ、日本もこのような資源関連の直接投資を行なっています。

鉄鋼会社にとっての鉄鉱石や石炭、石油会社にとっての原油などは、安定供給が望まれるものです。スポットで市場から買っていたのでは不安がある場合

には、直接産地に投資し、原材料の確保をすることが考えられます。

(5) メーカーによる流通ネットワークのための直接投資

自動車などの製品は、売りっぱなしですむものではありません。流通のネットワークの整備の具合、アフターサービスの質、広告活動などが商品の売れ行きに大きな影響を及ぼします。自動車のように技術的に専門性が強い商品に関しては、このような流通活動を第三者である商社にまかせることはできないかもしれません。そのときは、メーカーみずからが直接投資をし、流通システムやアフターサービスのネットワークをつくろうとします。日本から欧米への直接投資にもこのようなメーカーによる流通関連の直接投資が非常に多いようです。

演習問題

1. 以下の文章の下線部に用語を入れなさい。
   (1) さまざまな通貨を取引して為替レートを決定する市場を＿＿＿＿と呼ぶ。そこでの為替レート決定に影響を及ぼして政府・中央銀行が外貨を売買する行為を＿＿＿＿と呼ぶ。
   (2) 名目為替レートを物価で調整したものを＿＿＿＿と呼び、いろいろな通貨との間の二国通貨間の為替レートを平均したものを＿＿＿＿と呼ぶ。
   (3) 工場を建てたり企業を買収したりする目的で海外に対して行なう投資を＿＿＿＿という。これに対し、金融収益が目的の投資を＿＿＿＿という。
   (4) すべての国はかならず相対的に得意な産業を持っている。これを＿＿＿＿の原則（原理）という。

2. いま、ドル建ての預金にすれば5％の金利が稼げる。円建ての預金では金利は1％である。現在の円ドルレートは1ドル＝120円である。1年後の円ドルレートがどの範囲にあれば、ドル預金のほうが円預金よりも利益が高いか。ただし、リスクや手数料は無視してよい。

3. 以下の設問に答えなさい。
   (1) 円ドルレートが1ドル＝110円から115円に動いているにもかかわらず、この間に円高になっているということがありうるが、これはどういう場合か。
   (2) 円高になると短期的には輸出が増えることがあるが、長期的には輸出が落ち込む可能性が大きいという。これはなぜか説明しなさい。

(3) 変動相場制のもとで金融緩和政策がとられると、円ドルレートはどうなるだろうか。

(4) 為替投機とはどのような行為だろうか。為替投機は必ずしも市場を不安定化させるとは限らないというのは、どのような議論か。

4. 変動相場制下のマクロ経済政策について、以下の設問に答えなさい。

(1) 変動相場制のもとでは、財政政策が非常に効きにくくなるという議論がある。これはどのようなことを想定しているのか。

(2) 変動相場制のもとでは、金融政策は非常に効果が強くなるといわれる。これはどのようなことを想定しているのか。

5. 衣料と食料の2種類の財しかない経済を考える。自国と外国は、それぞれつぎの表の数字のような生産構造を持っている。各欄の数字は、それぞれの国において当該財を1単位生産するために必要な労働量である。この経済には労働以外の生産要素はないものとする。以下の設問に答えなさい。

	衣料	食料
自国	5	5
外国	2	4

(1) 衣料に絶対優位を持っているのはどちらの国か。食料に絶対優位を持っているのはどちらの国か。

(2) 衣料に比較優位を持っている国はどちらか。食料に比較優位を持っている国はどちらか。

(3) どちらの国も相手の国と貿易をすることでより多くの財が消費できる。この点を簡単に説明しなさい。

6. WTOとはどのような組織か。簡単に説明しなさい。

経済学基本用語解説（末尾の数字は章とページを示す）

あ行

イールドカーブ 償還期間によって利子率がどのように変わっていくかを示した曲線。短期金利に比べて長期金利が高くなる場合を順イールド、逆に長期金利が低くなる場合を逆イールドと呼ぶ。11-323

遺産動機 子孫に遺産を残したいという動機は、マクロ経済の貯蓄動向などに大きな影響を与える。14-416

異時点間の資源配分 貯蓄や投資などの行為は、現在の消費や生産を犠牲にして将来の所得を生み出すという面を持っている。つまり異なった時点の間の資源配分としてみることができる。15-440

一物一価の法則 同じ商品ならどこでも同じような価格がついている状況。市場経済が健全に機能していれば、同じ商品が場所によって価格が大きく違うことはありえない。もしそうなら、だれも高いところで買おうと思わないだろうし、また安いところで商品を仕入れて高いところで売ろうとする転売も出てくるだろう。1-23、4-100

一致指標 景気の動きにほぼ一致して動く経済指標。有効求人倍率などがこれにあたる。13-376

インフレーション 価格が持続的に上昇していく現象。貨幣量の増加と深い関係にある。13-358

インフレーション・ターゲッティング インフレ率に対して具体的な数値目標を明示し、それを達成するために金融政策を行なう制度。1990年にニュージーランドで最初に導入され、現在ではカナダやイギリス、日本など二十数カ国で採用されている。13-368

インフレ税 政府・中央銀行が貨幣を増発すると結果的にインフレになるが、そのプロセスで政府に収入が入るので、インフレ税という。13-363

売りオペ（売りオペレーション） 金融を引き締めるために、中央銀行が市中の金融機関に対して国債などを売却し、市中からベース・マネーを吸収する手法。これによってハイパワード・マネーや貨幣量は減少する。11-311

エイジェンシー関係（代理人関係） 多くの経済取引関係に共通に見られるもので、依頼人と代理人の関係に模して、株主と経営者、経営者と労働者、地主と小作などの関係について分析する見方。7-199

エイジェント（代理人） エイジェンシー関係のなかの依頼される側を指す。7-199

X非効率 独占的な位置にある企業は競争にさらされていないので、結果的に組織のなかに多くのむだが生じ経済効率性が低下してしまう現象。4-113

FTA（自由貿易協定） 特定の国や地域と

の間で自由貿易を進めようとする動き。世界でも90年代から急激に増加している。日本でもこれまではWTO（世界貿易機関）のもとでの多角的貿易交渉に軸足をおいていたものの、その方針を転換して積極的に進めている。16-464

か行

買いオペ（買いオペレーション） 金融緩和を促すため、中央銀行が市中の金融機関から国債を購入すること。これによってハイパワード・マネーや貨幣供給量が増える。11-311

外貨準備 外国為替市場で介入を行なうため政府が保有する外貨や金などをいう。16-447

外国為替市場 異なった通貨が交換され為替レートが決定される市場。主に銀行間の市場だが、大半が電話や電子機器による取引である。16-445

外需 輸出から輸入を引いたものをいう。9-261

外生変数 経済分析の対象ではなく、あらかじめ与件として与えられている変数。2-51、3-70

外部効果（external effects） ある経済主体の活動が、市場以外のルートで影響を及ぼし、資源配分を歪める現象。典型的な事例は公害である。6-147

外部効果の内部化 外部効果があるとき、その影響を受ける主体と及ぼす主体が合併などして、外部効果の影響を考慮に入れた調整ができるような状態。6-154

外部不経済 マイナスの影響を及ぼす外部効果。6-148

開放マクロ経済学 海外との貿易や為替レートの動きまで考慮に入れてマクロ経済問題を考える経済学の分野。16-455

価格差別 需要の価格弾力性のちがいを利用して、異なった主体にちがった価格を設定する独占的行為。2-50、5-127

価格に対して非弾力的な需要曲線 価格が変化してもあまり需要が変わらないような形状をした需要曲線。1-26

格差問題 都市と地方の格差、一生懸命働いてもまともな生活ができないワーキングプアの存在など、格差が大きな社会問題となっている。経済学では、これは所得分配の問題として扱われる。0-7

格付け機関 債券などの元利支払いの安全度をアルファベットでランク付けする機関。債務不履行となるリスクの度合いをはかる。アメリカではムーディーズやスタンダード＆プアーズが代表的。日本でも格付投資情報センター（R＆I）や日本格付研究所（JCR）などがある。7-190

貨幣数量式 貨幣量に貨幣の流通速度をかけたものが、つねに取引額に等しくなるという関係を表わした式。11-319、11-321

貨幣の購買力 貨幣1単位でどれだけの財・サービスを購入できるかを示したもので、物価の逆数となる。11-318

可変費用 生産量の追加とともに増える費用をすべて足し合わせたもので、総費用から固定費用を引いたものになっている。3-73

為替レート 異なった通貨間の交換比率

経済学基本用語解説

で、外国為替市場で決まる。16-445

間接投資 金融収益を目的に海外で行なう投資。直接投資と区別するための概念。15-439

完全競争（perfect competition） 競争相手が非常に多くて、すべての供給者がプライス・テイカーとして行動し、利益がほとんど出ないところまで価格が下がっているような状況。市場の機能の本質を理解するために、経済学で想定されている極限的な競争状況。1-23、3-77

完全失業率 失業者の数を失業者と雇用者の和で割った数。13-374

機会費用 その活動を行なったために失った利益のこと。3-72、11-324

企業の参入・退出行動 市場や産業の利益を見て、新たな企業が入ってきたり、既存の企業が出ていくこと。5-132

企業の多角経営 企業による事業領域の拡大をいう。特定分野に集中しすぎる経営ではリスクが拡大してしまうおそれがあり、危険分散という視点から説明することができる。7-175

企業物価指数（CGPI） 企業間で取引される原材料やサービスをベースに計算された物価指数。13-360

危険分散（リスク分散） リスクを分散させること。分散投資をすることでリスクを低下させることができる。7-174

逆選択（adverse selection） 品質の良いモノと悪いモノが混在していて買い手に見分けがつかないために、市場が機能しにくくなる状況。7-187、13-385

供給関数 供給量と価格の関係を示したもの。3-67

供給曲線 供給量と価格の関係をグラフに描いたもの。1-20

供給曲線のシフト 生産技術などの外生変数が変化したとき、供給曲線が動く現象。これを使って外生変数の変化の影響が分析できる。3-69

供給の価格弾力性 価格の変化に対して供給量がどの程度反応するかを、変化率の上でみたもの。3-67

寄与度 GDPなどの成長率のうち、それぞれの項目がどの程度成長に貢献しているのかをみるため、その項目の成長率にその項目の全体のなかでのシェアをかけて示した数値。9-270

均衡価格 需要と供給が等しくなる価格。1-21

均衡点 需要と供給が等しくなるような価格と数量を表わしたグラフ上の需要・供給曲線の交点。1-21、4-93、9-288

金融工学 複雑な数学を駆使した高度なファイナンス理論。さまざまな金融商品のリスクを計算したり、新たな金融商品を開発するなどして資産運用の方式が考案されている。サブプライムローン問題でもこうしたファイナンス理論を過信したために結果的に大きな被害がもたらされたといわれている。0-12、7-173

クラウディング・アウト効果 財政政策で景気を刺激しようとしたとき、金利が上がって消費や投資が抑えられてしまう現象。12-341、16-459

グレシャムの法則　品質の悪いモノと良いモノとが区別がつかない形で市場に混在するとき、品質の良いモノの市場が成立しない状態。「悪貨は良貨を駆逐する」という表現が使われる。7-187

景気循環　景気拡大と景気後退が周期的に起きること。10-294

ケインジアン　経済は放任しておくと需要が不足して景気後退を起こすことがあるので、その場合には財政・金融政策を機動的に用いて需要管理すべきであるという考え方をする学派。9-247、12-351

ケインズ、ジョン・メイナード　20世紀を代表する経済学者（1883生―1946没）で、マクロ経済学の基本的な考え方を構築した。また、戦後の国際経済体制の柱の一つであるIMF（国際通貨基金）の成立にも関わったことでも知られている。0-11、9-247

限界効用　ある財の消費を追加的に少し増やしたときに生じる効用の増加分。2-62

限界収入　ある財を追加的に供給することによって入ってくる収入。3-80、5-123

限界消費性向　所得が増えたとき、そのうちのどの程度が消費にまわされるかを示した数値。10-281

限界生産性逓減　生産量が増えるにしたがって生産性が次第に低下していく現象。15-431

限界税率　所得が少し増えたときそのうちどれくらいが税金にもっていかれるかを示した数値。14-407

限界費用　生産を追加的に増やすことに伴う費用の増加分。3-73、3-80、5-124

限界費用価格形成原理　価格をその財やサービスの限界費用に等しく設定することで効率的な資源配分が実現するという考え方。6-162

限界変形率（Marginal Rate of Transformation）　生産フロンティアの傾きによって表わされる数値であるが、ある財を少し増やすためには他の財の生産をどれだけ犠牲にしなくてはならないかを示す。16-462

現金預金比率（現金性向）　人々が現金と預金をどの程度の割合で持つかを示した数値。貨幣（信用）乗数の大きさに影響を及ぼす。11-313

ケンブリッジ方程式　貨幣量が名目所得にマーシャルのkと呼ばれる定数をかけたものに等しくなるとする考え方。11-322

公開市場操作　中央銀行が手持ちの債券や手形を売買することで、市場の資金量を調整し、市場金利を変化させようとする政策。買いオペレーションは金融緩和の効果を持ち、売りオペレーションは金融引き締めの効果を持つ。11-312

公共財　いったん供給されれば多くの人々が同時に利用できるような財やサービス。代表例としては、国防や放送などがある。6-156

公共支出　政府消費と公共投資をあわせたもの。9-260

公共投資　道路や港湾など公共設備に対する投資。民間投資を除いた政府が行なう投資をいう。9-260

合成の誤謬　個別にみれば（ミクロレベル

経済学基本用語解説

でみれば）正しいことも、社会全体でみると（マクロレベルでみると）正しくない現象のこと。例としては、「一人ひとりが貯蓄を増やそうとすることで、社会全体では貯蓄が下がってしまう」などがある。0-8

行動経済学 D.カーネマンが 2002 年にノーベル経済学賞を受賞したことで、行動経済学に対する関心が高まった。伝統的な経済学では合理性という前提がその基礎にあるが、そうした合理性では説明できない経済行動をいかに考えるかということで脚光を浴びている学問分野。人間の感情や心理に左右される面に着目し、消費者や投資家の行動に応用されることが期待されている。0-9、2-59

効用（utility） 消費活動から生まれる喜びを表わした指標。2-53

効率性賃金仮説 賃金が高めに設定されることを説明した考え方の一つ。ある程度高い賃金のほうが労働者の生産性も高くなるので、失業があっても賃金が下がらない現象を説明できる。13-384

高齢化率 65歳以上の人口が総人口に占める割合。高齢化の程度を示す指標である。14-395

コールレート 銀行間のごく短期の資金貸借に伴う金利。日本の政策金利は、従来は公定歩合（現在は基準貸付利率と呼ばれる）であったが、近年ではコールレート（無担保コール翌日物金利）を誘導目標としている。11-311

国際マクロ経済学→開放マクロ経済学 16-455

固定費用 生産量に依存せずに、生産するからには必ずかかる費用のこと。3-72

コミットメント 先に自分が行動を起こすことで、自分に有利になるようにする戦略的行動。8-236、8-239

さ行

在庫投資 売れ残った企業の在庫を在庫投資として投資の一部に算入することで、GDPの三面等価が恒等式として成立する。9-261

裁量的政策 マクロ経済の状況を見ながらマクロ経済政策によって微調整していこうという政策スタイル。12-348

GNI（国民総所得：Gross National Income） 一国の居住民が消費や投資に使える総価値。GNPに交易条件の変化を追加したもの。9-253

GNP（国民総生産：Gross National Product） 一国の居住民が1年間に生み出す付加価値（要素所得）。GDPにその国の居住民が海外とやりとりする要素所得の出入りを調整したもの。9-252

GDP（国内総生産：Gross Domestic Product） 一国内で1年間に生み出された付加価値の合計。9-252

GDPデフレーター 名目GDPを実質GDPで割ることによって求められる物価指数。9-255

GDPの三面等価 GDPは、各産業の付加価値の合計、各生産要素の要素所得の合計、いろいろな支出項目の合計という三つの面を持つが、その三つが必ず等しくなっているという原理。9-264

シグナル 自分の供給する財・サービスの品質が相手に見えないとき、コストをかけ

てその品質を相手に教えようとする行為。7-184、7-192

資源配分 生産要素や生産物がどのように使われていくかという状態のこと。16-460

自己選択メカニズム 買い手や売り手がみずからの情報を明らかにするように仕向ける経済メカニズム。7-197

資産保有動機 貨幣を資産として保有しようとする動機。11-322

市場的資源配分 市場メカニズムに資源配分をゆだねること。16-465

市場の均衡点 需要と供給が一致するところ。3-84、4-93

市場の失敗 外部効果、公共財、費用逓減産業のケースなど、市場の自由な取引にゆだねると資源配分の最適性が保証されないケース。0-5、6-163

指数 物価などを表わすために使う数値表現法で、ある基準時点に対してその時点の数値がどの程度の割合になったかを表わす。13-360

自然失業率 完全雇用の状態でも失業率はあるが、そのときの失業率のこと。実際の失業率は自然失業率よりも高くなったり低くなったりする。12-349、13-377

実効為替レート ある通貨のさまざまな通貨に対する為替レートをウェイト付けして平均化したもの。16-448

実質貨幣需要関数 実質貨幣残高に対する需要を、実質GDPと利子率の関数として表わしたもの。11-324

実質為替レート 為替レートを物価で調整したもの。円ドルレートでいえば、通常の名目レートにアメリカの物価指数をかけて、それを日本の物価指数で割ることによって求めることができる。16-448→名目為替レート

実質金利 通常の金利である名目金利から物価上昇率あるいはその期待を引いて実質化したもの。投資や消費はこの実質金利に依存して動く。13-366→名目金利

実質GDP 各産業の付加価値を基準年の価格で計算することで実質化したGDP。物価の変動とは無関係に測ることができる。9-255→名目GDP

実質実効為替レート それぞれの通貨について計算した実質為替レート（名目為替レートを物価指数で調整したもの）をウェイト付けして平均した他通貨全体に対する為替レート。16-450

シニョレッジ 貨幣発行権のこと。政府・中央銀行は貨幣を発行する権利を持っており、それによってある程度の収入をあげることができる。13-364

支払い準備 銀行は預かった預金の一定割合を中央銀行へ預けておくが、その額をいう。11-309

資本係数 経済全体の資本量と生産量の比率のことで、技術的に決まる係数であるが、成長率決定に重要な意味を持つ。15-428

社会的限界費用 外部効果などがあるとき、その費用まで含めて考えた限界費用。6-153

奢侈品 必需性の弱い財やサービスで、需

経済学基本用語解説　479

要の価格や所得の弾力性は大きい。2-43

収穫逓減の法則　生産要素の投入を増やしていっても、次第に生産量の増え方が逓減していく現象。15-434

就職率　自然失業率を決定する要因の一つだが、失業者がどのような割合で就職していくかを表わした比率。13-381

終身雇用　戦後日本に定着した仕組みで、生涯一つの企業に勤めるような雇用制度。13-387

囚人のディレンマ　ゲーム理論の標準的なパターンで、お互いが利己的に行動すると結局全員が損をするような状況。いろいろなケースに応用できる。8-207

需要関数　需要量が価格や所得などの変数によって決まるという関係を示したもの。2-51

需要曲線　価格と需要量の関係をグラフに描いたもの。1-19、2-41

需要曲線のシフト　所得などの外生変数が変化したとき、需要曲線が動く現象。これを使って外生変数の変化の影響が分析できる。2-52

需要の価格弾力性　価格の変化に対して需要量がどのように反応するのかを、変化率によって表わしたもの。1-26

乗数（値）　投資や政府支出が拡大するとGDPはその数倍の大きさで拡大するが、この増幅の割合を表わしている。10-283

乗数プロセス　投資や政府支出などが増えると、生産増→所得増→需要増→生産増と累積的なメカニズムが起こるが、このプロセスをいう。10-282

消費関数　消費を所得などの関数として表わしたもの。10-286

消費者価格　消費者が支払う価格。消費税などがあるときには、生産者が受け取る生産者価格と区別する必要がある。1-34

消費者物価指数（CPI）　消費者の需要するような財・サービスをバスケットにとって測った物価指数。13-360

消費者余剰（consumer's surplus）　人々がある価格である財やサービスを購入しているとき、その財・サービスを購入するためには最大いくら出してよいと考えているのかという金額と、実際に支払っている金額の差が、消費者余剰となる。要するに、消費者がその財を購入したことでどれだけ得をしたと感じているのか金銭価値で表したものである。2-56

情報の非対称性　売り手と買い手の間に情報格差があると、経済的におかしなことがいろいろ起こる。こうした現象を一般的に指す。7-187

情報の不完全性　経済に関する情報が完全ではないケース。7-184

所得分配　人々の間で所得がどのように分配されるかを示したもの。0-6

新古典派　市場メカニズムを信奉して、マクロ経済政策においては安易な政策的介入よりは均衡財政や貨幣数量安定などのルールを堅持すべきであると考える学派。9-248、12-351

新古典派の成長理論　代表的なモデルにソロー・モデルがある。労働が成長の制約に

なり、長期的な経済成長率は労働力の伸び率で規定される。15-429

信用乗数 貨幣供給量とハイパワード・マネーの間にはある一定の比例関係があるが、これはその数値をいう。11-312、11-314

静学的分析 経済をスナップショットとしてとらえて分析する手法。15-423

生産者価格 生産者が受け取る価格で、消費税などがあるときには、消費者が支払う消費者価格と乖離する。1-34

生産者余剰 生産者の収入から可変費用(限界費用の累積値)を引いたもので、消費者余剰とともに市場評価などに使う。3-81

生産要素 資本や労働など生産に使われるもの。4-98、9-265

正常利潤 企業がきびしい競争にさらされているときにぎりぎりに稼げる利潤。これよりも低ければその企業はその産業から退出するし、それよりも高ければ外から参入が起こるような水準の利潤である。5-135

成長方程式 経済成長率を、さまざまな生産要素の伸び率と技術進歩率(全要素生産性の伸び率)に分解して表わしたもの。9-267、15-423

税の価格への転嫁 消費税などが課されたとき、それが消費者価格の上昇をどの程度引き上げるかをみたもの。4-106

ゼロサムゲーム プレイヤーの利得を足したときにゼロとなるゲーム。8-216

戦略的行動(strategic behavior) 自分の行動が相手にどのような影響を及ぼすのかということを読みながら、自分の行動を決めること。8-206

総需要 マクロの需要サイドを表わしたもので、さまざまな経済主体の支出行動や金融市場の動向によって決まる。9-267

総費用曲線 供給量(生産量)と総費用の関係を表わした曲線。3-71

組織的資源配分 市場を通じてではなく、企業などの組織内の資源配分を指す。16-466

た行

大数の法則 独立な試行が何度も繰り返されると、調査したものの平均は、すべての可能な観測しうるものの平均に等しくなるという法則。保険に関していうと、保険への加入者が多いほど火災の発生頻度が保険に加入していない者も含めて全体の火災頻度に近づくことから、正確に予測できるというもの。7-175

抱き合わせ販売 二つ以上のものを組み合わせで同時に買わないと売らないという行為で、独占禁止法上問題がある。2-56

多国籍企業 複数の国にまたがって活動している企業。16-465

ただのり(フリーライダー) 公共財に関連して出てくる考え方で、他の人が公共財のコストを負担してくれるのであれば、自分は費用を払わなくてすむ。このため、個々の消費者はみずからの選好を正しく表示せず、資源配分の歪みが生じる。6-158

WTO(世界貿易機関) GATT(関税と貿易に関する一般協定)と比較して権限が強

化される形で1995年1月に設立。モノの分野のみならず、サービスや特許・商標などの知的所有権を含む包括的な機能を持つ。*16-464*

ダンピング 国内よりも安く輸出したり、原価割れで輸出する行為。輸入側からアンチダンピングという摘発を受けることが多い。*2-50*

地域独占 地理的な条件を利用して、ある地域だけで独占的な位置にあること。*5-137*

遅行指標 景気などの変化に対し遅れて動きが出てくる経済指標。先行指標に対応。*13-376*

中央銀行預け金（リザーブ） 市中銀行が預金の一定割合を中央銀行に預けたときの準備預金。*11-308*

超過供給 価格が高すぎて、供給量のほうが需要量よりも大きくなっている状態。*1-21*

超過需要 価格が低すぎて、需要量のほうが供給量よりも大きくなっている状態。*1-22*

直接投資 海外での生産や流通活動、あるいは企業買収のために海外に投資すること。*15-439、16-465、16-467*

賃金の下方硬直性 さまざまな制度的、構造的理由によって失業が多くても賃金がなかなか下がらない現象。*13-382*

動学的分析 経済を動画のように連続的な動きの上で分析する手法。経済成長論などで有効な方法である。*15-423*

独占的競争 価格支配力を個々の企業が持つが、自由な参入が起こって過大な利益はあげられないというような市場状況。*5-141*

トランスファー・プライシング（transfer pricing） 複数の国で活動している多国籍企業が税率の低い国で利益をあげるように価格を操作すること。税務当局が監視している。*16-467*

取引動機 定期的に財やサービスを購入するため一定額の貨幣を手元におこうとする動機。*11-322*

トレードオフ あるものを実現しようとすれば、他のことを犠牲にしなくてはならないという関係のこと。経済問題を考えるときのエッセンス。*0-4*

な行

内需 国内需要である消費、投資、政府支出の和をいう。国内総生産は、この内需と外需（輸出から輸入を引いたもの）から成り立っている。*9-261*

内生的成長モデル 成長率が技術進歩などによって変化することを分析できる経済成長モデル。*15-434*

内生変数 経済モデルのなかで決まる変数で経済分析の対象となる。*2-52、3-70*

ナッシュ均衡 すべてのプレイヤーの戦略が、それぞれ相手のとった戦略に対して最適反応となっている状態をいう。*8-217*

二部料金制 一定の基本料金と、サービスや財の消費量に応じて追加料金が課される仕組み。*6-165*

年功賃金制　勤労年数とともに自動的に賃金が上がっていく制度。7-185、13-387

ノンゼロサムゲーム　プレイヤーの利得を足したときにゼロとならないゲーム。8-216

は行

ハイパワード・マネー　中央銀行へのリザーブと市中を流通している現金の和のことで、中央銀行のバランスシートに出てくる政策対象である。11-310

薄利多売　価格を低くしても多く売ろうとする行為。2-49

派生需要　ある財に対する需要の増加が他の財への需要の増加を促す現象。10-281

場の情報（information on the spot）　資源配分に必要な情報がどこかに集中するのではなく、個々の当事者に散らばっていることをいう。4-103

ハロッド＝ドーマーの基本式　成長率が貯蓄性向を資本係数で割ったものに等しくなるというハロッド＝ドーマーの成長モデルの基本式。15-428、15-440

ハロッド＝ドーマー理論　資本蓄積が貯蓄によって決まり、生産量と資本ストックの間に比例的な関係があるという二つの前提にもとづいた経済成長モデル。15-428

比較優位　すべての国には、それぞれに相対的に優位な産業があり、それによってすべての国は貿易によって利益を受けることができるという考え方。リカードによって提唱された学説。4-115、16-459

非競合性　その財を他の人が消費したからといってその価値が失われるものではないこと、つまり多くの人が同時に消費できるという性質。6-156

ピグー税　公害などの外部不経済があるとき、税金を課すことによって外部不経済を発生させる経済活動を抑制しようとする手法。7-152

必需品　生活するうえで必要度が高い財やサービス。需要の価格弾力性や所得弾力性が低いという性質を持つ。価格が下がったり所得が増えてもそれほど需要が増えないかわりに、価格が上がったり所得が下がっても需要があまり減らないからだ。2-43

排除不可能性　ある特定の財・サービスを、それに対する対価を払っていないからといってその消費から排除することがむずかしいという性質。6-157

費用逓減産業　生産量が増加するほど、平均費用が下がっていくような産業。スケールメリットが働いている。6-161

ファイン・チューニング（微調整）　経済の状況の変化に合わせて、少しずつ財政金融政策を調整していこうとする政策スタイル。ケインジアン的な政策手法と考えられている。9-247、12-347

フィッシャー効果　物価上昇率が上がれば、それに応じて名目金利も上がるという現象。13-366

フィリップス曲線　インフレ率と失業率の間に存在するといわれているトレードオフの関係。12-347

付加価値　その産業や経済が新たに生み出した生産価値のことで、通常は生産額から原材料の費用を引いて求める。これは賃

金、利潤、地代などの要素所得に分配される。9-262

不動産の証券化 不動産の所有権を証券として発行し、ビルの建設コストや管理コストのための資金を調達する仕組み。これによってビル建設など不動産プロジェクトのリスクが多くの投資家に分散できる。7-180

部分均衡分析 特定の産業だけに焦点をあてて、需要曲線と供給曲線で分析する手法。4-98

プライス・テイカー（price taker） 他の人がつけている価格と同じ価格でしか売れないような立場にある供給者。たとえば、野菜を作っている農家は、自分で価格を決めるのではなく、市場価格で売るしかない。競争相手が非常に多い完全競争市場では、個々の企業は他の企業が設定しているのと同じ価格でないと競争できないと考える。3-77

プライマリー・バランス（基礎的財政収支） 公債金収入を除いた歳入と利払費および債務償還費を除いた歳出の差。これが均衡していれば、経済成長率が金利よりも高い限り、政府債務の対GDP比は次第に縮小していく。14-410

フランチャイズ契約 メーカーや販売会社がチェーン展開するにあたって、本部（フランチャイザー）が、加盟店（フランチャイジー）に販売権（フランチャイズ）を与える契約。本部はその見返りとしてロイヤルティなどをとる。7-180

フリードマン、ミルトン アメリカの経済学者（1912～2006）。1976年にノーベル経済学賞受賞。長期的には失業率は一定であり、政府による総需要管理政策（財政政策や金融政策）は経済を不安定化させるものになりかねないと批判した。8-230、12-348

プリンシパル（依頼人） エイジェンシー関係において、代理人（エイジェント）に依頼する立場にある経済主体。エイジェントが自分に都合のよい行動をとる誘因を持つように、取引条件などに工夫をこらす。7-199

平均税率 所得全体に対してどれだけの税金を支払っているかを両者の比率で表わした数値。14-407

平均貯蓄性向 所得全体に対してどれだけの貯蓄をしているのかを両者の比率で表わした数値。15-428、15-440

平均費用 単位生産当たりの費用であり、総費用を生産量で割って求めることができる。3-73

ベース・マネー ハイパワード・マネーのことで、中央銀行へのリザーブと現金の和。中央銀行のバランスシートに出てくる。11-310

変動為替レート制の（インフレ）隔離効果 変動為替レート制下では、海外で起きたインフレなどは為替レートの調整によって国内に波及してこないという考え方。16-455

法定預金準備 市中銀行は預かった預金の一定割合を中央銀行にリザーブ（準備）として預けることを要求されるが、その準備額のこと。11-309

法定預金準備率 法定預金準備の預金額に対する比率のこと。これを調整することも金融政策の重要な手法である。11-309

法と経済学　法体系を経済学の論理で分析する学問分野。経済学のツールを用いることで、法制度が経済活動に与える影響をより明確にするというもの。0-12

ま行

マーシャルのk　貨幣量と名目GDPの比率のことで、ケンブリッジ方程式の係数でもある。11-322

マクロ経済学　経済を、消費、投資、貿易、GDPなどごく簡単な集約化した変数だけで概観する経済分析。0-8

マネーストック　経済に流通している預金と現金の和。預金としてカバーするものの範囲によってM1やM2などの指標がある。11-308

マネタリー・ベース　ベース・マネーのこと。11-310

マネタリスト　経済の動きは貨幣の量によって決定される傾向があるというのがもともとの考え方だが、新古典派として発展している。9-248

マンデル＝フレミングの理論　海外との貿易や投資によって為替レートが変化し、それが国内のマクロ経済にも影響を及ぼすという視点を導入してマクロ経済を分析する考え方。16-457

ミクロ経済学　個別市場や生産・投資など実物経済の資源配分を分析する分野。0-8

民間投資　企業部門による設備投資や在庫投資などを含んだもの。また、家計および企業部門による住宅建設のための投資額も民間住宅投資と呼ばれ、民間投資の一部としてGDPに算入される。9-260

名目為替レート　通常の為替レートのこと。実質為替レートと区別するためこうしたいい方をすることがある。16-448→実質為替レート

名目金利　通常の金利。実質金利と区別するためこうしたいい方をすることがある。13-366→実質金利

名目GDP　通常のGDPのこと。9-255→実質GDP

モラルハザード　ある人が利己的に行動するため、その人も含めて多くの人が被害を受ける現象。情報が不完全な世界ではこうした行為を抑えることが困難であり、制度的な工夫が必要となる。7-175、7-201

や行

夜警国家論　国家はなるべく干渉しないで、警察（夜警）ぐらいにとどめるべきだという考え方。アダム・スミスの議論にもとづく。4-116

有効求人倍率　求人数と求職者数の比率。これが大きいほど雇用状況はいい。職業安定所（ハローワーク）でのデータにもとづく。13-375

預金準備率　預金準備と預金額の比率。11-313

予備的動機　いざというときのために貨幣を持とうとする動機。11-322

ら行

リカード仮説　人々は将来を見通して行動しているので、現在景気対策で減税を行なっても、将来の増税を読まれて景気刺激効果が出ないという考え方。14-415

離職率 自然失業率を決めるうえで重要なパラメターであるが、就業している人が一定期間に何パーセント離職するかを示した数値。*13-380*

利得（ペイオフ） ゲームに参加するプレイヤーがゲームの結果として得る良し悪し（得失）を数値で示したもの。*8-208*

流動性の罠（liquidity trap） 貨幣需要が利子率に対して非常に弾力的になり、これ以上利子を下げられないような状況。金融政策が効きにくくなるといわれる。*12-340*

累進税 所得が高くなるほど平均税率や限界税率が上昇していく税体系。*14-407*

レモン市場 売り手と買い手の間で情報の非対称性があり、市場メカニズムがうまく機能しない市場。*7-186、13-385*

演習問題解答

Part 1　ミクロ経済学

1

1. (1) 均衡価格、超過供給、超過需要
   (2) 一物一価
   (3) 豊作貧乏、非弾力的
2. 供給量が 50 であれば価格は 500 になるので、生産者全体の収入は 25000 ($=500\times50$)。需要の価格弾力性は $1\left(=-\dfrac{\Delta D}{\Delta P}\times\dfrac{P}{D}=\dfrac{1}{10}\times\dfrac{500}{50}\right)$ となるので、生産者の収入は供給量を少し増やしてもほとんど変わらない。豊作貧乏は、需要が非弾力的なときに供給量を減らせば総収入が増えるというものであるが、この場合は豊作貧乏という現象は起きていない。
3. (1) 均衡価格は 25。需要・供給量は 75。
   (2) 均衡価格は 32.5 になる。これは 10 だけ上方にシフトさせた供給曲線を用いて計算できる。消費者は課税前と比べて 1 単位当たり 7.5 ($=32.5-25$) だけ余分に支払うことになり、生産者にとっても収入が課税前と比べて 1 単位当たり 2.5 ($=25-(32.5-10)$) だけ少なくなる。したがって、10 の消費税はそれぞれ生産者に 2.5、消費者に 7.5 転嫁されたことになる。
   (3) 需要・供給量は 67.5 になるので、政府税収は 675 ($=10\times67.5$) になる。
4. (1) 野菜の需要に所得や嗜好の変化の影響がほとんど見られず、したがって、需要曲線があまり変化せず、供給曲線に関してだけ天候の変動などで動くという前提のもとでは、価格と収穫量のデータをつないでいくと野菜に対する需要曲線が描けることになる。
   (2) 価格の大きな変動の原因は需要曲線と供給曲線の傾きにある。食料品などの一次産品は価格が上がっても需要があまり下がらない、すなわち需要が価格に対して非弾力的なものであり、需要曲線の傾きは急になっている。また、食料品などは長くは貯蔵できず、売りさばかないといけないので価格が下がっても供給量があまり減らない、すなわち供給も価格に対して非弾力的であり、供給曲線の傾きも急になっている。両曲線の傾きが急なので、食料品などの供給量が多少変動するだけでもその価格が大きく変動してしまうことになる。
5. (1) ×。供給が価格に対して弾力的でないとき、需要の増加は価格の上昇につながる。供給

が価格に対して弾力的であれば、確かに需要が増えても価格はそれほど変化しないといえる。しかし、供給が価格に対して非弾力的であり、需要の価格弾力性がとても小さければ、外生的な要因による需要の変化によって価格は大きく変化する。

(2)○。需要の価格弾力性が小さい、すなわち需要曲線の傾きが急であれば、消費者にとっての課税後の価格は課税前と比較してほとんど課税額だけ上昇することになる。したがって、消費税の大半は消費者価格に転嫁されることになるといえる。

(3)×。需要の外生的な変動により需要曲線がシフトする。需要が価格弾力的、すなわち需要曲線の傾きがなだらかであれば、供給曲線が弾力的でも非弾力的であっても価格が大きく変動することはない。

2

1. (1)外生変数、内生変数、位置が変化（シフト）
   (2)限界的評価
   (3)金銭的価値
2. 消費者の財の需要量は60。商品への支払いは600（＝60×10）。消費者余剰は450（＝60×(25－10)÷2）となる。
3. 石油価格の上昇によって日本の輸入額が増大するか減少するかは、石油に対する需要量が価格に対してどの程度敏感に反応するかに依存する。短期では調整がむずかしく、石油需要は価格に対して非弾力的であると考えられる。したがって価格の上昇により、輸入額も増大することになる。石油は日本の輸入のなかで大きなシェアを占めているので、日本の経常収支は大幅な赤字を示すことになる。これに対して代替エネルギーの開発など石油価格の上昇に対する対策が講じられる長期においては、石油需要は価格に対して弾力的になると考えられる。このような需要曲線のもとでは、価格の上昇により大幅な需要の減少をもたらすので、石油輸入額は減少することになる。その結果、経常収支が黒字方向に動く可能性が強いということになる。
4. (1)4台の乗り物に乗る。このとき太郎の消費者余剰は1400円で最大化されているから。
   (2)消費者余剰1400円は入場料500円よりも大きいので、太郎はこの遊園地に行って乗り物4台に乗ろうとする。
   (3)太郎の行動は変わらない。
   (4)このとき太郎は2台の乗り物に乗る。消費者余剰は700円になり、これは入場料500円よりも大きいので、遊園地に行って2台の乗り物に乗ろうとする。
   (5)乗り物4台の消費者余剰は1400円であり、これは入場料3000円よりも小さいので太郎は遊園地に行かなくなる。図で表わすとすれば次ページのようになる。

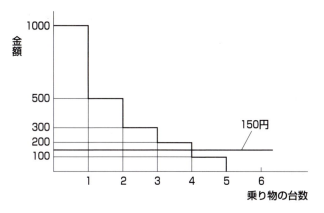

5. (1)×。需要が価格弾力的であれば、価格の上昇によって需要量が大きく減少するので支出額は小さくなる。
  (2)×。価格の変化などの内生変数の変化による需要の変化が需要曲線上の動きになる。所得の変化などの外生変数の変化による需要の変化は需要曲線のシフトとして表わされる。
  (3)×。消費者余剰は、財に対する限界的評価が大きかったり、価格が低いほど大きくなる。所得の多寡にはよらない。

3

1. (1)総費用、平均費用、限界費用
  (2)限界費用
  (3)粗利潤（生産者余剰）、利潤
2. (1)総費用は130。平均費用は13（総費用を生産量で割ったもの）。限界費用は3（生産量を1単位増加することに伴う費用の増加分）
  (2)下の図を参照。

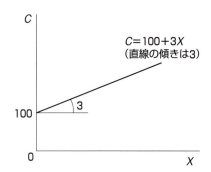

(3)下の図を参照。

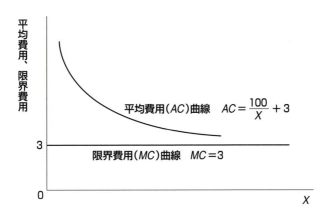

(4)図より、平均費用は $X>0$ の範囲で逓減している。

3.(1)供給量は 10 になる。完全競争下では企業は価格が限界費用と等しくなるところまで供給して利潤最大化を図るため。したがって、$30=3X$ となり、これを解いて $X=10$ となる。

(2)生産者余剰は $150(=30×10÷2)$。生産者余剰は価格線と限界費用曲線で囲まれた領域になる。

(3)固定費用が 100 であれば生産者余剰 150 よりも小さいので、企業はこの財を供給する。しかし、固定費用が 300 であれば生産者余剰 150 よりも大きくなり、企業はこの財を供給しない。

4.(1)総費用曲線はつぎのように書ける。

費用曲線 1 は費用曲線 2 よりも固定費用の差だけ上方に位置する。

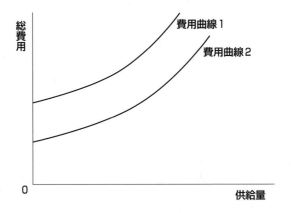

(2) 個々の企業の供給曲線は限界費用曲線に一致するので、$S_i = P$ となる。ここで S_i は個々の企業の供給量、P は価格である。市場全体の供給量 S はこれを 100 社全体で横軸方向に足し合わせたものになるので、$S = 100P$ となる。

5. (1) ×。価格弾力性の大きな供給曲線ほどその傾きは小さくなる。

   (2) どちらともいえない。固定費用が大きいときは生産量が拡大していくにつれて単位当たりの固定費用が小さくなっていくので、平均費用もあるところまでは右下がりになるが、生産量が大きくなっていくと、可変費用の部分が逓増し、平均費用も増大していく。

   (3) ×。平均費用が逓減的なところでは平均費用が限界費用よりも大きくなっている。

   (4) ◯

4

1. (1) 限界費用、限界的評価
   (2) 生産者の限界費用
   (3) X 非効率（性）

2. (1) 生産量は 100。総余剰は $10000 (= 200 \times 100 \div 2)$。資源配分をもっとも効率的にする生産量は需要曲線と供給曲線が交わるところである。

   (2) 価格（限界的評価）が限界費用に等しくなっているから。またこのとき総余剰は最大となっている。

   (3) 消費課税により供給曲線は上方に 20 だけシフトする。供給曲線は $S = p - 20$ となるので、均衡需給量は 90 となる。このとき、消費者余剰は $4050 (= (200 - 110) \times 90 \div 2)$、生産者余剰も $4050 (= (110 - 20) \times 90 \div 2)$ となり、税収は $1800 (= 20 \times 90)$ となる。

   (4) (3) で求めた三つの和は 9900 となり、(1) で求めた総余剰 10000 と比べて 100 だけ小さい。これは課税により需要や供給に影響を及ぼすからである。この 100 の余剰の損失は「厚生の損失」と呼ばれる。

3. (1) 価格は 25、需給量は 75、消費者余剰は $2812.5 (= (100 - 25) \times 75 \div 2)$、生産者余剰は $937.5 (= 25 \times 75 \div 2)$ となる。国内だけの取引であれば需要曲線と供給曲線の交点で均衡価格と生産量が決定する。

   (2) 国内価格は 10（この価格でいくらでも買えるから）。需要量は 90、供給量は 30（それぞれ価格が 10 であるときの需要量と供給量である。この差 60 が輸入量になる）。消費者余剰は $4050 (= (100 - 10) \times 90 \div 2)$、生産者余剰は $150 (= 10 \times 30 \div 2)$ となる。

   (3) 自由貿易の結果、総余剰が 450 だけ増える。したがって海外との自由貿易をすることは望ましいといえる。これは貿易の利益と呼ばれる。また、貿易の結果、生産者余剰が小さくなっていることがわかる。多数いる消費者と比べて生産者の一人当たりの損失は大

きなものになるため、生産者は輸入自由化を阻止するインセンティブを強く持つことになるといえる。
4. 個々の消費者の嗜好や生産者にかかる費用といった情報はそれぞれの当事者がいちばんよく理解していることであり、そういった情報を中央の計画当局がすべて収集して生産計画を行なうということは不可能であるということ。
5. 価格を通じた需要と供給の調整が行なわれ、そこで個々の消費者の限界的評価、個々の供給者の限界費用がすべて価格に等しくなり、最適な資源配分が実現するという現象。

5

1. (1) 平均収入、限界費用、価格弾力性
   (2) 過小、限界費用
   (3) 低い
2. (1) 独占企業の供給量を X とすると、X をすべて売りきるための価格は $p = 50 - X/2$ となる。したがって独占企業の総収入 (R) はこれに供給量をかけて、$R = (50 - X/2)X$ となる。
   (2) R を X で微分すると $MR = 50 - X$ が得られる。
   (3) 価格は30。供給量は40。独占企業の利潤最大化行動は、利潤（＝総収入−総費用）を供給量について最大化したもの、すなわち限界収入＝限界費用を満たすように供給量を決定することである。この場合、$50 - X = 10$ より、これを解いて $X = 40$ となる。これを需要関数に代入して独占企業が設定する価格 $p = 30$ が求められる。
   (4) 総収入は $1200 (= (50 - 40 \div 2) \times 40)$、総費用は $400 (= 10 \times 40)$ であるので、利潤はその差800となる。
   (5) 社会的に最適な供給量は、価格が限界費用に等しくなるところであるので、$p = 50 - X/2 = 10$。これを解いて $X = 80$ となる。このときの総余剰は $1600 (= 80 \times 40 \div 2)$ となる。独占のときの総余剰は $1200 (= 20 \times 40 \div 2 + 20 \times 40)$ となる。したがって、独占による厚生の損失は400となる。
   (6) 企業にある水準以上の価格をつけることを禁止するような上限価格規制をかけるとよい。しかしこうした価格規制は、市場の需要や企業の費用についての十分な情報がないと、かえって資源配分のゆがみが大きくなるという危険性をはらんでいる。
3. (1) 独占的行為による価格では限界的評価が限界費用よりも大きくなっているから。
   (2) 需要の価格弾力性が大きければ、少しでも価格を上げると需要が大幅に減少するので価格を高くするインセンティブが小さくなる。需要の価格弾力性が無限大であれば完全競争の価格と一致する。
4. (1) ○。需要の価格弾力性が小さければ価格を多少高くしても需要はそれほど減少しないの

で、価格を高くする余地が大きくなる。
(2)○。生産補助金によって独占企業の供給量を増やすことができる。
(3)×。企業にある水準以上の価格の設定を禁止する上限価格規制によって十分低く価格の水準を抑えられれば、供給量は一般的に増大する。
(4)×。公正取引委員会（2001年の省庁再編に伴い総務省に入る）。

6

1. (1)外部効果（外部性）、市場の失敗、ピグー税
   (2)限界費用、限界費用、平均費用
   (3)公共財
2. (1)望ましい供給量は、限界的評価と限界費用が一致したときの水準であり、これを求めると900となる。またそのときの価格は100となる。
   (2)供給量900における平均費用は約133.3($≒(900×100+30000)÷900$)になり、価格が平均費用を下まわってしまい、損失が生じる。実際に求めると総収入は90000（$=900×100$）であるのに対して総費用は120000（$=900×100+30000$）となり、30000の損失が生じる。
   (3)採算を合わせるためには、もっと高い価格をつけるか政府が損失を補助しなくてはならない。しかし、前者の場合では限界費用を超える価格の設定は資源配分の観点から望ましくない。後者の政府が損失を補助する場合には補助の額が消費者余剰よりも小さい限り、正当化できる。ここでは損失額は30000であり、消費者余剰は405000（$=900×900÷2$）なのでこうした政策は正当化でき、補助金によってこの問題を解消できる。
3. (1)市場の自由な取引にゆだねたときは、需要曲線と供給曲線（限界費用は20）の交点を求めることで供給量を80と求めることができる。価格は20となる。ここでは限界費用曲線が一定、すなわち供給曲線が水平であるので生産者余剰はゼロになる。したがって、総余剰は消費者余剰から公害の費用を引いたものとなる。消費者余剰は3200（$=80×80÷2$）であり、公害の費用は800（$=80×10$）なので総余剰は2400となる。
   (2)社会的に最適な供給量は私的限界費用20に公害の限界費用10を加えた社会的限界費用30と価格が等しくなる点である。これを求めると供給量は70になる（このときの総余剰は公害の費用が除かれた消費者余剰に一致し、2450（$=70×70÷2$）となる）。
   (3)財1単位当たり10だけの税金を課せばよい。課税することで供給曲線が上方にシフトし、限界的評価と社会的限界費用が一致する点で生産が行なわれることになるから。
4. (1)一人ひとりの需要曲線は$x=10-P$となる。100人全体の需要量はこれを100人分、縦軸方向に足したものになるので、$100(10-x)=P$、すなわち$x=10-P/100$となる。

(2)限界的評価の総和が限界費用と一致する水準となるので、$100(10-x)=10$。これを解いて $x=9.9$ となる。総余剰は $4900.5(=9.9\times990\div2)$。

(3)公園の規模が9.9のときの限界的評価の総和は10である。一人ひとりの限界的評価はそれぞれ $0.1(=10\div100)$ なので住民一人当たり0.1ずつ払えばよい。

(4)望ましい資源配分を行なうためには各人の限界的評価が正確に表明され、把握されなければならない。しかし実際には公共財の排除不可能性によって、公共財が供給されたときにはその利用を妨げられないので、費用を負担せずに公共財を消費しようという人（フリーライダー）が現われ、正確な限界的評価を測ることができなくなる。こうしたことから通常の意味での価格メカニズムが働かなくなり、望ましい資源配分が実現できない。

5.(1)外部性の内部化とは、これまで考慮してこなかったお互いの経済主体間の外部効果を考慮に入れることで最適化を図るというものである。具体例として企業の吸収合併や垂直統合などがある。鉄道と沿線の不動産業でいうならば、それらの間で鉄道サービスが向上すれば沿線の地価が上昇するといったように、さまざまな外部効果が生じている。外部性を内部化し、鉄道業が不動産業をも経営することで、それまでは別々に最適化を図っていたものが両部門の相互依存関係を十分考慮に入れた経営を行なうことで資源配分の損失を解消することができる。

(2)費用逓減産業では、価格を限界費用と等しいところで設定すると損失が生じ、採算が合わなくなるという問題が生じるが、二部料金制を利用し、損失分をあらかじめ固定額で請求してカバーし、需要に応じて限界費用分の支払いを行なっていくことで資源配分を改善することができるというものである。二部料金について電話でいえば、加入料金が固定費用をカバーする固定支払い額にあたり、電話をかけるごとにその度数に応じて限界費用としての通話料を払うということになる。

(3)テレビ放送はアンテナがあればだれでも自由に見ることができる。このサービスを市場の自由な取引にゆだねてもフリーライダーの問題が生じるため、採算をとることができなくなってしまうと考えられる。ただこの場合、デジタル放送のように課金ができ、利用者全員に対して強制的に料金を設定して徴収することができれば、フリーライダーの問題が生じにくくなる。

(4)公共財の供給にあたっては正確な限界的評価を測ることができないため、はたして社会が公共財の供給を望んでいるかどうかということが判断できなくなる。通常の意味での価格メカニズムが働かなくなるので、強制的な料金の徴収を補完する方法として選挙を利用するということがある。たとえばある町で橋をかけるかどうかということに関して、住民投票で決めるということが考えられる。あらかじめ総費用がいくらぐらいになるかということがわかっていて住民の限界的評価の総和がそれを上まわり、橋の建設をするのであれば住民に対して強制的に徴税を行ないうるというものであるが、これは市

場の代わりを投票という決定方法にまかせたということになる。
6. (1)○。課税でも補助金でもどちらでも同じ効果を持つ。課税であれば、1単位生産を少なくすることで税を課すことになり、補助金であれば、1単位生産を増やすことで補助金が得られるようにする。
  (2)×。固定費用が大きな産業であれば費用逓減産業になる。生産量が大きくなるにつれて単位当たりの固定費用の負担は小さくなり平均費用は逓減していくが、固定費用が大規模なものでなければ可変費用が増大し、平均費用が逓増していく。
  (3)○。公共財の特徴は、非競合性および排除不可能性にある。非競合性とは、財・サービスの消費にあたって全員が同時に同じ量だけ消費できるというものであり、排除不可能性とは対価を支払わなくても財・サービスの消費にあたって排除されないというものである。

7

1. (1)逆選択の問題、モラルハザード
  (2)エイジェント、プリンシパル、プリンシパル、エイジェント
2. 本文中で説明したように、店の売上げを店主と本部が一定比率で分けるようなシステムにすれば、商売のリスクを一部本部に肩代わりしてもらうことができる。
3. (1)売り手のほうが買い手よりも情報を持っていると、情報の少ない買い手は価格を見てその商品の品質について予想して行動するしかないが、その結果、良質の品物を持っている売り手は適切な価格で売ることができなくなる。くわしくは本文の説明を参照。
  (2)これについても本文を参照せよ。
  (3)鰻屋やラーメン屋の前にできる行列はシグナルであるという議論がある。常時長い行列ができる店は味のよい店だけである。そのような店は店を広くすることで行列をつくらないようにすることもできるかもしれないが、あえて行列をつくらせることでその店の味のよさをシグナルとして送っていると考えられる。
  　商品の保証期間もシグナルとなる。品質のよい製品を売っているメーカーはあえて保証期間を長くすることで、その商品の信頼性を訴えている。
4. モラルハザードとは契約が成立したことによって、一方が行動を変えることにより契約の前後での状況が異なってしまうことをいい、保険に加入することで被保険者の行動が変化して損害回避努力を怠り、保険が成立しなくなったり余分な負担が被保険者にもかかるというものである。モラルハザードが問題となるのは、被保険者の損害回避努力の程度を保険会社が正確に把握できないという情報の非対称性が存在することにある。ここでは、銀行が預金保険制度に入っていることで預金者の預金が保護されているということから、銀行が十分な調査をせずに無茶な融資を行なったり、預金金利を高めたりし、また預金者も

高金利で預金を集めようとする危ない銀行に預けようとするおそれをいう。

5. シグナルとは、自己の情報が不完全にしか得られない場合に相手に自己の属性に関する情報を与えることで、逆選択の問題が生じることを防ごうとするものである。シグナルとしての教育は、有能な労働者が教育によってみずからの存在を示すことができ、企業にとっても賃金に差をつけることで有能な労働者と普通の労働者を区別することができる。シグナルの別の例としては、衣料やバッグなどのブランド品が上げられる。

6. タクシーの運転手がどのような勤務態度をとるのかということが会社にはわからず、どれだけ熱心に働くかによって会社の利益に大きな影響を及ぼしている。こうした情報の非対称性が存在するとき、エイジェンシー問題が生じる。運転手の側から見たときにどのような賃金体系であれば働くインセンティブを引き出せるのかを考えた場合、歩合制よりもリース制のほうがその効果が大きいと考えられる。リース制は追加的な収入はすべて運転手の所得になるので、自分の努力で収入を伸ばそうとするのに対して、歩合制であれば一部が会社に取り上げられてしまうからである。エイジェンシーの問題を考えたときにはリース制のほうが望ましいということになるのだが、さまざまな問題も生じると考えられる。リース制では収入の変動のリスクはすべて運転手がこうむるのに対して、歩合制であれば収入に応じて会社への支払い額が変動するので、リスクを会社と分担できる。またリース制ではできるだけ収入を伸ばそうとしてサービスを低下させるかもしれない。こういったリスク負担やサービス低下などの問題があることから、実際の賃金体系には歩合制も見られる。

7. 銀行と企業の融資取引について売り手（企業）と買い手（銀行）について考えてみる。企業のなかには規模が小さいながらも経営がしっかりしており、銀行から融資を受けて投資を行ないたいと考えている「良質」なタイプと、経営が放漫であったり、少々危険度が高い事業を行なおうと考えている「不健全」なタイプの二つがあるとする。売り手（企業）は、自分がどちらのタイプであるのかはわかっている。それに対して、買い手（銀行）は融資先の情報を収集し、正確に把握することは困難であるので、それぞれの企業の説明を聞いたり、企業規模などから判断することになる。買い手（銀行）は、企業の事業がうまくいかなかったり、経営が危ういような企業には融資をしたくないという思いから融資条件をきびしくして提示するかもしれない。その結果、融資取引が成立せず、「良質」なタイプの企業も融資を受けることができないかもしれない。「良質」なタイプを選びたいと思っているのに、結果として選べないということになる。このように売り手と買い手の間で情報の非対称性があり、相手のタイプがわからない場合にはこうした逆選択の問題が生じてしまう。

8

1. (1) 本文の説明を参照。
   (2) 本文中で説明したのは、一つは企業同士で意思の疎通を図りカルテルの維持を図ろうとすること、もう一つは継続的な関係のなかでカルテル破りには仕返しをするという脅しによってお互いにカルテルを維持しようとするメカニズムである。くわしくは本文を参照せよ。
   (3) 裁量主義的な政策とは、経済の景気の現状を見ながら、それに対応する形で財政政策や金融政策を行なうというものである。このような政策運営はかえって民間の行動パターンを経済全体の観点から見て望ましくないものに導く可能性がある。その場合には、ルールにもとづいた政策運営が望まれる。これについても本文を参照せよ。
   (4) 国家間の政策の相互依存関係、寡占市場の競争の問題、政府と民間企業の間の関係などさまざまなところにゲーム理論は利用可能である。
2. これは本文で説明した「囚人のディレンマ」のケースである。この場合、A にとっては a の戦略をとることが合理的である。なぜなら、B が c の戦略をとった場合も、d の戦略をとった場合も、A は a の戦略をとることが望ましいからである。同様にして、B は c の戦略をとることが望ましい。その結果、2人の利得は1となる。これがゲームの均衡解になるが、これは2人にとってけっして望ましい結果ではない。
3. 囚人のディレンマでは、それぞれのプレイヤーが利己的に行動した結果、お互いに相手に悪影響を及ぼし、かえってみんなにとって望ましくないような結果になる。高速道路についても、混雑を起こすのは、高速道路の利用者自身である。お互いが高速道路を利用することで他の人に及ぼす悪影響を考慮に入れて行動すれば、多少の混雑を回避できるかもしれないが、そこまで考慮に入れて行動しないため、結果的に混雑という望ましくない状態に陥るのである。

Part 2　マクロ経済学

9

1. (1) GDP（国内総生産）、要素所得（あるいは分配所得）、政府支出、GNP（国民総生産）
   (2) 一人当たりの GDP、物価水準
   (3) 家計（部門）、企業（部門）、政府（部門）、海外（部門）
   (4) 労働、生産要素、経済成長率、成長方程式
   (5) 消費、純輸出、寄与度

2. (1) $500(=300+100+100)$ 兆円
   (2) $300(=500-100-100)$ 兆円
   (3) 100 兆円（政府の財政収支がバランスしているので政府支出と税収は一致する）
3. (1) 2010 年は $15000(=50\times100+40\times200+100\times20)$、2015 年は $22200(=40\times120+60\times250+120\times20)$
   (2) $18000(=50\times120+40\times250+100\times20)$。基準年の価格水準で生産額を求める。
   (3) 約 $123(\fallingdotseq22200\div18000\times100)$。GDP デフレーターは名目 GDP を実質 GDP で割ったものである。
4. (1) 生産されたものは付加価値の合計として必ずだれかの収入になっており、生産活動によって得られた収入はすべて所得などの報酬として分配されると考えることができるから。
   (2) フロー変数……GDP、政府財政収支、消費。ストック変数……貨幣残高、資本量。
   (3) 一人当たりの GDP では日本のほうがアメリカよりも大きくても、それぞれの国の所得を比較するとき市場の為替レートで計算すると、両国の国内製品の物価の違いなどが反映されない可能性がある。アメリカのほうが食料や家賃などの国内物価が低いので実質的な所得は高くなっている可能性が高い。
5. (1) ○。名目 GDP は数量と価格の積を集計した額で表わされる。
   (2) ×。いろいろな産業の生産額を足しあわせたものは二重計算の問題が発生することになってしまい、付加価値の和である GDP よりも大きくなる。
   (3) どちらともいえない。GNP＝GDP＋純要素所得であり、要素所得は資産投資だけに限らず、海外所得の授受も入るから。
   (4) ○
6. (1) 5 兆 500 億ドル。GNP は GDP に海外からの要素所得の純受け取りを加えたものである。
   (2) 経済成長率（潜在成長率）は $2.5\%(=0.3\times2\%+0.6\times3\%+0.1\times1\%)$。全要素生産性は $1.5\%(=4\%-2.5\%)$。
   (3) 経済成長率は $1.55\%(=0.6\times2\%+0.2\times3\%+0.15\times(-2\%)+0.05\times1\%)$。消費の寄与度は 1.2%、投資の寄与度は 0.6%。

10

1. (1) 限界消費性向、乗数
   (2) 有効需要、所得、消費、乗数効果
   (3) 消費関数、限界消費性向、消費
   (4) 純輸出、恒等式、方程式（均衡式でもよい）

2. (1) $Y=2000$。$Y=C+I$ に消費関数 $C=0.8Y+100$ と投資 $I=300$ を代入する。
   (2) 図参照。

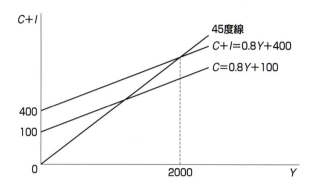

   (3) 均衡の GDP は 2500 になる。100 の投資の増加は企業の生産を 100 だけ増加させ、所得が 100 だけ増える。増えた所得のうち、消費には限界消費性向 0.8 に 100 をかけた 80 が振り向けられる。消費された 80 については、さらにそれに等しい生産の増加をもたらし、ふたたび所得を増加させる。この 80 に限界消費性向 0.8 をかけた 64 がふたたび消費に振り向けられ、こうして繰り返される結果、100 の投資の増加による所得の増加は $500(=100+80+64+\cdots=100\div(1-0.8))$ となる。

3. (1) $S=Y-C=0.1Y-100$
   (2) 0.1。限界貯蓄性向 = 1 − 限界消費性向 となる。
   (3) 生産物市場での均衡式 $I=Y-C$ の右辺に貯蓄の定義を代入すると $I=S$ が得られる。これに貯蓄関数を代入すると、均衡の GDP の水準は $Y=10I+1000$ となる。
   (4) モデルの乗数は 10。これは限界貯蓄性向の逆数になる(限界消費性向、限界貯蓄性向をそれぞれ c, s とする。投資の増加が 1 だけ行なわれた場合、企業の生産が 1 だけ増加し、所得も 1 だけ増加する。増えた所得のうち、消費には c だけ振り向けられる。c の消費の増加は c の生産の増加につながり、所得が c だけ増加する。これに限界消費性向をかけた c^2 がふたたび消費に振り向けられ、ふたたび生産の増加、所得の増加につながる。この結果、1 だけの投資の増加による所得の増加、すなわちモデルの乗数は $1+c+c^2+\cdots=1/(1-c)=1/s$ になる。したがって、モデルの乗数は 10 となり、これは限界貯蓄性向の逆数になる)。

4. (1) 8000 億円。二次的な波及効果は 1 兆円増加した GDP に限界消費性向 0.8 をかけたものである。
   (2) 6400 億円。三次的な波及効果は、8000 億円増加した GDP に限界消費性向 0.8 をかけたものである。

(3) 5兆円。限界消費性向が0.8であるので、当初の投資1兆円の増加による最終的なGDPの増加額は $(1+0.8+0.8^2+0.8^3+\cdots)$ 兆円、すなわち、$5(=1\div(1-0.8))$ 兆円となる。

(4) 乗数の値は $1/(1-c)$（限界消費性向を c とすると、当初の投資1兆円の増加による所得の増加は $1/(1-c)(=1+c+c^2+c^3+\cdots)$ 兆円となる）。

5. (1) ○

(2) ○

(3) ×。限界消費性向が一定であれば乗数は大きくならない。

(4) ×。限界消費性向がゼロに近ければ、波及効果としての消費の増大がほとんどないと考えられるが、当初の1兆円の投資の増加があるのでそれより小さくはならない。

(5) ○。乗数プロセスには時間がかかるので、1年目にその効果がすべて出るわけではないから。

11

1. (1) 現金、預金、ハイパワード・マネー

   (2) 現金、銀行の預金準備、買いオペレーション、購入する

   (3) イールドカーブ、右下がり

2. (1) 信用乗数は6.9（現金を C、預金を D、預金準備を R としたときに

$$信用乗数 = \frac{C+D}{C+R} = \frac{\frac{C}{D}+1}{\frac{C}{D}+\frac{R}{D}}$$

となる。この場合、$C/D=1/9$、$R/D=0.05$ を代入することで6.9と計算できる）。マネーストックは6.9兆円（信用乗数にハイパワード・マネーの供給量をかけたもの）。

(2) 6897億円増加する（ハイパワード・マネーが1000億円増加するので、これに信用乗数をかけたものがマネーストックの増分になる）。

(3) 3448億円増加する（ハイパワード・マネーが500億円増加するので、これに信用乗数をかけたものがマネーストックの増分になる）。

(4) 同規模の売りオペレーションを行なえばよい。このような対応は不胎化政策と呼ばれる。

3. (1) 6（貨幣量を M、貨幣の流通速度を V、物価を P、取引量を T としたとき、貨幣数量式（フィッシャーの交換方程式）$MV=PT$ より、$V=PT/M$ となる。）

(2) 1（貨幣量を M、物価を P、実質GDPを y としたとき、ケンブリッジ方程式 $M=kPy$ より、$k=M/Py$ となる。）

(3) 30%上昇する（マーシャルの k と生産量が変化しないことに注意し、ケンブリッジ方程式から変化率を求めると、$\Delta M/M = \Delta P/P$）。

(4) 20兆円（現金を C、預金を D、日銀預け金を R としたとき、マネーストックは $C+D$、信用乗数は $(C+D)/(C+R)$ となる。この場合では現金がまったく使われないので $C=0$ となり、信用乗数は $D/R = 20$（この場合は預金準備率の逆数）、マネーストックは預金と一致し、その増加は20兆円となる）。

4. (1) ①基準貸付利率（従来の公定歩合）操作。基準貸付利率を引き下げるとマネーストックが増加し、引き上げると減少する。②公開市場操作。買いオペレーションを行なうとマネーストックが増加し、売りオペレーションを行なうとマネーストックが減少する。③法定準備率操作。法定準備率を引き下げるとマネーストックが増加し、引き上げると減少する。④政策金利操作。日銀の政策金利はコールレート（無担保コール翌日物）であるが、景気が悪いときにはコールレートの誘導目標を引き下げ、景気が良いときにはコールレートの誘導目標を引き上げる。

(2) 物々交換が行なわれるためには、自分が欲しいものと相手が売ろうとしているものが一致し、なおかつ、自分が売ろうとしているものと相手が欲しがっているものが一致していなければならない。この欲求の二重の一致が満たされる可能性は非常に少ないため、十分な取引が成立しえない。

(3) 貨幣の保有動機としては、①取引動機、②予備的動機、③資産保有動機の三つがあげられる。①取引動機は、日々の取引における支払いのための交換手段としての動機である。これは取引の大きさに依存すると考えられ、経済全体で見れば所得に依存していると考えられる。②予備的動機は、将来の不確実な支出に備え、いざという時に使えるようにするために保有する動機である。③資産保有動機は、安全資産としての貨幣を、将来に危険資産の価格が下落することでこうむる損失（キャピタルロス）を回避するために保有する動機である。また、これらに関しては貨幣保有の機会費用は利子率が増大するとともに大きくなるので、利子率とは負の関係にある。

5. (1) ×。外国為替市場でのドル買い介入はハイパワード・マネーを増加させ、マネーストックを増加させる。

(2) ×。この場合、信用乗数は低くなる。法定預金準備率が高く設定されれば企業に貸し付けられる額が小さくなり、全体として創り出される貨幣の量は少なくなる。

(3) ×。M1は現金通貨と要求払い預金からなり、M1に定期性預金などの準通貨を加えたものがM3である。したがって、M3のほうがM1より概念が広いので大きな値となる。

(4) ×。信用乗数の値は小さくなる。信用創造のプロセスでは、預金として市中銀行に預け入れられる額が少ないほど企業に貸し付けられる額が小さくなり、全体として創り出される貨幣の量も少なくなる。したがって、現金を持とうとする傾向が強いほど現金預金

比率が上昇し、こうしたプロセスが働くので信用乗数の値は小さくなる。

12

1. (1)トレードオフ
   (2)投資、自国通貨安、増加
   (3)クラウディング・アウト効果、自国通貨高、抑制
   (4)フィリップス曲線
   (5)上昇、クラウディング・アウト効果
   (6)大きい、流動性の罠
   (7)裁量的な政策、ファイン・チューニング、ルール
2. (1)長期においては予想インフレ率と現実のインフレ率が等しくなり、人々の貨幣錯覚が修正されるため、失業率が自然失業率に等しくなる水準で垂直となるということ。
   (2)インフレ予想が調整されていない短期においてはケインジアンの政策は有効であるが、長期的にはフィリップス曲線は垂直になる。そのため、ファイン・チューニング型のマクロ経済政策は疑問であり、むしろ自然失業率を低下させるような政策を行なっていくことが望ましい。
   (3)失業率を低下させることができず、インフレ率の上昇だけを引き起こすことになってしまう。
3. (1)×。自然失業率のもとでの失業として、自然失業（自発的失業や摩擦的失業）の存在を認めている。
   (2)×。一般的に景気が悪化すると一時的には失業率は自然失業率より高くなる。
   (3)○。金融を緩和し、財政を拡張するような政策における利子率は、前者では下落させるのに対して後者では上昇させるなど、相矛盾した効果を持つこともある。
4. (1)貨幣供給量の増加は実質貨幣供給量を増加させる。このとき、以前の均衡点では貨幣市場に超過供給が生じる。したがって、利子率が下落する圧力が働くのだが、貨幣需要の利子弾力性が大きければ、利子率のわずかな低下で貨幣需要が大きく上昇して均衡のGDPにほとんど影響を与えることなく、貨幣市場の均衡を回復することができるので、金融政策の効果は小さくなる。
   (2)貨幣需要の利子弾力が小さい（ないしはゼロ）場合にクラウディング・アウト効果が大きく出る。この場合、政府支出の増加に対して利子率が大きく上昇するため、民間投資が減少してしまう。また、投資の利子弾力性が大きい（ないしは無限大）場合にもクラウディング・アウト効果は大きくなる。
5. (1)×。政府支出の増加や減税による有効需要の増大は、一般的には金利を上昇させる。
   (2)○。投資の利子率に対する反応度が大きい場合、貨幣供給量の増加がもたらす利子率の

下落によって刺激される投資が大きく増加し、均衡の GDP も大きく増加する。

(3)×。この場合、利子率の上昇は小さいものにとどまるため、財政政策の効果は大きくなり、均衡の GDP を大きく増加させる。

13

1. (1)消費者物価指数、企業物価指数、GDP デフレーター、指数
   (2)実質金利、名目
   (3)有効求人倍率、完全失業率
   (4)効率性賃金仮説

2. (1)名目金利よりもインフレ率ないしはその予想が大きくなる場合。

   (2)インフレ税は 100（インフレ税とは貨幣保有者がインフレによってこうむる購買力の低下などの損失であり、インフレ率と貨幣の実質残高との積で表わされる。この場合、$\pi \times (M/P) = 0.1 \times 1000 = 100$ となる）。

   (3)一定期間の雇用者の離職率を a とし、失業者の就職率を b とすると、自然失業率は $a/(a+b)$ に等しくなる。$a = 0.06$、$b = 0.1$ の場合の自然失業率は 0.375 である。離職率が上昇し、$a = 0.1$（b は 0.1 のまま）となった場合の自然失業率は 0.5 となり、高くなることが示される。

3. (1) 1.2（消費者物価指数は基準時点の各品目の数量が固定されている。価格と消費量をそれぞれ P_i^j、Q_i^j とし、$i(=1,2,3)$ および $j(=0,1)$ をそれぞれ食料品、衣料品、家賃および 2000 年、2008 年であるとする。たとえば P_1^0、Q_1^0 はそれぞれ食料品の 2000 年における価格と消費量になる。このとき消費者物価指数（CPI）は、

$$\text{CPI} = \frac{P_1^1 Q_1^0 + P_2^1 Q_2^0 + P_3^1 Q_3^0}{P_1^0 Q_1^0 + P_2^0 Q_2^0 + P_3^0 Q_3^0} = \frac{30 \times 100 + 30 \times 100 + 120 \times 50}{20 \times 100 + 40 \times 100 + 80 \times 50}$$

(2)食料品、衣料品、家賃のそれぞれの物価上昇割合は、$\frac{30}{20}$、$\frac{30}{40}$、$\frac{120}{80}$ である。CPI はつぎのように書きかえられる。すなわち

$$\text{CPI} = \frac{P_1^0 Q_1^0}{\sum_i P^0 Q^0} \times \frac{P_1^1}{P_1^0} + \frac{P_2^0 Q_2^0}{\sum_i P^0 Q^0} \times \frac{P_2^1}{P_2^0} + \frac{P_3^0 Q_3^0}{\sum_i P^0 Q^0} \times \frac{P_3^1}{P_3^0} = \frac{2000}{10000} \times \frac{30}{20} + \frac{4000}{10000} \times \frac{30}{40}$$
$$+ \frac{4000}{10000} \times \frac{120}{80} = 1.2$$

となり、それぞれの物価上昇割合を何らかのウェイトで加重平均したものになっていることが確認できる。

(3)それぞれの消費額のシェアは $\frac{2000}{10000}$（$= 0.2$）、$\frac{4000}{10000}$（$= 0.4$）、$\frac{4000}{10000}$（$= 0.4$）となり、これは各商品のウェイトになっている。

4. (1) 予期せぬインフレは予期せぬ所得移転をもたらす。高齢者などの利子生活者にとっては受け取る利子が実質的に目減りしたり、資金の借り手への所得移転の効果が生じたり、労働者にとっては実質賃金の低下により、企業への所得移転の効果が生じる。また債務者、債権者の間にも同様の所得移転の効果が生じ、不確実性が高まることによってこうした経済活動が妨げられることがあれば、経済全体の効率性も阻害される。

(2) メニューコスト。これは価格を変更する際に必要となる調整コストである。また、公共料金のように価格を頻繁に改定できないようなものと、価格が頻繁に変化する通常の財の間で価格に歪みが生じる。そのほか、投資の減価償却の評価の問題など税からの歪みも起こる。

(3) 失業保険を削減するような制度改革、転職を容易にするための職業訓練、労働市場に関して情報伝達の効率性を高めるシステムの整備などがある。

(4) 年功賃金制のもとでは労働者は転職のインセンティブが低くなると考えられる。この結果、労働市場における労働移動が少なくなり、職さがしの過程における摩擦的失業が小さくなり、雇用の安定につながると考えられる。

5. (1) ×。インフレ率が高くなると実質貨幣残高への需要が大きく低下する可能性があり、その場合にはインフレ税の税収は減少する。

(2) ×。インフレ率が高くなったとき実質金利が高くなるという必然性はない。

(3) ○。有効求人倍率は1以上であれば労働力の需要超過を示し、逆に1未満であれば労働力の供給超過を示す。

(4) どちらともいえない。ただ、一般的には自然失業率は下がるので、実際の失業率も下がると考えてよいだろう。

14

1. リカード仮説、増税
2. 下の図を参照。

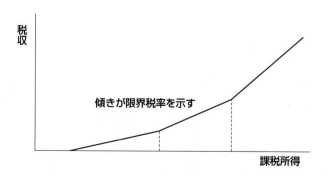

3. (1)国債を発行するという形で政府の債務が増大したとき、発行された時点の人々の生存期間中に償還が行なわれず、さらに増税もされなければ将来世代に負担が転嫁されることになるが、建設国債のように道路や橋の建設などの社会資本の蓄積になる支出にあてるために発行される国債であれば、こうした社会資本は将来の世代まで残るので将来の世代は便益も受けることになり、つねに将来世代の負担を大きくするわけではない。

(2)経済成長率が低いので税収増が見込めないまま、高い金利により債務の利払いが増大してしまい、財政の硬直化をもたらすおそれがあるから。

4. (1)×。税収の増減が所得の増減以上に大きくなるので景気の自動安定化の効果は強くなる。

(2)どちらともいえない。リカード仮説が成立すればそうであるといえるが、ケインズ経済学においては現在の消費は現在の可処分所得にのみ依存して決まり、将来の増税には依存しないと考えるので、この場合は所得減税による景気への効果があると考えられる。

(3)どちらともいえない。リカード仮説が成立すれば政府の赤字は将来の増税を予想するので景気を刺激しえないことになる。しかし、ケインジアンの立場に立てば赤字が大きい財政ほど景気刺激効果が大きいということになる。

15

1. (1)静学的分析、動学的分析
   (2)間接投資（証券投資）、直接投資
   (3)技術進歩率
2. 5％（平均貯蓄性向を s、資本係数を v とすると、経済成長率 $= s/v$ となる）。
3. (1)新古典派の経済成長理論では資本の限界生産性が逓減するという生産関数を想定しているため。資本ストックの蓄積が十分なされ、追加的な資本ストックの増加が生産量をほとんど増加させないものとなれば、人口成長率や技術進歩率の増大がない限り、資本ストックの増加が行なわれなくなり、経済成長率が下がってしまう。

(2)内生的成長理論は資本の限界生産性が逓減しないことを仮定しているので、高い利子率のもとでも資本ストックの増加が抑制されず、長期的に経済成長が持続される。また、パテント制度といった技術や知識に関する研究開発は経済的に正の外部効果を持つ。研究開発によって広い意味での資本ストックが蓄積され、経済全体の生産の増加に貢献すると考えられる。その結果、長期的にも経済成長が促進される。

4. (1)○
   (2)○
   (3)○。成長率は複利方式で経済を拡大させていくので、わずかの成長率の差でも長期間の間に大きな規模の差となる。

16

1. (1) 外国為替市場、為替介入
   (2) 実質為替レート、実効為替レート
   (3) 海外直接投資、間接投資（証券投資）
   (4) 比較優位

2. いま、A 円を持っていて 1 年後の円ドルレートが X であったとする。この場合、円建て預金では 1 年後には $1.01A$ 円になる。一方、これをドルと交換し（$A/120$ ドル）、さらに 1 年後に今度はふたたび円に預金を戻すと $1.05AX/120$ 円になる。条件式は、

$$\frac{1.05AX}{120} > 1.01A$$

となり、これを満たす X の範囲を求めると、$X > 115.43\cdots$（約 115 円）になる。したがって、1 ドルが約 115 円を超える円安であれば、ドル預金のほうが利益が高くなる。

3. (1) 実効為替レートで考えると、こういうことがありうる。実効為替レートとは、ある国の通貨と複数の貿易相手国との為替レートをそれらの貿易量で加重平均して計算するものであるが、これはある時点をベースにして、たとえば円が他の通貨に対して平均でどれだけ円高ないしは円安になったかを見る指標である。円ドルレートが 1 ドル＝110 円から 115 円に動いているときには円安が進行しているように考えられるが、貿易量が大きく、円が他の国々の通貨に対して円高に動いていれば、円が全体として見たときにはあまり円安に動いておらず、むしろ円高になっているということがありうるといえる。

   (2) 輸出額は輸出量に価格をかけたものである。短期的には円高になっても輸出量はほとんど減少せず、ドル建ての輸出価格は上昇するので、価格が輸出量の減少を上まわる程度に上昇していれば、輸出量と価格の積である輸出額が減少するとは限らない。一方、長期的には輸出量が調整され、円高により大きく減少し、輸出額が減少する可能性が大きくなる。経常収支の不均衡が短期的には為替レートの増価によって逆に拡大されてしまうことは「J カーブ効果」と呼ばれる。

   (3) 貨幣供給量の増加による金融政策は国内利子率を低下させる。したがって、円安ドル高になる。

   (4) 為替投機とは、為替相場において将来に値が上がることを予想して空売りしたりする一連の為替売買をいう。フリードマンの為替投機擁護論は、為替投機が為替レートを不安定化させているとしたら投機家は高いときに買い、安いときに売っているので損失をこうむっているはずであり、投機を行なう経済主体間では自然淘汰ないしは適者生存のメカニズムが働くので、為替レートを安定化させるような投機家しか残らないというものである。

4. (1) 資本移動がほとんど完全であり、各国政府の為替介入が行なわれないということが想定されている。資本移動が完全である場合、拡張的な財政政策によって国内利子率が上昇し、為替レートは自国通貨高になる。このとき純輸出は減少し、当初の拡張効果は相殺されてしまうというもの。

(2) 資本移動がほとんど完全であり、各国政府の為替介入が行なわれないということが想定されている。資本移動が完全な場合、拡張的な金融政策によって国内利子率が下落し、為替レートは自国通貨安となる。このとき純輸出が増加し、さらに所得を増大させる。

5. (1) 外国は両方の財において自国よりもより少ない労働量でそれぞれ財を1単位生産することができるので、衣料でも食料でも外国が絶対優位を持っていることになる。

(2) それぞれの国で機会費用を計算してみる。ここでの機会費用とは、限界変形率であり、衣料を1単位余分に生産するためにあきらめなければならない食料の生産量である。この場合では、外国に関しては1単位余分に衣料を生産するためには2だけの労働量が必要となる。したがって、(食料で表わした) 衣料の機会費用 (限界変形率) は 0.5 ($=2÷4$) となる。同様にして自国の (食料で測った) 衣料の機会費用 (限界変形率) は 1 ($=5÷5$) となる。したがって、食料で測った衣料の機会費用が自国で高いので、自国は食料に比較優位を持ち、外国は衣料に比較優位を持つということになる。

(3) 自国、外国の総労働量をそれぞれ L, L^* とし、衣料、食料の生産量をそれぞれ X, Y とすると、自国と外国の生産可能性フロンティアはそれぞれ $5X+5Y=L$, $2X+4Y=L^*$ と書ける。ここで相手国と貿易をすることで相対価格は変化する。相対価格が1よりも大きければ両国でともに衣料が生産され、相対価格が 1/2 より小さければ両国でともに食料が生産されてしまう。したがって、相対価格は両生産可能性フロンティアの傾き 1 と 1/2 の間の大きさで国際均衡が実現する。これらはつぎの図のように書ける。図の破線は国際均衡が実現したときの消費可能性フロンティアになる。この傾きは自国と外国で一致する。この結果、自国では食料の生産に特化し、外国では衣料の生産に特化することになる。貿易をすることで図の破線上の点も取りうることになり、貿易前の生産可能性フロンティアよりも消費可能な領域は拡大し、より多くの財が消費できることになる。

生産可能性フロンティアとは、生産要素である労働をむだなく効率的に用いた場合に達成できる財の最大限の生産量の組み合わせの軌跡である。どちらか一方の財の生産を増やすためには他方の財の生産は減らさなければならないので右下がりになる。労働を非効率的に用いた場合にはこの軌跡の内側の点も取りうる。この範囲は「生産可能性集合」と呼ばれる。

一方、消費可能性フロンティアとは、財を売り買いすることで達成できる最大限の消費量の組み合わせの軌跡である。この線分の傾きは相対価格となり、両国で同じ国際価格が適用できる場合には同じ傾きとなる。

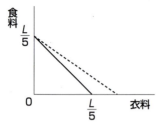 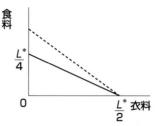

6. WTO（世界貿易機関）はウルグアイ・ラウンドの合意を受けて1995年1月に発足した国際機関である。かつてのGATT（関税と貿易に関する一般協定）とは異なり、協定を明確な法的根拠とする国際機関である。WTO協定をGATTと比較するとつぎのことがいえる。①WTOが多国間交渉で決定した事項は加盟国全体が守らなければならない。②従来からの財の分野のみならず、サービスや特許・商標などの新分野を含めた包括的な内容を扱う。③紛争処理手続きを整備し、自動的かつ迅速に紛争解決を行なえるようにしたこと、などがあげられる。

伊藤 元重（いとう・もとしげ）

1951年　静岡県生まれ。
1974年　東京大学経済学部卒業。
1978年　ロチェスター大学大学院経済学研究科博士課程修了。
1979年　同大学Ph.D.取得。
現　在　東京大学名誉教授。
主　書　『世界インフレと日本経済の未来――超円安時代を生き抜く経済学講義』（PHP、2023年）
　　　　『ビジネス・エコノミクス』（第2版、日本経済新聞出版、2021年）
　　　　『ミクロ経済学』（第3版、日本評論社、2018年）
　　　　『伊藤元重が警告する日本の未来』（東洋経済新報社、2017年）
　　　　『どうなる世界経済――入門 国際経済学』（光文社新書、2016年）
　　　　『経済を見る3つの目』（日経文庫、2014年）
　　　　『東大名物教授がゼミで教えている人生で大切なこと』（東洋経済新報社、2014年）
　　　　『経済学で読み解くこれからの日本と世界』（PHPビジネス新書、2013年）
　　　　『マクロ経済学』（第2版、日本評論社、2012年）
　　　　『ゼミナール現代経済入門』（日本経済新聞出版社、2011年）
　　　　『ゼミナール国際経済入門』（改訂3版、日本経済新聞出版社、2005年）

入門経済学　第4版

1988年1月5日　第1版第1刷発行
2001年3月1日　第2版第1刷発行
2009年3月1日　第3版第1刷発行
2015年2月15日　第4版第1刷発行
2024年1月1日　第4版第8刷発行

著者／伊藤元重
発行所／株式会社日本評論社
　　　　〒170-8474 東京都豊島区南大塚3-12-4　振替 00100-3-16
　　　　https://www.nippyo.co.jp/

検印省略　© 2015, 2009, 2001, 1988 ITOH Motoshige
印刷／三美印刷株式会社　製本／株式会社難波製本
Printed in Japan　ISBN978-4-535-55817-5
装幀／山崎登　図表デザイン／長田健次

JCOPY 〈（社）出版者著作権管理機構 委託出版物〉

本書の無断複写は著作権法上での例外を除き禁じられています。複写される場合は、そのつど事前に、（社）出版者著作権管理機構（電話 03-5244-5088、FAX03-5244-5089、e-mail : info@jcopy.or.jp）の許諾を得てください。また、本書を代行業者等の第三者に依頼してスキャニング等の行為によりデジタル化することは、個人の家庭内の利用であっても、一切認められておりません。

経済学の学習に最適な充実のラインナップ

ミクロ経済学 [第3版]	伊藤元重／著	(3色刷)3300円
ミクロ経済学パーフェクトガイド	伊藤元重・下井直毅／著	(2色刷)2420円
しっかり基礎からミクロ経済学 LQアプローチ	梶谷真也・鈴木史馬／著	2750円
マクロ経済学 [第2版]	伊藤元重／著	(3色刷)3080円
入門マクロ経済学 [第6版]	中谷 巌・下井直毅・塚田裕昭／著	(4色刷)3080円
ミクロ経済学の力	神取道宏／著	(2色刷)3520円
ミクロ経済学の技	神取道宏／著	(2色刷)1870円
例題で学ぶ 初歩からの計量経済学 [第2版]	白砂堤津耶／著	3080円
例題で学ぶ 初歩からの統計学 [第2版]	白砂堤津耶／著	2750円
入門 公共経済学 [第2版]	土居丈朗／著	3190円
入門 財政学 [第2版]	土居丈朗／著	3080円
経済学を味わう 東大1,2年生に大人気の授業	市村英彦・岡崎哲二・佐藤泰裕・松井彰彦／編	1980円
行動経済学	室岡健志／著	2750円
[改訂版]経済学で出る数学	尾山大輔・安田洋祐／編著	2310円
計量経済学のための数学	田中久稔／著	2860円
実証分析入門	森田 果／著	3300円
最新 日本経済入門 [第6版]	小峰隆夫・村田啓子／著	2750円
日本経済論 [第2版]	櫻井宏二郎／著	●12月中旬刊 予価2970円
経済論文の書き方	経済セミナー編集部／編	2200円

日評ベーシック・シリーズ

経済学入門	奥野正寛／著	2200円
ミクロ経済学	上田 薫／著	2090円
計量経済学のための統計学	岩澤政宗／著	2200円
計量経済学	岩澤政宗／著	2200円
ゲーム理論	土橋俊寛／著	2420円
財政学	小西砂千夫／著	2200円
マーケティング	西本章宏・勝又壮太郎／著	2200円

シリーズ・新エコノミクス

ミクロ経済学入門	清野一治／著	(2色刷)2420円
マクロ経済学入門 [第3版]	二神孝一／著	(2色刷)2420円

※表示価格は税込価格です。

〒170-8474 東京都豊島区南大塚3-12-4　TEL:03-3987-8621　FAX:03-3987-8590　日本評論社
ご注文は日本評論社サービスセンターへ　TEL:049-274-1780　FAX:049-274-1788　https://www.nippyo.co.jp/